보니 샘과 함께하는

블렌디드 수업과 평가

보니샘과 함께하는 블렌디드 수업과 평가

초판 1쇄 펴낸날 2021년 3월 5일
초판 3쇄 펴낸날 2022년 7월 1일

지은이 구본희
펴낸이 홍지연

편집 홍소연 고영완 정아름 전희선 조어진
디자인 전나리 박해연
마케팅 강점원 최은 이희연
경영지원 정상희

펴낸곳 (주)우리학교
출판등록 제313-2009-26호(2009년 1월 5일)
주소 03992 서울시 마포구 동교로23길 32 2층
전화 02-6012-6094
팩스 02-6012-6092
홈페이지 www.woorischool.co.kr
이메일 woorischool@naver.com

ⓒ구본희, 2021
ISBN 979-11-90337-69-4 03370

보니쌤과 함께하는

블렌디드 수업과 평가

구본희 지음

우리학교

사람이 있었네, 사랑이 있었네

코로나와 함께 보낸 한 해를 돌아보며 내가 요리사 같다는 생각을 했다. 볶음 요리를 해야 하는 요리사 정도로 해 두자. 센 불에 프라이팬을 달굴 대로 달궈 놓는다. 기름을 두르고 기다린다. 저마다 다른 모양의 채소들이 원치 않아도 우르르 프라이팬으로 굴러 들어온다. 힘껏 볶음용 수저로 휘휘 젓는다. 빠른 속도로, 높은 열로. 나의 성급한 손길에 몇몇 채소 조각은 밖으로 튕겨 나가기도 한다. 그러나 그 아우성의 소용돌이를 거치면 채소들은 한데 어우러져 윤기는 잘잘 흐르고 겉은 바삭하고 속은 잘 익은 요리로 탄생한다.

이렇게 써 놓고 보니 나는 아주 훌륭한 요리사 같고, 채소들은 모두 멋진 음식이 되었을 것 같지만 실상은 그렇지 않다. 현실과 가장 엇비슷한 장면은 달군 프라이팬 안에 어쩔 수 없이 담겨 성마른 요리사에 의해 달달 볶이는 채소 정도? 하지만 한 해가 지나고 나면 나나 학생들의 기억에는 볶고 볶였던 기억은 사라지고 향과 풍미만 남을지도 모르겠다.

학생들도 달달 볶았지만 나는 스스로도 달달 볶았다. 컴퓨터와 그다지 친하지 않음에도 무슨 프로그램이라도 주워들으면 유튜브를 찾아 들어가 사용 방법을 익혔다. 뭐라도 알아야 선택지가 넓어질 것 같아서 매일 조급했다. 사라진 대면 약속 대신 줌으로 하루에도 두 개씩, 주말에는 온종일 무언가를 배우고, 도모해 보고자 했다. 10년도 넘게 묵정밭처럼 버려두었던 블로그에도 2020년 시작과 함께 다시 글을 올리기 시작했다. 처음 맞는 초유의 사태, 팬데믹 상황의 실수와 어설픔을 기록해 놓고 싶었나 보다. 사람들은 블로그의 이름을 볼 때마다 한마디씩 했다. '게으름 찬양'이라니, 어딜 봐서? 블로그에는 뒹굴뒹굴하며 만화책을 읽고 있는 내 사진이 걸려 있다. 이 블로그를 만들었던 15년쯤 전의 내 모습이다. 처음에는 사람들의 이야기에 아무 말 못하다가 지금은 한 마디씩 덧붙인다. '게을러지고 싶다고. 그렇게 되고 싶으니까 찬양하는 거지!' 진짜 나의 한 해는 게으름과는 거리가 한참 멀었다.

상황이 이리될 줄 모르고 1학기에는 2019년에 했던 대로 '관악 청소년 문학상' 프로젝트를 꾸역꾸역 진행했다. 원격으로 해야 하면 원격으로, 대면으로 해야 하면 대면으로 3개 학년 300명이 넘는 학생들과 6권의 책을 읽고 이야기를 나누었다. 2학기에는 상황이 나아질 거라고 생각해서 3개 학년 각기 다른 프로젝트를 기획하면서 일을 더 벌였다. 그러나 상황은 잠시 나아진 듯하다가 곧 최악으로 곤두박질쳤다. 1년 동안 학생들을 8~9번 정도 만난 게 다였다. 솔직히 1학년 학생들이 마스크를 벗으면 누가 누군지 전혀 못 알아볼 것 같다. 그런 학생들과 1년을 부대끼며 보냈다. 누구도 그렇게까지 하라고 하지 않았는데 하나하나 피드백하고 전화 걸어 과제 독촉하면서 1년을 보냈다.

당연하게 내가 1년 동안 해 왔던 수업들은 모든 학교에서 일반화하기는 어려울 것이다. 학교급에 따라, 과목에 따라 어려운 이야기로 다가올 수 있다. 이 책이 나올 즈음에는 원격수업이나 블렌디드 수업이 더 이상 이뤄지지 않을지도 모른다. 그럼에도 불구하고 나는 이야기를 하고 싶었다. 수업을 준비하고 학생들을 만나면서 내가 했던 고민들을 나누고 싶었다. 아무리 상황이 특수하다 할지라도 학생에 관한, 교육에 관한 생각들은 크게 다르지 않을 것 같았다. 나의 이 어설픈 고민과 실수가 선생님들의 수업에 밑거름이 되면 좋겠다고 생각했다.

지난 11월에 '수업과성장연구소'에서 수업 나눔을 하면서 수업 고민을 이야기할 기회가 있었다. 가닥이 안 잡혀서 이 얘기 저 얘기 늘어놓다가, 함께 이야기를 하는 선생님들이 '누가 시키지도 않는데 그런 열정의 원동력은 도대체 어디서 오는 건지 궁금하다'라고 했다. 한 번도 깊게 생각해 보지 않았는데 신을진 대표님이 '나에게 학생이란 ~(이)다'라고 이야기를 해 보게 하셨다. 나에게 학생이란? 한 번도 깊게 생각해 보지 않았던 이야기여서 생각나는 대로 하나씩 꺼내 놓았다. 학생들은 저마다의 속도로 자라 내가 보지 못하는 데서 각기 다른 꽃과 열매를 맺을 씨앗이었다. 힘들고 짜증나고 화날 때 내게 기운을 북돋워 주고 위로를 주는 활력소였다. 주로 온라인으로 만났지만 그 너머의 열기가 전해졌다. 그렇게 이야기를 하니 내가 학생들에게 준 것보다 학생들이 나에게 준 것이 더 크다는 걸 깨달았다. 아, 나는 학생들에게 받은 것을 그냥 돌려주기만 했던 거구나.

문득 학교 선생님들 생각도 났다. 그들과 함께 이런 수업을 해 보자, 저런 행사를 해 보자 할 때 신이 났다. 오늘은 학교에 가서 무슨 일을 하자고 해 볼까 생각하면 등교하는 발걸음이 빨라졌다. 하지만 매일 그랬던 건 아니다. 어느 순간 얼굴에 먹구름이 끼고 화가 불끈 솟기도 한다. 하지만 그럴 때마다 온갖 투정 받아 주고, 고민을 들어주는 동료 선생님들이 있어 순간순간의 파고를 이겨내고 다시 수업으로, 학생에게로 다가갈 수 있었다.

학생과 동료 선생님들에 관한 이야기를 하다 보니 내가 생각보다 학생들을 참 많이 사랑하고 있구나, 학생과 교사와 함께 일궈가는 공동체 속에서 행복을 느끼고 있구나 싶었다. 내게는 사람이 있던 거였다. 갑자기 사람들이 고마워 뜬금없이 그날 저녁 여기저기 카톡을 보냈던 기억이 있다. 지금도 그날의 그 벅참과 비슷한 감정이 인다. 달달 볶았던 1년 생활을 엮어내는 데 힘을 준 존재들에게 사랑한다는 말을 전하고 싶다. 여러분, 사랑합니다! 아울러 함께 2019, 2020년 융합 수업을 진행한 관악중학교 이지현(영어), 김희정(미술), 이현미(가정), 강은정(과학), 오명철(도덕), 한소연(사서) 선생님과 언제나 맛난 커피를 내려 준 박종은(체육) 선생님에게도 감사 인사를 올린다.

2021년 3월
구본희

차례

프롤로그

블렌디드 수업과
평가 계획
세우기

1 명필은 붓을 가리지 않는다

2020년은 코로나와 함께 보낸 한 해였다. 코로나는 전 세계적으로 큰 파장을 몰고 왔고, 우리나라도, 우리 교육도 예외는 아니었다. 정부의 담화에 따라 교육청은 급박하게 지시를 내려보냈고, 공문을 보기도 전에 뉴스를 통해 일정을 확인하기 일쑤였다. 기계와 친하지 않았던 선생님들도 어쩔 수 없이 원격수업을 해야만 했다. 미래 교육을 다룬 책에서 등장하듯 학생의 부족한 부분을 LMS(learning management system)의 도움을 받아 멋지고 완벽하게 해결하는 건 언감생심이었다. 당장 영상 녹화하는 프로그램으로는 어떤 것이 있는지, 밴드를 기반으로 할 건지, 구글 클래스룸을 기반으로 할 건지, 출석은 어떻게 해결해야 하는지. 학교는 혼돈에 휩싸였다. 대책 논의로 보낸 1년이었다.

교사들은 처음 경험하는 원격수업과 그에 더해 혼합형 수업으로 전환까지, 이전에는 꿈도 못 꿨던 경험을 한꺼번에 하고 있다. 2학기에 들어서면서 조금 더 주도적으로 수업을 준비하는 모습이 나타나기는 했지만, 여전히 바깥 상황에 따라 갈피를 잡지 못하고 흔들리는 갈대처럼 1년을 버텨왔다. 1학기에는 대부분 EBS를 기반으로 한 온라인 클래스가 대세를 이루었다. 잠깐이면 끝날 거라고 생각했기 때문에 이미 만들어진 인터넷 강의에 의탁했다. 하지만 원격수업이 길어지면서 실시간 수업에 관한 요구가 높아지고 현장은 다시 혼란에 빠졌다. 그동안 쌓아왔던 내 수업의 노하우, 그런 건 없었다. 그냥 꾸역꾸역 적응하면서 1년을 보내고 있다.

미래교육을 이야기할 때 혼합형 수업 이야기가 빠지지 않는다. 최첨단 기술을 사용한다고 해서 '미래'교육이고 '미래'형 수업일까? 무엇을 목적으로 어떻게 에듀테크를 활용하는지가 훨씬 중요함에도 불구하고 그동안 쓰지 않던 화상회의 도구와 다양한 툴을 사용한다고 해서 미래교육에 성큼 다가섰다고 이야기하는 것은 속 빈 강정이다. 원격 도구는 학생들을 '미래'에 자기주도적으로 학습하는, 비판적이고 책임감 있는 민주시민으로 길러내기 위한 수단이다.

그동안 우리는 학생의 성장과 발달을 돕는 수업과 평가를 정착시키기 위해 많은 노력을 기울여왔다. 하지만 원격수업이 전면화된 이후, 우리의 그런 노력은 지속되고 있을까? 도구를 익히고 사용하는 것은 필요한 일이지만, 자칫 여러 도구나 기술을 사용한다는 겉모습에 가려 수업의 실질적인 내용은 후퇴하지는 않았는가? 화려하고 멋진 영상을 만드는 실력은 늘었지만, 다양한 퀴즈 도구를 사용하는 방법은 익숙해졌지만, 그것이 꼭 필요한 자리에 필요한 목적에 맞게 쓰이고 있는가?

그동안 만났던 선생님들의 다양한 모습이 떠오른다. 어떤 선생님은 원격수업인지 아닌지 구분이 안 될 정도의 수업 설계로 학생들과 상호작용하면서 수업을 했고, 어떤 선생님은 원격수업이 되는 순간, 다른 동료 교사에게 내 수업을 맡기고 천천히 운동장을 산책했다. 어떤 선생님은 녹화나 피드백 때문에 밤잠을 설치기도 했고, 어떤 선생님은 줌(zoom) 수업 내내 강의를 이어가느라 원격수업임에도 목이 쉬기도 했다. 사람들의 이야기는 그랬다. 원래 수업을 잘하던 사람들은 원격수업이든 혼합형 수업이든 여전히 잘하더라고. 명필은 붓을 가리지 않는다고 했던가. 학생과 수업을 사랑하는 선생님들은 매체나 도구를 가리지 않았다.

그렇다면 우리가 고민해야 할 것은 이런 문제일 터다. 왜 가르치고자 하는가, 무엇을 가르칠 것인가, 어떻게 가르칠 것인가, 최종적으로 학생이 무엇을 배우고 어떻게 성장하기를 원하는가. 원격수업이나 혼합형 수업도 이 기본에서 시작한다. 상황이 등교수업과 같지는 않겠지만 나아가야 할 방향을 안내해 주는 등대는 '다시 기본으로'라고 할 것이다.

② 교과서는 원격수업을 예상하지 못했다

원격수업과 등교수업을 오가면서 수업을 하다 보니, 당연히 이 정도는 할 수 있을 거라고 예상하던 수업을 하지 못하는 경우가 많았고, 외부적인 상황에 맞게 임기응변으로 수업과 평가를 갈음해야 할 때도 있었다. 학생이 제대로 알고 있는지를 확실하게 파악하기 어려운 상황이기에 우리는 선택을 해야 했다. 알았다 치고 넘어갈 것인가, 아니면 제대로 알 때까지 더 시간을 들여 짚고 넘어갈 것인가. 실시간 원격수업에서는 출석 확인하고 어쩌고 하다 보면 실제로 수업하는 짧은 시간 동안에 무언가를 하기 힘들었다. 등교수업을 한다해도 방역 때문에 온전히 45분, 50분 수업을 하지 못하는 경우도 많았다. 교육과정 성취기준과 교과서에 있는 내용을 다 가르치는 건 아무런 일이 벌어지지 않았을 때도 쉽지 않았는데 코로나와 함께하는 상황에서는 더욱 어려웠다. 내판단이 옳은지 그른지 아무도 단정적으로 말해 줄 수 없었다. 내가 들어가는 학급의 상황과 형편을 가장 잘 아는 사람은 나였으므로.

교육과정 성취기준은 우리나라 학생들이 이 나이에 이 정도는 해야지 싶은 지식, 기능, 태도를 중심으로 만들어진다. 교과서를 만드는 사람들은 학년으로 나뉜 성취기준을 2등분 하여 학기로 나눈 후, 다시 4~5등분 하여 한 단원으로 구성한다. 교과서를 만들 때는 이상적인 상황을 상정한다. 성취기준도 겹치지 않고 시험이나 행사의 시수는 거의 고려하지 않는다. 이미 한 번 가르친 걸 다시 가르치는 일은 교과서에서 벌어지지 않는다. 하지만 우리는 안다. 내가 가르치는 학생들은 절대 이상적이지 않다는 걸. 게다가 코로나가 유행하니 무엇을 중심으로 가르쳐야 이 절대적으로 줄어든 시간을 의미 있게 보낼 것인지 고민할 수밖에 없다. 그렇다. 성취기준을 재구조화하는 교육과정 재구성은 평시에도 당연한 것이고, 요즘같이 위급 상황에는 반드시 필요한 것이다.

③ 혼합형 수업의 학습 경험 설계하기

무엇을 가르칠 것인가의 문제는 혼합형 수업이라고 해서 일반 수업과 그리 다르지 않다. 여기서는 혼합형 수업에서 학생의 성장과 발달을 돕는 학습 경험을 만들려면 어떻게 해야 하는지를 살펴보겠다.

1. 교육과정 재구성을 통해 평가를 먼저 설계하기

미래 상황을 조금이라도 예상할 수 있다면 교사는 더욱 적극적으로 학생의 학습 경험을 설계해야 한다. 적어도 한 학기의 흐름을 생각하며 평가 계획을 중심으로 수업 계획을 짜야 한다. 예를 들어 한 학년의 성취기준이 10개라면 1학기에 다룰 것을 5개 정도 고른다. 성취기준은 추상적이기 때문에 이것을 구체화하여 어떻게 실현할지 생각해 봐야 한다.

만약 성취기준이 '목적에 맞게 질문을 준비하여 면담한다'라면 명료화는 '우리 동네의 역사를 알아보기 위해 질문을 준비하여 면담한다'와 같이 내 수업 상황에 맞게 다시 언급하는 걸 말한다. 평가 준거 성취기준(학생 입장에서 무엇을 공부하고 성취해야 하는지, 교사 입장에서 무엇을 가르치고 평가해야 하는지에 대해 보다 명료한 안내를 제공하기 위해 교육과정 성취기준을 재구성한 것)이라고도 볼 수 있다. 구체화는 위 목표를 달성하기 위해 여러 가능한 상황 중 평가 장면을 선택하는 것으로 면담 상황을 녹음해서 제출하게 할지, 글로 전사하게 할지, 요약하여 정리하게 할지 선택하는 것이다. 그렇지만 중요 성취기준은 여전히 '면담하기' 이지 녹음이나 글쓰기가 아니다. 이렇게 명료화, 구체화된 성취기준을 분석하여 평가 요소를 잡아 본다. 하나의 성취기준에 따른 평가 요소는 하나가 있을 수도 있고 3~4개 있을 수도 있다. 평가 요소 중 수행평가로 다뤄야 할 것과 지필평가로 다뤄야 할 것을 나누고, 시기에 맞게 배열한다.

성취기준	[9국01-08]핵심 정보가 잘 드러나도록 내용을 구성하여 발표한다. [9국01-11]매체 자료의 효과를 판단하며 듣는다. [9국04-03]단어를 정확하게 발음하고 표기한다.	
평가 요소	정확한 발음법 알기, 정확한 표기법 알기, 핵심 정보가 드러나게 발표하기, 매체 자료의 효과를 판단하기	
평가 계획	지필평가	표준 발음법, 맞춤법 (선다형, 서답형)
	수행평가	표준 발음법과 맞춤법에 관해 학습한 후 간단한 매체 자료를 만들어 핵심 정보가 드러나게 발표하기

교사는 위와 같이 평가 계획을 세운 다음, 학생의 성취기준 도달 여부를 평가하기에 앞서 학생이 그 수준에 올라갈 수 있도록 도와야 한다. 학생에게 활동을 시켜 보고, 관찰하고, 지금의 수준이 어떤지를 살펴 더 높게 올라가도록 다음 단계를 설정하는 일이 교수학습, 즉 수업이다.

위긴스와 맥타이(Wiggins&McTighe)가 이야기한 '백워드 설계'는 바로 이런 흐름을 말한다. '백워드'는 이전에 타일러(Tyler)가 이야기했던 '목표 - 교수학습 - 평가'의 순서를 바꾼다는 의미로 붙인 이름이다. '백워드 설계'란 성취기준 읽기를 통해 가르쳐야 할 내용을 뽑아 목표를 설정하고, 학생들이 학습한 결과를 교사가 어떻게 확인할 수 있는지 평가 계획을 세우고 수행 과제를 개발한 후, 학습활동을 선정하고 조직하는 방법을 말한다.

갑자기 코로나 상황을 맞은 2020년의 경우, 많은 교사가 원격수업에서는 지식 전달을 위주로 수업한 후 지필고사 문제로 출제하고 등교수업에서는 수행평가를 진행했다. 시시각각 바뀌는 상황에 어쩔 수 없이 선택한 방법이었지만, 이제는 좀 더 능동적으로 혼합형 수업의 큰 그림을 그려볼 필요가 있다.

평가 요소를 뽑아내고 그것을 평가하기 위한 방법으로 지필과 수행을 고르면서 원격수업에 적합하다고 생각하는 부분을 미리 생각해 볼 수 있다. 큰 평가 계획을 세우고, 바깥 상황이 예상치 못하게 바뀐다 할지라도 전체적인 흐름 속에서 원격과 대면의 방법을 교체하며 진행하는 것이 바람직하다. 물론 말처럼 쉬운 것은 아니지만 이 '전환'을 가능하게 하려면 수업 설계를 하면서 디지털 도구를 염두에 두어야 한다. 단원의 흐름이 끊기지 않도록 등교수업에서도 디지털 도구를 이용하고, 원격수업에서도 일방적인 지식 전달만 하는 것이 아니라 상호작용을 보장하도록 설계해야 한다. 이는 학교 시설과 환경의 뒷받침이 대전제이긴 하다. 원격수업을 할 땐 원격수업의 장점에 맞는 수업을, 반대로 등교수업에서는 그 장점을 발휘하는 수업이 되도록 밑그림 단계부터 다양한 변수를 고려하면 좋다. 대략의 흐름도를 그려보면 다음과 같다.

교육과정 재구성		평가 계획		단원 구성		원격/등교 상황에 따른 세부 활동 선택
· (1년/한 학기) 성취기준을 어떻게 배분할까?	⇒	· 학생이 성취기준에 도달했다는 것을 무엇으로 알 수 있을까?	⇒	· 어떤 활동을 통해 성취기준에 도달하게 할까?	⇒	· 어떤 방식으로 활동을 통해 성취기준 도달을 확인할 수 있을까? · 어떤 내용을 어떤 순서로 계획할까? · 어떤 활동과 도구를 이용할까?

1년 동안, 혹은 한 학기 동안 교육과정 성취기준을 어떻게 배분할 것인지를 계획하여 교육과정을 재구성한다. 이에 맞게 평가 요소를 추출한 후, 학생이 도달했는지의 여부를 어떻게 알 수 있을지 계획을 세운다. 평가 요소를 묶어 수행평가로 할 수도 있고, 지필고사를 볼 수도 있으며, 두 가지를 혼합할 수도 있다. 이러한 평가 계획에 맞게 교사는 학생의 도달 여부를 관찰할 수 있는 수업을 계획한다. 그리고 상황에 따라 원격으로 할지 대면으로 할지를 확정한다. 이것이 확정되면 원격수업이든 등교수업이든 그 장점을 최대한 살릴 수 있는 내용과 순서를 정한다. 원격수업의 경우 시간적, 공간적인 제약을 뛰어넘는 장점이 있으므로 이를 최대한 활용할 수 있도록 구성하고, 등교수업의 경우 학생들끼리 상호작용을 더 활발하게 할 수 있으므로 이제 맞게 구성한다. 내용과 순서를 정한 후에 어떤 도구를 사용할지 구체적인 활동 계획을 세운다.

어떤 수업이든 중요한 것은 성취기준, 학습목표에 따라 학생의 배움이 제대로 일어났는지이다. 원격수업 때문에 다양한 도구에 자꾸 마음이 쓰이고, 그걸 쫓아가야만 할 것 같은 마음이 들지만, 더욱 중요한 것은 수업에서 가장 중요한 지점이 무엇인지 잊지 않아야 한다는 점이다.

2. 프로젝트나 수행평가로 단원 계획 세우기

이혁규 교수가 쓴 『한국의 교육 생태계』에서 '최상의 실천'(Best practice)에 관한 내용을 읽었다. 좋은 수업이란 어떠해야 하는지에 관한 짐멜만(Zemelman)·다니엘스(Daniels)·하이디(Hyde)의 설명이었다. 이들은 좋은 수업을 13개의 기준으로 정리한 후, 이것을 다시 학습자 중심, 인지적, 사회적 범주로 구분했다. 학습자 중심이라는 것은 학습자의 실제적인 흥미를 중요하게 여긴다는 것이고, 인지적이라는 것은 고차원적인 사고를 통해 진정한 이해에 도달해야 한다는 것이며, 사회적이라는 것은 협력적이고 민주적인 분위기에서 상호작용적으로 학습이 구성된다는 것이다.

우리는 이 세 가지 범주 중 때때로 어느 한 부분에 치우친 수업을 하기도 한다. 학습자가 흥미를 느낄 만한 활동을 많이 넣었지만 실컷 수업한 후 무엇을 배웠는지 알 수 없다거나, 열심히 품사를 구분하는 문제를 풀게 하여 인지적으로는 충분히 배웠으나 학급 친구들과 함께하는 것은 배우지 못하는 경우도 있다. 이 세 가지 범주를 고려하여 수업을 '실천'하려는 노력이 중요할 것이다. 그런데 여기서도 또 고려할 지점이 있다. 지금 내가 실천하는 수업이 학습자 중심이고, 인지적이고 사회적이라 할지라도 이것이 온전히 학습자의 배움으로 남았을까? 학생은 배운 것을 자신의 삶에 내면화하고 있을까?

이를 위해서 '긴 시간'이 필요하다는 것을 나는 경험을 통해 깨달았다. '환경 수업? 그거 해 봤어. 무슨 책도 읽었잖아.', '학교 폭력 예방한다며 공익 광고도 만들어 봤지.'로 끝나는 것이 아니라 기후 위기를 심각하게 받아들여 관련 뉴스에 관심을 갖고 작은 실천이라도 하려는 사람, 교실 내 불의에 분노하는 사람이 되도록 하기 위해서는 차분하게 성찰할 수 있는 제법 긴 시간이 필요하다. 그렇다면 어떻게? 답은 나와 있다. 여러 개의 성취기준을 묶어서 하나의 주제에 몰입할 수 있도록 수업을 계획하는 거다. 수업을 프로젝트 수업으로, 그것도 다른 교과와 연계한 융합 프로젝트 수업으로 진행하는 이유도 여기 있다.

프로젝트 기반 학습으로 유명한 미국의 'PBLworks'에서는 프로젝트를 크게 '디저트 프로젝트'와 '메인 코스 프로젝트'로 나눈다(www.pblworks.org). 디저트 프로젝트는 프로젝트를 해 보는 것(doing project)이다. 식사 후에 먹으면 좋고, 안 먹어도 그만인 디저트처럼 단원이 끝나고 프로젝트를 곁들여서 해 보는 것이다. 이럴 때 프로젝트는 하면 좋고, 안 해도 그만인 디저트가 된다. 반면 메인 코스 프로젝트는 프로젝트를 통해 배우는 것(project based learning)이다. 메인 요리를 먹지 않는다는 건 밥을 굶는 것이므로 반드시 먹어야만 한다. 성취기준을 중심으로 만들어진 프로젝트가 단원의 역할을 한다는 거다. 이것을 배우지 않으면 성취기준을 이수할 수 없다.

모든 교사가 매 수업에서 프로젝트를 하기는 어려울 수 있기에 나는 이 개념을 '한 학기 한 권 읽기'를 포함한 수행평가에 적용해 보는 것은 어떤가 싶다. 성취기준의 한 평가 요소를 수업 시간에 다 가르친 후, 또다시 중복하여 수행평가를 치르는 것이 아니라, 성취기준의 평가 요소를 분석해서 그것으로 수행평가를 만드는 거다. 단원이라고 볼 수도 있고, 프로젝트라고 볼 수도 있겠다. '한 학기 한 권 읽기'를 단원과 상관없이 따로 할 것이 아니라 그를 통해 성취기준을 달성할 수 있도록 구성하면 된다. 이 모든 것은 교육과정 재구성을 통해 수업과 평가 계획까지 일관되게 설계하면 훨씬 효율적으로, 제대로 할수 있다.

이 책에 실린 모든 사례는 '한 학기 한 권 읽기'를 성취기준과 관련하여 어떻게 수행평가를 포함한 프로젝트로 연결할 수 있는지를 다루고 있다.

3. 원격수업에서 상호작용 고려하기

원격수업을 이야기할 때 우리나라에서는 콘텐츠 활용 중심 수업, 과제 수행중심 수업, 실시간 쌍방향 수업으로 나누고 있다. 『최고의 원격수업 만들기』에서 저자 권정민은 외국에서는 주로 실시간형과 비실시간형으로 나누고 있다고 하며, 굳이 종류를 나누자면 인강형과 상호작용형으로 나누는 것을 제안한다. 우리는 대부분 원격수업이라고 하면 동영상을 활용한 인터넷 강의 형식에구글 설문지 등을 활용하여 내용을 제대로 이해하고 있는지 여부를 확인하는문제를 넣는 방식으로 이루어지고 있다. 어떤 경우에는 꽤나 긴 강의 영상을시청하는 것으로만 끝나기도 한다. 하지만 일반적으로 알려진 동영상 집중 효과는 5분 내외다. 나부터도 좋아하는 유튜브의 동영상을 찾아 볼 때 10분이 넘어가면 속도를 빠르게 조절하거나 다른 콘텐츠로 넘어가게 된다. 원격으로 연수를 들을 때도 비슷하다. '칸아카데미'의 경우 사람들의 집중 시간을 고려해5분 정도로 짧게 끊어 영상을 제시한다고 한다.

원격수업에서 실시간 쌍방향을 강조하다 보니 실시간으로 수업하는 비율이 많이 늘었다. 그러나 실상을 들여다보면 '줌'을 이용해 20~30분 정도 강의를 지속하기도 한다. 이러한 경우는 반복해서 학습을 할 수 있거나, 시간과 공간의 제약을 뛰어넘어 학습을 하게 되는 원격수업의 장점까지도 깎아먹게 된다.

원격수업을 설계할 때 동영상을 이용할 수도 있고, 과제를 제시할 수도 있다. 동영상을 잠깐 보다가 과제 활동을 할 수도 있다. 중요한 것은 그 수업으로 무엇을 달성하려고 하느냐, 그 수업에서 교사가 얼마만큼 상호작용을 설계하느냐이다. 이를 위해서 교사는 수업에서 교사와 학생 간, 학생과 학생 간, 학생과 텍스트 간, 더 나아가서 학생과 세상 간 상호작용이 활발해질 수 있도록 수업을 설계해야 한다.

〈원격수업 학생평가 개념도〉

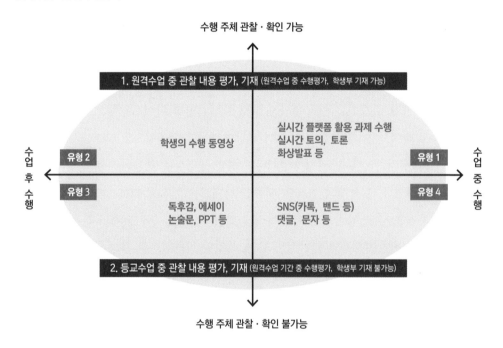

출처: 원격수업 학생평가 안내자료집(2020), 교육부 · 서울특별시교육처 · 한국과학창의재단

4 혼합형 수업에서 평가

원격수업과 등교수업이 섞여 있는 상황이라면 대부분 교사는 성적을 매기는 수행평가를 등교수업 상황에서 하려 한다. 원격수업의 경우 성적을 부여하거나 생활기록부에 기록이 가능하긴 하지만 여러 제한이 있다. 원격수업에서 학생평가는 학생의 수행을 관찰, 확인 가능한지 아닌지, 수업 중에 수행을 실시하는 것인지 아닌지를 기준으로 4개로 나뉜다.

이 중 유형1과 2는 원격수업 중 수행평가나 생활기록부 기재가 가능하다. 유형1에 해당하는 수행평가를 생각해 본다면 과목별로 구술평가가 가능하겠다. 구술평가라 할지라도 앞선 학생의 대답이 이후 학생에게 이익을 주지 않도록 문제를 세심하게 구성하거나 소회의실 기능을 이용하는 등 고려할 사항이 많다. 유형1에서 읽기와 쓰기로 수행평가가 가능하지만 학생의 접속 환경, 고등 사고력의 측정 여부 등 여전히 세부적으로 신경 써서 평가를 계획해야 할 것이다. 실시간 수업 상황에서 학생들에게 다양한 활동을 하게 한 후 교사가 그를 관찰하는 과정 중심 평가를 하는 경우, 그 내용을 생활기록부에 적어 줄 수 있다.

유형3과 4는 등교수업과 연계하여 수행평가를 하거나 생활기록부에 기재할 수 있다. 원격수업이냐 등교수업이냐에 상관없이 수업의 기본 원리가 똑같이 적용되는 것과 마찬가지로 원격수업 평가나 등교수업과 연계한 평가나 역시 평가의 기본 원리가 똑같이 적용된다. 그러므로 여기에서는 평가할 때 고려할 사항을 살펴보도록 하겠다.

1. 성장을 중심으로 평가를 바라보자

우리가 일상적으로 쓰는 '평가'라는 말에는 여러 가지가 함축되어 있다. 평가란 '학생의 학습과 행동 발달을 교육 목표에 따라 측정하고 가치적 판단을 내리는 일'을 말한다. 여기에는 두 가지 측면이 함께 담겨 있는데, 1)측정하고 2)가치적 판단을 내리는 것이 평가라는 점이다. 영어에서는 이 두 가지를 명확하게 다른 단어로 구분하여 쓴다. 1)은 'assessment'이고 2)는 'evaluation'인데 우리 말에서는 모두 '평가'로 번역한다. 'assessment'는 종종 '측정'이라고 번역하기도 하는데, 이는 결과보다는 과정에 초점을 두는 것이고, 형성적인 것이고, 어떤 기준에 관해 절대치를 묻는 절대평가의 성격을 띤다. 'evaluation'은 총괄적으로 마지막 결과에 초점을 둔다. 여행을 간다고 생각하면 'assessment'는 그 여정에 의미를 두는 것이고, 'evaluation'은 도착지에 중점을 두는 것이다. 실제적인 나의 위치에 관심을 갖는 상대평가에 가깝다. 우리가 성장하기 위해서는 과정과 결과 두 가지가 모두 필요한데, 지금까지 우리 교육은 결과에 더 방점을 두어 왔다. 그래서 정책적인 용어로 '과정 중심 평가'라는 말을 만들면서까지 과정에 의식적으로 주의를 기울여 보려 한다. 그러나 당연한 말이지만 '과정'과 '결과'가 모두 중요하다.

평가와 관련하여 또 고민해야 할 지점이 있다. 로아나 얼(Lorna Earl)은 평가의 유형을 '학습 결과의 평가', '학습을 위한 평가', '학습으로서의 평가'로 나누었다.

여기에서 '학습 결과의 평가'는 'evaluation', '학습을 위한 평가'는 'assessment'와 유사하다. 특이한 점은 '학습으로서의 평가'라는 범주를 두고 있다는 점이다. 이는 학생 스스로 자신의 학습을 점검하여 자신의 개인적인 목표와 성취 기준에 도달했는지를 판단한다는 것이다. 흔히 말하는 '메타인지' 영역으로, 학습에서 자기 책임감과 자기 조절을 강조하는 부분이다. 김선 교수는 『학생의 배움과 성장을 지원하는 과정 중심 피드백』에서 평가와 피드백의 최종 목적을 학생의 자기조절력 향상이라고 했는데, 이는 '학습으로서의 평가' 영역과 맞닿아 있다. 나는 이 부분이 매우 중요하다고 생각하여 학생의 정서 상태 조절과 함께 최대한 수업 시간에 녹여 내려고 노력한다. 이는 자기주도적 학습이라고도 볼 수 있는데, 학생이 자기 학습의 주인이 된다는 말이다. 교사가 계

평가의 유형	평가의 목적	판단의 기준	평가의 주체
학습 결과의 평가 (Assessment of learning) : 총괄	배치, 진급, 자격부여 등의 판단을 위한 정보 제공	다른 학생과의 상대적 비교, 성취기준	교사
학습을 위한 평가 (Assessment for learning) : 형성	교사의 교수적 판단을 위한 정보 제공(어떻게 가르칠지 결정하는 데 도움을 줌)	성취기준	교사
학습으로서의 평가 (Assessment as learning) : 형성	학생의 자기 점검, 자기 평가를 위한 정보 제공	학생 개별 목표와 성취기준	학생

획한 교수학습을 수동적으로 받아들이는 것이 아니라 능동적으로 학습하려는 책임감 있는 자세라 할 수 있다. 'OECD 학습나침반 2030'에서 말하는 '학생의 자기 주체성'과도 상통하는 개념이다. 학생은 자율적으로 자신의 학습을 점검할 수 있는 메타인지를 발달시켜야 하는데, 실제 수업 시간에 교사가 의도적으로 학생의 메타인지를 기르기 위한 과정을 설계하는 일은 드물다. 메타인지 활용법을 공교육에서 배우지 못하면 가정 환경과 유전으로 원래 뛰어난 학생은 계속 잘하게 되고, 그렇지 못한 학생은 뒤처지게 된다. 그야말로 학습에 있어서 빈익빈 부익부 현상이 벌어지는 것이다. 그러므로 수업과 평가를 설계할 때 '학습 결과의 평가', '학습을 위한 평가'뿐만 아니라 '학습으로서의 평가'도 고려해야 한다.

나는 이를 위해 프로젝트를 시작할 때 목표를 세워 공유하게 하고, 시작할 때 자기 수준과 상태에 대해, 더 나아지려면 어떻게 해야 하는지에 대해 생각해 보게 했다. 프로젝트가 이루어지는 중간에 자신의 상태를 점검하게 하며, 수행평가를 보기 전에 채점 기준을 미리 주어 준비를 할 수 있게 했다. 수행평가를 보고 난 후에는 자기의 수행에 관해 스스로 평가를 해보게 했으며 프로젝트가 끝난 뒤 다시 한번 자기 수준을 점검하여 시작할 때와 무엇이 달라졌는지, 이 프로젝트를 통해 어떤 성장을 이루었는지 성찰하게 했다. 이러한 구조는 앞으로 제시될 사례에 반복적으로 나타난다. 공교육을 통해 교사가 학생에게 반드시 가르쳐야 하는 능력이라고 생각해서 신경 써 설계한 부분이다.

2. 평가와 점수 매기기를 구분하자

'통일성 있는 글쓰기'를 위해 글쓰기 수행평가를 한다고 가정하자. 평가와 관련하여 학생의 어떤 질문이 떠오르는가? '얼마나 길게 써야 돼요?', '몇 점이 만점인가요?', '언제까지 내요?' 아주 익숙한 질문들이다. 하지만 평가의 본질을 잘 떠올려 보자. 이 학생들의 질문은 평가를 왜 하는지에 관한 고민을 담고 있을까? 흔히 배움과 성장을 위한 수업과 평가를 지향한다고 하는데, 이러한 목적과 학생들의 질문은 어느 정도 관련이 있나?

단도직입적으로 평가에 관한 학생들의 생각도 바꿔줘야 한다. '어떻게 해야 점수를 잘 받죠?'가 아니라 '이 과제를 통해 내가 무엇을 배울 수 있죠?'가 되도록 말이다. 하지만 정말 안타깝게도 학생들의 점수 지향적인 태도는 지금까지 그네들이 배워 온 것이다. '통일성 있는 글쓰기'를 평가하면서 평가 목적을 강조하면 학생은 '제 글에서 어떤 부분이 통일성을 떨어뜨리나요?'라고 질문을 할 것이다(솔직히 나는 이런 질문을 안 받아 봐서 이럴 거라고 예상만 한다). 하지만 교사가 '20줄 넘어야 만점이야, 기한 어기면 하루당 1점씩 감점할 거야.'라고 말을 하면 학생들은 당연하게도 위와 같은 질문을 하게 된다. 평가 과제에 관해 교사가 그렇게 말을 하지 않았다 할지라도 지금까지 많은 교사가 그렇게 접근해 왔기 때문에 학생들은 이런 질문에 익숙하게 된 것이다. 이혜정 교수는 『서울대에서는 누가 A+를 받는가』라는 책에서 서울대 학생들이 교수들의 말을 열심히 받아 적고 암기해서 시험을 보는 것은 결국 교수들이 그것을 원했기 때문이라고 했다. 학생들이 이렇게 질문을 하는 이유도 그렇다. 교사들이 학생들에게 그동안 요구했던 것을 내재화했기 때문이다.

사라 슈뢰더(Sarah Schroeder)는 자신의 칼럼 「How to Help Students Focus on What They're Learning, Not the Grade」에서 교사가 점수화하지 말아야 할 것

을 네 가지로 나누어 이야기하고 있다.

첫째, 연습한 것에 점수를 주어서는 안 된다. 수행한 것을 즉시 점수화하는 것을 하지 말아야 한다. 학생들은 점수가 부여되는 순간 그것이 끝이라고 생각하여 더 발전하려는 노력을 하지 않는다. 특히 연습의 경우 그것이 제대로 된 연습이 되려면 점수를 부여해서는 안 된다. 과정 중심 평가라고 해서 연습한 것을 점수화하는 경우가 많은데 최종 수행이 성취기준에 도달했는지 여부를 점수화하라는 거다.

둘째, 눈에 보이지 않는 것에 점수를 주어서는 안 된다. 관찰하기 어려운 것을 점수화하려 해선 안 된다. 창의성, 협업, 태도 등은 매우 중요한 것이지만 이것이 중요하다고 강조하고 관련한 피드백을 줄 수는 있으나 이것을 점수화하는 것은 좋지 않다. '협력' 항목에 10점을 받기 위해 1/n만큼 자기 역할을 정확하게 하는 학생들도 있다. 그런 학생은 교사가 원하는 '협력'을 제대로 배운 것이라 할 수 없다.

셋째, 지시사항을 준수했는지 여부에 점수를 주어서는 안 된다. 마감 기한을 지켰는지, 분량을 지켰는지 등을 점수화해서는 안 된다는 것이다. 이후 배움 확인표에 관해서도 다시 언급하겠지만 배움 확인표의 '기준'은 성취기준이나 학습목표에 기반해야 한다. 그렇지 않은 것을 점수화하는 경우 학생은 교사의 모든 지시사항을 맹목적으로 따르게 된다. 자칫하다가는 '순종적이고 말 잘 듣는' 학생을 기르는 일이 된다.

넷째, 자신의 편향이 드러나도록 점수를 주어서는 안 된다. 학습자는 아주 다양한 특성을 지녔는데 교사가 자신의 편향을 측정하려고 하면 안 된다는 것이다. 이에 대해 사라 슈뢰더는 '탁월함에 관한 좁은 시선'이라는 표현을 썼는데, 교사가 자신이 생각하는 탁월함이라는 잣대를 들이밀 수 있다는 것을 경계해야 한다는 거다. 가령 '시 창작'을 채점하게 될 때 어떤 교사는 성취기준과 관련 없이 진솔하고 솔직함에 높은 점수를 줄 수 있고, 어떤 교사는 기발한 발상에 높은 점수를 줄 수도 있다.

이밖에도 사라 슈뢰더는 과정 중심 평가를 방해하는 것으로 '시간을 정해 놓은 테스트, 질이 낮은 자료, 빨간색으로 표시하기, 점수로 이야기 나누기, 맥락 없이 칭찬하기, 초점화되지 않은 안내, 잘한 점보다 부족한 점에 초점을 두기, 평균 내기, 숙제와 연습에 점수 매기기' 등을 들었다.

수잔 브룩하트는 그녀의 저서 『How to use grading to improve learning』에서 평가와 점수 매기기를 다음과 같은 도표로 명확하게 구분하고 있다.

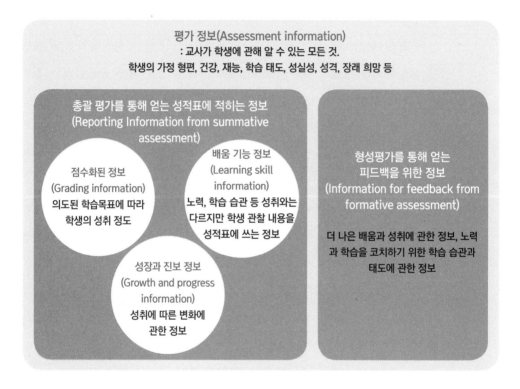

여기에서 보면 성적표의 점수는 총괄 평가를 통해 얻고, 이것은 학생들의 성취만을 평가한 것이다. 즉, 'formative' 0, 'summative' 100이다. '품사' 단원을 수행평가로 하건 지필평가로 하건 학생의 성취 정도가 비슷하려면 수행평가를 할 때 학생의 노력이나 태도 등을 포함시키지 않아야 한다. '품사' 평가에 관한 타당도를 생각해 보아도 학습지를 성실하게 작성하거나 기한 내에 과제를 제출하는 것은 최종적인 점수를 내는 데 적절하지 않다. 브룩하트는 교사가 학생을 통제하기 위해 수업 중 연습이나 성실성, 노력 등을 점수에 포함하는 것은 바람직하지 않다고 잘라 말한다. 학습 습관, 기한 내에 과제를 제출하는 것은 교사가 꾸준한 관찰을 통해 지도해야 할 중요한 일이지만 점수화할 것은 아니라고 말한다. 이러한 것은 우리로 따지면 '과목별 세부 능력 및 특기 사항'이나 '행동 발달 사항'(도표에서는 배움 기능 정보, 성장과 진보 정보)에 적으면 된다. 정의적 영역도 마찬가지이다. 매우 중요한 평가 영역이지만 이를 점수화하는 것은 고민해 봐야 한다. 이러한 내용이 내 교실 상황에는 맞지 않는 이상적인 이야기로 들릴지도 모른다. 하지만 교사는 평가를 학생 통제나 유인의 수단으로 사용하는 것은 아닌지 돌아볼 필요가 있다.

3. 배움 확인표(루브릭)를 활용하자

루브릭(Rubric)이란 학생들이 과제 수행을 통해 보여주기를 기대하는 평가 기준에 대해 수행의 질을 수준(예:상/중/하)에 따라 구체적인 언어로 기술한 것을 말한다. 이는 무엇을 평가하고 점수화해야 할지에 관한 명확한 기준을 준다. 루브릭을 우리말로 번역하면 '채점기준표'가 되는데 '채점'이라고 하면 이를 꼭 점수화해야 할 것 같은 생각이 든다. 그래서 이 책에서는 루브릭을 '배움 확인표'라고 부르려 한다. '배움 확인표'라고 하면 배움의 어느 과정에서나 사용할 수 있고, 학생들을 학습의 주인으로 대접하는 느낌이 들기 때문이다.

카드뉴스를 만든다고 했을 때 다음 배움 확인표를 살펴보자.

〈1단계〉 관련 성취기준 확인하기

*성취기준
[9국03-08]영상이나 인터넷 등의 매체 특성을 고려하여 생각이나 느낌, 경험을 표현한다.
*핵심 질문: 자신의 생각이나 느낌, 경험을 매체의 특성을 고려하여 표현할 수 있는가?

〈2단계〉 수행 과제와 평가 기준 세우기

*수행 과제: 코로나 19에 관한 자신의 생각 카드뉴스로 만들기
*배움 확인표(수행 30점)

평가 기준	상	중	하
제출용 활동지를 성실하게 작성했는가(5점)	5점	3점	0점
주제에 맞는 핵심 내용을 실었는가(5점)	5점	3점	0점
내용에 맞는 시각 자료와 표현 방법을 사용하였는가(5점)	5점	3점	0점
깔끔하고 보기 좋게 작성하였는가(5점)	5점	3점	0점
8장 이상의 카드뉴스를 제작했는가(5점)	8장 이상 5점	한 장 부족할 때마다 -1점	
제출 기한을 준수하였는가(5점)	5점	하루당 -1점	

이 배움 확인표에서 측정하고자 하는 것은 무엇일까? 먼저 주제에 맞는 내용 선정과 내용에 맞는 시각 자료와 표현 방법 사용은 성취기준을 구체화했다고 볼 수 있다. 하지만 이 내용 10점 이외의 항목을 통해 무엇을 평가하고자 하는지 생각해 볼 필요가 있다.

'깔끔하고 보기 좋게 작성하였는가'는 독자가 카드뉴스를 볼 때 어느 정도 중요한 요소이긴 하다. 하지만 이것이 성취기준에 해당한다고 볼 수 있을까? 이 항목이 측정하려는 평가 요소는 디자인적인 감각이다. 이는 오히려 미술과에 맞는 기준은 아닐까?

'활동지를 성실하게 작성했는가'는 학생의 성실성을 평가하려는 것이다. 이 성취기준을 달성하는데 이것이 중요한 평가 요소인가? 성실하게 자기 생활을 조절하는 능력은 학생에게 필요한 요소이긴 하다. 그렇다고 이것을 꼭 점수화할 필요가 있을까? 평소 교사의 언행이나 피드백으로 강조만 할 수도 있지 않

을까? 점수에 넣어야 학생이 중요하다고 여긴다고 생각할 수도 있지만 살면서 많은 부분은, 특히나 의미 있고 중요한 부분은 계량화하기 어려울 수도 있다. 한동안 부모님 사이가 좋지 않아서 활동지를 제대로 제출하기 어려웠던 어떤 학생이 노력을 해서 성취기준에 도달했다면, 혹은 초반에는 어떻게 해야 할지 감을 잡지 못해서 빈 활동지를 제출하다가 마지막에 아이디어가 떠올라 성취기준에 도달한 학생이 있다면 이 항목에서 점수가 깎일 것이다. 이것이 타당할까? 수업 과정 중에 성실함이 돋보인 학생이 있었다면 혹은 협력적이거나 리더십이 돋보이는 학생이 있었다면 기록해 두었다가 생활기록부 '세부 능력 및 특기사항'에 적으면 된다.

'8장 이상'이라는 분량의 기준은 어떠한가? 교사들은 채점의 공정성을 기한다는 생각으로 양적인 기준을 정하는 경우가 많다. 하지만 이럴 때 딜레마에 빠질 수도 있다. 내용이 충분하지 않은데 억지로 늘려 8장을 맞춘 학생은 5점을 받을 것이고, 내용은 알찬데 한 장이 부족한 학생은 4점을 받게 될 것이다. 이것이 교사가 측정하고자 하는 것일까? 학생의 성장에는 양적인 기준보다 질적인 기준이 더 낫다. 8장 이상 만든 것에 안도하기보다 더 괜찮은 결과물을 내기 위해 노력할 테니 말이다.

'제출 기한을 준수'하였는지 여부도 많은 교사가 점수 항목에 자주 반영하는 기준이다. 이를 통해 교사는 무엇을 측정하고 싶은 걸까? 제시간 안에 할 수 있는 자기조절력을 키우고 싶은 것이라면 실제 그것을 항목으로 만들어 점수화한다고 가능할까? 차라리 목표를 잘게 세분화해서 그날 달성해야 할 것들을 그날 점검하고 조금 느린 학습자에게 조치를 취해주는 것이 더 낫지 않을까?

이 배움 확인표는 또 다른 문제가 있다. 이 배움 확인표에는 학생이 상이나 하를 받은 이유에 대한 증거로 삼을 만한 내용이 들어 있지 않다. 만약 어떤 학생이 '주제에 맞는 핵심 내용을 실었는가'에서 3점을 받았다면 이 학생은 자기가 왜 3점인지, 어떻게 해야 5점으로 갈 수 있는지에 관한 어떠한 정보도 받지 못한다. 5점과 3점의 기준은 교사의 머릿속에 어떤 상으로만 존재하기 때문에 학생은 당연히 그것을 제대로 알 수 없다. 점수를 잘 받고 싶으면 눈치껏, 알아서, 공들여, 열심히 할 수밖에 없게 된다. 배움 확인표에는 수행의 어떤 점이 어느 수준인지에 관해, 즉 '수행의 질'을 구체적인 언어로 표현한 내용이 있어야 한다. 교사는 학생의 수행을 관찰하여 증거를 수집하고, 그 증거에 기반하여 점수를 부여해야 한다. 상, 중, 하로 수준을 나누더라도 각 수준에서 어떤 수행의 모습이 그 수준에 해당하는지를 구체적으로 밝혀야 학생은 정확하게 목적지를 설정하고 '잘 된 수행'이 무엇인지 감을 잡을 수 있다. 수잔 브룩하트는 이러한 구체적 기술이 들어 있어야 '루브릭'이라고 이야기한다.

제시된 배움 확인표는 성취기준에 도달한 것이 상 수준인지, 중 수준인지 알기 어렵다. 배움 확인표에서는 상, 중, 하보다 '뛰어난/충분한/거의 충분한/초보적인' 등의 용어를 사용하여 성취기준의 도달은 어느 정도이고 그것을 넘어서서 더 탁월하게 잘하는 수준은 어떠한 것인지 제시하도록 권한다. 이때 '충분한'의 평어를 기술할 때 조심해야 할 점이 있다. '충분하다'는 것은 성취기준에 도달했다는 말이므로 평어에서 정확하게 성취기준을 제시해 주는 것이 좋다. 교육과정 평가 기준 문서를 활용하여 성취기준에 도달한 수준의 평어를 작성하고 그보다 탁월한 경우 관찰할 수 있는 모습을 적고, 미흡한 경우 관찰 요소를 적으면 보다 쉽게 배움 확인표를 만들 수 있다. 과제나 과목에 따라 '탁월한/뛰어난' 구분이 필요 없을 경우도 있는데 그럴 경우에는 '충분한'을 가장 높은 단계로 설정하면 된다.

2012년부터 도입된 성취평가제는 국가 교육과정에 근거하여 과목별로 도달한 정도를 판단하는 것으로 학기 말에 A~E로 표시한다. A는 90% 이상 도달한 학생이고, E는 60% 미만의 학생을 나타낸다. 60% 미만이라고는 하지만 성취기준을 '이수'해야 하므로, 교사는 성취도 낮은 학생을 최대한 끌어올려 60%에 가깝도록 하는 것이 바람직하다. 물론 쉬운 일은 아니다. 개인적으로는 배움 확인표에서 최하점은 40~60% 정도가 적당하다고 생각한다. 앞에 제시된 배움 확인표에서 가장 성취가 낮은 학생은 0점도 아니고 심지어 마이너스 점수를 얻게 된다. 하지만 느린 학습자인 학생이 0%인 경우는 지속적으로 수업에 참가하지 않았을 때밖에 없다. 그러므로 배움 확인표에서 최하점을 적절하게 조절할 필요가 있다.

학교에서 흔히 사용하는 평가 기준을 보자.

평가 요소	평가 내용		배점
듣기 · 말하기 (10점)	* 말하려는 주제가 분명한가? * 말하려는 내용을 논리적으로 구성했는가? * 말하려는 주제에서 벗어난 내용은 없는가? * 듣는 사람이 이해하기 쉬운 표현을 사용하는가? * 적절한 반언어적 표현(어조, 성량, 속도, 시간)을 사용하는가? * 적절한 비언어적 표현(자세, 몸짓, 표정)을 사용하는가? * 듣고 있는 내용을 잘 이해하는가? * 들으면서 필요한 내용을 메모하는가? * 듣고 난 후 궁금하거나 이해가 되지 않는 부분을 질문하는가? * 듣는 태도가 바람직한가?	10개 항목 우수	10
		9개 항목 우수	9
		8개 항목 우수	8
		7개 항목 우수	7
		6개 항목 우수	6
		5개 항목 우수	5
		4개 항목 우수	4
		3개 항목 우수	3
		2개 항목 우수	2
		1개 항목 우수	1
		0개 항목 우수 또는 참여하지 않음	0

이런 평가 기준은 교사가 사용하기 좋다. 어떤 종류의 말하기라도 다 사용할 수 있고, 어떤 점수를 주어도 상관없기 때문에 몇 년을 두고라도 쓸 수 있다. 그러나 평가를 받는 학생 입장에서는 자신의 말하기에 관한 어떤 정보도 얻을 수 없다. 7점이라는 점수만 주어질 뿐 자신이 왜 7점이고 어떤 것은 잘했는데 어떤 부분에서 얼마나 모자라서 7점인지 알 수 없다. 이러한 평가표는 누구를 위한 것인가? 학생의 배움과 성장을 목적으로 하는 것인가? 아니면 점수를 쉽게 매기는 것을 목적으로 하는가?

김선은『수행평가와 채점기준표 개발』에서 '루브릭을 사용하면 교사는 학생들의 수행 수준을 이해하고, 채점기준표에 기술된 수행 수준과 학생들이 실제로 수행하는 과정이나 결과를 비교하여 학생에게 즉각적인 피드백을 제공할 수 있게 되고, 학생은 수행을 잘하기 위해 무엇을 해야 할지 알 수 있으며, 자신이 받은 점수의 의미, 이유, 보완해야 할 점 등을 알게 됨으로써 자기 평가를 할 수 있다'라고 했다.

루브릭 형태의 배움 확인표를 만들 때에는 학생의 수행 과제를 수집하고 이를 분류하여 단계를 나누고, 각 단계에서 드러나는 특성을 기술해야 한다. 그러나 양적이지 않고 질적인 배움 확인표를 만드는 일은 쉽지 않다. 본인 스스로 그 의의를 알고 꾸준히 노력해야만 가능하다. 혼자서 하기 어려우니 동료 교사나 교사 커뮤니티에서 함께하는 것도 좋겠다. 학생에게 협업을 가르치는 것도 필요하지만 우리부터 협업을 몸에 익히는 것도 필요하다.

이 책에서는 프로젝트를 진행하면서 사용할 수 있는 다양한 배움 확인표의 사례를 실었다. 그것은 자신의 수준을 점검하는 데 쓰일 수도 있고, 학습 향상을 위한 도구로 이용할 수도 있다. 무엇보다 수행평가를 앞두고 구체적으로 수행을 어떻게 준비하고 자신의 능력을 발전시켜야 하는지에도 도움을 줄 수 있다는 것을 보여주려 했다.

앞으로 나올 사례들은 지금까지 이야기한 고민의 결과이다. 아주 잘하고 있다고 말할 수는 없겠지만 가야 할 방향을 잡고 꾸준히 노력하고 있다고는 자신 있게 말할 수 있다. 학생이 정서적·지적으로 성장하는 일은 중요하다. 학습의 주인이 자기 자신임을 깨닫게 하는 일도 중요하다. 교사가 전문직인 이유는 이러한 일을 '전문적으로' 돕기 때문일 것이다. 인공지능으로, 혹은 인터넷 강의만으로 교사를 대체할 수 없는 이유이기도 하다.

1장

관악 청소년
문학상
프로젝트

1 온라인으로 한 학기 한 권 읽기를?

국어과에서는 '한 학기 한 권 읽기'를 진행한다. 나는 2019년에 일주일에 한 시간씩 1~3학년 독서 수업을 맡았다. 1학기에는 '관악 청소년 문학상' 프로젝트를 진행했고, 2학기에는 나만의 책 만들기'(1, 2학년)와 '진로 서평 쓰기'(3학년) 프로젝트를 진행했다.

'관악 청소년 문학상'은 이민수 선생님의 수업을 뼈대로 삼았다. 여덟 권의 책을 미리 선정한 다음 학생들에게 소개하고 원하는 책을 선택하여 모둠을 만들고, 함께 읽는다. 왜 우리 책이 청소년 문학상 수상작이 되어야 하는지 발표를 하고 투표를 통해 상위 세 권을 가린다. 이 세 권의 책을 읽고 삼자대면 토론을 진행한 후 최종 투표를 거쳐 1위로 뽑힌 책의 작가님을 초대해 전교생이 함께 독서 행사를 하는 방식으로 진행했다. 작년에는 『어느 날 내가 죽었습니다』가 뽑혀서 이경혜 작가님을 초대해 상장을 전달하고 북토크를 진행했다. 올해도 비슷하게 진행되리라 예상했다. 하지만 코로나가 이렇게 삶을 뒤흔들 줄이야.

2월부터 세상이 계속 뒤숭숭하더니 급기야 개학이 연기되었다. 언론에서 뭐라고 하면 그에 맞춰 정신없이 준비를 해야 하는 상황이 계속되었고, 원격 수업 이야기를 듣자마자 학교도, 나도 바쁘게 움직였다. 그나마 우리 학교는 올해부터 구글 클래스룸을 써 보자는 생각에 와이파이도 다 설치했고, 'G-스 윗' 계정에도 가입했으며, '크롬북'까지 사 놓은 상황이어서 플랫폼을 논의하 는 데 오랜 시간이 걸리지 않았다. 연구혁신정보 부장으로서 학교 선생님들에 게 '구글 클래스룸'을 비롯하여 다양한 프로그램 사용 방법을 연수하고, 기자 재를 사느라 수업에 관한 생각은 계속 미뤄둘 수밖에 없었다. 막연하게 '이제 와서 뭘 어떻게 바꾸겠어. 계획한 대로 가는 거야.'라고 생각하면서.

4월에 접어들자, 원격수업이 공식화되었다. 더 이상 수업 고민을 미룰 수도 없었다. 어떻게 온라인으로 책을 읽히지? 경제 형편이 어려운 학생들에게(우리 학교는 법적으로 지원받는 학생이 13% 정도인 교육복지 학교이다). 책을 사라고 하면 과 연 살까? 공공도서관에서 빌리라고 하면 학생들이 빌려 올까? 막연하게 고민 하던 중 삼정중학교에서 학교 예산으로 학생들에게 책을 사 준다는 소식을 들 었다. 그 이야기를 듣자마자 바로 예산안을 살폈다. 봄에 열리던 과학 축제나 여름의 농촌 봉사활동 등 코로나로 인해 못하게 될 사업이 보였다. 해당 부서 의 동의를 얻은 다음 급히 '관악 청소년 문학상' 프로젝트 도서를 선정하였다. 그리고 행정실과 협의하여 책을 주문했다. 작년에는 한 모둠에 세 명씩 여덟 권을 골랐으나 원격에서 모둠별 활동을 하게 되면 네 명이 안정적이겠다 싶어 여섯 권으로 줄였다. 최종적으로 고른 책은 『더 빨강』(김선희, 사계절), 『모두 깜 언』(김중미, 창비), 『봉주르 뚜르』(한윤섭, 문학동네), 『아몬드』(손원평, 창비), 『아무 도 들어오지 마시오』(최나미, 사계절), 『장수 만세』(이현, 창비)이다.

주문한 책이 오는 동안 학생들에게는 어떤 책을 읽고 싶은지 묻는 설문을 보냈다. 3일간 설문을 받은 다음 학생들의 1~3지망과 모둠의 구성을 고려하 여 책 배정을 했다. 2, 3학년 학생들에 관해서는 이미 잘 알고 있기 때문에 모 둠을 만드는 데 어려움은 없었다. 하지만 새로 입학한 1학년 학생들에 관한 정

관악 청소년 문학상 프로젝트를 위한 책 선정하기

안녕하세요, 앞으로 매주 한 시간씩 국어B 수업을 맡게 된 구본희 선생님입니다. 국어B 시간에는 한 학기 동안 한 권 이상의 책을 읽고 그 중에서 최고의 책을 뽑아 작가에게 시상을 하는 '관악 청소년 문학상 프로젝트'를 진행하게 됩니다. 그래서 여러분들이 읽을 책을 한 권씩 사주려 합니다.
다음의 책 소개를 클릭하여 보시고 아래 설문에 어떤 책을 읽고 싶은지 3지망까지 작성해 주세요.
한 반에 3~4명 정도 한 책을 읽어야 하기 때문에
선생님이 최종적으로 어떤 책을 읽을지 정하여 알려주겠습니다.

1. 더 빨강, 김선희, 사계절 http://www.yes24.com/Product/Goods/9465627?scode=032&OzSrank=2
2. 모두 깜언, 김중미, 창비 http://www.yes24.com/Product/Goods/16514736?scode=029
3. 봉주르 뚜르, 한윤섭, 문학 동네 http://www.yes24.com/Product/Goods/4263762?scode=029
4. 아몬드, 손원평, 창비 http://www.yes24.com/Product/Goods/37300128?scode=029
5. 아무도 들어오지 마시오, 최나미, 사계절 http://www.yes24.com/Product/Goods/68882987?scode=029
6. 장수만세, 이현, 창비 http://www.yes24.com/Product/Goods/9397127?scode=029

설문지 작성을 안 하는 경우, 한 책에 너무 많이 몰리는 경우 원하지 않는 책에 배정될 수도 있습니다.

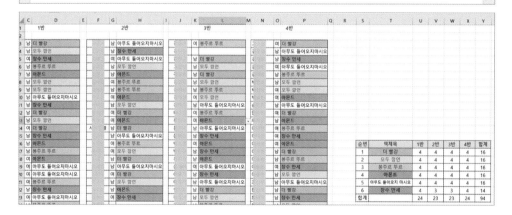

보는 부족했다. 설문에 응답을 한 학생은 성실할 것이라 가정하여, 이 학생들을 우선 모든 모둠에 골고루 배정했다. 그리고 응답하지 않은 학생으로 숫자를 채워 모둠을 만들었다. 머리를 쓴다고 썼지만, 나중에 개학하고 나서야 헛

| 교문 앞에서 워킹스루로 학습지 꾸러미와 책을 받아 든 학생 | 도서실에서 학생들에게 줄 학습지 꾸러미를 준비하고 있는 선생님들 |

다리 짚은 경우가 많았다는 걸 알게 되었다.

　배정한 책을 어떻게 나눠 줄까 고민하던 중 다행히 3학년 선생님들이 개학 전에 학생들에게 학습지 꾸러미를 전달한다고 해서 거기에 묻어가기로 했다. 거의 모든 과목 선생님이 도서관에 모여 학생들에게 나눠 줄 학습지 꾸러미를 만들었다. 미술 선생님은 작은 스케치북을 준비했고, 영어 선생님은 클리어 파일에 학습지를 끼워 준비했고, 사회 선생님은 노란 파일에 꽤 두툼한 사회 학습지 철을 준비했다. 나도 학생들에게 나눠 줄 공책과 학습지, 읽힐 책을 준비했다. 학생들은 '워킹스루' 방식으로 학습지 꾸러미를 가져갔고 나는 담임 선생님들 옆에 서서 학생들에게 일일이 2주 안에 책을 다 읽어야 한다는 잔소리를 퍼부었다. 3학년이 개학을 한 후 2학년과 1학년도 순차적으로 개학을 해서 모두에게 학습지 꾸러미와 함께 책을 나눠 줄 수 있었다. 2학년과 3학년의 경우, 누가 책을 잘 읽지 않을지 짐작할 수 있었기 때문에 그런 학생들에게는 책을 주면서 이 책은 이런저런 내용이라고, 그래서 특별히 너에게 이 책을 추천한 거라고 열심히 낚시질했다.

　몇 번 계획을 수정하여 최종적으로 전체 프로젝트는 다음과 같이 진행했다.

차시	2~3학년	1학년
1	공책 만들기, 목표 세우기(이 프로젝트는 왜 할까? 나의 목표는 무엇일까? 배움 확인표 읽고 자기 수준 체크하기, B~D 받을 것 같은 요소와 그 이유, A를 달성하기 위한 나의 노력) /**구글 문서, 구글 슬라이드**	
2	책 읽고 내용 정리하기1_줄거리 프로파일(읽은 부분까지 10개의 사건으로 나눠서 자신의 기분을 그래프에 표시) /**구글 문서**	
3	책 읽고 내용 정리하기2_인물 감정표, 별점과 이유&질문 만들기(잼보드에 학년으로 공유), 친구 질문에 답변하고 댓글 달기(학급 공유) /**잼보드, 구글 클래스룸의 '질문', 구글 문서**	
4	목표 점검하기, 읽기 점검하기, 책 내용과 관련된 세상 일 찾기, 장점과 단점&반박(패들렛에 전학년 공유) /**구글 문서, 패들렛**	
5~6	앞 반은 카카오 오픈채팅으로 모둠 토의(5차시), 내가 선택한 책에 유리한 심사 기준 세우고 우리 책이 이 기준에 적당한 이유 적기(6차시), 뒷반은 거꾸로 진행 /**카카오 오픈채팅, 구글 문서, 멘티미터**	
7	발표 자료 만들기(모둠별로 역할 나누어 공유 슬라이드에 자료 만들기) /**구글 슬라이드**	
8	프리젠테이션 점검, 배움 확인표 참고하여 대본 쓰기/**구글 문서**	발표 자료 만들기2 /**구글 슬라이드**
9	책 바꿔 읽기, 말하기 발표 대본 수정하기/**구글 문서**	프리젠테이션 점검, 배움 확인표 참고하여 대본 쓰기/**구글 문서**
10	책 소개 연습하기(개인별, 모둠별로 연습하기)	모둠별로 발표 대본 수정하기 /**패들렛**
11	책 소개 발표, 투표하기 /**구글 설문지**	모둠별로 발표 대본 수정하기2 /**패들렛**
12	책 소개 발표 자기 성찰 평가/**구글 문서**	책 소개 연습하기(개인별, 모둠별로 연습하기)
13	서평 쓰기 목표 세우기, 질문 중 마음에 드는 것 골라 내용 정리하기/**구글 문서**	책 소개 연습하기2
14	질문 중 마음에 드는 것 골라 내용 정리하기2, 개요짜기	책 소개 발표, 투표하기 /**구글 설문지**
15	서평 쓰기(3학년은 작품의 사회적인 배경이 드러나게, 2학년은 표현 효과를 살려서) /**패들렛, 구글 문서**	책 소개 발표 자기 성찰 /**구글 문서**
16	고쳐쓰기/**구글 문서**	성공과 축하의 자리(프로젝트를 하며 겪었던 어려움과 성공 나누기) /**패들렛**
17	서평 쓰기 자기 성찰 평가, 1학기 평가/**구글 문서**	1학기 평가 /**구글 문서**

2 첫 차시 수업(구글 슬라이드, 구글 문서, 구글 설문지)

1	공책 만들기, 목표 세우기
2	책 읽고 내용 정리
3	별점과 이유, 질문 만들기
4	중간 점검, 장단점과 반박
5~6	모둠 토의, 심사 기준 정하기
7	발표 자료 만들기
8	발표 대본 쓰기
9	발표 대본 수정
10	책 소개 연습
11	책 소개 발표
12	책 소개 발표 돌아보기
13	서평 쓰기 목표
14	내용 정리하기
15	서평 쓰기
16	고쳐쓰기
17	전체 평가
	행사 준비
	작가와 만남

수업은 어떻게 설계해야 할까? 한 학기를 관통하는 프로젝트이므로 내가 일상적으로 하던 수업과 비슷하게 해야겠다고 생각했다. 원격수업의 도구들은 내 수업을 돕는 부차적인 것들이다. 꼬리가 몸통을 흔드는 일이 없게 하려면 나부터 내가 무엇을 하고 싶은지 분명해야 한다. 내가 바라는 바는 무얼까? 나는 학생들이 책을 읽을 때 이왕이면 자기 삶과 관련지어 깊게 읽고, 다른 친구들과 상호작용하면서 같은 책을 읽어도 다양한 생각이 존재한다는 걸 깨달으면 좋겠다. 그러려면 원격이든 아니든 충분히 교사와 학생들 서로와 책과 상호작용할 수 있도록 해야 했다. 내가 혼자 일방적으로 이야기하는 것보다 학생 스스로 활동을 해야 목표를 달성할 수 있겠는데 이를 위해서는 활동 안내가 필요하다. 실제 수업에서도 시작할 때 간단하게 안내를 하고 학생들이 직접 활동을 했으니 비슷한 형식이 필요했다.

등교수업이라면 설명과 여러 잔소리가 효과를 볼 수 있겠지만 원격수업에서는 어떻게 가능하지? 구글 클래스룸에 자세하게 안내를 한다고 해도 학생들이 그걸 꼼꼼하게 읽어 볼까? 읽고 무슨 이야기인지 이해할 수 있을까? 찬찬히 읽어보면 이해할 수 있겠지만 내가 설명해 준다면 과제를 파악하는 시간이 줄어들 터였다. 그러던 중 일반 학교보다 먼저 수업을 하고 있던 창덕여중 윤수란 선생님으로부터 '줌'을 통해 전체 학년을 대상으로 수업을 하고 있다는 이야기를 들었다. 한 시간 수업 참관을 한 후, 이 방식을 이용해 보기로 했다. 그렇다면 나도 줌으로 과제 설명을 하면 되겠구나. 먼저 책 소개도 하고 공책 만드는 방법부터 이야기해야겠는데? 예전처럼 표지도 간단하게 만들고 배움 진행표도 만들어야지. 이제 기본 시스템은 만들어졌다. 줌을 이용해서 과제 설명을 하고 공책도 사용한다. 구글 클래스에는 과제를 올린다.

하지만 모든 학년이 과제 제출 여부로 출석을 확인하고 있었기 때문에 줌 수업에 들어오는 것을 강제할 수는 없었다. 줌에 들어오면 설명을 듣고 과제를 더 쉽게 할 수 있다고 최대한 독려할 뿐이었다. 또 줌에 들어오지 않아도 손해를 보지 않도록 자세한 안내도 해야 했다. 보통 전체 학년의 1/3이 줌에 들어왔고, 최대 2/3가 들어와 수업을 하기도 했다.

줌으로 수업을 하겠다고 문자를 보내고, 구글 클래스룸에 주소도 남겼다. 학년별로 시간표를 운영하여, 수요일은 1학년, 목요일은 2학년, 금요일은 3학년

줌으로 공책 만드는 방법을 설명했다.

일주일에 한 시간인 국어B 시간에는 국어 공책의 1/4만 쓰기로 했다. 공책의 3/4지점부터 표지를 붙이고 시작한다.

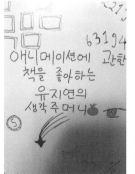

선배들이 만든 표지 예시를 보여 주었다.

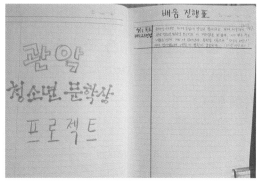

공책 쓰는 법을 설명하기 위해 직접 공책을 만들었다.

1학년도 예시대로 잘 따라온다.

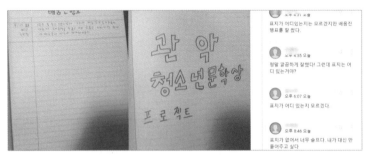

제대로 하지 못했을 경우, 교사가 지적을 하지 않아도 친구들이 과제하는 방법을 알려 준다.

함께 나눠 준 학습지를 푼 다음 사진 찍어 올리도록 했다.

전학왔다고 소문만 들은 친구(21번)에게 관심이 많은지 댓글도 많다.

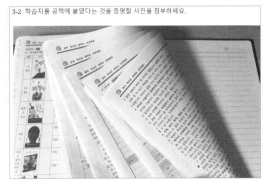

2-1. 공책에 적은 '배움 진행표'에서 '목표+배우고 느낀점' 3개가 잘 보이도록 (초점 맞추어서) 사진 찍어 아래에 첨부하세요.

3-2. 학습지를 공책에 붙였다는 것을 증명할 사진을 첨부하세요.

배움 진행표는 공책에 쓴 후, 사진 찍어 첨부한다.

학습지를 공책에 붙였다는 것을 승명할 사신도 찍어 보낸다.

수업을 했다. 줌으로 만난 학생들과 반갑게 인사를 한 후, 먼저 공책 만드는 법을 직접 보여 주면서 설명하고 간단하게 표지를 꾸미도록 했다. 언제나 예시가 중요하다. 교사의 언어는 추상적이기 마련이어서 설명만 듣고는 학생들이 교사의 머릿속에 그려진 상을 따라잡기 힘들다. 직접 공책을 하나 만들어서 보여 주었고, 선배들이 만든 표지의 예시도 보여 주었다. 2, 3학년 학생들은 익숙한 일이라 금세 넘어갔지만 1학년 학생들은 하나씩 차근차근 설명해야 했다. 다행히 고학년부터 순차적으로 개학을 했기 때문에 선배들이 만든 표지를 예시로 보여 줄 수 있어 수월했다.

등교수업 상황이라면 친구들이 만든 표지를 구경할 수 있을 텐데 원격수업은 그러지 못한다는 게 아쉬웠다. 같은 반에 어떤 친구들이 있는지도 모르는 상황에서 서로의 책 읽기 특징을 보여 주는 표지는 학생들이 서로를 아는 데 도움도 되고, 배우는 것도 많다. 또 표지를 어떻게 만들어야 할지 전혀 감을 잡지 못하는 학생은 친구들 것을 보면 도움이 되지 않을까 싶었다. 그래서 어떻게 하면 같은 반 학생들의 표지를 보여 줄 수 있을까 고민하다가 구글 슬라이드를 이용하기로 했다. 구글 슬라이드를 한 반이 모두 들어와 쓸 수 있게 '수정' 모드로 설정해 놓고 자기 번호에 자신이 만든 표지와 배움 진행표 사진을 올리고, 친구들이 올린 결과물에 댓글을 달 수 있도록 했다. 등교 수업 때 보니 1학년은 한 반에 4명 정도가 공책을 제대로 만들지 못해서 다시 지도해야 했다.

배움 진행표는 수업 시작 전에 그날의 수업 목표를 적고, 수업이 끝나고 나서 그 목표에 비추어 자신이 '배우고 느낀점'을 적는 일지다. 프로젝트를 시작하면 항상 공책 앞쪽에 넉넉하게 자리를 잡고 쓰게 한다(자세한 사용 방법은 『보니샘과 함께하는 자신만만 프로젝트 수업 10』, 우리학교 참조). 학생들에게 전체 프로젝트의 목표뿐만 아니라 그 시간의 목표를 주는 것도 스스로를 조절하고 과제에 몰입하는 데 도움이 될 거라고 생각해서 시작한 방식인데, 학생들이 그날그날 무엇을 느꼈는지를 교사가 바로 확인할 수 있어서 꾸준히 작성하게 했다.

학생들의 프로젝트 참여 의지를 북돋기 위해 '관악 청소년 문학상'의 이름을 공모하는 설문을 만들었다. 작년에도 이처럼 학생들이 문학상의 이름을 지었다. 그냥 '모범상'보다 '이보다 더 훌륭할 수 없다상'이라는 이름이라면 왠지 받는 사람이 더 기분 좋지 않을까 싶었다. 개인이 상 이름을 만들어 보고, 모둠에서 의논하여 하나를 정하고, 반별로 다듬고, 학년별로 결정한 후, 최종적인 상 이름을 정했다. 작년에는 '어느 날 내가 상탔상'으로 문학상 이름을 정하고 이경혜 작가님에게 상장을 전해드렸다. 학생들도 상을 받은 작가님도 다 좋아해서 올해도 해야겠다고 마음을 먹었다. 하지만 어떻게?

구글 설문지가 해결책이었다. 등교수업으로 진행하면 꽤 시간이 걸리는 작업이었는데 구글 설문지 덕에 쉽게 진행할 수 있었다. 전교생이 의견을 모은 끝에 정해진 이름은 '관악중이 인정했상'.

❖ **구글 문서**
온라인 기반의 워드 문서이다. 공유를 통해서 여러 학생이 함께 문서에 들어와 작업할 수 있다. 댓글을 통해 피드백하기 좋다. 따로 저장하지 않아도 된다. '버전 기록'을 통해 누가, 언제, 얼마나 수정했는지 확인할 수 있다. 핸드폰의 경우 앱을 깔아야 이용하기 편하다.

❖ **구글 슬라이드**
온라인 기반의 프리젠테이션 프로그램이다. 마이크로소프트의 PPT와 비슷하지만, 온라인이기 때문에 여러 학생이 함께 작업할 수 있고, 따로 저장하지 않아도 된다. 댓글을 통해 피드백하기 좋다. 핸드폰의 경우 앱을 깔아야 이용하기 편하다.

◀ 관악 청소년 문학상에 관해 간단히 설명한 후,
작년에 제작한 상장을 보여 주었다. 그리고 각
자 상 이름을 정해 보도록 했다.(1주)

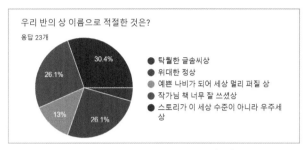

▲ 학급의 상 이름으로 적절한 것을 투표해서 뽑았다.(2주)

◀학년의 상이름으로 적절한 것을 투표해서
뽑았다.(3주)

▲ 학년에서 1, 2등 했던 이름 6개로 전체 학년이 투표를 했다.(5주)

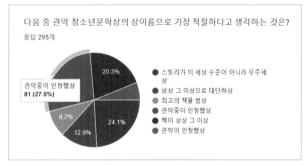

▲ 최종적으로 '관악중이 인정했상'이 뽑혔다.

③ 목표 세우기(구글 문서)

1	공책 만들기, 목표 세우기
2	책 읽고 내용 정리
3	별점과 이유, 질문 만들기
4	중간 점검, 장단점과 반박
5~6	모둠 토의, 심사 기준 정하기
7	발표 자료 만들기
8	발표 대본 쓰기
9	발표 대본 수정
10	책 소개 연습
11	책 소개 발표
12	책 소개 발표 돌아보기
13	서평 쓰기 목표
14	내용 정리하기
15	서평 쓰기
16	고쳐쓰기
17	전체 평가
	행사 준비
	작가와 만남

프로젝트 첫 수업은 언제나 프로젝트의 '목표 세우기'로 시작한다. 프로젝트의 의미를 스스로 생각해 보고, 자신의 목표를 정하는 활동이다. 교사가 목표를 정해서 알려 주는 것보다 학생이 스스로 자신의 목표를 정해야 더 실감 나게 다가오고, 기억에 오래 남을 것 같아 항상 첫 시간에 하는 활동이다(자세한 사항은 『보니샘과 함께 하는 자신만 프로젝트 수업10』, 우리학교 참고). 원격수업에서는 어떻게 목표 세우기를 할까 고민하다가 구글 문서를 이용하여 작성해 보도록 했다. 같은 내용의 학습지를 미리 배부하기는 했지만 구글 클래스룸에서 구글 문서로 작성하면 교사가 확인하기 쉽다.

목표 세우기는 먼저 '이 프로젝트를 왜 할까요? 하면 무엇이 좋을까요? 어떤 의미가 있을까요?'라는 질문으로 시작한다. 등교수업이라면 2분 쓰기를 한 후 발표를 시켰을 텐데 원격수업이기 때문에 각자 50자 이상 글을 써 보도록 했다. 다음 질문은 '관악 청소년 문학상 프로젝트는 나에게 어떤 의미가 있을까요? 이 프로젝트에서 나의 목표는 무엇인가요?'이다. 역시 개인적으로 50자 이상 쓰게 했다. 등교수업이었다면 모둠별로 돌아가며 친구가 쓴 글에 댓글을 달아 주었을 텐데 그렇게 할 수가 없었다. 제대로 만나지 못한 학생들에게 이렇게나마 교사의 '목소리'를 들려주고 싶어서 격려하는 댓글을 내가 일일이 달아 주었다. '교사 실재감'을 드러내고 싶어서 시작한 일이었지만 댓글을 달면서 곧 후회했다. 전교생 300명에게 일일이 댓글을 다는 것이 힘들기도 했지만 친구들이 쓴 목표를 읽어 보는 것이 중요한 공부인데 내가 그 지점을 간과

한 것이다(이러한 반성을 토대로 2학기에는 패들렛으로 목표를 공유했다).

피드백을 다는 것도 요령이 생겨 6~8가지 유형을 정해 놓고 돌려가며 붙여 넣었다. 시작할 땐 웬만하면 학생의 이름을 불러 주었고, 은근히 앞으로도 기대한다는 압력도 덧붙였다.

차시	학생1	학생2
프로젝트의 목표	평소에 잘 안 읽는 책을 읽게 되고 어떤 분야의 책이 나에게 잘 맞는지 내가 관심 있어 하는지 알 수 있다. 작가들에게 상을 줌으로써 의미 있고 신기한 추억을 만들 수 있다.	관악 청소년 문학상 프로젝트를 진행하려면 독서를 해야 하고 생각을 깊게 해야 하는데 많은 학생들이 평소에 자주 하지 않은 독서와 생각, 친구들과 의견 나누기 등을 경험할 수 있게 되고 작가님께 상을 드리는 일도 굉장히 뿌듯하다고 느낄 수 있다. 또 좋은 책을 쓰신 작가님께 상을 드리며 감사한 마음을 표할 수 있다.
나의 목표	더 많은 책을 알게 되고, 그 책이 어떤 줄거리와 의미를 가지고 있는지 알게 되는 소중한 프로젝트인 것 같다. 목표는 내가 읽은 책이 상을 받게 하는 것이다.	평소에 나는 책을 골라 읽는 아주 좋지 못한 버릇이 있는데 관악 청소년 문학상 프로젝트를 진행하며 다양한 책을 읽어 볼 수 있게 되었고 책에 대해서 친구들과 이야기 나눠 볼 수 있는 좋은 기회라고 생각한다. 이 프로젝트에서 나의 목표는 조금이라도 진지하게 참여해 보기, 그리고 작년보다 열심히 참여하기이다.

같은 '관악 청소년 문학상' 프로젝트를 진행하더라도 학년별로 성취기준은 다르게 적용했다. 이 프로젝트를 진행하면서 염두에 두었던 성취기준은 다음과 같다.

영역	수업 내용	국어B		
		1학년	2학년	3학년
읽기	청소년 문학 작품(장편소설) 중 한 권 읽기	[9국02-02]독자의 배경지식, 읽기 맥락 등을 활용하여 글의 내용을 예측한다. [9국02-03]읽기 목적이나 글의 특성을 고려하여 글 내용을 요약한다.	[9국02-10]읽기의 가치와 중요성을 깨닫고 읽기를 생활화하는 태도를 지닌다.	[9국02-01]읽기는 글에 나타난 정보와 독자의 배경지식을 활용하여 문제를 해결하는 과정임을 이해하고 글을 읽는다. [9국02-09]자신의 읽기 과정을 점검하고 효과적으로 조정하며 읽는다.
듣기 / 말하기	토의를 바탕으로 왜 선택한 책이 상을 받아야 하는지 발표하기	[9국01-04]토의에서 의견을 교환하여 합리적으로 문제를 해결한다. [9국01-10]내용의 타당성을 판단하며 듣는다.	[9국01-08]핵심 정보가 잘 드러나도록 내용을 구성하여 발표한다. [9국01-11]매체 자료의 효과를 판단하며 듣는다.	[9국01-06]청중의 관심과 요구를 고려하여 말한다. [9국01-07]여러 사람 앞에서 말할 때 부딪히는 어려움에 효과적으로 대처한다. [9국01-09]설득 전략을 비판적으로 분석하며 듣는다.
쓰기	다른 문학작품을 한 권 더 읽고 서평 쓰기		[9국03-07]생각이나 느낌, 경험을 드러내는 다양한 표현을 활용하여 글을 쓴다. [9국03-09]고쳐쓰기의 일반 원리를 고려하여 글을 고쳐 쓴다.	[9국03-01]쓰기는 주제, 목적, 독자, 매체 등을 고려한 문제 해결 과정임을 이해하고 글을 쓴다. [9국03-10]쓰기 윤리를 지키며 글을 쓰는 태도를 지닌다.
문학	작품 배경 파악하기			[9국05-05]작품이 창작된 사회·문화적 배경을 바탕으로 작품을 이해한다.

초반에는 책을 읽고 발표하고, 구술평가를 하는 활동을 생각하여 '읽기'와 '듣기·말하기' 영역으로 계획을 짰는데 이후에 코로나 상황이 심해지며 구술 평가를 서평 쓰기 활동으로 대체했고, 3학년은 국어A 시간에 다루기 어렵다고 한 문학 성취기준까지 포함하게 되었다.

학생들에게는 프로젝트 시작할 때 이 프로젝트를 통해 도달해야 할 지점을 분명하게 보여주기 위해 성취기준을 바탕으로 수업 내용을 적용하여 배움 확인표를 제공했고, 이를 이용하여 활동을 진행했다.

〈1학년〉

평가 요소	성취 수준		
	매우 뛰어남 A	달성함 B	조금만 더 C
읽기	□ 글의 내용을 적극적으로 예측하면서 읽고, 관련 자료를 스스로 찾아 참고하면서, 집중하여 기간 내에 책을 끝까지 읽을 수 있다.	□ 글의 내용을 예측하면서 읽고, 관련 자료를 찾아 참고하면서 집중하여 책을 읽을 수 있다.	□ 글의 내용을 예측하거나 자료를 찾는 데 선생님이나 친구들의 도움을 받으면서 책을 읽을 수 있다.
독서 기록 요약	□ 글의 특성을 고려하여 핵심적인 글의 내용을 유려한 문장으로 요약할 수 있다.	□ 글의 특성을 고려하여 글의 내용을 요약할 수 있다.	□ 선생님이나 친구들의 도움을 받아 글의 내용을 요약할 수 있다.
토의하기	□ 읽은 내용에 대해 적극적으로 의견을 교환하면서 토의하고 내용의 타당성을 판단하며 집중하여 들을 수 있다.	□ 읽은 내용에 대해 의견을 교환하면서 토의하고 내용의 타당성을 판단하며 들을 수 있다.	□ 읽은 내용에 대해 토의를 하지만 의견 교환이나 타당성을 판단하며 듣는 데 어려움을 느낀다.

〈2학년〉

평가 요소	성취 수준			
	매우 뛰어남 A	달성함 B	조금만 더 C	힘을 내 D
읽기	□ 읽기의 가치와 중요성을 깨닫고 읽기를 생활화하여 장편소설을 끝까지 집중하여 시간 내에 읽을 수 있다.	□ 읽기의 가치와 중요성을 깨닫고 읽기를 생활화하여 장편소설을 끝까지 읽을 수 있다.	□ 읽기의 가치와 중요성을 알지만 장편소설을 끝까지 읽는 데 선생님과 친구들의 도움을 받는다.	□ 장편소설을 끝까지 읽는데 어려움을 겪는다.
매체 활용 발표	□ 핵심 정보가 잘 드러나도록 내용을 구성하여 자신감 있게 발표하며, 매체 자료의 효과를 명확하게 판단하며 들을 수 있다.	□ 핵심 정보가 잘 드러나도록 내용을 구성하여 발표하며 매체 자료의 효과를 판단하며 들을 수 있다.	□ 선생님과 친구들의 도움을 받아 내용을 구성하여 발표하고, 그 내용을 판단하며 들을 수 있다.	□ 스스로 내용을 구성하기 어려워하고, 발표 내용을 판단하며 듣는 데 선생님과 친구들의 도움이 필요하다.

<3학년>

평가 요소	성취 수준			
	매우 뛰어남 A	달성함 B	조금만 더 C	힘을 내 D
읽기	☐ 읽기가 문제 해결하는 과정임을 이해하고, 자신의 읽기 과정을 적극적으로 점검하고 조정하여 기한에 맞게 장편소설을 집중하여 끝까지 읽을 수 있다.	☐ 읽기가 문제 해결하는 과정임을 이해하고, 자신의 읽기 과정을 점검하고 조정하여 기한에 맞게 장편소설을 끝까지 읽을 수 있다.	☐ 읽기가 문제 해결하는 과정임을 이해하나, 주변의 도움을 받아 읽기 과정을 점검하고 조정하며 장편소설을 끝까지 읽을 수 있다.	☐ 주변의 도움을 받아 읽기 과정을 점검하고 조정하는 데 어려움을 느끼며 장편소설의 대부분을 읽는다.
근거 들어 말하기	☐ 청중의 관심과 요구를 적극 고려하여 여러 사람 앞에서 말할 때 부딪히는 어려움에 효과적으로 대처하며 명확한 근거를 들어 설득력 있게 말하고, 설득 전략을 비판적으로 분석하며 들을 수 있다.	☐ 청중의 관심과 요구를 고려하여 여러 사람 앞에서 말할 때 부딪히는 어려움에 대처하며 근거를 들어 말하고, 설득 전략을 비판적으로 분석하며 들을 수 있다.	☐ 청중의 관심과 요구를 고려하여 여러 사람 앞에서 말할 때 어려움을 겪기도 하며, 부분적으로 근거를 들어 말하고, 설득 전략을 고려하며 들을 수 있다.	☐ 청중의 관심과 요구를 고려하여 여러 사람 앞에서 말할 때 어려움을 겪으며, 근거를 들어 말하거나 설득 전략을 고려하며 듣는 데 주변의 도움을 필요로 한다.

학생들에게는 이 배움 확인표를 읽고 자신의 상황에 체크한 후, A가 아니라 B, C, D를 받을 것 같은 평가 요소가 무엇인지, 그 이유는 무엇인지 그리고 어떻게 하면 A로 갈 수 있을지 방법을 써 보게 했다. 스스로 자기 상황을 점검한 후 이를 발전시킬 수 있는 전략을 세워 본 것이다. 등교수업이었다면 모둠별로 한 명이 자신이 부족한 영역과 이유를 이야기하고 다른 친구들이 다양한 전략을 조언해 주면, 말한 친구는 그것을 참고하여 자신의 전략을 세워 보는 활동을 했을 터다. 하지만 실시간 쌍방향 수업을 하고 있지 않아서 개인적으로 전략을 세운 후 그에 관해 교사가 피드백을 해 주는 방식을 선택했다. 이 역시 2학기에는 학생들이 서로 조언을 해 줄 수 있도록 패들렛에 작성하게 바꾸었다.

학생이 쓴 내용을 살펴보자.

	학생1(3학년)	학생2(2학년)
부족한 평가 요소 /이유	근거 들어 말하기 / 근거를 들어 말하려면 논리정연하게 설명할 줄 알아야 하고 어떤 어려운 질문이 들어와도 당황하지 않고 말해야 하며 청중의 관심을 불러일으키는 실력이 있어야 하는데 나에게는 그런 부분이 아직은 부족하다.	매체 활용 발표 / 내가 발표하는 것에는 자신이 좀 많이 없고 자료의 효과를 판단하면서 들을 수 있는지 잘 모르기 때문이다.
잘하려면	다른 과목 시간의 토론 시간을 이용하여 연습하고 예상 질문을 미리 생각해 둔다.	다른 사람들이 발표하는 영상을 유튜브로 찾아보고, 내가 그 영상에서 어떤 점을 참고하는 것이 좋을까 생각해 본다. 그리고 자료도 꼼꼼히 찾고, 자료를 만들 때면 책을 한 번 더 읽어 본다. 발표 연습은 발표 자료를 꼼꼼히 읽고, 혼자 틈틈이 말하기 연습을 한다.

이처럼 자신의 현재 상태를 돌아보고 앞으로 발전하기 위한 전략을 세우는 일은 '학습으로서의 평가'에 해당한다. 학생은 이런 활동을 통해 학습에 주체성을 갖게 된다.

줌으로 수업을 하니 선생님들이 수업 참관을 왔다. 학년 담임 선생님들도 종종 들어오고, 내 옆에 앉아 얼굴 못 본 아이들에게 인사를 하고 가는 선생님들도 있었다.

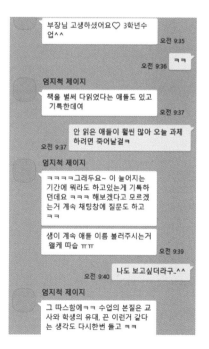

4 책 읽고 내용 정리(구글 문서)

'한 학기 한 권 읽기'에서 가장 핵심은 학생들이 실제로 책을 읽게 만드는 거다. 온전히 책만 끝까지 다 읽어도 성취기준에 많이 다가설 수 있다. 그래서 일부러 시간을 투자하여 수업 시간에 책을 읽힌다. 실제 원격수업 상황에서도 줌을 켜 놓고 함께 책을 읽은 선생님들도 계시지만 나는 여러 조건상 힘들었다. 학생들이 쉽게 몰입할 수 있는 책들로 고른다고 골랐지만 등교수업에서도 잘 안 읽는 학생들이 제대로 읽어 줄지, 그걸 어떤 방식으로 확인할지 고민을 하며 수업을 설계했다. 책을 나눠줄 때도, 줌으로 첫 수업을 할 때도 언제까지 얼마큼 읽어야 한다고 계속 강조를 했지만 나눠준 학습지에 일지를 작성하는 것만으로는 학생들이 책을 제대로 읽었는지 확인하기 어려웠다.

1학년의 경우, 학습지 내용인 '다음 내용 예측하기'가 성취기준과도 관련이 있기 때문에 학습지를 작성하고 사진을 찍어 구글 슬라이드에 올린 후, 친구

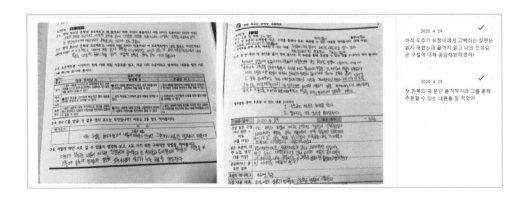

들에게 댓글을 달도록 했다.

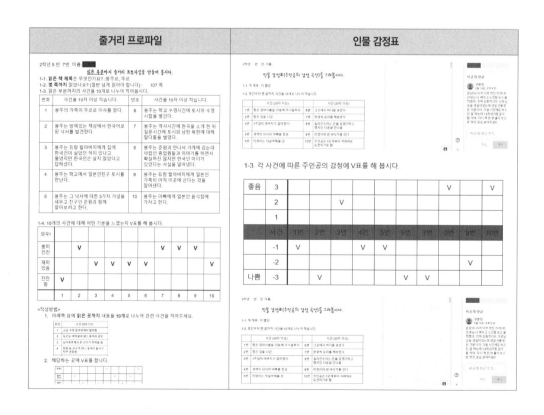

하지만 '배우고 느낀점' 중에는 '댓글 다는 과제가 제일 어렵다. 꼭 한 명씩
은 늦거나 안 해서 기다려야 한다'는 이야기가 있어 실시간 수업이 아닐 경우,
학생들에게 댓글을 달게 하는 것이 부담일 수도 있겠다는 생각은 들었다.

학생들이 책 내용을 꼼꼼하게 제대로 읽었는지 확인하기 위해 머리를 굴리다
가 2차시에는 '줄거리 프로파일', 3차시에는 '인물 감정표'를 작성하도록 했다.

2차시 '줄거리 프로파일'은 책의 절반 정도까지 읽고 지금까지 읽은 책의 쪽수를 적은 후, 읽은 부분의 사건을 열 개로 나누어 각 부분에서 읽을 때 어떤 느낌이 들었는지를 표시하는 활동이다. 읽은 부분까지 내용을 정리하라고 하면 읽지 않고 검색만으로 충분히 과제를 할 수 있기 때문에 읽어야만 할 수 있는 활동을 제시했다. 책에 따라 표시된 위치가 다른 것도 재미있었다. 『더 빨강』과 『아몬드』는 비교적 위쪽에, 『모두 깜언』은 중간에 고르게 표시되었다. 사건이 빠르게 진행되는 책과 잔잔한 책의 차이인듯 싶었다. 과제 검사를 하다가 작년에 책을 거의 읽지 않아서 내내 씨름했던 두 명의 학생이 과제를 제출한 걸 보고 깜짝 놀랐다. 그 두 학생이 책을 읽었다는 사실에 감동하여 학교 선생님 전체가 모여 있는 카톡방에 학생들의 과제를 올리기도 했다. '선생님들! 이 학생들이 책을 읽었어요!'

3차시는 책을 다 읽고 하는 활동을 배치하려고 했다. 그런데 다 읽지도 않고 책 전반에 관해 평가하는 이야기들을 늘어놓으면 어쩌나 걱정이 되었다. 꼼꼼히 다 읽히고 싶었는데 지난 차시에 한 것과는 조금 달라야 할 것 같았다. 고민하다가 '인물 감정표'를 작성하도록 했다. 중간부터 끝부분까지 책을 다 읽은 후 주인공의 감정이 어떻게 변했는지 표시하는 거다. 그런데, 아뿔싸! 내가 세심하지 못했다는 것이 학생의 '배우고 느낀점'에 드러났다.

『아몬드』는 주인공이 감정표현불능증이라서 표로 나타내기가 어려웠다는 거다. 실제로 많은 학생이 인물의 감정을 −1과 1 사이에서 왔다 갔다 하다가 마지막 부분에만 변화를 주었다. 앞부분 읽을 때 이런 과제를 내지 않은 게 천만다행이었으나 과제를 제시할 때 더 세심하게 고려해야겠다는 반성을 하게 되었다.

많은 학생이 주인공의 감정에 공감해 볼 수 있었고, 다른 친구들의 의견을 듣게 되어 좋았다는 이야기를 했다.

배움 진행표가 수업에 도움이 된다는 직접적인 학생 피드백이어서 기분이 좋았다.

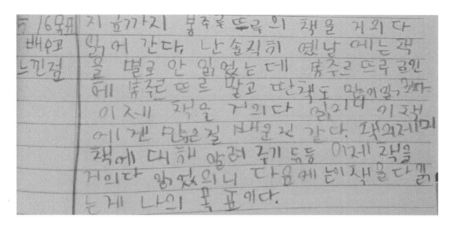

맞춤법도 엉망인 1학년 학생의 배움 진행표를 보면서 책이 재미있다는 이야기에 잠시 마음이 뜨거워지기도 했다.

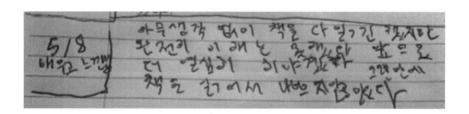

읽다가 눈물을 찔끔 흘린 배움 진행표이다. 작년에도 가르쳤던 학생이었는데 이 학생이 책을 읽을 거라고는 상상도 못 했다. 아버님에게 문자로 보내드릴까 잠시 생각하기도 했다.

구본희 2020. 5. 14.
　　　아~! 선생님 아주 많이 감동했어!!! 끝까지 책을 다 읽었다니, 진짜 놀라운데!!! 선생님 오늘 생일인데,
　　　　한테 생일 선물 받은 기분이야~~ 다음 주에도 열심히 해 보자~~!!

　　　2020. 5. 14.
헐 생신 이셨군요ㅋㅋㅋㅋ 생신축하드립니다~~! 🎂 비공댓 읽고 혼자 뿌듯해했어요ㅎㅎ

구본희 2020. 5. 14.
앞으로도 계속 열심히 하자~~!!!! 화이팅!

5 별점과 이유, 질문 만들기(잼보드, 구글 클래스 질문)

3차시에는 인물 감정표와 함께 별점과 이유, 질문 만드는 활동을 넣었다. 책을 다 읽었으니 서로 책에 관한 생각을 공유하는 활동을 넣고 싶었다. 작년에는 8권의 책을 골라 한 모둠 당 세 명 정도의 학생이 함께했더니, 모둠에 따라 토의 자체가 제대로 되지 않는 경우가 있었다. 책에 관한 이야기를 더 많은 사람과 풍부하게 나누려면 어떻게 해야 할까 고민하다가 '잼보드'를 이용하기로 했다. 잼보드는 구글에서 나온 무료 협업 툴이다. 붙임 쪽지를 붙이는 것과 비슷한 방식으로 되어 있어 학생들이 수업할 때 의견 교환하는 것처럼 할 수 있을 것 같았다. 같은 반 친구들끼리만 의견을 교환하는 것이 아니라 이 책을 읽은 다른 반 친구들과도 이야기를 나누면 논의가 더 풍성해지겠다는 생각이 들었다. 아울러 책을 다 못 읽은 친구들에게 마저 읽어야겠다는 동기부여도 되겠다 싶었다. 온라인이었기에 학급을 넘어서는 활동이 가능했다.

책별로 잼보드 판을 하나씩 만들고 함께 활동해야 할 친구들의 명단을 붙여 넣었다. 같은 학년에서 같은 책을 읽는 친구들이다. 자신이 읽은 책에 별점과 이유를 쓰고 책에 관한 질문을 한 개 만들어 쓰는 활동이었다. 학생들은 친구들의 이야기를 읽으면서 다양한 의견을 접할 수 있었다. 자신의 책뿐만 아니라 다른 책들의 별점과 이유도 찾아 읽었다. 꽤나 궁금했을 것이다. 나도 게시판의 별점을 보며 『더 빨강』이 3학년에는 인기가 많지만 1, 2학년은 그다지 좋아하지 않았다는 걸 확인할 수 있었다.

잼보드 사용법을 모르는 학생들을 위해 줌으로 설명도 하고, 사용법 동영상

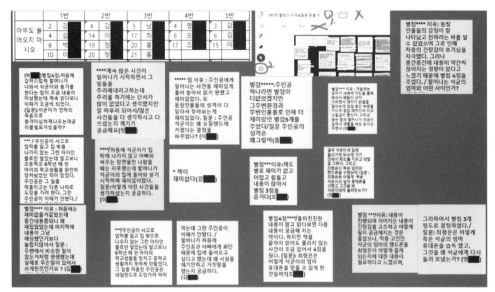

한가운데 '책이 재미없다' 고 올린 학생의 포스팅이 인상적이었다. 이 학생은 작년에 책을 거의 읽지 않았던 학생인데 '재미없다' 는 언급을 한 것으로 보아 책을 조금이나마 읽었다는 걸 알 수 있었다.

을 올려놓기도 했다. 하지만 당연히 생각지도 않은 일들이 발생한다. 3학년에서 먼저 해 보고 학생들이 실수하거나 제대로 쫓아오지 못하는 부분을 수정해서 2학년에 적용하고, 2학년도 어려워하면 1학년에게는 분량을 나누어서 쪼개 넣었다. 잼보드의 경우, 모두가 한눈에 볼 수 있도록 공유한다는 장점이 있었지만 글자 수가 많아지면 보이지 않았고, 실수로 친구의 것을 지우거나, 판을 날리는 경우도 있었다.

3차시에 해야 하는 또 다른 활동은 잼보드에 쓴 친구들의 별점과 질문을 읽고 그중 하나를 골라 구글 클래스 '질문과 답변' 기능에 복사해서 붙여 넣고 자기 자신이 답을 다는 것이었다. 이 기능은 제출을 누르면 친구들의 여러 답변을 볼 수 있게 되어 있어서 친구들의 답변도 읽어 보고 댓글을 달라고 했다. 학생들의 '배우고 느낀점'을 읽어 보면 '활동하는 것이 어려워 보여 어떻게 하나 걱정했는데 막상 해보니 할 만했다'는 이야기가 많았다. 학생들도 낯선 도구들을 써야 하는 것이 부담이었을 것 같다. 하지만 나는 새로운 시도를 많이 하

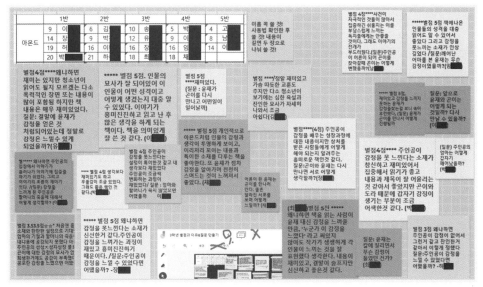

잼보드는 글자 수가 많아지면 나중에 쓴 글이 보이지 않는다. 학생들은 현명하게도 같은 색깔로 자기 포스트잇 옆에 바로 붙여서 한 사람이 쓴 거라는 걸 알 수 있게 했다.

는 편이고 내가 좀 고생하면 다른 선생님들이 그 도구를 쓸 때 훨씬 쉽게 접근할 수 있겠다는 생각에 다양한 툴을 이용했다.

다음은 학생들의 '배우고 느낀점'이다.

목표: 오늘하루도 수업에 집중하고 무슨과제든 빨리 마무리하자. 오늘은 좀 서두르지 말고 천천히!

배운 점: 나는 근이가 나비의 날개를 꺾은 것에 대해 충격을 먹었나 보다. 책에 대해 질문을 쓰라했는데 계속 이 장면만 기억이 났다. 그래서 질문으로 '근이가 꼭 그래야 했을까?'라고 썼다. 친구들도 나와 비슷하 생각한 친구들이 없는 것 같다. 답변도 보는데 이걸 좋게 보는 친구도 있었다. 그래서 나는 오늘 내가 부정적으로 보는 것을 남은 즐게 볼 수 있다는 것을 알게되다.

이 학생들은 자신이 책을 읽으면서 느꼈던 것과 친구들의 반응이 다른 것에 놀라움을 표시하고 있다. 책을 읽고 생각을 나누는 것은 이렇게 생각의 확장을 가져온다.

5/7 목표 배우고 느낀점	읽은 생각으로 인물 감정표 만들기 책을 읽고 궁금한 점도 질문하고 다른 친구의 질문에 답도 하는 것이 어려웠다. 그래도 인물 감정표는 지난 시간에 줄거리 표조파일활동 만들어 놓게에 조금 더 수월했다.

5/8 목표 배우고 느낀점	... 많다. 성적도 열심히 만들어 두었나보다. 다음업이 기대된다 주어진 과제 성실하게 다하기! 오늘 사실 책을 다 읽었다. 한 책을 읽고 같은책을 읽은 친구들과 책에 대한 질문도 하고 답도 하는것이 참 재미있는것 같다. 그리고 내가 책을 읽은것을 정리하는 것도 좋았던 것 같고 재미있는 책을 읽게 되어 좋다.

구글 클래스룸의 '질문과 답변' 기능의 경우 같은 책을 읽은 다른 반 친구의 질문을 가져와 대답을 쓴 후, 같은 책을 읽은 모둠 친구들과 댓글로 간단한 생각을 나누는 구조로 되어 있다. 함께 책을 읽은 다른 반 친구들의 훌륭한 생각도 엿보고(잼보드), 모둠 친구들과 관계도 쌓는(구글 클래스룸 질문) 가로세로 퍼즐을 맞추는 것과 같은 활동이었던 셈이다. 등교수업이었다면 모둠 친구들과의 관계 형성에 더 유리했겠지만 다른 반 친구들의 훌륭한 생각을 엿보는 것은 원격수업이어서 가능한 일이었다.

잼보드 덕에 아는 이름을 만난 1학년 학생의 소감은 마음을 짠하게 한다.

5/13 목표 배우고 느낀점	Zoom 잼보드 사용이 처음이지만 잘 끝내고, 잼보드 사용법을 숙지하고 친구들의 질문에 맞는 답변 달기. 이제 Zoom 사용법을 다 익힌 것 같아서 다행이였고 아무도 들어오지 마시오라는 읽은 친구들 중에 아는 친구 2명이 있어서 다행이었다. 이런 과정을 거치면서 책을 읽는 능력과 생각하는 능력이 길러진다는걸 깨달았다.

❖ 잼보드
온라인에서 붙임 쪽지와 같은 활동을 할 수 있는 도구이다. 사용법이 쉽고 간단하나, 핸드폰에서 한글로 이용하려면 절차가 좀 복잡하다. 〈공유〉의 〈링크보기〉에서 '보기'를 '편집자'로 바꿔준 후, 링크를 복사하는데 링크 주소 맨 마지막에 edit?=usp=sharing을 삭제하고 view로 바꾼 후, 학생에게 링크 주소를 줘야 한다.

6 중간 점검과 장단점 찾고 반박하기(패들렛)

1	공책 만들기, 목표 세우기
2	책 읽고 내용 정리
3	별점과 이유, 질문 만들기
4	**중간 점검, 장단점과 반박**
5~6	모둠 토의, 심사 기준 정하기
7	발표 자료 만들기
8	발표 대본 쓰기
9	발표 대본 수정
10	책 소개 연습
11	책 소개 발표
12	책 소개 발표 돌아보기
13	서평 쓰기 목표
14	내용 정리하기
15	서평 쓰기
16	고쳐쓰기
17	전체 평가
	행사 준비
	작가와 만남

4차시에는 읽기 점검표를 작성하고 목표를 점검해 보았다. 자신이 책을 읽을 때 어땠는지 돌아보고 처음에 배움 확인표로 접했던 프로젝트 목표도 다시 돌아보는 시간이었다. 긴 프로젝트를 진행할 때에는 중간 즈음에 학생들이 자신이 세운 목표를 유지하며 계속 그 방향으로 가고 있는지 점검할 필요가 있다. 정식 배움 확인표를 쓰지는 않고 간단하게 등급척도표 방식으로 자신의 상태에 표시하게 한다. 첫 번째 표는 읽기 점검을 위한 것으로, 읽으면서 성취기준(1학년 예측하며 읽기, 2학년 읽기 생활화, 3학년 문제 해결하며 읽기, 읽기 과정 점검하며 읽기) 도달을 위해 얼마나 신경을 썼는지 확인해 보기 위한 것이다. '읽기'의 경우 그 과정이 제대로 되고 있는지 직접 확인하기 어려워서 항상 이후에 쓰기나 말하기로 점검하곤 했는데, 이번 방식을 사용하면 읽기 영역 자체를 점검할 수 있을 것 같았다. 어려움을 느낀 이유나 문제 해결을 위해 조치를 취하는 것은 3학년 성취기준과 직접적으로 관련이 있지만 1, 2학년도 이러한 초인지를 사용하여 자신의 활동을 점검하는 일은 필요하다고 생각하여 모든 학년에게 같은 표를 제시했다.

처음에 제시했던 배움 확인표도 간단히 점검한 후 '총평'을 쓰게 했는데 이 활동이 학생 스스로 돌아보는 데 의미가 있다는 것을 확인할 수 있었다.

읽기 점검표를 작성해 봅시다.

나는 글을 읽을 때 어떻게 행동했나요? 해당하는 곳에 V표를 해 봅시다.

	그렇지 않음	때때로 그러함	항상 그러함
다음 내용을 예측하면서 글을 읽었다.			V
머릿 속으로 그림을 그리듯 상상하면서 글을 읽었다.			V
내용 끼리 연관성를 찾으면서 글을 읽었다.			V
이해에 어려움을 느낀 이유를 깨달았다.			V
문제를 해결하기 위해 조치를 취했다.	V		

목표 점검하기

우리는 '관악 청소년 문학상' 프로젝트를 통해서 아래의 목표를 달성해야 합니다. 자신의 상태에 V 표시를 해 봅시다.

	잘 하고 있음	나아지고 있음	노력이 더 필요함
읽기의 가치와 중요성을 깨닫고 읽기를 생활화하여 장편 소설을 끝까지 집중하여 시간 내에 읽을 수 있다..	V		
(원래 목표) 핵심 정보가 잘 드러나도록 내용을 구성하여 자신감 있게 발표하며, 매체 자료의 효과를 명확하게 판단하며 들을 수 있다. → 핵심 정보가 잘 드러나도록 내용을 구성할 수 있다.	V		

*총평(위 내용에 관한 자신의 생각을 30자 이상 쓰세요) :

문제를 해결하기 위해 조치를 적극적으로 할 생각을 없었는데 읽기 점검표를 보니 앞으로는 조금 적극적으로 읽고 조치를 취하려 해보아야겠다.

총평1:

책을 읽을 때 마음에 드는 부분이나 기억에 남는 부분을 사진 찍어 놓고 옆에 종이에 페이지를 적어 놓고 궁금한 것도 적으면서 읽어서 시간 내어 읽을 수 있을지는 잘 모르겠다. 핵심 정보가 잘 드러나도록 내용을 구성하는 것은 활동을 하면서 차차 나아지고 있고 더 확실하게 나아지려면 조금 더 노력해야 할 것 같다.

총평2:

중간중간 이해가 안 되는 부분이 있었을 때 왜 이해가 안 되는 이유를 찾기 힘들었다. 이해가 안 되면 같은 부분을 다시 읽었던 것 같다.

총평3:

책 내용 중 딱히 이해가 안 되는 부분은 없었으나 모르는 단어들이 있어서 찾아 읽었던 것이 뿌듯하다. 글을 읽을 때 '예측하며 읽기'가 굉장히 중요하다는 것을 알게 되었다.

5/13 목표 배우고 느낀점	- 책에 대한 질문을 서술하고 잘 읽었는지 점검한 후 친구들의 생각 보기 - 내가 책에서 궁금했던 내용이 친구가 궁금했던 내용이 달라서 놀라웠고, 읽기점검표와 목표점검표를 작성하고 나니 내가 부족했던 점을 찾아내기가 쉬웠고 다음엔 다 매우잘함을 받도록 노력할 것이다.
5/13 목표 느낀점	목표: 배움진행표 작성, 읽기 점검표 작성하기. 목표 점검하기 잼보로 댓글달기 느낀점은 배움진행표를 쓰면서 내가 얼마나 발전 하였는지 알수 있게 되었으며 읽기 점검표에 내가 읽을때 어떻게 행동하였는지 쓰게 되어서 내가 책을 어떻게 읽었는지 알게 되었다.
5/15 목표 배우고느낀점	과제 열심히 하기 자기평가를 해보니까 책을 읽고 분석, 비판 등을 하는 실력이 전보다 많이 는것 같아 뿌듯하다. 더 실력이 늘수있게 책을 더 많이 읽어야겠다.

4차시에 했던 또 다른 활동은 읽은 책과 관련된 다양한 세상의 일들을 찾아 보게 했다. 이 책을 읽고 뉴스, 방송, 영화, 다른 책, 시, 그림, 음악 등을 찾아보

든가, 자신의 경험을 쓰게 한 것이다. 책에서 읽은 내용이 단지 책 안의 일이 아니라 내가 사는 세상과 연결되어 있다는 것을 깨닫거나, 텍스트를 다른 텍스트와 연결하는 작업도 의미 있겠다는 생각으로 구성했는데, 학생들의 다양한 생각들을 알 수 있었다. 『모두 깜언』을 읽고 금천구에서 다문화 가정에 교복을 지원하지 않았던 신문 기사를 찾은 학생도 있었고, 『장수 만세』와 청소년 자살률 관련 기사를 연결시킨 학생도 있었다. 『봉주르 뚜르』를 읽고 뚜르에서 발견된 한국어 낙서를 보고 봉주가 독립운동가를 떠올렸다는 장면에 착안하여 윤동주의 「별 헤는 밤」을 찾기도 했다. 『아몬드』와 영화 〈인사이드 아웃〉을, 『봉주르 뚜르』와 탁구 남북 단일팀을 다룬 영화 〈코리아〉를, 『아무도 들어오지 마시오』와 히키코모리를 다룬 웹툰 〈스위트홈〉을 연결시키기도 했다. 무엇보다 한 여학생은 자신의 경험을 썼는데, 읽다가 눈시울이 뜨거워졌다.

1-1. 세상 일(자신의 경험)
책에서 보면 길동이가 아버지를 씻겨 줄 때 아버지의 등을 보게 되는데 등에는 거무튀튀한 반점, 크고 작은 상처들이 가득했다. 또 어깨 쪽은 차돌처럼 단단했다는 부분이 내 경험과 비슷했다.

1-2. 연관되었다고 생각하는 이유(50자 이상, 어떤 점이 비슷하다고 생각하는지)
우리 아버지께서는 배달일을 하시는데 그래서 항상 몸이 고되실 거라고 생각은 하고 있었지만 어느 날 아버지께서 허리를 다치셔서 파스를 붙여 달라고 하셔서 우연히 아버지의 등을 보게 되었는데 예전에 등 수술하신 수술 자국과 크고 작은 상처들을 보니까 정말 책에서 했던 말처럼 아버지가 어떻게 살아왔는지를 보여 주는 정직한 도화지 같다고 한 말이 딱 맞는 것 같았다. 길동이가 아버지 등을 봤을 때 어떤 기분이고 느낌인지 알 수 있었다.

잘 쓴 작품은 패들렛에 '명예의 전당' 코너를 만들어 게시하여 모두가 볼 수 있게 했고, 자기 경험을 쓴 학생들은 허락을 얻어 게시했다.

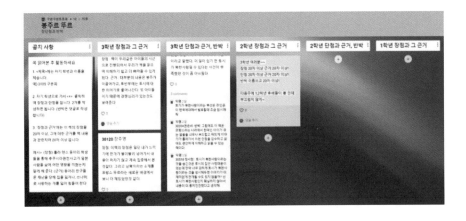

제시간 안에 과제를 다 끝내고 출석과 점수 잘 받고
나에 대해 조금 더 생각해볼 수 있었고 아직 재미있었다 맨처음엔
아직 너무 모르는 것도 많고 생각할 것도 많은 것 좋아서 배웅은 정말 글이
없는 것 같다고 느꼈다

4차시에 가장 핵심적인 활동은 책의 장점과 단점을 찾고, 단점에 대해 반박하기였다. 패들렛 '선반' 기능을 이용하여 왼쪽에는 공지사항 등 예시를 주고 그와 비슷하게 장점과 근거, 단점과 근거를 쓰게 했다. 학생들은 자신이 읽은 담벼락에 들어가 장점과 단점을 썼고, 친구들이 쓴 단점에 댓글로 반박을 달았다. 이 활동을 구상할 때 가장 신경 썼던 부분은 느린 학습자나 1학년에게 단점에 대한 반박이 어려울 수도 있을 텐데 이에 관해 어떻게 비계를 놓아 줄 수 있을지였다. 생각 끝에 패들렛으로 같은 책을 읽은 모든 학년이 공유하게 했다. 1학년은 선배들이 쓴 단점에 대한 반박만 읽더라도 책에 관한 이해가 깊어질 터였다.

이 활동은 3학년이 먼저 시작했는데 후배들이 볼 거니까 부끄럽지 않게 잘 써달라고 했더니 아주 훌륭하게 글을 썼다.

3학년 장점과 그 근거

30503 김수연

(장점) 우리는 항상 감정을 가지고 살아와서 당연한 것들인데 감정을 가지지 않은 사람의 이야기를 알 수 있다.(근거) 감정이 없는 사람의 이야기를 듣고 우리가 당연시 여겼던 감정이 소중하다는 것을 알 수 있다.

♡ 0

💬 댓글 추가

30410 박가영

장점
주제가 흔하지가 않아서 재미있게 읽을 수 있고 많은 도움을 주는 내용이다.
근거
보통 학생, 학교라는 주제로 글을 쓰면 학생의 고민이나 학교의 문제로

3학년 단점과 근거, 반박

30307 민재홍

이 책의 단점은 딱히 없는 것 같지만 구지 뽑자면 뻔한 스토리 전개 인것 같다. 어머니가 깨어 나고 아이가 감정을 되찾고 이런 과정이 조금은 뻔할 수 있는 스토리 인것 같다.
그 근거는 아이가 감정이 없고 엄마는 식물인간 상태인데 여기서 책이 진행 될수록 점점 내용이 뻔해지는 경향이 있기 때문이다.

♥ 1

6 comments

익명 1개월
30404김민준: 그럼에도 불구하고 나는 이책이 좋다. 그 이유는 뻔한스토리 보다 우리에게 감정을 느낀다는 소중함과 소설속 주인공이 감정을 회복하면서 독자들을 해소시킨다는 의도가 더 나타나 있는것 같기 때문이다.

익명 1개월
30307민재홍 이 스토리가 조금은 뻔한 스토리라도 작가님이 뻔한 스토리를 일

3학년 학생들이 먼저 쓴 패들렛의 모습

학생들이 쓴 장단점과 반박은 읽는 재미가 있었다. 반박은 나조차 미처 생각지도 못한 부분을 짚어내어 번번이 감탄했다.

〈장수 만세〉

(단점) 처음에는 신선하고 좋았지만 뒤로 갈수록 이유를 알 수 없는 사건과 인물들이 많이 나와서 헷갈린다.

(근거) 주인공이 유령이 되었을 때 도움을 주었던 연화나 오빠의 학교에서 유일하게 알아봤던 여자애는 왜 나왔는지 잘 모르겠고 특히 연화는 왜 주인공을 도와줬는지도 잘 모르겠다. 그리고 오빠의 자살을 막은 결정적인 이유가 주인공이 죽은 걸 봐서인데 주인공은 유령의 몸이라서 아무것도 할 수 없다 했는데 왜 그때 문이 열렸는지도 설명이 안 된다.

(반박) 영혼은 능력을 잘 갈고닦으면 물체를 움직일 수 있다는 내용이 잠깐 나오는데 이것 때문에 창문이 열린 것 같고 인물들이 많이 나와도 누가 누군지 설명이 잘 되어 있기 때문에 다시 읽어 보면 헷갈리지 않을 것이다.

(단점) 너무나도 현실적인 내용을 비현실적인 내용과 섞어 놓았다.

(근거) 주인공의 오빠가 겪는 일들은 우리의 일상생활에서도 적지 않게 일어나고 심지어 기사까지 나곤 하는데 그 모습을 너무 비현실적인 내용과 섞어 놓아서 자칫하면 가볍게 넘길 수도 있을 것 같다.

(반박1) 개연성이 없어 조금 매끄럽게 이야기가 진행되지는 않았지만, 그래도 죽음을 소재로 하고 사후세계에 대해 다룬다는 것을 감안하고 보면 충분히 넘어갈 수 있는 것 같다.

(반박2) 죽음을 소재로 하기 때문에 너무 현실적으로 가면 책 내용이 굉장히 무거워질 수도 있기 때문에 그걸 고려한 거라고 생각해.

(반박3) 그게 매치가 안 되는 둘을 섞어 놓은 참신함이 이 소설의 장점이 될 수도 있다고 생각해.

『아몬드』를 읽은
모든 학년 학생들이 작성한 패들렛

이 프로젝트가 어떻게 굴러갈지 감을 못 잡는 1학년은 선배들의 글을 보고 많이 배운 듯했다. 얼굴을 맞대고 있으면 일일이 이렇게 하라고 피드백을 주었을 텐데 그게 가능하지 않은 상황에서는 선배들의 글을 보고 배우는 수밖에 없었다. 다음은 1학년들의 '배우고 느낀점'이다.

> 오늘은 국어B 수업에서 장점과 단점을 썼다. 선배님들이 보는 거라서 떨렸지만 최대한 열심히 썼다. 또 상장 이름도 정했다. 선배님들의 제목(이름)도 참 신기하고 좋았다.

> 3학년이 『아무도 들어오지 마시오』에 대한 장점과 근거를 보았다. 글을 너무 잘 쓰고 반박, 근거 또한 이해가 되었다. 3학년 때는 지금보다 더 국어를 잘 할 거라는 생각이 든다. 지금은 너무 문장이 무슨 소리인지 모르겠다. 나도 국어를 잘 할 것이다.

> 이번 수업에서는 선배들이 생각하는 『모두 깜언』의 장점과 단점에 대해서도 볼 수 있어 좋았다. 나와 같이, 책에 나오는 농사 관련 단어 때문에 어려웠다던 친구, 그리고 책의 분명한 주제라고 느껴지는 게 없었다던 선배가 있다는 걸 보고 '아! 나랑 같은 생각을 한 사람들도 있다.' 하는 생각이 들었다.

책을 읽을 수 있을까 걱정했던 최○○군의 '배우고 느낀점'이다. 성장하고 있다고, 본인이 자랑스럽다고 느낀다니 기분이 좋았다.

선후배들의 글을 읽다가 시간을 훌쩍 넘겼다는 얘기만으로도 뿌듯한 수업이었다.

7 모둠 토의와 심사 기준 정하기(오픈채팅, 멘티미터)

책을 읽고 내용을 서로 나눌 때 모둠 토의를 오픈채팅으로 해봐야겠다는 생각을 했다. 학생 스스로 궁금했던 점이나 인상 깊었던 점을 생각해 보고, 친구들과 서로 의견을 나눠 보면 책을 더 두껍게 읽을 수 있을 것 같았다. 다양한 방법으로 채팅이 가능했으나 오픈채팅방을 개설하면 학생들이 자기가 속한 채팅방에 찾아 들어가면 되니 복잡하지 않을 거라고 생각했다. 채팅으로 토론을 하기 위해서는 한 방에 여러 명이 들어가야 할 것 같았다. 학년별 시간표로 나뉘어 있으므로 반별로 토의를 진행할 수도 없었을뿐더러, 한 학급의 모둠원끼리 토의를 하라고 했을 때 모둠원 중 몇 명이라도 제시간에 채팅방에 들어오지 못하면 토의가 이루어지기 힘들 거라고 판단했다. 한 학급 안에서 이루어지는 모둠 토의라면 학생들이 채팅방을 개설하고 교사를 초대할 수도 있을 것 같다. 하지만 중학교 1학년의 경우, 이것은 고난도 과제에 속한다.

책이 6권, 앞반과 뒷반으로 나누어 총 12개의 오픈채팅방을 만들었다. 한 사람당 10개까지 방을 만들 수 있다고 해서 사서 선생님에게 부탁해 2개의 채팅방을 더 만들었고, 나도 그 방에 들어갔다. 오픈채팅방 개설도 처음 하는지라 어떤 문제가 생길지 알 수가 없었다. 줌으로 참여 방법을 안내하고 오픈채팅방에 들어가기 전에 구글 문서에 '인상 깊은 점'과 '토의하고 싶은 질문'을 먼저 작성하게 했다. 토의를 한 후에 대화 내용을 정리하여 제출하게 했다. 미리 채팅창 별로 사회자를 지정하여 따로 부탁을 했다. 들어온 학생들이 모두 골고루 이야기할 수 있도록 분위기를 만들어 달라는 것, 각자 자기 이야기만 하고 끝나지 않도록 댓글을 이용하게 하라는 것, 토의가 끝나면 전체 내용을 '내보내기'하여 제출해 달라는 것. 나는 모든 채팅방을 살피며 이야기의 진행이 제대로 되고 있는지, 병렬적으로 자기 이야기만 나열하는 것은 아닌지를 살피며 '친구들 말에 공감을 해 주세요', '댓글 기능을 이용하여 자기 생각을 보태주세요' 등의 잔소리를 했다. 한 시간 내내 정신이 없었는데 학생들의 '배우고 느낀점'을 보면 그래도 뭔가 배웠다는 걸 알 수 있었다.

나의 토의 질문	주인공은 마지막에 감정이 생겼던 것인가?
인상 깊은 장면과 그 이유(2줄 이상)	주인공이 철사에게 칼에 찔리는 장면 친구를 구하기위해서 칼에 찔리는 장면이 안타까웠고 감정표현불능증인데 친구를 구한다는 것이 충격이었다.
첫번째 토의 질문	주인공은 앞으로 어떻게 살아갈까?
나의 답변	주인공은 엄마와 함께 살면서 조금씩 감정에 대해 더 많이 알게 되고 학교를 다니면서 친구들도 많이 사귀면서 엄마와 평범하게 지낼 것 같다.
두번째 토의 질문	주인공은 이제 감정을 느낄 수 있는가?
나의 답변	마지막 내용에 '내가 온다. 그런데 또 웃는다.'라는 내용이 있는데 이 내용은 주인공이 감정을 느낄 수 있다는 것을 의미한다.
세번째 토의 질문	주인공이 만약 감정표현불능증이 없었다면 어땠을까?
나의 답변	평범하게 살아갈 것 같다. 할머니의 죽음을 슬퍼하고 식물인간인 엄마를 간호하면서 살아갈 것 같다.
네번째 토의 질문	주인공이 곤이 대신 칼을 맞을 때 감정이 없었을 텐데 왜 그렇게 했을까?
나의 답변	그때부터 조금씩 감정이 생겼다고 생각한다. 곤이를 지켜야겠다는 생각을 한 것 같다.
모둠 토의 후 소감 (3줄 이상)	내가 궁금했던 내용이 풀렸고 내가 생각하지 못한 질문이 나와서 나도 다시 한 번 생각하게 되는 계기가 되었던 것 같다. 이 모둠토의로 인해서 아몬드라는 책의 궁금증이 많이 해소가 된거 같다.

나의 토의 질문	장수가 지갑에 성적표를 숨긴 이유는 뭐였을까?
인상 깊은 장면과 그 이유(2줄 이상)	인상 깊은 장면은 처음에 주인공이 자살하는 장면이었다. 그 이유는 전개가 너무 빠르기도 하고 주인공이 학업에 스트레스를 느끼긴 했지만 자살할 정도로 심각하게 느꼈다고 생각되지 않았기 때문이다.
첫번째 토의 질문	까만안경은 왜 장수의 공책을 태워서 자기가 나쁜 사람이 되면서까지 높은 점수가 필요한 것이었을까?
나의 답변	까만 안경이 높은 점수를 얻고 싶어하는 마음은 아마 장수가 성적을 잘 받아야겠다는 압박감과 비슷했을 것이다. 다만 성적을 잘 받을 자신이 없기 때문에 장수를 방해하기 위해서 공책을 태운 것 같다.
두번째 토의 질문	엄마가 아이들에게 그렇게 공부를 강요한 이유는 무엇이었을까?
나의 답변	엄마가 자신의 아이들에게 공부를 강요한 이유는 그들이 잘 되길 원했기 때문일 것이다. 하지만 그 마음이 너무 부담스러웠던 것이지 정말 아이들을 미워했다면 아이들에게 시경조차 쓰지 않았을 것이다.
세번째 토의 질문	주인공이 오빠를 위해 왜 그렇게까지 노력을 했을까?
나의 답변	주인공은 오빠가 힘들어한다는 낌새조차 눈치채지 못했고, 자신이 대단하게 생각하던 오빠가 자살한다는 것은 주인공으로서 믿기지 않았기 때문이다.
네번째 토의 질문	장수가 힘들 때 부모님은 왜 몰랐을까?
나의 답변	부모님도 사실 어느정도 낌새는 눈치챘을 것이다. 하지만 장수가 더욱 잘됐으면 하는 마음에 애써 외면한 것 같다.
모둠 토의 후 소감 (3줄 이상)	온라인 상으로 토의하는 것은 처음이라 조금 어색했지만 다들 편하게 이야기할 수 잇는 것 같아 나는 오프라인 토의보다는 온라인 토의가 더 좋은 것 같다. 새로운 경험이었다.

5/22 목표 오늘 마지막 온라인 국어 수업인 만큼 잘 참여하고 토론도 즐겁게 하기

배우고 느낀점+ 오늘 국어 수업은 온라인에서 들었던 국어B 시간 중에 가장 재미있었던 수업이었다. 애들과 오랜만에 의견을 나누며 토론을 한 두 시간이 너무 좋았다. 이번 청소년 문학상은 마지막인 만큼 최선을 다해서 참여해 볼 것이다.

오늘 토의를 하는데 성실하고 잘 참여해야겠다.
토의를 하며 여러가지 질문을 모으는데 그 질문을 해결하면서 궁금증을 해결 해가니 좋았고 내가 미처 생각 하지 못한 부분까지 아이들이 생각 해서 말해주니 더 좋았던것같다.

5/22
목표: 오늘 하는 학습을 ~ 들과 많은 것을 나누고 잘 이해해서 활동 마치기
배우고느낀점: 모범과 게임 활동을 느끼고 친구들의 의견을 들어보니 되게 ~ 수업을 잘 이해하고 있는 것 같아서 뿌듯했다.

한 모둠당 토의 질문을 네 개 만들고 그에 관해 이야기를 나누라고 했더니 시간이 너무 걸렸다. 제시간에 못 들어온 학생이 거의 20명가량 되었고, 어떤 모둠은 절반 정도밖에 안 들어온 경우도 있었다. 12개의 채팅방을 동시에 보고 있으려니 머리에 쥐가 나는 것 같았다. 열심히 할 학생들에게 미리 모둠장임을 알리고 사회를 봐 달라고 했건만 모둠장이 늦게 들어오거나 심지어 안 들어온 모둠도 있었다. 정말 정신없이 한 시간이 후딱 지나갔다.

수업이 끝나고 제일 먼저 든 생각은 1, 2학년 수업은 채팅방의 숫자를 줄여야겠다는 거였다. 1학년 때부터 수업에서 토의를 해왔던 3학년들도 오픈채팅에서 진행하는 토의는 낯설고 서투른데, 1, 2학년은 더욱 어려움을 느낄 터였다. 그걸 꼼꼼하게 봐주려면 이러한 시스템으로는 불가능했다. 3학년은 무리하게 '오픈채팅 토의'와 '심사 기준 정하기'를 한 차시에 진행했는데 1학년과 2학년은 두 차시로 쪼개기로 했다. 앞반이 카카오 오픈채팅을 진행하면 뒷반은 심사 기준 정하기를 진행하고, 또 다음 주에는 반대로 2주에 걸쳐 진행한다. 한 번에 6개의 모둠만 봐주면 되기 때문에 이는 충분히 가능해 보였다.

또한 1, 2학년은 3학년보다 토의 시간이 더 길어질 것 같아 모둠별로 토의

질문을 줄이고 친구들의 답변 중 기억에 남는 내용을 적어 보게 바꾸었다.

3학년	1~2학년
2/ 모둠 토의하고 정리하기 1) 채팅 시작하기 전에 함께 논의하고 싶은 질문을 생각해서 첫번째 칸에 씁니다. 2) 먼저 인상 깊은 장면과 그 이유에 대해 이야기를 나눕니다. (아래 표에 먼저 2줄이상 쓴 후 채팅방에 복사해서 붙여 넣습니다) 3) 채팅에서 모두 자신의 질문을 이야기한 후(자신이 쓴 것 복사해서 붙여넣기) 함께 논의하여 토의할 질문 4개를 골라 아래 표에 적습니다. 4) 모둠장(사회자)의 안내로 한 질문씩 이야기를 나눕니다. 5) 자신이 이야기한 내용을 정리하여 아래 표에 적습니다. 6) 이야기가 끝난 후 모둠장(사회자)는 친구들을 채팅방에서 나가도록 독려합니다. 7) 모둠장(사회자)은 '대화 내용 내보내기'를 해서 과제 제출 시, 첨부합니다. (아래 참조) 8) 모둠토의를 하고 난 소감을 3줄 이상 씁니다	1) 채팅 시작하기 전에 함께 논의하고 싶은 질문을 생각해서 첫번째 칸에 씁니다. 2) 먼저 인상 깊은 장면과 그 이유에 대해 이야기를 나눕니다. (아래 표에 먼저 2줄이상 쓴 후 채팅방에 복사해서 붙여 넣습니다) 3) 채팅방에서 모두 자신의 질문을 이야기한 후(자신이 쓴 것 복사해서 붙여넣기) 함께 논의하여 토의할 질문 3개를 골라 아래 표에 적습니다. 4) 모둠장(사회자)의 안내로 한 질문씩 이야기를 나눕니다. 5) 자신이 이야기한 내용을 정리하여 아래 표에 적습니다. 6) 이야기가 끝난 후 모둠장(사회자)는 친구들을 채팅방에서 나가도록 독려합니다. 7) 모둠장(사회자)은 '대화 내용 내보내기'를 해서 과제 제출 시, 첨부합니다. (아래 참조) 8) 모둠토의를 하고 난 소감을 5줄 이상 씁니다. (친구들의 답변 내용을 포함하여 적어주세요)

3학년 표

나의 토의 질문	
인상 깊은 장면과 그 이유(2줄 이상)	
첫번째 토의 질문	
나의 답변	
두번째 토의 질문	
나의 답변	
세번째 토의 질문	
나의 답변	
네번째 토의 질문	
나의 답변	
모둠 토의 후 소감 (3줄 이상)	

1~2학년 표

나의 토의 질문	
인상 깊은 장면과 그 이유(2줄 이상)	
첫번째 토의 질문	
나의 답변	
기억나는 친구의 답변 내용	
두번째 토의 질문	
나의 답변	
기억나는 친구의 답변 내용	
세번째 토의 질문	
나의 답변	
기억나는 친구의 답변 내용	
모둠 토의 후 소감 (친구들의 답변 중 기억에 남는 내용을 포함하여 5줄 이상)	

그럼에도 내가 모든 채팅방을 다 꼼꼼하게 지켜보기 어려워서 모둠장의 역할이 중요했다. 모둠장에 따라 모둠 토의 분위기는 많이 달라졌다. 사회를 보는 모둠장에게 진행 방법을 더 교육시키면 좋았겠다는 생각을 했다.

1, 2학년은 아마 각오를 하고 있어서 덜 당황했던 것 같다. 그러려니 하고 내가 더 많이 개입해서 문제를 해결했다. 앞반 뒷반으로 나누지 않았다면 어림도 없을 일이었다.

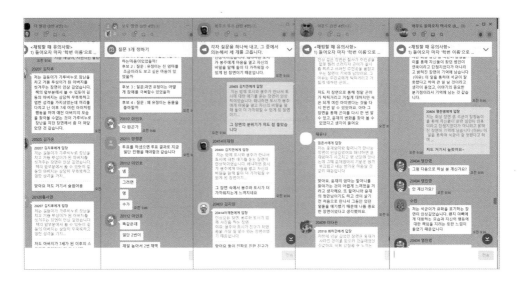

학생들은 토의를 통해 책 내용을 좀 더 깊게 들여다보았고, 생각지 않은 것들을 함께 이야기해 볼 기회를 얻은 듯했다.

김○영 : 이번 모둠 토의를 통해 나의 생각을 다른 사람과 공유하는 것뿐만이 아니라 다른 사람의 생각도 알게 되어 좋았고 내가 생각하지 못하였던 부분을 알게 되어 좋았다. 사실 모둠 토의라고 해서 굉장히 어렵고 힘들 줄 알았는데 생각보다 자유롭고 부드러운 분위기라 좋았다. 이런 모둠 토의라면 몇 번이고 또 하고 싶다. 매우 재미있었고 의미 있는 시간이었다.

박○태 : 처음에는 귀찮고 재미도 없을 것 같았는데 재밌었고 여러 의견을 들어보니 다 맞는 생각이라고 생각이 들었고 신선한 질문들이 많아서 답변을 해주는 부분도 좋았다. 책 내용도 조금 까먹은 부분이 있었는데 이번 시간을 통해서 자세히 알게 되었고 책에 대해 자세히 생각해볼 수 있는 시간이 되었던 것 같아 뜻깊은 시간이였던 것 같다.

최○민: 유정이가 어릴 때 친구들과 달라서 친구들이 자신을 이상하게 봐 그때 마음을 위로해주고 같이 있어 준 것이 동물이라고 생각해서 그런 것 같다. 유정이의 어렸을 때 놀림 받아 힘든 마음과 그런 상황에서 동물을 좋아하게 된 계기를 잘 설명해서 유정이의 힘든 마음이 내 마음에도 많이 와닿았다.

마음에 쏙 들게 잘 이루어진 수업은 아니었지만, 학생들이 긴 시간을 투자하며 고생한 수업이었기에 비공개 댓글로 인사를 달아주었다. 한 반 정도 피드백 문장을 쓰다 보면 비슷한 유형들이 보이는데 그걸 정리해서 그 학생 특성에 맞는 말을 조금 더 붙여주기만 하는데도 시간은 진짜 많이 걸렸다. 토의 내용에 관해 더 언급하고 구체적으로 칭찬을 써주었으면 좋았겠지만 그럴 정신이 없었다.

1학년 학생들과 오픈채팅방에서 의견을 나눌 때 작은 사건이 있었다. 한 학생이 여기저기 채팅창을 들락날락하며 장난을 치는 모습이 포착되었다. 본인 이름으로 바꾸지 않고 계속 장난을 치는 걸 이 방 저 방에서 경고하며 주시하다가, 성적인 욕을 하길래(물론 금세 삭제를 누르기는 했다.) 누군지 확인한 다음 수업이 끝난 후 학교로 오라고 전화를 했다. 1학년들은 처음에 잘 배워야 중학교 생활을 잘할 수 있다. 담임 교사 말로는 모든 걸 다 장난으로 생각하는 학생이라고 하던데 그러면 더더욱 장난과 장난이 아닌 것의 구분을 하게 해줘야 한다. 아마 계속 학교에 나왔다면 3월부터 학교 공동체에서 함께 생활을 하면서 할 수 있는 것과 없는 것을 보고 듣고 경험했겠지만, 아직 학교에 한 번도 나오지 않은 학생이니 공동체라는 감을 잡기가 더 어려웠을 것이다.

루비 페인(Ruby K. Payne)은 『계층이동의 사다리』에서 빈곤층, 중산층, 부유층의 불문율이 있다고 했다. 빈곤층의 경우 훈육할 때 말로 벌을 주거나 매로 다스린 후에 용서하고 음식을 주거나 잘 해주는 데 비해 중산층은 '앞으로는 어떻게 해야 한다'에 초점을 맞춘다고 했다. 빈곤층 학생들은 결정을 할 때 중요한 요인은 '재미'와 '인간관계'이며 벌을 받을 때 웃음으로 모면하려고 한다.

루비 페인은 이들에게 중산층의 불문율을 가르쳐야 한다고 말한다. 학교에서 사용하는 행동과 언어, 다른 대안이 있음을 '어른의 목소리'로 알려줘야 한다는 거다. 교사가 가르쳐야 할 것은 인지적인 것만이 아니다. 코로나로 학교에 나오지 못해 배워야 할 것을 배우지 못한 학생들이 안타까웠다. 몇몇 학생들의 소감문도 마음을 아프게 했다.

모둠 채팅 토의와 교차로 진행한 차시는 '심사 기준 만들기'였다. 이것은 PT 발표할 때 중심이 되는 내용으로, 자신이 선택한 책의 장점을 '청소년 문학상 심사 기준'으로 일반화시켜야 한다. 왜 그 심사 기준이 '청소년 문학상 심사 기준'에 필요한지, 이 책은 왜 그 심사 기준에 적당한지를 설명해야 하는 아주 고난도의 내용 분석이다. 등교수업을 할 때도 학생들이 제대로 이해를 하지 못했기 때문에 모둠에 달라붙어 이것저것 함께 이야기를 나눠야 그나마 원하는 방향과 비슷하게 진행되었다. 그런데 이것을 혼자서 해야 한다? 학생들뿐만 아니라 나에게도 고난도의 과제인 셈이다.

어떻게 1학년 학생들과 배움이 느린 학생들을 도울 수 있을까? 그때 문득 워드클라우드 방식이 괜찮을 것 같다는 아이디어가 떠올랐다. 다양한 심사 기준도 볼 수 있고 일반적으로 생각하는 심사 기준도 알 수 있을 터다. 다행히 3학년이 진도가 빨라(무리하게 한 차시에 채팅 토의와 함께 진행한 덕에), 이들이 작성한 워드클라우드를 2학년에게 제시했고, 2~3학년의 워드클라우드 결과는 1학년에게 제시했다. 작년에 한 번 해 봤던 2학년은 쉽게 따라오는 반면에, 예시를 자세하게 주었음에도 1학년은 감을 잡지 못했다. 이후에 2학년 학생들에게 심사 기준을 패들렛에 옮겨 달라고 해서 아직 심사 기준을 제대로 생각하지 못한 1학년 학생들이 그걸 보고 도움을 받을 수 있게 했다.

3학년 먼저 수업을 해 보니 얼굴을 보지 않은 상태에서는 보다 자세한 안내가 필요하겠다는 생각이 들어 1~2학년 수업할 때는 구글 문서의 내용을 바꾸었다.

틀과 예시를 바꾸니 학생들의 답변 질이 확실히 좋아졌다는 것을 알 수 있었다. 교사가 꼼꼼하고 정교하게 안내를 할수록 그것이 비계가 되어 학생들은 더 수월하게 목표에 도달하게 되는 것 같다. 단번에 좋은 안내를 할 수 있다면야 바람직하겠지만 교사 또한 매번 실수하면서 배운다. '어, 이게 아니네.' 하고 눈치챘을 때 바꾸면 되지 않을까 싶다. 가끔은 그 바꾼 것을 몇 년 후에 쓰게 될지라도 말이다.

학생들이 쓴 심사 기준과 이유

<모두 깜언>의 심사기준으로 적절한 것은? (장점을 한 단어로)

Go to www.menti.com and use the code 71 52 79

현실성
사회성 교훈
공감 재미 감동
흥미

<아무도 들어오지 마시오>의 심사기준으로 적절한 것은? (장점을 한 단어로)

Go to www.menti.com and use the code 12 85 58

현실성 교훈
공감 재미

멘티미터로 작성한 워드클라우드

〈발표 대본으로 바꾸기〉

제가 생각한 책의 심사 기준은 재미입니다. 일단 우리는 청소년을 대상으로 한 문학상을 줄 책을 선정하는 것이기 때문에 청소년 시점에서 좋은 책이라고 느끼게 해야 높은 점수를 받을 수 있을 거라고 생각합니다. 그럴려면 책이 재미있어야 많은 청소년이 집중하여 읽을 수 있고 흥미를 느낄 수 있기 때문에 재미가 심사 기준에 필요합니다. 이 책에서 처음에 사고로 주인공 아버지의 정신연령이 7세가 되었고 주인공이 미령이라는 여자아이를 좋아하게 되면서 더빨강이라는 매운 음식을 좋아하는 카페에 가입합니다. 이러한 과정에서 주인공은 미령이가 자살여행을 간다고 오해하고 앞으로의 전개가 어떻게 될지 기대가 됐습니다. 또한 책 중간중간에 성적인 단어들이 나옵니다. 성과 짝사랑은 우리 나이 때 가장 많이 생각하는 관심사이기 때문에 이 책을 읽고 더욱 더 많은 재미를 느낄 수 있어 이 책은 재미라는 심사 기준에 적합하다고 생각합니다.

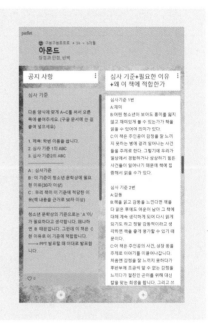

*내가 선택한 책 제목:봉주르,뚜르

심사 기준 A	이 기준이 청소년 문학상에 필요한 이유(30자 이상) B	우리 책어 어 기준에 적당한 이유(책 내용을 근거로 50자 이상) C
추리 반영	프랑스 뚜르를 배경으로 낙서의 주인공을 찾기위해 꼬리의 꼬리를 무는 의문들을 추리해가며 상상력을 불러 이르키기때문입니다.	봉주네 가족이 파리에서 뚜르로 이사를 했는데 2층 자기방에 있는 책 옆면에 한글로 쓴문장을 발견한다.'사랑하는 나의 조국,사랑하는 나의가족.' '살아야 한다.'는 낙서의 주인공을 찾아가는 과정을 쓴 책이다.
교훈 반영	전쟁으로 남과북어 나누어져 같은 나라인데도 오갈수 없어서 불행하다. 그래서 통일에 대한 생각을 해보게 하기때문입니다.	사람을 겉만보고 판단해서는 안되고 직접 격어 보아야만 그사람을 알수있다. 그리고 어디에 있던지 나라에 대한 사랑을 알게 해준 책이다.

비공개 댓글

 구본희
5월 27일. 오후 4:16

문학상 기준을 잡을 때 책 내용을 잘 분석해서 작성했네요. '반영'이라는 말은 빼는 게 좋겠습니다. B의 경우 청소년 문학상에 왜 이런 기준이 필요한지에 관한 내용인데 다다음주 발표 자료 작성할 때 꼭 유의해 주세요. 다음 주 모둠토의에도 적극적으로 참여하기 바랍니다.~^^

심사 기준을 정하고 생각을 쓰는 일은 어렵고도 중요한 활동이라 학생들에게 좀 더 생각해서 구체적으로 써 보도록 독려할 필요가 있었다. 마찬가지로 몇 가지 유형을 정한 후 학생에게 맞게 가감하여 비공개 댓글로 피드백을 해 주었다. 내용에 관한 직접적인 언급을 하면서 비공개 댓글을 주었다면 더 좋았겠다만.

심사 기준 만들기에 관한 학생들의 '배우고 느낀점'이다.

❖ 카카오 오픈채팅

카카오톡으로 모둠 토의를 할 때는 모둠을 만들고 모둠장에게 선생님을 초대하라고 하는 방법과 교사가 오픈채팅방을 여는 방법이 있다. 카카오톡에 익숙하지 않은 저학년의 경우 교사가 오픈채팅방을 만들어주는 것이 좋다. 모둠장에게 골고루 발언이 돌아가게 하는 것이 좋으며 구체적인 이유를 묻거나 공감하는 말을 써주게끔 미리 이야기를 해 놓으면 모둠 토의가 잘 된다. 대화를 하는 동안 '답장' 기능을 사용하게 하면 돌아가면서 한 번씩 말하는 것보다 자연스럽게 토의를 진행할 수 있다. 모둠 토의가 끝난 후 '설정-대화 내용-대화 내용 내보내기'를 하면 모든 대화 내용을 문서로 남길 수 있다.

❖ 멘티미터

워드클라우드, 설문(선다형, 주관식) 등을 쉽게 할 수 있는 사이트이다. 학생은 www.menti.com으로 들어와 교사가 공유해 준 번호를 통해 접속한다. 질문에 관한 답을 쓴 후 submit을 누르면 결과가 바로 화면으로 공유된다. 답변의 개수는 교사가 조정할 수 있으며, 결과값을 막대나 점, 원형 그래프 등으로 다양하게 나타낼 수 있다. 무료의 경우 슬라이드 두 개까지 생성할 수 있다.

8 발표 자료 만들기(크롬북, 구글 슬라이드)

1	공책 만들기, 목표 세우기
2	책 읽고 내용 정리
3	별점과 이유, 질문 만들기
4	중간 점검, 장단점과 반박
5~6	모둠 토의, 심사 기준 정하기
7	발표 자료 만들기
8	발표 대본 쓰기
9	발표 대본 수정
10	책 소개 연습
11	책 소개 발표
12	책 소개 발표 돌아보기
13	서평 쓰기 목표
14	내용 정리하기
15	서평 쓰기
16	고쳐쓰기
17	전체 평가
	행사 준비
	작가와 만남

드디어! 7차시에 학생들을 만나게 되었다. 3학년부터 순차적으로. 얼마 만에 만나는 건지. 저희끼리는 새로운 반이 좀 낯설었겠지만 나는 1학년 때부터 가르쳐왔던 학생들이기에 편하게 수업했다. 2주 후 등교수업을 할 때 모둠별로 발표를 해야 했으므로, 학생들은 학교에 처음 오자마자 아직 익숙하지 않은 친구들과 협업을 해야 했다.

코로나가 잠잠하지 않은 상황에서 모둠 수업은 어떻게 해야 할까? 학생들이 등교하기 전부터 고민이 많았다. 우리 학교에서 가장 공간이 넓고 책상이 넓은 도서관과 크롬북을 떠올렸다. 크롬북은 일반 노트북보다 작은 클라우드 기반의 노트북인데, 부팅 속도가 빨라서 구글 클래스룸을 이용해 수업을 진행할 때 쉽고 빠르게 접근할 수가 있다.

자신이 읽은 책이 왜 청소년 문학상 수상작이 되어야 하는지 친구들을 설득하는 말하기를 할 때 함께 보여 줄 발표용 슬라이드가 필요했다. 모둠에서 어느 부분을 발표하고, 어느 부분을 슬라이드로 만들 것인지 논의한 후, 공동으로 슬라이드를 만들게 했다. 학생들은 아직 낯선 모둠 친구들과 채팅을 이용하거나 이야기를 하면서 역할을 분담하고, 슬라이드를 만들었다. 예상대로 3학년은 시간이 남았고, 1학년은 시간이 모자랐다. 구글 슬라이드를 간단하게 만들도록 제시했지만 학년이 내려갈수록 서로 서먹한 정도가 심해져 서로 쭈뼛거리며 이야기를 잘 나누지 못했다. 등교해서 친구들을 만난 지 이제 첫 주밖에 안 되었으니 어찌 보면 당연했다.

학생들에게는 구체적인 예시와 자세한 안내를 담은 구글 슬라이드를 제공했다. 잘 만들면야 좋겠지만 이걸 만드는 데 큰 공을 들이게 하고 싶지 않았다. 게다가 슬라이드에 글자나 숫자가 많아지면 학생들은 자꾸 '말하기'가 아니라 '보고 읽기'를 하려 한다. 애초에 그런 유혹을 차단하기 위해서라도 슬라이드는 최대한 간단하게 만들어야 한다. 말로만 설명하면 잘 이해를 못하기도 해서 면마다 어떤 방식으로 만들어야 하는지 예시를 주었다.

슬라이드는 모둠별로 6장 정도씩 만들도록 했다. 책을 잘 드러내는 영화 카피와 같은 부제목을 지어야 하고,(1면) 책 내용이 잘 전달될 수 있도록 소개를 해야 한다.(2면) 심사 기준을 두 개 정해서 왜 이 심사 기준이 청소년 문학상에 필요한지, 왜 우리 책은 이 기준에 부합하는지를 책의 장점 위주로 설명해야 한다.(3~4면) 또한 이 책의 단점과 그럼에도 불구하고 왜 이 책이 청소년 문학상을 받아야 하는지를 설득해야 하며,(5면) 마지막으로 모둠원 각자의 소감을 해시태그를 이용하여 발표해야 한다.(6면) 1면과 5면은 한 사람이 발표하고, 2~4면은 각각 한 사람씩 발표, 6면은 모두 자기 이야기를 발표한다. 각자 발표할 부분을 정하고 자신이 맡은 내용의 슬라이드를 만들면 된다. 발표 내용은 대부분 이미 수업 시간에 다룬 것이고 1면과 6면의 내용 정도만 새롭게 만들면 되는 것이지만, 모둠에서 함께 의논하여 발표 얼개를 잡도록 했다. 학생들이 가장 어려워하는 것은 예상대로 심사 기준에 관한 부분이었다. 각자 과제를 이미 했고, 이걸 모둠에서 의논하여 두 개로 정하라고 했는데 쉽지 않은 듯했다. 이전에 장점과 단점을 적은 패들렛을 참고하게 하고, 멘티미터 결과를 다시 보여주면서 개인에게 맡기지 말고 반드시 논의를 통해 정하라고 다시금 잔소리를 했다.

이 발표 구조를 짤 때 이것저것 다양한 고려를 했다. 학생들에게 알아서 발표를 하라고 하면 읽기 능력이나 발표 능력, 혹은 슬라이드 만드는 능력이 뛰어난 학생에게는 유리하지만 그렇지 않은 학생들은 힘겨워할 것 같았다. 수업 시간에 하라는 대로 잘 따라온 학생이라면 누구나 좋은 수행평가 점수를 얻을 수 있게 구조화하고 싶었다. 그렇다고 네 명에게 모두 같은 내용을 발표하게 하면 듣는 사람은 지루할 것이었다. 게다가 한 명이 자기 역할을 제대로 못한다 하더라도 모둠 전체에 치명적이지 않도록, 누구나 책에 관한 이야기를 골고루 할 수 있도록 하고 싶었다.

이후에 이 발표 수업을 참관한 선생님이 학생 하나하나가 고차원적인 사고 능력을 발휘해야만 하는 미션을 다들 어떻게 해냈는지 놀라워했는데, 충분한 시간을 주고 계속 연습을 시키면 누구나 잘할 수 있다고 생각한다. 학생의 성장을 방해하는 한 가지 요소는 '이 학생은 안 할 거야, 안 될 거야' 하는 지레짐작이지 않을까? 해티(Hattie)는 그의 책 『Visible learning for teacher』에서 다양한 요소에 관해 '학습 효과 크기'를 분석했는데, 교사 요인 중 가장 효과가 큰 것이 학생이 할 수 있다는 믿음, 학생 성취에 대한 교사의 기대라고 했다. 교사가 믿는 만큼 학생은 성장한다.

학생들 앞에 있는 것이 크롬북이다.

학생들에게 나눠준 슬라이드 앞쪽에 제시된 예시들.

2학년 모둠이 만든 '더 빨강' 슬라이드. 넣어야 할 요소가 정확히 들어가 있다.

학생들에게 참고하라고 보여준 멘티미터 결과물

학생들에게 참고하라고 보여준 패들렛

　　예기치 않게 원격수업이 길어지면서 평가 계획을 수정하여 제출하게 되었다. 구술평가를 서평 쓰기 평가로 바꾸었기 때문에 이에 관해 다시 안내했다. 처음 읽은 책으로 프리젠테이션 발표를 한 후, 여섯 권 중 다른 책을 한 권 더 읽고 서평 쓰기를 할 예정이었다. 미리 어떤 책을 읽고 싶은지 설문 조사를 한 다음 학교에 왔을 때 책을 바꿔 가도록 했다. 제대로 쫓아온다면 한 학기에 책 두 권은 읽게 될 터였다. 다음은 2, 3학년에게 다시 안내한 자료이다.

1/ 책 읽고 말하기 (10점)

1) 방법: 같은 책을 읽은 친구와 왜 우리 책이 관악 청소년 문학상으로 적합한지 나누어 말하기
(논의는 같이하나 말하기 평가는 개인별로)
2) 일시: 6월 22~26일
3) 채점기준

평가 요소	성취 수준			
	매우 뛰어남 A	달성함 B	조금만 더 C	힘을 내 D
읽기	□ 읽기의 가치와 중요성을 깨닫고 읽기를 생활화하여 장편 소설을 끝까지 집중하여 시간 내에 읽을 수 있다.	□ 읽기의 가치와 중요성을 깨닫고 읽기를 생활화하여 장편 소설을 끝까지 읽을 수 있다	□ 읽기의 가치와 중요성을 알지만 장편 소설을 끝까지 읽는데 선생님과 친구들의 도움을 받는다.	□ 장편 소설을 끝까지 읽는데 어려움을 겪는다.
매체 활용 발표	□ 핵심 정보가 잘 드러나도록 내용을 구성하여 자신감 있게 발표하며 매체 자료의 효과를 명확하게 판단하며 들을 수 있다.	□ 핵심 정보가 잘 드러나도록 내용을 구성하여 발표하며 매체 자료의 효과를 판단하며 들을 수 있다.	□ 선생님과 친구들의 도움을 받아 내용을 구성하여 발표하고 그 내용에 대해 판단하며 들을 수 있다.	□ 스스로 내용을 구성하기 어려워하고 발표 내용을 판단하며 듣는 데에도 선생님과 친구들의 도움이 필요하다.

2/ 서평 쓰기 (10점)

1) 방법: 읽은 책에 관해 서평쓰기 (온라인 기간 동안 했던 내용을 바탕으로)
2) 일시: 7월 13일~17일

평가 요소	성취 수준			
	매우 뛰어남 A	달성함 B	조금만 더 C	힘을 내 D
읽기	□ 읽기의 가치와 중요성을 알고 평소 책을 읽는 습관을 형성함으로써 읽기를 생활화하는 적극적인 태도를 지녀 한학기 두 권 이상의 책을 끝까지 꼼꼼하게 읽는다	□ 읽기의 가치와 중요성을 알고 읽기를 생활화하는 태도를 지녀 한학기 두 권 이상의 책을 끝까지 읽는다.	□ 읽기의 가치와 중요성을 알고 읽기를 생활화하는 태도를 지녀 한학기 한 권 이상의 책을 끝까지 읽는다.	□ 읽기의 가치와 중요성을 알고 책을 읽는 긍정적인 태도를 지녔으나 한학기 한 권 이상의 책을 끝까지 읽는데 어려움을 느낀다
쓰기 1	□ 속담, 관용 표현 격언 창의적인 발상을 활용하여 생각이나 느낌 경험을 적절하면서도 참신하게 표현하는 글을 쓸 수 있다.	□ 속담 관용 표현 격언 창의적인 발상을 활용하여 생각이나 느낌 경험을 적절하게 표현하는 글을 쓸 수 있다.	□ 속담 관용 표현 격언 창의적인 발상을 활용하여 생각이나 느낌 경험을 표현하는 글을 쓸 수 있다.	□ 다른 사람의 도움을 얻어 속담 관용 표현 격언 창의적인 발상을 활용하여 생각이나 느낌 경험을 표현하는 글을 쓸 수 있다.
쓰기 2	□ 고쳐쓰기의 일반 원리를 반영하여 자신이 쓴 글을 능동적으로 점검하고, 독자가 이해하기 쉽게 고쳐쓸 수 있다.	□ 고쳐쓰기의 일반 원리를 반영하여 자신이 쓴 글을 점검하고 고쳐 쓸 수 있다.	□ 고쳐쓰기의 일반 원리를 반영하여 자신이 쓴 글을 부분적으로 점검하고 고쳐 쓸 수 있다.	□ 다른 사람의 도움을 얻어 고쳐쓰기의 일반 원리를 반영하여 자신이 쓴 글을 부분적으로 점검하고 고쳐 쓸 수 있다.

- **참신한 표현이란?**

  속담, 관용 표현, 격언, 반어, 역설, 함축적 표현(비유, 상징 등등)을 쓰면 참신해집니다. 참신한 표현을 위해 상투적인 어구보다는 새로운 비유를 구사하는 것이 효과적이며, 구조와 길이가 다양한 문장 사용 역시 생동감 있는 좋은 표현을 만듭니다.

참신한 표현, 고쳐쓰기에 관한 성취기준을 추가한 2학년 계획

1/ 책 읽고 말하기 (10점)

1) 방법: 같은 책을 읽은 친구와 왜 우리 책이 관악 청소년 문학상으로 적합한지 나누어 말하기
(논의는 같이하나 말하기 평가는 개인별로)
2) 일시: 6월 15~19일
3) 채점기준

평가 요소	성취 수준			
	매우 뛰어남 A	달성함 B	조금만 더 C	힘을 내 D
읽기	□ 읽기가 문제 해결하는 과정임을 이해하고 자신의 읽기 과정을 적극적으로 점검하고 조정하여 기한에 맞게 장편소설을 집중하여 끝까지 읽을 수 있다.	□ 읽기가 문제 해결하는 과정임을 이해하고, 자신의 읽기 과정을 점검하고 조정하여 기한에 맞게 장편소설을 끝까지 읽을 수 있다.	□ 읽기가 문제 해결하는 과정임을 이해하나 주변의 도움을 받아 읽기 과정을 점검하고 조정하며 장편소설을 끝까지 읽을 수 있다.	□ 주변의 도움을 받아 읽기 과정을 점검하고 조정하는 데 어려움을 느끼며 장편소설의 대부분을 읽는다.
근거 들어 말하 기	□ 청중의 관심과 요구를 적극 고려하여 여러 사람 앞에서 말할 때 부딪히는 어려움에 효과적으로 대처하며 명확한 근거를 들어 설득력 있게 말하고, 설득 전략을 비판적으로 분석하며 들을 수 있다.	□ 청중의 관심과 요구를 고려하여 여러 사람 앞에서 말할 때 부딪히는 어려움에 대처하며 근거를 들어 말하고, 설득 전략을 비판적으로 분석하며 들을 수 있다.	□ 청중의 관심과 요구를 고려하여 여러 사람 앞에서 말할 때 어려움을 겪기도 하며 부분적으로 근거를 들어 말하고, 설득 전략을 고려하며 들을 수 있다.	□ 청중의 관심과 요구를 고려하여 여러 사람 앞에서 말할 때 어려움을 겪으며 근거를 들어 말하거나 설득 전략을 고려하는 데 주변의 도움을 필요로 한다.

2/ 서평 쓰기 (10점)

1) 방법: 읽은 책에 관해 서평쓰기 (온라인 기간 동안 했던 내용을 바탕으로)
2) 일시: 7월 6일~10일

평가 요소	성취 수준			
	매우 뛰어남 A	달성함 B	조금만 더 C	힘을 내 D
문학	□ 문학작품이 지니는 심미적 체험의 가치와 소통 활동으로서의 의의를 깊이 있게 알고, 작품이 창작된 사회문화적 배경을 파악하고, 이것이 작품 전체의 의미나 주제를 형성하는 데 어떤 관련이 있는지를 이해하며 작품을 이해할 수 있다.	□ 문학 작품이 지니는 심미적 체험의 가치와 소통 활동으로서의 의의를 알고, 작품이 창작된 사회.문화적 배경을 바탕으로 작품을 이해할 수 있다.	□ 문학작품이 지니는 심미적 체험의 가치와 소통 활동으로서의 의의를 알고, 작품이 창작된 사회문화적 배경을 주변의 도움을 받아 파악할 수 있다.	□ 문학 작품이 지니는 심미적 체험의 가치와 소통 활동으로서의 의의를 알고, 작품이 창작된 사회.문화적 배경을 파악하는데 어려움을 느낀다.
쓰기	□ 쓰기가 문제해결 과정임을 정확히 이해하고 쓰기 과정에서 부딪히는 문제를 적절하고 능동적으로 해결하며 글을 쓸 수 있고, 쓰기 윤리를 준수하며 글을 쓴다.	□ 쓰기가 문제 해결 과정임을 이해하고, 쓰기 과정에서 부딪히는 문제를 부분적으로 해결하며 글을 쓸 수 있고, 쓰기 윤리를 어느 정도 준수하며 글을 쓴다.	□ 쓰기가 문제 해결 과정임을 이해하나 주변의 도움을 받아 쓰기 과정에서 부딪히는 문제를 해결할 수 있고 쓰기 윤리를 어느 정도 준수하며 글을 쓴다.	□ 쓰기가 문제 해결 과정임을 이해하나 주변의 도움을 받아 쓰기 과정에서 부딪히는 문제를 해결하는 데 어려움을 느끼고, 쓰기 윤리를 준수하는 데도 어려움을 느낀다.

*심미적 체험: 어떤 대상을 감상하고 지각하고 즐기는 경험.

문학은 인간과 세계에 관한 심미적 체험을 작품으로 만든 예술입니다. 문학 작품을 읽으면서 '멋지다. 추하다. 숭고하다. 비장하다. 우스꽝스럽다' 등의 감정을 느끼는 것을 심미적 체험이라고 합니다. 작품에 담긴 심미적인 모습을 파악하고, 자신의 삶 속에서 이러한 경험을 키우며, 표현하는 능력을 기르면 좋겠죠^^

시대적 배경을 파악하는 문학 성취기준과 문제 해결적 쓰기 성취기준을 추가한 3학년 계획

등교수업은 생각한 것만큼 우아하게 되지 않았다. 그건 3학년만 가능했던 일. 다음 주 2학년 학생들과 수업을 할 때는 정신이 없었다.

"선생님, 부제목을 뭐라 붙여요? 모르겠어요."

"다른 사람이 『○○』이 어떤 책이냐고 물어보면 넌 뭐라고 답할래? 그게 부제목이야. 이 책을 한 마디로 표현하면 너는 뭐라고 말할 수 있을까?"

"선생님, 단점과 반박(혹은 심사 기준)은 뭘 하라는 건지 모르겠어요."

"선생님이 여기에 패들렛 링크 걸어 놨잖아. 여기 보면 선배들이나 친구, 후배들이 써 놓은 단점이랑 반박(심사 기준)들이 있어. 읽어보고 마음에 드는 걸 골라서 써 보거나 참고해서 네 생각을 써도 괜찮아."

이 정도 대화는 내용도 있고 괜찮은 편에 속하는 거였다. 대부분은 "복사가 안 돼요." "실수로 지워버렸어요."와 같은 문제를 해결하기 위해 뛰어다녔다. 모둠별로 슬라이드를 완성하지 못한 학생들은 남겨서 확인하고 집에 보냈다. 2학년 등교수업을 진행하면서 그다음 주에 등교하는 1학년 학생들에게 서평 쓰기를 시켜보리라는 것은 내 욕심임을 자연스럽게 깨달았다. 2학년이 이렇게 힘들어 하면 1학년은 말하나 마나. 1학년은 원격과 대면을 넘나드는 이 상황에서 한 학기 동안 읽은 책 내용으로 발표만 제대로 하게 해도 다행이라는 생각이 들었다. 내 욕심이 과했던 걸 인정하고 나니 마음이 편해졌다.

크롬북을 처음 사용하는 것도 쉽지 않았다고 고백해야겠다. 와이파이가 잘 안 잡힐 때는 모든 학생이 아우성이었고, 학생들은 자신의 구글 아이디와 비밀번호를 몰랐으며(옆에 있던 사서 선생님이 비밀번호 초기화하는 방법을 익혀 도와주었다) 자판을 변경하거나(크롬북은 영어 자판이 기본으로 세팅되어 있다), 이전에 쓴 학생이 로그아웃을 안 했을 때 새로 로그인을 하는 방법 등도 모르는 게 당연했다. 두 개 반 정도 혼이 빠져 수업을 진행한 후, PPT를 만들어 시작할 때부터 차근차근 사용법을 알려주니 좀 나았다. 학생들이나 나나 처음 하는 것들이라 시행착오는 당연한 것이었다. 미숙한 교사에게 짜증 내지 않고 잘 참아준 학생들에게 고맙고 또 고맙다.

배움진행표

6/17	**목표/**	관악 청소년 문화상 후보에 있는 '모두 깜먼'이라는 책을 발표하기 위해 PPT를 만든다.
	느낀점/	나는 ⑥ 역할을 맡았는데 인물 만들기를 하기로 하였다. 하지만 표 만들기가 익숙하지 않아서 어렵기도 했지만 모둠 친구들이 도와주어 쉽게 만들 수 있었던 것 같다. 또 친구들끼리 이야기하며 PPT를 만드니 재미있었다.

❖ **크롬북**

구글에서 만든 크롬을 OS로 하는 소형 노트북이다. 부팅 속도가 빠르고 태블릿에 비해 문서 작업이 쉽다. G메일 계정으로 접속해야 이용할 수 있다. 윈도우나 맥을 설치할 수 없고 앱스토어에서 앱을 내려받아 사용한다. 한 번 충전하면 하루 종일 쓸 수 있다. 보통 충전보관함과 함께 구입하여 사용한다.

9 발표 대본 쓰고 수정하기(구글 문서)

1	공책 만들기, 목표 세우기
2	책 읽고 내용 정리
3	별점과 이유, 질문 만들기
4	중간 점검, 장단점과 반박
5~6	모둠 토의, 심사 기준 정하기
7	발표 자료 만들기
8	발표 대본 쓰기
9	**발표 대본 수정**
10	책 소개 연습
11	책 소개 발표
12	책 소개 발표 돌아보기
13	서평 쓰기 목표
14	내용 정리하기
15	서평 쓰기
16	고쳐쓰기
17	전체 평가
	행사 준비
	작가와 만남

겨우 한 번 만났는데, 다시 원격수업이 시작되었다. 2주 후 등교수업 때 실제 발표를 해야 하므로 원격수업 동안은 발표 준비를 해야 했다. 먼저 프로젝트 전체의 성취기준에 비추어 말하기 발표 관련 배움 확인표를 제시했다. 그리고 우려되는 점이 무엇인지, 그것을 극복하기 위해서 무엇을 할 수 있을지 적어보게 했다.

1. 말하기 평가 준비

1-1. 말하기 평가 채점표(10점)를 살펴보면서 지난 시간에 우려했던 점을 극복하기 위해서 무엇을 할 수 있을지 50자 이상 적어 봅니다.

평가 요소	평가 기준	채점 기준			
		4점	3점	2점	1점
말하기 내용	근거 들어 말하기	명확한 근거를 들어 설득력 있게 말함.	근거를 들어 설득력 있게 말함.	부분적으로 근거를 들어 말함.	근거를 들어 말할 때 주변의 도움을 필요로 함.
말하기 형식	효과적 대처	/	/	청중의 관심과 요구를 적극 고려하여 여러 사람 앞에서 말할 때 부딪히는 어려움에 효과적으로 대처함	청중의 관심과 요구를 고려하여 여러 사람 앞에서 말할 때 어려움을 겪음
	매체 활용	/	/	*핵심 정보가 잘 드러나도록 내용을 구성하여 자신감 있게 발표함	선생님과 친구들의 도움을 받아 내용을 구성하여 발표함
듣기	비판적 듣기	/	/	설득 전략을 비판적으로 분석하며 들음.	설득 전략을 고려하며 듣는 데 주변의 도움을 필요로 함.

*우려되는 점: 크게 우려 되는 점은 없다. 그러나 모둠원들과 같이 하는 것이라 호흡을 맞춰서 잘 할 수 있을지, 중간에 발표가 꼬이거나 허둥지둥하여 듣는 사람들에게 혼선을 주거나 복잡하게 생각 되지 않을지가 걱정이다. 채점 기준표의 형식 중 매체 활용 부분이 좀 어려울 것이라고 생각한다. 핵심 정보를 꼬집어 설명하는 게 좀 부족한 면이라고 생각 되기 때문이다.

1-2. 우려되는 점을 극복하기 위해 어떤 노력을 할 수 있을지 50자 이상 적어봅시다.

일단 모둠원과의 호흡 때문에 우려 되는 점이 많기에 한번 정도 모둠원들과 리허설 같은 것을 하며 어떻게 설명할지 구상하는 작업을 해보거나, 대본의 흐름 정도에 맞춰서 설명 하는 생각 정도를 해보는 것이 좋을 것이라고 생각 된다.

배움 확인표만 제시하면 학생들이 꼼꼼하게 읽지 않을 것 같아서 배움 확인표를 이용한 활동을 넣으려 하는 편이다. 실제 이 배움 확인표가 수행평가 채점할 때 그대로 쓰이므로 꼼꼼하게 점검해서 수행을 잘하기 위한 전략을 세워보는 일도 초인지 사용 연습을 하는 데 필요하다고 생각했다. 자신이 생각했던 전략을 연습하면서 제대로 적용했는지 확인하면 좋았을 텐데 그 당시에는 거기까지 생각이 미치지는 못했다.

발표할 때 한 사람당 1분 정도가 되어야 한다고 미리 이야기하고 이 정도 되는 분량으로 대본을 써야 한다고 일러두었다. 학생들에게 이에 관해 일일이 피드백을 달아주는 일이 고되긴 했지만 이걸 제대로 봐주어야 수행평가를 제대로 할 수 있을 것 같아 최선을 다했다. 심지어 내가 더 길게 댓글을 달아주기도 했는데, 이걸 제대로 읽었는지는 모르겠다. 여기서 자기 조절이 잘 되는 학습자는 내 피드백을 받아들여 더 수준 높은 수행을 위해 자신의 결과물을 수정한다. 하지만 그렇지 않은 학습자는 아예 피드백을 읽지 않기도 한다. 어떻게 해야 피드백을 읽고 그것을 자기 대본에 반영시킬 수 있을까 고민을 하다가 9차시에 다음과 같은 과제를 설계했다. 지난 시간에 자신이 쓴 대본을 복사해서 붙이고, 선생님이 써 준 피드백도 복사해서 붙인 후에, 그에 맞게 자신의 대본을 수정하여 제출하도록 했다. 궁여지책으로 쓴 방법이었지만 이 덕에 학생들은 피드백을 좀 더 자세히 들여다봤으리라 예상한다.

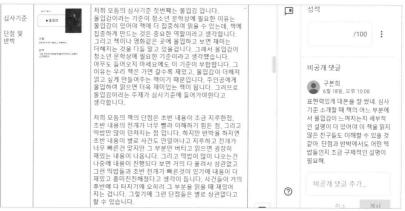

8차시 학생의 대본과 교사의 피드백

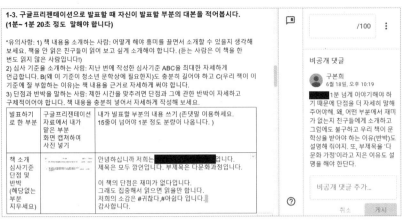

학생이 대본으로 쓴 길이만큼 피드백을 써주기도 했다.

내가 맡은 부분	지난 번에 쓴 내용 복사해서 붙이기	선생님의 피드백 복사해서 붙이기	발표할 내용 수정하기
심사기준	저희가 정한 심사기준은 현실성과 공감성입니다. 현실성과 공감성으로 정한이유는 이 책은 판타지소설이아니라서 어느정도의 현실감이 필요했습니다. 그 점에서 우리주변에 있을 수도 있는 사람의 이야기를 해서 현실성이 떨어지지않고 오히려 현실적입니다.	발표 분량이 적어서 책 내용을 훨씬 자세하게 구체적으로 언급해야 겠습니다. 심사기준 ABC에서 C 부분이 빠졌는데 이 부분을 더 채워보세요.	저희가 정한 심사기준 첫번째는 현실성입니다. 아몬드 책은 판타지같은 공상물이 아니라 현대소설입니다. 소설은 현실에 있을 법한 내용을 허구로 꾸며낸 이야기 이므로 현실성이 필요하다고 느낍니다. 아몬드의 내용은 공감을 하지 못하고 감정을 느끼지 않는 한 사람을 주인공으로 한 이야기입니다.우리가 생소하게 느껴지지만 있는 병이고 실제로 겪고 있는 사람도 있어 현실에 있는 이야기를 꾸며낸 책으로 현실성이 있다고 생각합니다. 다른 주인공 건이 같은 경우도 요즘 청소년들이 많이 겪는 현상이라 생각됩니다. 건이는 사람들에게 세보이고 싶고, 약하게 보이고 싶지 않아 합니다. 이렇게 건이가 보여주는 것도 충분히 현실에 있다 생각하여 저희는 심사기준을 현실성으로 골랐습니다.

1-4. 발표할 부분을 시간을 재며 읽어 봅니다. 시간이 얼마나 걸립니까?   분 51 초

1-5. 발표할 소감 부분의 대본을 적어봅시다. (30초 정도 이야기합니다. 4줄 정도)

발표할 해시태그	프로젝트를 하면서 느꼈던 소감
이해력UP	장단점과 심사기준을 생각할 때 한번 읽었던 책을 다시 생각해 볼 수 있어서 좋았다. 그리고 책 내용이 이해하기 쉬워서 재미있게 본 것 같다.

교사의 피드백을 받아들여 수정한 후 제출하기

자신이 만든 PPT를 점검하여 수정한 후, 제출합니다.

면수	PPT 내용	체크리스트	O X	발표자
1	제목, 부제목(책 내용을 잘 드러내게), 모둠원 학번 이름 (책 사진)	부제목이 있는가? 모둠원의 학번과 이름이 있는가?		ⓐ
2	책 내용 소개 (줄거리 프로파일이나 인물 감정표 중 골라서. 둘째, 셋째 시간에 제출한 과제에서 복사해 붙여도 됩니다.)	글자수가 너무 많지 않은가? (30자 이내로 간단하게) 그래픽이 들어가 있는가?		ⓑ
3, 4	심사 기준 2개 (PPT에는 심사 기준만 간단하게 쓰고, 발표할 때는 왜 이 심사기준이 청소년 문학상에 필요한지, 왜 우리 책은 이 기준에 맞는지를 책의 장점 위주로 안보고 설명해야 함. 모둠원이 3명일 경우 심사 기준을 한 명이 발표함)	심사 기준만 간단하게 쓰여 있는가? (글자수가 5자 넘지 않게)		ⓒ ⓓ (2명일 경우 ⓓ삭제)
5	책의 단점과 그에 대한 반박 (단점은 있지만 그럼에도 불구하고 왜 우리 책이 청소년 문학상을 받아야 하는지. PPT에는 짧고 간단하게 제시합니다.)	단점과 반박이 모두 10자 이내로 간단한가? (2개를 써도 됨. 각 10자 이내)		ⓐ
6	지금까지 프로젝트를 진행해 왔던 소감 한 마디 (PPT는 해시태그로 쓰고 말은 길게 해야 함)	소감을 해시태그 형식으로 간단하게 썼는가?		다 같이

슬라이드 점검을 위한 표

9차시에 함께 제시했던 과제는 발표할 슬라이드를 좀 더 다듬는 것이었다. 슬라이드를 제대로 작성했는지 체크리스트를 주고 그에 비추어 자신의 슬라이드를 다듬어 제출하게 했다. 바꾼 책을 읽고 간단한 서평을 쓰는 일지도 제출하게 했는데 학생들의 초점이 말하기 발표 준비에 가 있을 것을 감안하여 서평 쓰기는 가장 쉬운 형식을 제시했다.

2. 새로 읽은 책 정리하기

2-1. 새로 읽은 책을 정리해 봅니다.

책제목	더빨강		읽은 쪽수	27~49
인상 깊은 구절이나 장면+이유 (4줄)	'더빨강' 회원들이 다같이 모여서 매운것을 먹는 장면. 이유: 주인공과 카페의 회원들이 모여서 얼큰해물지옥탕을 먹는데 다른사람들은 아무렇지도 않게 잘 먹지만 주인공은 속으로는 힘들어하고 겉으로는 아무렇지도 않은척하는것이 공감이 되어서			
읽은 부분에 대한 느낌, 생각(3줄)	청소년의 심리에 대해 잘 표현한것같은 생각이 들었다. 또한 주인공이 매운것을 먹으며 힘들어하는 모습이 안쓰러우면서도 재미있었다. 그리고 분위기가 심각하지 않은 분위기여서 편하게 읽었던것같다.			
궁금하거나 중요한 질문	주인공의 친구는 어떻게 여자친구를 한달에 한번꼴로 바꾸는걸까			
오늘의 해시태그	#더빨강#매운음식			
다음 내용 예측	집에가서 아버지를 볼것같다.			

2. 새로 읽은 책 정리하기

2-1. 새로 읽은 책을 정리해 봅니다.

책제목	장수만세!		읽은 쪽수	94~174
인상 깊은 구절이나 장면+이유(4줄)	정태와 장수가 공원에서 이야기 하는 장면. (이유): 내용에서 계속 장수에게 장난을 치고 유쾌하게 나오던 정태가 공원에서 자기가 중학교 때 자살하려 했다며 미술 수행평가 이야기를 하는 게 내면의 정태를 보여주는 것 같기도 하고 이에 장수도 조금이나마 공감하는 것이 친구의 마음 같아 보였다.			
읽은 부분에 대한 느낌, 생각(3줄)	확실히 책의 후반부를 읽게 되니 결말에 가까워지는 것이 느껴진다. 3학년의 한서가 귀신을 볼 수 있어 혜수의 부탁을 들어주며 이야기가 점점 풀리는 느낌과 함께 과연 장수의 마음을 돌릴 수 있을지, 그걸 막을 등장인물들의 대처는 어떠할지 등 기대 된다.			
궁금하거나 중요한 질문	장수는 과연 할머니와 할아버지를 따라 시골에 갈 것인가?			
오늘의 해시태그	#장수만세 #선택지 #과연_결말은?			
다음 내용 예측	장수가 후반부에서 가장 중요한 선택을 하는 순간이기 때문에 그 선택이 나올 것이다.			

학생들의 '배우고 느낀점'이다.

10 책 소개 연습과 발표(크롬북, 구글 문서)

드디어 발표를 하는 시간. 두 달 넘게 준비해왔던 것의 최종 결과를 평가받는 자리이기 때문에 신경을 많이 썼다. 학생들이 자신의 노력에 대해 격려받고 축하받았으면 좋겠다고 생각했으나 일주일에 한 시간 있는 수업에 여섯 모둠이 발표를 하고, 친구들 발표를 귀담아듣고, 궁금한 점을 묻는 것이 가능할지 가늠이 안 되었다. 고생한 것에 대한 격려는 하이파이브라도 하면 좋겠는데 때가 때인지라 그것도 어려울 것 같아 주먹 부딪히기로 대신하기로 했다. 가장 문제는 발표에 관한 상호 평가. 어떻게 해야 시간을 줄일 수 있을까?

예년에는 한 모둠이 발표하면 다른 모둠 학생들은 각각 개인적으로 발표한 모둠의 칭찬을 쓰고, 궁금한 점을 쓴 후, 모둠에서 의논해서 질문을 뽑게 했다. 그리고 궁금한 것을 질문하면 발표한 모둠이 답변했다. 그렇게 하려면 여섯 개 모둠이 발표하는 데 적어도 3차시는 걸린다(자세한 방식은 『보니샘과 함께하는 자신만만 프로젝트 수업 10』 우리학교 참조). 하지만 한 학년이 등교하는 것은 고작 한 주. 한 시간에 발표와 상호평가 모든 것을 끝내야 하는 엄청난 미션이 주어진 것이다. 몇 주를 고민하다가 한 모둠이 발표를 하는 동안 반 전체가 한꺼번에 들어와 작성할 수 있는 구글 문서에 칭찬할 점과 궁금한 점을 쓰도록 했다. 따로 시간을 줄 수는 없었고 발표를 들으면서 칭찬과 질문을 끝내야 했다. 모든 학생이 발표한 모든 학생에게 칭찬과 질문을 하는 것은 불가능했기 때문에 자신이 발표할 부분과 같은 부분을 발표하는 학생에게만 칭찬과 질문을 남기도록 했다. 학생들이 구글 문서를 잘못 건드려 모양이 흐트러지거나 작성한 것이 지워지기도 했는데, 이제와 생각하면 패들렛의 선반 기능을 이용하고, 내가 미리 세팅을 해 놓았다면 괜찮았겠다 싶다.

다른 학교 선생님이 내 수업을 보러 오셨다가 친구가 발표하는 동안 친구를 쳐다보는 것이 아니라 크롬북을 들여다보는 광경이 너무 낯설다고, 이것이 요즘 세대에 맞는 방식인 건지 고민된다고 했다. 그 이야기를 듣고 뒤통수를 맞은 것 같았다. 나도 강연을 들으면서 노트북을 켜 놓고 내용을 요약하거나 생각을 적는 경우가 많아 별생각 없이 그런 방식으로 기획했던 건데 내 생각이 짧았다는 생각이 들었다. 코로나를 핑계 삼을 수도 있겠지만 '온몸으로 듣기'에 관한 고려조차 하지 않았다는 것이 부끄러웠다. 소통이라는 것은 단지 머리로만 하는 것이 아니라 가슴과 손, 얼굴 표정도 사용하며 총체적으로 하는 것인데, 잘 듣는 연습이란 결국 말하는 이에게 힘을 실어줄 수 있도록 하는 것인데 이 중요한 것을 놓치고 너무 머리만 사용하는 접근을 했던 거다. 실제 나는 시간이 없다는 핑계로 호흡하기 같은, 발표하는 학생들의 떨리는 마음을 가다듬을 잠깐의 시간조차 허락하지 않았다. 진짜 학생들을 위하는 마음이 있었다면 내 급한 마음부터 가라앉히고 학생들에게 차분하게 자신을 돌보도록 한 마디만 했어도 될 일이었다. 내가 조급하면 학생들은 더 불안해지기 마련이다.

시간이 없긴 없었다. 월요일 1교시 3학년 한 반에서 수업을 하고 혼이 나갔다. 4명이 서로 다른 내용을 발표하기 때문에 각자 발표할 때 유의사항을 전달하고, 간단하게 연습을 시키는데도 10분이 넘게 걸렸다. 더군다나 코로나 상황이라 수업 시간은 5분이 줄어든 상태여서 엄청나게 정신없이 진행했는데도 두 모둠은 발표를 할 수 없었다. 발표하지 못한 두 모둠은 방과 후에 마저 하자고 양해를 구했지만 교무실로 돌아와서도 진정이 되지 않았다. 어떻게 해야 할까. 이렇게 정신없이 마구 몰고 갔는데도 한 차시에 끝낼 수 없다면 한 차시가 더 필요한 발표인 거다. 급하게 수소문해서 한 시간을 빌려줄 수 있는 교과를 물색했다. 다들 수행평가로 정신없을 텐데 다행히 나서 주는 교과가 있어

급하게 월요일 시간표부터 조정해서 한 시간씩 더 수업했다.

그렇게 두 시간에 걸쳐 모두 발표를 마쳤다. 초반 한 시간은 채점 기준을 꼼꼼히 살피며 어떻게 발표를 해야 성취기준에 도달할 수 있는지 설명하는 것으로 시작했다. '효과적으로 대처한다' 부분에서 넘어져도 다시 일어나 스케이팅을 해서 메달을 땄던 김연아 선수 이야기를 하기도 했다. 3분 정도 슬라이드를 고칠 시간을 준 후(돌아다니면서 엄청 잔소리를 퍼부었다), 2분 정도 기준에 맞게 혼자 연습할 시간을 주고, 5분 정도 모둠별로 실제 발표 순서대로 발표해 보고 서로 피드백을 주도록 했다. 구글 문서에 친구들의 발표를 듣고 칭찬과 들은 내용에 기반한 궁금증을 쓰는 방법을 설명했다(이렇게 이야기하지 않으면 전혀 관련 없는 질문이 나오기도 한다). 발표를 끝낸 사람이 제출해야 하는 자기 평가 문서를 작성하는 방법도 알려 주었다. 자기의 발표를 돌아보며 예상 점수와 그렇게 생각한 이유를 제출하면 실제 점수와 왜 그렇게 받았는지 이유를 비공개 댓글로 알려주겠다고 했다. 그리고 한 모둠 정도 발표를 하면 첫 시간이 끝났다. 두 번째 시간에는 본격적으로 다섯 개의 모둠이 다 발표를 하고, 시간이 되면 친구들이 올린 질문에 답을 하거나, 자기 평가서를 작성하여 제출하게 했다.

<말할 때 유의사항>

1. **처음 시작할 때 인사**: 부제목 말하는 사람이 마이크 먼저 잡고 소개 (안녕하세요, 저희는 ~에 관해 발표를 할 **, **, **입니다)
2. **제목과 부제목 소개**: 반드시 부제목을 그렇게 붙인 이유를 설명해 주세요. (저희는 ~~ 책의 부제목을 ***라고 붙였는데요, 그 이유는 ~~)
3. **책 소개**: PPT를 보지 않고, 책을 전혀 읽지 않은 사람이 흥미를 가질 수 있도록 설명합니다. 명심하세요. 친구들은 이 책을 전혀 읽지 않았습니다!
4. **심사 기준**: 왜 이 심사 기준이 청소년 문학상의 심사 기준으로 필요한지 이유를 말합니다. 그 이후 우리 책이 왜 이 심사 기준에 적합한 책인지 설명합니다. 책 내용과 관련하여 자세하게 설명해 주세요.
5. **단점과 반박**: 책의 내용과 관련지어 단점을 설명하고 그럼에도 불구하고 우리 책이 청소년문학상을 받아야 하는 이유(반박)에 관해 이야기합니다.
6. **소감**: PT에는 해시태그로 나타나 있지만 30초 정도 이번 프로젝트를 하면서 어떤 생각이 들었는지 구체적으로 말합니다.
7. **인사**: 마지막에 소감 말하는 사람이 마무리 인사 (이상으로 ~~의 발표를 마치겠습니다. 꾸벅) 교탁에 리모콘과 마이크 올려놓고 선생님과 주먹 인사하고 들어가기.

발표할 때 말할 양식(프롬프트)을 자세하게 제시했다.

모둠별로 실제 발표하는 것처럼 연습을 한다.

<상호 평가>

*말하기발표가 끝난 후 1분 동안 자신이 발표한 부분을 발표한 친구의 말하기를 평가합니다.
(일치하지 않으면 비슷한 친구를 평가합니다. 모둠원이 3명일 경우 실사 기준1명만 작성합니다.)
*칭찬할 점은 채점기준표를 참고하여 작성해 주세요.
*궁금한 점은 각 모둠의 **발표 내용과 관련**하여 비판적으로 질문을 합니다.
*발표한 사람은 공책에 붙인 학습지 7에 자기 평가 내용을 적습니다. 친구들이 질문을 달면 그에 답변해 주세요.

핵심 재료	발표 부분	발 표 자	칭찬할 점 (예) 구体能 자세가 바르지 못한 경우 기준에 따른 근거를 자세하게 칭찬함.	궁금한 점 (예)구体能 자신이 어려있다는 근거 발표 내용을 질문하거나 요점정리에 예를 풀어준다구?	답변
더 빨강	④책 소개		중요한 내용을 잘 전달 한다. 설명함. 내용을 간결하게 핵심정보가 잘 드러나고 내용이 적합해였다. 열거리를 잘 요약하여 발표했다. 드러니도록 내용을 구성하여 자신감있게 발표함 나보다 잘했다. 핵심 내용을 잘 설명함 ④여다. 의미 전달을 잘하는 것 같다 내용을 확실하게 들었다.	좋아하게 됨 이유? 길동이의 심리는? 주인공이 왜 지능 좋아하게 되었는지? 가장 재미있는 부분은? 길동이의 생각은? 가장 재미있던 부분 가장 슬픈 부분은 무엇인가? 무엇 때문에 스트레스를 받는가? 이경은 가장 인상깊었던 장면이 무엇인가?	그냥 시간I 순간 길동이가 한눈에 반했고 재미있었 던 부분이 있음

친구들의 발표를 들으며 크롬북을 이용하여 구글 문서에 칭찬과 질문을 한다.

자신이 했던 말하기를 돌아봅시다

1. 자신의 발표를 돌아보면서 아래 표 해당하는 부분의 글씨를 빨간색으로 바꿉니다.
(위의 메뉴에서 A를 눌러 색깔을 바꿉니다.)

평가 요소	평가 기준	채점 기준			
		4점	3점	2점	1점
말하 기 내용	근거 들어 말하 기	명확한 근거를 들어 설득력 있게 말함	근거를 들어 설득력 있게 말함.	부분적으로 근거를 들어 말함.	근거를 들어 말할 때 주변의 도움을 필요로 함.
	매체 활용	핵심 정보가 잘 드러나도록 내용을 구성하여 자신감있게 발표함	핵심 정보가 잘 드러나도록 내용을 구성하여 발표함	선생님과 친구들의 도움을 받아 내용을 구성하여 발표함	스스로 발표 내용을 구성하기 어려워함
말하 기 형식	의미 공유 과정 이해	/	/	말하기는 의미를 공유하는 과정임을 이해하고 듣는 사람을 고려하여 말함.	말하기는 의미를 공유하는 과정임을 이해하나 듣는 사람을 고려하는데 어려움을 느낌

2. 발표 후 소감을 50자 이상 적어봅니다.(앞으로 부족한 점을 향상시키기 위해서는 무엇을 하면 좋을지를 중심으로)

> 하다가 중간에 기억이 날아가서 당황하긴 했는데 앞으로는 발표를 더 잘할수 있을것 같다
> 우리책이 청소년 문학상에 뽑히면 좋겠고, 다음에는 더열심히 준비해야겠다.부족한점을
> 향상시키려면 외우기보단 이해가 좋겠다.

자신의 발표를 돌아보며 예상 점수를 써서 제출한다.
(3학년 자기 평가)

---

1. 자신의 발표를 돌아보면서 아래 표 해당하는 부분의 글씨를 빨간색으로 바꿉니다.
(위의 메뉴에서 A를 눌러 색깔을 바꿉니다.)

평가 요소	평가 기준	채점 기준			
		4점	3점	2점	1점
말하 기 내용	근거 들어 말하 기	명확한 근거를 들어 설득력 있게 말함.	근거를 들어 설득력 있게 말함.	부분적으로 근거를 들어 말함.	근거를 들어 말할 때 주변의 도움을 필요로 함.
말하 기 형식	효과 적 대처	/	/	청중의 관심과 요구를 적극 고려하여 여러 사람 앞에서 말할 때 부담하는 어려움에 효과적으로 대처함	청중의 관심과 요구를 고려하여 여러 사람 앞에서 말할 때 어려움을 겪음
	매체 활용	/	/	핵심 정보가 잘 드러나도록 내용을 구성하여 자신감 있게 발표함	선생님과 친구들의 도움을 받아 내용을 구성하여 발표함
듣기	비판 적 듣기	/	/	설득 전략을 비판적으로 분석하며 들음	설득 전략을 고려하며 듣는 데 주변의 도움을 필요로 함.
	합 계				점

2. 발표 후 소감을 50자 이상 적어봅니다.(앞으로 부족한 점을 향상시키기 위해서는 무엇을 하면 좋을지를 중심으로)

> 다수에 사람을 앞에서 말하는 것은 생각보다 잘한것 같다. 아마 혼자서도 연습하고 모둠
> 친구들과 도 연습해서 그런 것 같기도 하다. 하지만 내 대본이 생각이 잘 나지 않았다. 어제
> 외워서 지금까지 기억 할 줄 알았는데 까먹은 것 같다. 잘 할 수 있었는데 너무 아쉬웠다.
> 다음 발표수업을 할 때는 준비를 조금 더 열심히 해서 발전된 모습을 보여주고 싶다.

자신의 발표를 돌아보며 예상 점수를 써서 제출한다.
(2학년 자기 평가)

학생들의 발표는 비교적 만족스러웠다. 배움 확인표를 만들어 채점하면서 8점이나 9점을 받은 친구의 발표에 안타까워하며 마음으로 응원을 보냈다. 학생들의 낮은 점수는 꼭 내가 잘못한 것 같은 생각이 들어 더욱 그랬다. 나중에 살펴보니 대략 70%의 학생이 10점을 맞았다. 채점 기준을 가지고 열심히 설명하고, 그것에 맞게 대본을 고치게 하고 연습도 시켰으니 당연할 수도 있는 결과겠다. 원래 가지고 있던 유창한 말하기 실력이 아니라 한 단계 한 단계 성실하게 과정을 밟아가면 누구나 좋은 평가를 받을 수 있다는 걸 알려주고 싶었다.

한 학생이 연말에 보내온 편지는 나의 노력이 학생들에게 조금은 가 닿았다는 걸 보여 준다.

구본희 선생님께

다른 수업과 달리 책과 관련된 여러 활동을 해주셔서 감사하고, 수업을 통해 배울 점이 많았다는 것에 또다시 감사합니다. 과제가 많아서 힘들 때도 있었지만 의미 있는 활동이어서 뿌듯했던 것 같아요. 또 발표할 때 앞에만 나가도 긴장돼서 머릿속이 하얘지고 목소리가 떨리고 다리가 떨려서 이번 발표 수업 때 망했다고 생각했었는데 선생님께서 좋은 점수를 주셔서 조금 더 응원이 되었던 것 같아요. 원래는 책 읽는 것을 좋아하지 않았지만 독서 수업 이후로 조금씩 책을 읽게 되었어요. 3학년 때도 이런 활동을 했으면 좋겠고 2학년 수업 동안 좋은 수업 가르쳐주셔서 감사해요.

하지만 솔직하게 반별로 편차가 있었다. 2학년 한 반이 나를 유달리 어렵게 했는데, 그 반에는 그다지 잘하지는 않지만 적극적인 학생 몇 명이 있다. 그 학생들이 자꾸 나를 부르면 나도 모르게 거기에 집중하느라 다른 학생들을 더 봐 주지 못했다. 지나다니며 모둠 안에서 상호작용이 잘 된다는 이유로(자세히 들여다보면 좀 잘하는 학생이 느린 학생을 붙들고 가르쳐주는 상황일 뿐인데) 잘하는 축에 드는 학생들을 도와주려는 생각은 거의 하지 못하고 자꾸 부족한 학생들에게 초점을 맞추려 한다. 괜찮게 한다는 학생은 그냥 놔두면 9점 정도밖에 못 받고, 내가 한 번씩 끌어 올려줘야 10점을 받는데, 그러지 못했다. 적극적으로 나를 호명하는 학생과 그렇지 못한 학생들 사이에서 피드백의 균형을 잡는 일, 나를 부르기 전에 모둠원에게 먼저 물어 해결할 수 있도록 더 연습을 시키는 일(모둠의 친구들이 낯설어서 나를 더 불러댔을 것이다)이 내가 앞으로 해결해야 할 과제이다.

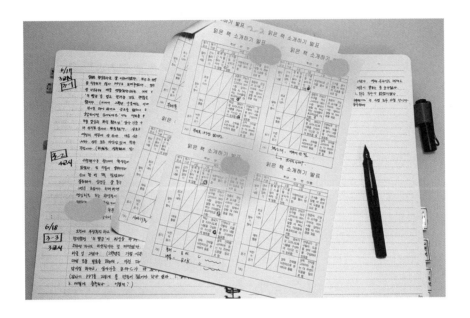

학생들에게 반응하는 내 모습이 궁금해서 함께 피드백을 공부하는 선생님들에게 등교수업할 때 와서 봐 달라고 요청을 했다. 선생님들의 응원 글이 큰 힘이 되었다.

영어과 이지현 선생님 : 어제 발표 준비한 아이들 오늘 한대서 궁금해서 구본희샘 수업 보러 또 왔네요 ㅋㅋ 아이들의 수행이 기대됩니당^^ / 애들 넘 잘해요 ㅎㅎㅎ 온라인으로 준비했던 거 오프라인으로 연계하셔서 말하기 수행평가 하셨던 건데, 구

멍(?)인 친구들 거의 없이 채점기준에서 요구하는 것들을 충실히 해내는 게 너무 기특!^^

수학과 이미라 선생님 : 본희쌤 수업 잘 보고 알짜팁 왕창 챙겨왔습니다~ 본희쌤이 올려주는 수업노트를 잘 이해하고 싶어서 현장확인차 갔는데 역시 보러 간 보람 충만. 문과 수업이라 구글 클래스를 활용한 협업이 합이 좋았지만 수학과에 적용할 아이디어도 막 스쳤어요^^ 비대면 과정에서 진행된 내용인데도 내용 알찼고 한 시간에 밀도 있게 발표수업이 진행되는 것은 본희쌤이 흘린 그동안의 피땀눈물이 확 느껴졌습니다. 좋은 수업 볼 기회 주심 감사해요.

국어과 이혜숙 선생님 : 본희쌤의 수업 참관

때 : 2020.06.24.(수) 3교시(10:20~11:00)

장소 : 관악중학교 1층 도서실

학급 : 2-3

내용 : 모둠별 발표

발표를 본격적으로 하기 전 발표 방법을 다시 설명하심. 인사, 부제목(책 내용으로 근거 들어야), 책소개를 읽고 싶은 마음이 들도록 낚시질하는 게 중요, 심사 기준 A(우리 모둠이 선정한 기준), B(왜 청소년 문학상에 이런 기준이 들어가야 하는지), C(그 기준에 우리 모둠 책이 얼마나 부합하는지 강조) 소개(모두 책 내용을 근거로 들어야 함) 단점이 있다면 그 근거와 반박(역시 그 근거도 책에서) 상호 평가는 구글 문서로 함

〈전체적으로〉

＊아이들한테는 상당히 어려운 활동이라는 것

- 남이 정해놓은 심사 기준에 맞추기도 어려운데 스스로 기준을 정하고 그 이유를 책 속에서 찾기

- 부제목 붙이기(책의 핵심을 읽어내고 우리에게 공통으로 다가온 부분을 골라내서 붙여야 함! 합의 과정이 쉽지 않았을 듯~)

- 장점 부각도 어려운데 단점도 밝히고 그럼에도 이 책이 심사 기준에 적합한 책임을 반박(!)하기(모든 근거를 책에서, 상당히 꼼꼼하게 읽어야 함)도 해야 함.

- 소감을 해시태그로 표현하기, 얼핏 쉬워 보이지만 자신이 하고 싶은 이야기를 압축했다가 다시 풀어 말하기를 해야 함.

- 모둠별로 이 과정을 다 해내야 함(나랑 마음이 안 맞을 수도 있는 친구들과 내 마음에 쏙 드는 책도 아닌 샘이 정해준 책들 중 하나를 읽고 해야 함).

*등교수업 때 수행평가를 끝내기 위해 발표를 모두 해야 한다는 본희샘 말씀을 들으며 아 그래서 무리하게 장수만세 팀을 발표시키셨구나 이해하게 됨. 그러면서 말하기 발표 평가를 할 때마다 늘 갈등이었던 순간이 떠올랐다.

여섯 권의 책 소개를 들었으니 '관악 청소년 문학상' 수상작을 뽑을 시간이 되었다. 1학년은 발표하는 시기를 학기 말로 늦추었으니 2~3학년만 먼저 구글 설문지를 이용하여 투표했다.

학급마다 발표를 잘한 모둠의 책이 높은 득표를 얻었지만, 전체적으로 종합하면 3학년은『아몬드』와『더 빨강』이 공동 1위를 했고 2학년은 『아몬드』가 1위, 『아무도 들어오지 마시오』가 2위를 했다.

관악청소년 문학상 투표 결과

3학년	1반	2반	3반	4반	5반	계
더 빨강	8	9	5	8	8	38
모두 깜언	6	1	3	3	5	18
봉주르 뚜르	6	8	8	6	4	32
아몬드	12	7	2	10	7	38
아무도 들어오지 마시오	4	6	5	8	1	24
장수 만세	2	4	4	3	3	16

2학년	1반	2반	3반	4반	5반	계
더 빨강	1	1	2	4	5	13
모두 깜언	3	3	1	1	4	12
봉주르 뚜르	4	2	7	4	5	22
아몬드	11	10	7	8	8	44
아무도 들어오지 마시오	5	5	4	8	5	27
장수 만세	3	2	1	3	3	12

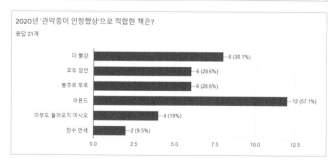

2020년 '관악중이 인정했상'으로 적합한 책은?

응답 21개

- 더 빨강 — 8 (38.1%)
- 모두 깜언 — 6 (28.6%)
- 봉주르 뚜르 — 6 (28.6%)
- 아몬드 — 12 (57.1%)
- 아무도 들어오지 마시오 — 4 (19%)
- 장수 만세 — 2 (9.5%)

아직 발표 준비가 한창인 1학년 학생들에게는 선배들의 발표 대본이 좋은 본보기가 될 것 같아서 먼저 발표 대본을 패들렛에 정리하게 했다.

수행을 마친 학생들은 마지막으로 배움 확인표를 다시 살피며 자기 자신의 프로젝트 수행 과정을 점검한다. 두 학생의 학습지를 옮겨 본다.

8-1. 수행을 끝낸 후 자신의 상태에 표시해 봅시다.

8-2. 수업 시작하기 전 예상했던 것과 달라진 것은 무엇입니까? 그 이유를 2줄 이상 적어 봅시다.

■읽기 : 처음에는 장편소설을 그냥 읽기만 하고 문제해결 과정이나 읽는 것을 점검하지 않았는데 프로젝트를 하면서 나의 읽기가 늘어난 것 같다.

8-3. B, C, D를 받은 항목과 그 이유를 2줄 이상 적어 봅시다.

■읽기 : 읽을 때 문제 해결 과정을 못하고 나의 읽기를 점검을 하지 않았기 때문에.

근거 들어서 말하기 : 처음에는 여러 사람 앞에서 말하는 데 어려움을 많이 겪었기 때문에 또한 근거를 설득력 있게 말하지 못해서.

8-4. 어떻게 하면 A로 갈 수 있을지 생각하여 그 결과를 적어 봅시다.

■발표를 할 때 자신감 있게 말하며 어려움에 부딪힐 때에는 효과적으로 대처한다. 명확한 근거를 들어 설득력 있게 말하고 비판적으로 점검한다. 장편소설을 읽을 때 집중하여 끝까지 읽고 자신의 읽기 과정을 점검하기 위해 노력한다.

8-1. 수행을 끝낸 후 자신의 상태에 표시해 봅시다.

8-2. 수업 시작하기 전 예상했던 것과 달라진 것은 무엇입니까? 그 이유를 2줄 이상 적어 봅시다.

■읽기 : 처음에는 내가 두꺼운 책이나 글밥이 많은 책을 못 읽을 줄 알았는데 한 번 두꺼운 책을 재밌게 읽고 나니 자신감이 붙었고 다른 장편소설에도 도전해 보고 싶었다.

8-3. B, C, D를 받은 항목과 그 이유를 2줄 이상 적어 봅시다.

■근거 들어서 말하기 : 아직도 근거 들어서 말하는 것은 조금 힘들다. 또한 다른 사람들 앞에 서면 하려던 말이 잘 생각나지 않기 때문에 아직도 B인 것 같다.

8-4. 어떻게 하면 A로 갈 수 있을지 생각하여 그 결과를 적어 봅시다.

■작은 규모의 사람들 앞에서 나의 주장을 말해 본다. 앞에 나가서 암기한 내용을 까먹지 않도록 제대로 암기한다.

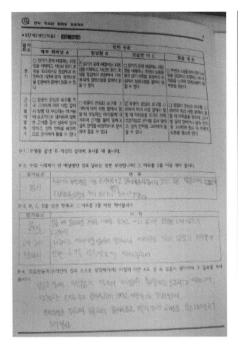

그리고 주어진 질문에 관한 답을 중심으로 프로젝트 전반에 관한 소감을 쓴다. 다음은 3학년 학생 몇 명의 소감이다.

• 관악 청소년 문학상 프로젝트 수업을 하면서 책을 두 권이나 읽었다. 책을 많이 안 읽는 나에게 짧은 시간 동안 두 권을 읽는다는 것은 힘들었다. 사실 별로 짧은 시간은 아니었지만 열심히 책을 읽고 발표를 한 내가 뿌듯하다. 이 프로젝트에서 읽거나 소개받은 책들은 다 청소년 사회에서 일어나는 이야기들을 담고 있어 이해가 더 잘되었고 공감도 되었다. 말하기 평가를 받았을 때 높은 점수를 받아 모둠원들과 협력한 결과가 나온 것 같아 좋은 경험이었다. 오히려 걱정했던 일이 안 벌어져 다행이었다. (3-2 김○○)

• 솔직히 처음에는 '이 프로젝트를 또 하다니…' 하고 힘들게 책도 다 읽었다. 하지

만 책을 읽고 나서 발표를 준비하는 것은 꽤나 재미있었다. 물론 대본을 쓸 때 막혀서 어려웠지만 열심히 쓴 대본을 가지고 발표하는 것은 정말 흥미로웠고 성취감도 뛰어났다. 물론 발표를 할 때 너무 긴장해서 생각했던 몸짓도 못하고 시선 처리도 깔끔하지 못했지만, 다음에는 그 점을 보완해야겠다 생각이 들었다. 그리고 확실히 작년과 발표할 때도 사뭇 달라졌다. 작년에는 머릿속에서 생각하는 것을 발표에서 바로 뱉었었는데, 올해는 작년처럼 무대뽀로 안하고 체계적으로 할 말만 해서 더욱더 만족스럽다. 내년에는 이 프로젝트를 못하는데, 어떠한 방식으로 발표능력을 키울까 걱정된다. (3-3 이○○)

• 난 크게 두 가지의 느낀 점이 있다. 첫 번째는 '내가 생각보다 책을 재미있게 읽을 줄 아는구나'와 두 번째는 '책을 깊이 있게 읽는 방식과 시선은 굉장히 다양하구나'였다. 난 책을 읽어보기 전 책 속에 담겨 있는 사회 문제라 불리우는 경제적 문제, 차별의 시선 등등의 모습을 현실과 같이 깊이 있는 생각을 하지 못했다. (3-3 유○○)

• 솔직히 작년보다 잘한 것 같다. 책도 더 꼼꼼히 읽고 말하기할 때도 조리 있게 잘한 것 같다. 작년은 말 그대로 망했었는데 이번에는 마음에 든다. 하지만 말하기 부분은 항상 부족하다. 나중에도 말하기는 필요한 곳이 많으니까 책 많이 읽어서 어휘력도 높이고 많이 연습을 해야겠다. 말하기는 조금 부족하지만 작년보다 글을 설득력 있게 쓰는 것은 조금 더 나아진 것 같다. 쓰기가 나아졌다는 것은 앞으로 내가 써야 할 모든 글들의 수준이 높아졌다는 것이어서 기분이 좋다. 이번 프로젝트는 코로나19로 인해 꽤 빠르게 정신없이 지나갔음에도 불구하고 많은 영향을 끼친 것 같다. 컴퓨터만 들여다보다가 책을 볼 수 있는 기회를 주었고 작년의 추억을 생각할 수 있는 틈도 주었다. 힘들긴 했지만 의미있던 시간이었다. (3-3 김○○)

12 1학년의 느린 수업(패들렛)

1	공책 만들기, 목표 세우기
2	책 읽고 내용 정리
3	별점과 이유, 질문 만들기
4	중간 점검, 장단점과 반박
5~6	모둠 토의, 심사 기준 정하기
7	발표 자료 만들기
8	발표 대본 쓰기
9	발표 대본 수정
10	책 소개 연습
11	책 소개 발표
12	책 소개 발표 돌아보기
13	서평 쓰기 목표
14	내용 정리하기
15	서평 쓰기
16	고쳐쓰기
17	전체 평가
	행사 준비
	작가와 만남

관악 청소년 문학상 프로젝트를 작년에 경험해 보았던 2, 3학년들과는 달리 1학년은 무얼 해도 느리고 어설펐다. 나도 모르게 '왜 이러지?' 했다가 금세, '이 학생들은 안개 속에서 그냥 나만 믿고 따라오고 있는 거지!' 하면서 다시 마음을 다잡곤 했다. 게다가 얼굴도 못 보는 상황인데 급하거나 재촉한다면 내가 이상한 거다. 1학년 학생들에게는 서평을 쓰게 하지 않는 대신, 발표 준비와 함께 다른 트랙으로 바꾼 두 번째 책을 꼼꼼히 읽는 활동을 구상했다.

다시 한번 슬라이드를 더 꼼꼼하게 다듬고, 패들렛에 모둠별로 발표 대본을 올리게 하여 서로에게 댓글로 피드백을 달게 했다. 패들렛에는 '격자' 기능이 있는데 이것을 사용하면 모둠끼리 작업을 할 때 4명이 작성한 길이가 각각 달라도 그다음 포스팅을 할 때 같은 높이에서 시작할 수 있어서 편하다. 누가 했는지, 얼마나 했는지를 한눈에 볼 수 있다. 학생들은 친구의 대본을 읽고 그에 관해 피드백을 하기가 좋다. 교사가 구글 문서로 피드백을 하면 보지 않던 학생도 친구가 이렇게 저렇게 고치면 좋겠다고 하니 그 조언을 듣고 수정하는 모습을 보면서, 교사보다 동료의 강제성(?)이 훨씬 크다는 생각이 들었다.

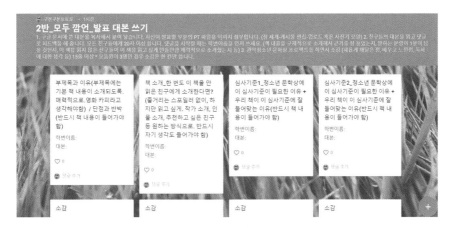

어떻게 작성해야 하는지 설명을 자세하게 달아 둔 기본 양식

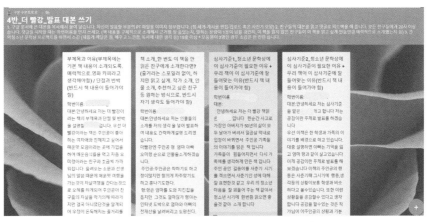

격자로 모둠의 발표 대본을 공유했다.

모둠별로 친구들에게 댓글로 조언을 달면 그 밑에 수정
대본을 올린다.

수정한 대본

모둠별로 대본 수정하는 수업을 할 때 교육혁신과 조현종 장학사가 참관했다. 끝나고 페이스북에 소감을 남겼는데 수업 장면이 보여 옮겨 본다.

어제 수업은 참 신선했어요. 샘 수업은 지속적으로 기웃거렸는데 직접 보는 재미가 있었고, 아이들이 머뭇거릴 때 들여다보고 짧게라도 함께 찾아본 경험도 좋았어요. 워낙 디테일하게 설계하셔서 아이들이 덜 헤맨다는 걸 눈으로 확인할 수 있었지요. 어떤 걸 읽어야 하는지, 읽은 후 무엇을 정리해야 하는지, 생각표현 방법은 어떤 식으로 하면 더 효과적인지까지 예시를 들어 설명해 주니 참 좋더라구요. 문서에도 담겼지만 만나서 한마디 보태고 구체화하는 과정에서 아이들에게 훨씬 더 잘 전달되는 것을 확인할 수 있었어요. 자기들끼리도 모둠으로 처음 만나서 무척 어색하고 협의까지 가기는 힘들 수 있는 상황인데, 서로 협업해서 생각을 정리할 수 있었던 힘은 샘의 디테일한 설계와 차분한 안내 덕입니다.

조금 아쉬웠던 부분은 블럭수업이었더라면 아이들이 더 몰입하면서 협업할 수 있었을 텐데 싶고, 또 협업수업일수록 코티칭이 이뤄지면 좋겠구나 생각이 들었답니다. 선생님께 질문하고 싶은 아이들이 손을 들 때 바로바로 달려갈 수 있는 샘이 한 분 더 계신다면 좋겠다, 코티칭까지는 어렵더라도 보조교사라도 있어서 접속이나 준비물 나눠주고 단순한 어려움(한영전환 등) 등의 해결을 도와주는 보조교사라도 있음 좋겠다 싶었습니다.

놀라웠던 부분은 도서관 수업이 끝나고 들어와 깔끔하게 책상, 기기 등을 소독해주던 방역 요원과 선생님을 도와 함께 기기 정리를 해주시던 사서샘이세요. 방역 시스템을 정말 잘 갖췄구나(방역 요원을 잘 뽑았구나) 싶었고, 사서샘이 참 좋으시다 생각이 들어 고마웠고(쉬는 시간에 내가 수업자료집 엮은 것들 촬영할 때 적극 도와주셨지요), 본희샘이 학교 구성원들과 엄청 따뜻한 동료성을 구축했구나 싶었습니다.

대본을 수정하기는 했으나, 다음 원격수업에서는 학생들이 수정한 대본에 맞게 제대로 발표를 할지 걱정이 되어 대본을 보지 않고 영상을 올려보라는 과제를 내주었다. 너무나 귀엽게도 체육복, 잠옷 차림으로 과제를 제출해서 검사할 때 저절로 웃음이 나왔다. 여학생들의 경우는 얼굴 나오는 게 부담스럽다고 하여 목소리 파일로만 제출해도 된다고 했다.

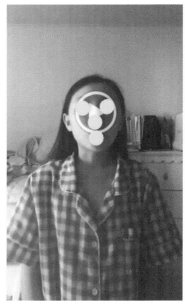

이렇게 더 오랜 기간 연습을 시켜서인지 학기 말 1학년 학생들의 발표는 1학년치고 꽤 괜찮았다. 담임 선생님 몇 분도 구경 왔다가 만족해하며 돌아갔다.

다른 책을 한 권 더 읽는 활동 결과물은 주로 패들렛에 올렸다. 등교수업에서 책을 바꿔 간 다음 주에는 전체적인 줄거리를 모둠별로 정리해 보는 활동을 했다. 패들렛에 '타임라인'은 시간순으로 내용을 정리할 수 있어 줄거리를 정리할 때 이용하기 좋다. 그 다음 주에는 '캔버스'라는 틀을 이용하여 읽은 작품의 인물을 분석해 보도록 했다. '캔버스'는 마인드맵과 비슷한 용도로 쓸 수 있는데 연결선 위에 이름을 붙일 수 있어서 주인공을 중심으로 관계를 써 보라고 했다.

'타임라인'을 이용하여 모둠별로 책의 줄거리 정리하기

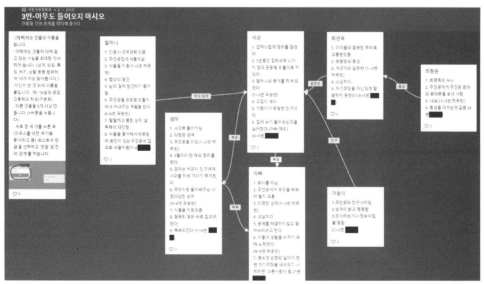

'캔버스'를 이용하여 모둠별로 인물 관계도 분석하기

보니샘과 함께하는 블렌디드 수업과 평가

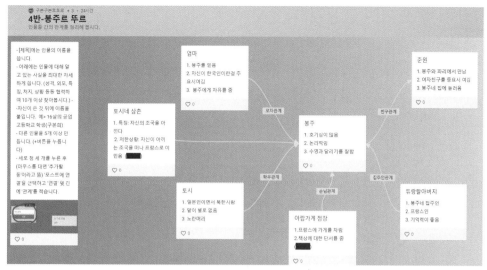

'캔버스'를 이용하여 모둠별로 인물 관계도 분석하기

　　모둠별로 판 하나를 써야 해서 네 개 반, 여섯 개 책, 24개의 패들렛을 미리 만들어 두어야 하는 일이 번거롭긴 했지만 전체를 복사할 수 있는 기능이 있어 아주 어렵지는 않았다. 하지만 학생들은 모둠원 중 제대로 참여하지 않은 학생이 있으면 매우 스트레스를 받았다. 실시간 수업이었다면 모두 들어와서 함께 작업을 했을 텐데 그러지 못했기에 열심히 하는 학생들은 더 부담스러웠을 것이다.

13 서평 쓰기 (구글 문서, 패들렛)

서평이란 읽은 책에 관해 평가한 것을 이 책을 읽지 않은 독자들에게 안내하는 객관적인 글쓰기이다. 저자의 의도를 파악하고, 책을 완전히 꿰뚫은 후에야 나오는 글로, 책을 읽은 후 자신의 감상을 표현하는 독후감과는 성격이 다르다. 2015 교육과정의 성취기준을 살펴보았을 때 중학교는 1학년의 경우 '자신의 삶과 경험을 바탕으로 하여 독자에게 감동이나 즐거움을 주는 글을 쓴다.'와 관련지어 독후감을 쓰는 게 적당하고, 3학년은 '주장하는 내용에 맞게 타당한 근거를 들어 글을 쓴다.'와 관련지어 서평을 쓰는 것이 적절하다는 생각을 했다. 그러나 실제 수업을 진행하고 나니 내가 제대로 '서평'을 가르친 건지 의구심이 들었다. 좀 더 명확하게 텍스트를 분석하고, 그 분석과 근거를 바탕으로 다른 사람들이 책을 읽고 싶도록 설득해야 하는데 그 지점을 강조하지 못했다. 그리하여 2, 3학년과 함께한 서평 쓰기는 참 부끄러운 수업이다. 게다가 무슨 결기로 4주(차시) 만에 서평을 완성하겠다고 했는지 모를 일이다. 물론 나에게는 전국국어교사모임 물꼬방 선생님들이 쌓아 놓은 노하우와 학습지가 있었다. 아무리 그렇다 하더라도 서평 쓰기는 생각을 농익게 하는 충분한 시간이 필요했는데 기말고사를 코앞에 두고 어떻게 할 수 없었다. 어찌 보면 과제형 수업이었기 때문에 학생들의 엄청난 시간 투자를 바탕으로 이 정도라도 끌고 온 게 아닐까 싶다.

서평 쓰기 시작은 목표 세우기였다(이 내용은 발표 자기 평가와 함께 진행했다). 쓰기 성취기준, 3학년은 문학 성취기준까지 새롭게 들어왔으므로 다시 한번 점검할 필요가 있었다.

1. 목표 세우기

1-1. 서평쓰기의 채점 기준을 살펴보고 지금 나의 수준이라고 생각하는 내용을 평가 기준에 하나씩 표시해 봅시다. ('서평'이 무엇인지 어떤 서평이 좋은지는 학습지에 나와 있으니 읽어보세요!)

평가 요소	성취 수준			
	매우 뛰어남	달성함	조금만 더	힘을 내
문학	☐ 문학 작품이 지니는 심미적 체험의 가치와 소통 활동으로서의 의의를 깊이 있게 알고, 작품이 창작된 사회.문화적 배경을 파악하고, 이것이 작품 전체의 의미나 주제를 형성하는 데 어떤 관련이 있는지를 이해하며 작품을 이해할 수 있다.	☐ 문학 작품이 지니는 심미적 체험의 가치와 소통 활동으로서의 의의를 알고, 작품이 창작된 사회.문화적 배경을 바탕으로 작품을 이해할 수 있다.	☐ 문학 작품이 지니는 심미적 체험의 가치와 소통 활동으로서의 의의를 알고, 작품이 창작된 사회.문화적 배경을 주변의 도움을 받아 파악할 수 있다.	☐ 문학 작품이 지니는 심미적 체험의 가치와 소통 활동으로서의 의의를 알고, 작품이 창작된 사회.문화적 배경을 파악하는데 어려움을 느낀다.
쓰기	☐ 쓰기가 문제 해결 과정임을 정확하게 이해하고, 쓰기 과정에서 부딪히는 문제를 적절하고 능동적으로 해결하며 글을 쓸 수 있고, 쓰기 윤리를 준수하며	☐ 쓰기가 문제 해결 과정임을 이해하고, 쓰기 과정에서 부딪히는 문제를 부분적으로 해결하며 글을 쓸 수 있고, 쓰기 윤리를 어느 정도 준수하며 글을 쓴다.	☐ 쓰기가 문제 해결 과정임을 이해하나, 주변의 도움을 받아 쓰기 과정에서 부딪히는 문제를 해결할 수 있고, 쓰기 윤리를 어느 정도 준수하며 글을 쓴다.	☐ 쓰기가 문제 해결 과정임을 이해하나, 주변의 도움을 받아 쓰기 과정에서 부딪히는 문제를 해결하는 데 어려움을 느끼고, 쓰기 윤리를 준수하는 데도 어려움을 느낀다.

1-2. B나 C, D를 받을 것 같은 평가 요소는 무엇입니까? 이유도 2줄 정도 적어봅시다.

평가요소	쓰기
이유 (2줄)	쓰기 과정에서 조금 막히는 부분들이 꽤 있는데, 그런 문제를 어느 정도 해결할 수는 있지만 능동적으로 완벽히 해결하지는 못하는 것 같다.

1-3. 어떻게 하면 A로 갈 수 있을지 생각해 보고, A로 가기 위한 구체적인 방법을 50자 정도 적어봅시다.

쓰기 과정에서 부딪히는 그런 문제들을 해결할 때, 아직은 해결 능력이 부족하기 때문에 일단 주변의 도움을 좀 받아본 후, 어떤 식으로 그런 문제들을 해결하는지 보고, 그 방법을 터득하여, 나중엔 혼자서, 능동적으로 쓰기 문제들을 해결할 수 있도록 하는 방법이 좋을 것 같다. 그리고 쓰기를 하다가 가끔 '내가 쓰려는 표현이 맞는 표현인가?' 하는 생각이 들 때가 있는데, 그런 생각이 들지 않도록 평소에 헷갈리던 단어나 표현에 대해서 확실하게 뜻을 외워놓는 것도 좋겠다.

2-1. 서평쓰기의 채점 기준을 살펴보고 지금 나의 수준이라고 생각하는 내용을 평가 기준에 하나씩 표시해 봅시다. 해당칸의 글씨를 빨간색으로 바꾸세요. ('서평'이 무엇인지 어떤 서평이 좋은지는 학습지9,10에 나와 있으니 읽어보세요!)

평가 요소	성취 수준			
	매우 뛰어남 A	달성함 B	조금만 더 C	힘을 내 D
읽기	□ 읽기의 가치와 중요성을 알고 평소 책을 읽는 습관을 형성함으로써 읽기를 생활화하는 적극적인 태도를 지녀, 한 학기 두 권 이상의 책을 끝까지 꼼꼼하게 읽는다.	□ 읽기의 가치와 중요성을 알고 읽기를 생활화하는 태도를 지녀, 한 학기 두 권 이상의 책을 끝까지 읽는다.	□ 읽기의 가치와 중요성을 알고 읽기를 생활화하는 태도를 지녀, 한 학기 한 권 이상의 책을 끝까지 읽는다.	□ 읽기의 가치와 중요성을 알고 책을 읽는 긍정적인 태도를 지녔으나 한 학기 한 권 이상의 책을 끝까지 읽는데 어려움을 느낀다.
쓰기1	□ 속담, 관용 표현, 격언, 창의적인 발상이나 활용하여 생각이나 느낌, 경험을 적절하면서도 참신하게 표현하는 글을 쓸 수 있다.	□ 속담, 관용 표현, 격언, 창의적인 발상을 활용하여 생각이나 느낌, 경험을 적절하게 표현하는 글을 쓸 수 있다.	□ 속담, 관용 표현, 격언, 창의적인 발상을 활용하여 생각이나 느낌, 경험을 표현하는 글을 쓸 수 있다.	□ 다른 사람의 도움을 얻어 속담, 관용 표현, 격언, 창의적인 발상을 활용하여 생각이나 느낌, 경험을 표현하는 글을 쓸 수 있다.
쓰기2	□ 고쳐쓰기의 일반 원리를 반영하여 자신이 쓴 글을 능동적으로 점검하고, 독자가 이해하기 쉽게 고쳐 쓸 수 있다.	□ 고쳐쓰기의 일반 원리를 반영하여 자신이 쓴 글을 점검하고 고쳐 쓸 수 있다.	□ 고쳐쓰기의 일반 원리를 반영하여 자신이 쓴 글을 부분적으로 점검하고 고쳐 쓸 수 있다.	□ 다른 사람의 도움을 얻어 고쳐쓰기의 일반 원리를 반영하여 자신이 쓴 글을 부분적으로 점검하고 고쳐 쓸 수 있다.

2-2. B나 C나 D를 받을 것 같은 평가 요소는 무엇입니까? 이유도 2줄 정도 적어봅시다.

평가요소	이 유
쓰기2	고쳐쓰기를 워낙에 잘 하는 편이 아니라고 생각하고 독자가 이해하기 쉽게 고쳐쓰는 것을 잘 못 할 것 같다.

2-3. 어떻게 하면 A로 갈 수 있을지 생각해 보고, A로 가기 위한 구체적인 방법을 50자 정도 적어봅시다.

고쳐쓰기의 원리와 고쳐쓰기의 좋은 예 등을 많이 봐서 감을 익히기 위해 노력하고 보다 좋은 고쳐쓰기를 하기 위해 노력한다.

〈2학년〉 서평 활동지

　　그다음 시간부터는 본격적으로 글을 쓰는 작업에 들어갔다. 물꼬방 선생님들이 만들어 놓은 서평 활동지를 이용하여 학년별 성취기준에 맞게 가감을 하였다. 그러다 보니 2학년의 경우는 글 중에 '속담, 관용 표현, 격언, 반어, 역설, 함축적 표현(비유, 상징 등등), 참신한 표현'을 넣게 했고 3학년의 경우에는 '작품이 창작된 사회, 문화적 배경을 찾'아보게 했다. 다음은 3학년에게 제시한 글감이다.

여덟 개의 질문 중 '명장면(명대사)'과 '책 속의 세상으로'는 필수, 나머지 글감 중 원하는 글감 네 개를 골라 답하세요.

(1) 명장면(명대사)★
책을 다시 한번 살펴보면서 마음에 드는 부분, 마음에 들지 않는 부분, 감명 받은 부분, 말도 안 된다고 생각한 부분, 재미있는 부분, 재미없는 부분 등등 어떤 식으로든 기억에 남는 부분을 적습니다. 어떤 부분이든 괜찮지만, 그 부분이 기억에 남은 이유를 최대한 자세히 써 봅니다.

(2) 첫 느낌!
자신이 읽은 책의 이름, 저자, 출판사를 적고 자신이 이 책을 처음 봤을 때 느낌을 솔직하고 편안하게 적어 봅니다.

(3) 앗, 나도!
책 속 내용과 비슷한 경험이 있다면 언제, 어디서, 무슨 일이 있었는지를 생생하게 써 봅니다. 친구의 경험을 적어도 상관없습니다.

(4) 오! 멋진데?
책 속의 인물들 중 인상 깊은 인물을 골라 삶의 모습을 간추려 적어 보고, 그 사람의 삶이 인상 깊은 이유를 밝혀 봅시다.

(5) 책 속의 세상으로(반드시 들어가야 함)★
작품이 창작된 사회, 문화적 배경을 알면 문학 작품을 더 잘 이해할 수 있습니다. 책 내용의 배경이 되는 사회적이거나 문화적인 배경을 찾아 봅니다. 관련된 세상의 모습, 사회/시대의 경향 등을 찾아 봅니다.

(6) 왜 썼을까?
글쓴이가 이 책을 왜 썼을까 생각해 적어 봅니다. 그리고 저자의 생각에 대한 자신의 생각을 자유롭게 씁니다. 글쓴이의 생각에 동의해도 좋고, 비판해도 좋습니다.

(7) 달라졌어
책을 다 읽은 후 새롭게 깨달은 점이 있으면 적어 봅니다. 책을 읽기 전과 책을 읽은 후, 내 생각이 어떻게 달라졌는지 자세히 풀어 씁니다. 교훈적이고 뻔한 이야기보다 특별한 나만의 이야기가 더 좋습니다.

(8) 이 책의 가치는?

이 책이 지닌 가치를 평가해 봅시다. 이 책을 읽을지 말지 고민하는 친구에게 도움이 되는 말들을 적습니다. 근거는 책 내용 안에서 찾아, 내 말에 대한 설득력을 높여 봅니다.

2-3. 책 속의 세상으로 (15줄 이상 씁니다)

뉴스에서 '한중FTA'등의 말이 나오면 무심코 넘겼던 기억이 있다. 모두 깜언에서는 시골이 배경이기 때문에 농사를 지으시는 분들이 많으시고 그 때문에 우리는 별신경 안썼던 문제들이 그쪽에서는 생계를 이어나가지 못하는 문제가 되었었다. 요즘 우리는 국산이 좋다고는 하지만 가격 등의 문제로 수입산 농식물을 먹는다. 나는 이전까지 수입산을 먹는 것이 환경파괴에만 영향을 주는 것인 줄만 알았는데, 책을 보니 농사 지으시는 분들의 밥줄을 끊는 행동이었다는 것을 알았다.

책 중간에 구제역(?)에 의해 근방에 있는 소들을 다 죽여야 했던 장면이 있다. 밖에서 뉴스로 볼 때는 '위험하니까 당연하지' 라는 생각을 했데 소들의 주인들은 엄청난 피해를 본다는 것까지는 미처 생각하지 못했다. 우리나라가 그런 문제에 대해서 제대로 피해보상을 해줄리도 없고, 피해보상을 해준다고 해도 그 돈으로 소들을 다 사기는 역부족인 상황이다. 물론 국가 전체에 피해가 가기 전에 싹을 잘라버리는 것도 좋은 방법이지만 구제역이나 광우병 한번 돌면 집안이 거의 망해갈 지경이라는 것을 알게되니 더 나은 방법은 없을까 고민하게된다.

아이들이 고등학생이 될 준비를 하고 고등학교를 고르는 과정은 현재 몸소 겪고 있는 상황이어서 좀 마음이 안좋았다. 실제로 원하는 곳을 가는 친구도 있겠지만, 돈 때문에, 부모님의 강요로 등의 문제로 고등학교를 자신이 원하는 곳을 가지못하는 친구들이 있을 수도 있다는 점이 무척 마음에 걸렸다. 중학교 때 까지는 태어난 김에 사는 거라고 쳐도 고등학교 때부터는 모든 친구들이 자신을 위해 살 수 있었으면 좋겠다.

2-4. (이 책의 가치는?   ) 나머지 6개 질문 중 하나를 골라서 15줄 이상 씁니다.

모두 깜언이라는 책은소설임에도 불구하고 우리 주변에서 나타날 수 있는 일들을 꽤나 사실적이고 자세하게 담은 책이다. 시골의 예쁜 풍경도 간접적으로 느낄 수 있고, 시골에서 일어나는 사회적 문제들이나, 그냥 우리가 흔히 겪는 친구들과의 관계도 잘 표현해놓았다. 다른 소설들보다 현실적이기 때문에 읽으면서 술하게 웃고 공감할 수 있지만, 내가 겪어보지 못한 상황이 나오면 사뭇 진지하게 읽을 수 있는 책이다. 또 많이 공감되긴 하지만 이책에서 다루고 있는 사회적 문제들을 맞닥트렸을 때는 '이런일이 실제로 있었구나' 라던지 '내가 잘못 생각하고 있었네' 등의 교훈이나 새로운 지식을 많이 가져다 주는 좋은 책이라고 생각한다.

이 책의 가치를 가장 잘 나타내어 주는 부분은 아무래도 책의 주인공 한사람한사람이 성장해 나가는 부분이라고 생각한다. 초반에는 책을 읽고 있는 나와 비슷해 보였던 주인공들이 점점 성숙해지는 과정을 보면서 누구나 힘든 일을 겪어야지 성장해간다는 것을 느낄 수 있다. 우리가 쉽게 겪는 갈등의 종류는 아니지만, 어쩌다 한번은 겪을 수 있는 상황들이 다양하게 담겨있다. 이로써 이 책을 볼 청소년기의 친구들에게 아주 좋은 교훈을 많이 남겨줄 수 있는 가치있는 책이라고 생각한다.

3학년은 그동안 가르친 게 있다고 생각하여 15줄씩 쓰라고 했고, 2학년은 10줄씩 쓰라고 했는데, 빨리 서평을 쓰게 해야겠다는 욕심으로 얼마나 무리한 요구를 한 건지 학생들의 '배우고 느낀점'의 불평불만을 읽으며 다시금 확인할 수 있었다. 너무 짧게 써서 제출하는 학생들 때문에 줄 수를 넉넉하게(?) 제시했는데 성실한 학생들은 분량을 채우느라고 엄청나게 고생했다. 나보고 쓰라고 해도 한 시간에 그렇게 못 쓸 텐데 말이다. 한 시간에 질문 두 개 정도 쓰는 게 적절하겠다고 바로 후회하긴 했지만, 이미 학교에 나올 날짜가 정해져 있는 상황에서 어찌할 수 없었다.

언제나처럼 자세한 설명에도 불구하고 어떻게 써야 할지 감을 잡지 못하는 학생이 있을 거라고 생각해서 그런 친구들을 돕기 위해 구글 문서로 제출한 내용을 패들렛에도 붙여 넣게 했다. 나중에 들어보면 이렇게 친구들 작품을 보는 것이 자기한테 도움이 되었다는 이야기를 많이 했다.

책을 다 읽었는지 확인도 할 겸, 학생들이 이전에 읽었던 책과 새롭게 읽은 책을 어떻게 생각하는지 궁금하여 두 책을 비교해 보는 꼭지도 넣었는데 읽는 재미가 쏠쏠했다.

2-5. 지난 번에 읽은 책은 (장수만세)입니다. 저는 (장수만세)이/가 더 재미있습니다. 왜냐하면

장수만세가 생각하지도 못했던 사후세계를 다뤄 초반에 더 흥미로웠고, 반면에 아몬드는 드라마나 소설로 많이 다루어진 이야기 같게 다가와서 읽을 때 '이렇게도 생각할 수 있구나'라는 생각은 들지 않았던 것 같다. 또한 장수만세는 학업 스트레스와 같이 우리 주변에 있는 주제를 이야기하고 있기 때문에 공감이 되었지만 아몬드는 주변에 이런 일이 일어날 수 있다는 생각을 못해본 아이의 이야기였기 때문에 친숙하게 다가오지 못하고 그저 정말 소설이라고 느껴졌던 것 같다. 그래서 아몬드가 더 몰입도는 떨어졌던 것 같다. 사실 내가 아몬드를 집중해서 안 읽은 탓도 있고, 내가 장수만세가 관악 문학상을 받아야 한다고 생각하는 탓도 있어 장수만세가 더 재밌게 느껴졌다는 생각을 강하게 들기도 했다. 그래서 나는 장수만세가 더 재밌었다.

2-5. 지난 번에 읽은 책은 (봉주르 뚜르)입니다. 저는 (모두 깜언)이/가 더 재미있습니다. 왜냐하면

사회적 문제나 문화적 문제를 아주 잘 드러내고 있어 청소년들이 한번쯤은 읽기 좋은 책이라고 생각이 들고 사람은 누구나 크고 작은 결핍을 갖고 살아가고 있다고 말하고 있는 것 같아 더 좋다.

2-5. 지난 번에 읽은 책은 (더 빨강)입니다. 저는 (봉주르 뚜르)이/가 더 재미있습니다. 왜냐하면

더 빨강은 참신한 소재들이 많았지만 그것들이 비빔밥처럼 잘 섞여서 조화를 이루는 것이 아닌 작년에 급식으로 나왔던 치즈와플처럼 따로 놀았기 때문이다. 차라리 치즈와플에서 치즈를 빼듯이 별로 중요하지 않은 소재들은 없애버려서 줄거리에 더욱 집중하게 만드는 편이 더 나을 것 같은데 말이다.

| 6/26 목표 | 서평 쓰기라고 하는데 서평에 대해 잘 알고 잘 쓰고 싶다. |
| 배우고 느낀점 | 서평을 쓰는데 이거 오랜시간이 걸려 걱정 못했다. 그래도 열심히 서평을 써서 내 생각을 다 표현한 것 같아 뿌듯하다. 다음 또 서평을 가장 어떤 방법을 할지 궁금하다. |

| 6/26 목표 | 썼다. 새로운 책에 대한 서평을 쓰는 시간이다. 내가 읽었던 책의 내용이나 느낀점들을 꼼꼼하게 써야겠다. |
| 배우고 느낀점 | 더 빨강에 대한 나의 느낌을 그대로 적는 시간이 되어서 난 너무 기분이 좋았다. 이렇게 마음을 표현하니 속이 후련해지는 기분이었다. 책을 더 많이 읽어야겠겠다. |

| 6/26 목표 | 새로 바꾼 책을 모두 읽고, 그에 대한 서평을 작성한다. |
| 배우고 느낀점 | 서평을 작성하며, 쓰기 과정 중에 내가 생각했던 내용을 글로 쓰기, 때, 이야기 순서가 잘 안돼 고민되어 공간중간에 막힌 부분들이 많아 시간이 생각보다 어려웠던 것 같다. 쓰기를 계속 연습해보며 이 부분을 보완해봐야겠다. |

| 7/2 목표 | 서평쓰기에서 정확한 근거를 들어 쓰기 위해 노력한 것이다. |
| 배우고 느낀점 | 개인의 생각을 쓰는 것도 생각보다 어렵다는 생각이 들었다. 항상 답은 과거가 아닌 채, 고민될까? |

| 7/2 목표 | 어렵다. 서평쓰기를 어떻게 적어야 하는지 도저히 모르겠어서 잘 |
| 배우고 느낀점 | 적을 수 있을지 모르겠다. 그래도 착실한 노력해서 수업에 참여해야겠다. 어떤 식으로 해야하는지 한시동안 고민하는 바람에 마감 시간 시간 전에 겨우 적었다. 글을 쓰는 건 항상 너무 어려운 것 같다. 생각이 수없이 많아지는데 글로 정리한다는 게 참 어렵고 힘들다. |

| 7/2 (목) 목표 | 오늘도 함께 앉은데 치넌치넌 딱 끝내고 싶고 서평쓰기 도 잘 하고 싶다. |
| 배우고 느낀점 | 서평 쓰기를 위한 글감을 쓰면서 아토르는 책이 어떤 이유로 쓰여졌는지 ●명확하게 된 것 같다. 공감이라는 게 멀어나 소중한 것인더라 다시한번 깨닫게 된 것 같다. |

그다음 원격수업 시간에는 다른 글감 세 개를 골라 글을 쓰고 글감을 조합하여 개요를 짰다. 마찬가지로 자신이 쓴 글을 패들렛에 올렸다. 3학년의 경우에는 반별로 같은 패들렛을 썼는데, 같은 책 서평끼리 모아 놓는 것이 서로에게 더 도움이 되지 않을까 하는 생각에 2학년 패들렛은 반을 섞어 책끼리 묶어 만들었다. 누가 냈는지 안 냈는지를 확인하려면 반별로 하는 것이 좋겠지만 학생들의 글 수준을 높이는 데는 같은 책끼리 만드는 것이 나은 듯했다.

2-1. 책제목: 아무도 들어오지 마시오

2-2. 글감 번호와 질문1 (첫 느낌   ) 15줄 이상 쓰세요.

책 표지를 딱 보면 한 소년이 손으로 얼굴을 가리고 커튼을 여는 모습과 각종 화분, 그리고 한 사람이 캐리어를 들고 어디론가 가는모습, 무엇보다 중요한 상자속에 들어있는 스마트폰을 볼 수 있다.제목에서도 추론할 수 있듯이 주인공이 아무도 알면 안되는 비밀이 있다는 것을 대충 짐작해 볼 수 있다. 책 표지 속의 남자아이의 표정이 어둡지 않아 이렇게 심각한 내용일지는 몰랐다. 다만 상자 속에 있는 스마트폰이 조금 뜬금없어 보여서 스마트폰이 이 책의 내용에 상당히 중요한 단서가 있으리라고 생각했다. 작가 소개에 어른도 어린이도 아닌 청소년의 심리와 내면을 관계를 통해 탁월하게 풀어낸다고 써져 있어 주인공 남자아이의 성장기와 문제 해결과 관련된 책이라고 짐작해 볼 수 있었다. 책 뒷부분에 몇몇 대사가 있는데 이를 통해 피해본 사람과 그걸 모르고 있는 묻혀진 진실이 석균이를 괴롭히는 것이라고 짐작할 수 있었다.

2-3. 글감 번호와 질문 2 (왜 썼을까?   ) 15줄 이상 쓰세요.

이 책은 자신의 과거의 잘못을 인정하고 바로잡기 위해 내면적인 성장을 이루어내는 청소년 석균이의 이야기를 담고 있다. 우리 사회는 무언가 잘못을 하면 잘못을 한 누군가에게 잘못에 대해 돌아보고 깊게 생각을 할 시간을 주는 대신 문제아 취급을 하거나 잘못하지 않았다고 쉬쉬하는 문화가 있는 것 같다. 석균이의 아버지는 석균이를 과거의 잘못으로부터 알게 하지 못하기 위해 과거를 감추고 석균이의 6학년 친구들은 석균이의 실수 때문에 자신들도 잘못했으면서 몰아갔다. 이 때문에 석균이는 자신의 잘못에 대해 회피하게 되고 연욱이에 대한 미안함을 느끼지 않는 무기력하고 무감각한 상태에 빠지게 된다. 하지만 이를 할머니가 잘 치유해 주고 자신의 잘못에 대해 스스로 생각해보는 시간을 주며 자신이 잘못한 것을 당당히 인정하고 앞으로의 발전을 위해 마음을 다잡게 한다. 과거의 아픈 기억을 묵히면서 페인이 되는게 아니라 인정하고 나 자신에 대해 생각하게 하기 위해 이 책을 쓴 것 같다. 청소년은 많은 실수를 저지르지만 자기 스스로 이를 생각해보고 후회하지 않는 마음을 잡았으면 하는 마음인 것 같다. 이와 동시에 한부모 가정의 소통과 공감 문제, 장난으로 인한 학교폭력의 심각성 등의 사회적 문제를 같이 드러내며 독자로 하여금 문제의식을 갖게 한다.

2. 개요짜기

학습지 14를 꼼꼼하게 읽고 글감을 배열하여 개요를 만듭니다.

책 제목	아무도 들어오지 미시오
서평제목	너 자신을 돌아봐

순서	글감번호와 질문	내가 정한 소제목 (처음과 끝은 없습니다)	간략한 내용
처음	2번, 명대사 추가	없음	책의 명언 2개와 첫인상을 쓰면서 독자로 하여금 호기심을 갖게 한다.
중간	6번	잘못을 직시하지 않는 사회	작가의 책을 쓴 의도를 내용 소개와 같이 쓴다.
	5번	학교폭력, 그리고 가족 문제	책 속에서 드러난 사회 문제를 큰 맥락에서 소개한다.
	1번, 4번	할머니, 석균이를 구해주다	할머니의 중요한 역할을 명장면과 할머니의 명대사로 같이 설명한다.
끝	8번	없음	책을 통해 독자들이 무엇을 느낄 수 있는지 알게 해준다.

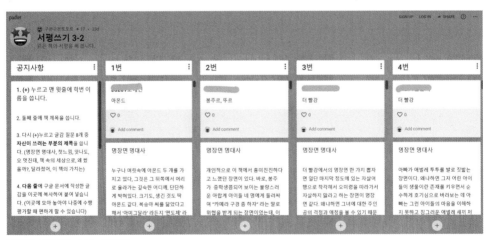

반별로 되어 있는 3학년 패들렛

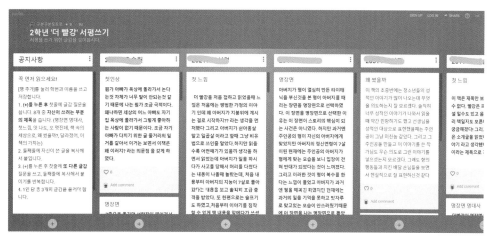

책 별로 되어 있는 2학년 패들렛

　　지난 차시 3학년이 제출한 과제를 살펴보니 '책 속의 세상으로'라는 제목이 붙은 '문학작품에 드러난 사회 문화적 배경 찾기'를 어려워한다는 걸 알게 되었다. 국어A 시간에 수업을 하긴 했지만 실제로 자신이 읽은 책에 적용하는 게 쉽지 않아 보였다. 얼굴을 보면 더 쉽게 도움을 줄 수 있겠지만 그러지 못한 상황에서 나의 선택은 또 패들렛이었다. 학생들에게 사회 문화적 배경이 책 속에 어떻게 드러나 있는지 두 개씩 찾아 패들렛에 적어 보라고 했다. 학생들은 다양한 부분에서 사회 문화적 배경을 찾았다. 배움이 느린 학생은 친구들의 의견을 참고하여 자신의 생각을 정리할 수 있었다. 친구는 좋은 선생님이다.

7/3 목표: 서평을 쓰기 위해 준비하기, 개요를 짠다
배우고 느낀점: 너무 깊게 생각하고, 표현을 신중하게 처리하려다보니 생각보다 시간이 많이 걸린 것 같았다. 이번에 금주 서평보서 책의 내용을 복습하고, 나의 생각 되돌아 볼 수 있었던 시간이었다.

7/3 목표: 서평 끝내하고 친구들의 서평보고 비교하기
배우고 느낀점: 친구들의 생각보다 너무 다 잘 한것 같아서 놀랐고 나도 더 열심히 해야겠다고 생각했다.

드디어 학생들이 왔다. 학교에 왔을 때 수행평가를 보려고 일정을 조정하긴 했으나 학생들의 개요를 보니 글감을 그냥 개요에 맞게 배열만 해서 과연 글이 나올지 의심스러웠다. 어떤 글이든 통일성을 유지하기 위해서는 처음 부분의 문제 제기와 문제의식이 중간 부분에서 더 확대, 확장되고 마무리 부분에 그에 관한 나름의 대답이 나와야 하는데 과연 그렇게 쓸 수 있을지 자신이 없었다. 그래서 내가 원하는 것을 설명하고, 그에 맞게 개요를 잠시 손본 후 글을 쓰라고 했다. 학생들은 개요에 따라 미리 질문에 답을 써 본 것을 그대로 사용하는 경우도 있었고, 개요에 맞게 내용을 새롭게 써야 하는 경우도 있었다. 자신의 문제의식과 통일성에 맞게 글을 쓰려면 이미 써 놓은 글감에 너무 얽매여서는 안 된다고 이야기해 주었다. 2학년의 경우 '생각이나 느낌, 경험을 드러내는 다양한 표현'을 이용하도록 했고, 3학년의 경우 '작품이 창작된 사회, 문화적 배경'이 들어가도록 했다. 이 조건들은 서평에 붉은색으로 표시해서 제출하게 했다.

어떤 학생들을 봐줘야 하는지 상황을 살피기 위해 자석 네임카드에 각자의 이름을 써넣고 자기가 지금 하고 있는 부분에 붙이게 했다. 이러한 자석 네임카드를 쓰게 되면 교사는 느린 학생이 누군지 파악하여 도움을 주기 쉽고, 학

생은 자신이 어떤 과정을 거쳐 어떤 것들을 해야 하는지 한눈에 확인할 수 있어서, 즉 앞으로 목표와 지금 상태를 파악할 수 있어서 좋다.

한 시간에 모든 학생을 다 봐주는 것도 쉽지 않은 데다 봐줬다 한들, 이미 글감이 다 쓰여 있다 한들 고민해서 글을 써야 하는 학생들에게는 시간이 부족할 수밖에 없었다. 어쩔 수 없이 구글 클래스룸에 예약을 걸어두고 당일 4시 30분까지 제출하라고 했다.

책 제목	아무도 들어오지 마시오
서평제목	맞았나, 틀렸나가 중요한 게 아니야

순서	글감번호와 질문	내가 정한 소제목 (처음과 끝은 없습니다)	간략한 내용
처음	2. 첫 느낌	없음	난 처음에 이 책을 보았을 때 아기자기하고 귀여운 내용일 것 같았다.
중간	1.명장면, 명대사	예상과 달리	귀여운 내용이 가득 할 것 같다는 내 예상과 달리 이 책에는 나를 열받게 하는 부분들이 꽤 있었다.
	5.책 속의 세상으로	문제야, 문제!	방관, 학교 폭력
	7.달라졌어	알고보니 나도?	책을 읽으며 주인공을 많이 욕했지만 생각해보면 나도 그런 적이 있더라. 그래서 다짐을 했다.
끝	6.왜 썼을까	없음	작가의 말처럼 우리가 맞았나, 틀렸나가 중요한 것이 아니다. 틀리고 나서 잘못된 것을 바로 잡았는지, 즉 책임을 졌는지가 중요한 것이다.

:유의사항> '서평쓰기 예시' 문서를 참고하면 이해하기 쉽습니다.

1. **처음 시작을 매력있게** 하세요. '나는' '내가' '이 책은' '국어 시간에' 와 같은 뻔한 말로 시작하지 마세요. 주의를 끌기 위해 전혀 예상하지 못한 질문, 시사적인 문제 ('책 속의 세상으로' 부분일 수도 있어요) 등으로 참신하게 시작합니다. (최소 7줄)
2. 중간 부분 시작할 때 '엔터' 치고 부제목을 굵게 (B 누르세요) 크게 (글씨크기 15) 쓴 후 다시 '엔터'를 치고 한 줄 뗀 후 시작합니다. 중간 소제목은 **중간 부분 전체를 아울러야** 하고 이 또한 **매력적인 소제목**이어야 합니다. (소제목 하나 당 최소 12줄)
3. 끝 부분은 처음 시작할 때 했던 문제 제기나 질문 등에 관해 대답을 하는 부분입니다. 본문의 내용을 요약하고 강조하세요. **인상적인 맺음말로 마지막 문장**을 써 봅시다. (최소 7줄)

크롬북으로 개요에 맞게 글을 쓰고 있다.

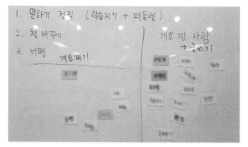

자신의 자석 네임카드를 칠판에 붙여 상태를 표시한다.

다음 원격수업에서는 고쳐쓰기를 진행했다. 고쳐쓰기를 하기 전에 이미 가채점을 해 두었지만 학생들에게는 공표하지 않고, 자신의 글을 수정해서 다시 제출하게 했다. 점수를 알려주는 순간 학생들은 더 잘 해보려는 노력을 멈추기 마련이다. 피드백을 할 때는 절대 점수와 함께 주어서는 안 된다고 한다. 학생들은 교사가 열심히 작성한 피드백에는 관심도 없고 자기 점수가 몇 점인지에만 관심을 보인다는 것이다. 또, 피드백이 성취기준에 도달하지 못한 학생의 상황을 파악하고 도달하게 하기 위해 비계를 놓으면서 돕는 일이라고 할 때, 피드백 제공 후에는 반드시 그것을 적용하여 수정할 수 있는 기회를 줘야 한다. 그렇지 않고 모든 것이 끝난 후 제공하는 피드백은 피드백으로서의 기능을 하기 힘들다.

고쳐쓰기를 어떻게 해야 할지 구체적인 설명을 제시하고(역시나 물꼬방 선생님들의 도움을 많이 받았다.) 수정한 부분이 정확하게 드러나도록 다시 글을 쓰게 했다. 강양구 기자가 강연에서 윤리적인 글쓰기를 이야기하면서 외국에서는 논문을 게재하고 나면 어디를 어떻게 고쳤는지 날짜와 함께 기록을 다 남겨둔다고 했다. 글을 쓰는 행위가 읽는 독자와 공동체를 감안했을 때 저자의 책임감을 요구하는 것이라 생각하여 학생들에게도 자신이 무엇을 수정했는지 가로줄이나 괄호를 이용하여 남겨 놓도록 했다. 이후에 살펴보면 생각의 변화를 눈으로도 확인할 수 있을 터였다.

줄 아래 부분에 서평을 붙여 넣고 고쳐쓰기를 해서 제출하세요. (중간 줄 혹은 가로 넣기)

*고쳐쓸 때에는 이미 쓴 글에 Alt+Shift+5 를 누른 후 그 다음에 수정한 내용을 씁니다. 삽입을 할 경우에는 ( )를 이용합니다
예시1) ~~나는 유미가 재준이를 좋아했던 건지 잘 모르겠다.~~ 유미의 마음이 재준이에게 있었던 걸까?
예시2) 유미의 새아빠는 (우리의 고정 관념을 깨는) 매우 독특한 캐릭터이다.

1. 오탈자 및 맞춤법 수정

오자는 잘못된 글자이고, 탈자는 빠뜨린 글자입니다. 맞춤법을 정확히 알고 있더라도 컴퓨터 자판의 특성 탓에 잘못 쓰는 경우가 많습니다. 반드시 점검합시다. 또 맞춤법과 띄어쓰기가 적절한지를 파악해야 합니다.

2. 문장이 너무 길지는 않은지 살펴야 한다.

자신의 생각에 빠져 한정 없이 글을 늘여 쓰는 경우가 많습니다. 소리를 내어 빠르게 읽었을 때 부자연스럽게 읽히는 부분을 찾아 끊어 주면 해결됩니다.

3. 같은 단어가 여러 번 쓰이진 않았는지 살펴야 한다.

글을 쓸 때 같은 어휘를 여러 번 써야 하는 경우가 생깁니다. 그러나 동일한 낱말이 여러 번 등장한다면 지루합니다. 따라서 글을 다시 읽으며 같은 표현이 너무 자주 나오진 않는지 항상 주의해야 합니다.

4. 주어와 서술어가 정확하게 호응하는지 살펴야 한다.

주어와 서술어가 호응하지 않으면 뜻을 정확히 전달하지 못합니다. 대개 글이 길어질 때

고쳐쓰기 유의사항

들면서 아무런 상상도 가지 않았기에 빨리 읽어봐야겠다는 생각이 들었다. ~~그래서 책을 딱~~ ~~폈는데 '나에겐 아몬드가 있다. 당신에게도 있다.' 라는 말이 적혀있어서 나한테 아몬드가 왜~~ ~~있지라는 생각이 들면서 아몬드가 뭔지 너무 궁금했다.~~ 나에게 이 책의 첫 느낌은 뭐지 라는 생각만 들었던 것 같다. 처음엔 이 책에 손이 가지 않았는데 자꾸 책 표지가 생각나 내용이 궁금해지는 그런 책이었다.

나에게도 '아몬드' 가 있으며 지금 당신에게도 있다.

누구나 머릿속에 아몬드 두 개를 가지고 있다. 그것은 그 뒤쪽에서 머리로 올라가는 깊숙한 어딘가, 단단하게 박혀있다. 크기도, 생긴 것도 딱 아몬드 같다. 복숭아 씨를 닮았다고 해서 '아미그달라' 라든지 '편도체' 라고 부르기도 한다. 외부에서 자극이 오면 아몬드에 빨간 불이 들어온다. 자극의 성질에 따라 당신은 공포를 자각하거나 기분 나쁨을 느끼고, 좋고 싶은 감정을 느끼는 거다. 그런데 내 머릿속의 아몬드는 어딘가가 고장이 난 모양이다. 자극이 주어져도 빨간 불이 잘 안 들어온다. 그래서 나는 남들이 왜 웃는지 우는지 잘 모른다. 내겐 기쁨도 슬픔도 사랑도 두려움도 희미하다. 감정이라는 단어도, 공감이라는 말도 내게는 그저 막연한 활자에 불과하다.

이 장면은 주인공이 앞에서 자신을 소개할 때 이야기 했던 말이다. 이 대사를 보면서 왜 제목이 아몬드인지를 확실하게 알 수 있게 해준다. 또 아이의 아몬드가 그러니까 편도체가 어떤 상황인지를 잘 알려주어 이 주인공은 감정을 느낄 수 없는 아이라는 것을 잘 알 수 있게 해준다. 그래서 감정이 없는 주인공은 앞으로 어떻게 살아갈까 라는 질문도 생각하게 ~~만들어주는 내용이었다. 그리고 공감이라는 말이 그저 막연한 활자에 불과하다면 과연~~ ~~좋을까라는 생각도 들면서 어떨까라는 생각이 들었고 또 모든 감정의 이름을 (기쁨, 슬픔,~~ ~~두려움처럼) 하나하나 풀어서 이야기 하니 감정이 없다면 어떨까라는 생각도 하게~~ 색다른 느낌을 들게 만들었다. 이 부분을 읽으면서 나는 주인공과 전혀 다르기 때문에 많은 생각이 들게 하는 장면이였다

수정하기 위해 가로줄을 넣은 예

흔적이 남은 고쳐쓰기를 제출하면서 동시에 깔끔한 복사본을 전체 모든 학생이 볼 수 있는 구글 문서 파일에 붙여 넣으라고 했다. 시험이 끝난 후에 친구들의 서평을 읽으면서 댓글을 달게 할 요량이었다. 또한 동시에 자기 스스로 서평 쓰기를 시작할 때 목표로 세웠던 것을 돌아보게 했고, 자기가 점수를 받는다면 예상 점수가 어떻게 될지, 왜 그렇게 생각하는지, 서평 쓰기를 마치고 자기 성찰도 적어 제출하게 했다. 학생이 자신의 예상 점수와 자기 성찰을 제출하면 이에 대해 구글 클래스룸의 루브릭 기능을 이용하여 점수를 알려 주었

다. 실제 그냥 수업으로 진행했다면 고쳐쓰기 1~2차시, 평가 1~2차시 정도로 진행했겠으나 마음만 바빠 학생들을 몰아쳤다. 따라와 준 학생들에게 고마울 따름이다.

1. 서평쓰기 평가

1-1. 서평쓰기를 끝낸 후 자신의 상태에 표시를 해 봅시다.

평가 요소	성취 수준			
	매우 뛰어남	달성함	조금만 더	힘을 내
문학	☐ 문학 작품이 지니는 심미적 체험의 가치와 소통 활동으로서의 의의를 깊이 있게 알고, 작품이 창작된 사회·문화적 배경을 파악하고, 이것이 작품 전체의 의미나 주제를 형성하는 데 어떤 관련이 있는지를 이해하며 작품을 이해할 수 있다.	V 문학 작품이 지니는 심미적 체험의 가치와 소통 활동으로서의 의의를 알고, 작품이 창작된 사회·문화적 배경을 바탕으로 작품을 이해할 수 있다.	☐ 문학 작품이 지니는 심미적 체험의 가치와 소통 활동으로서의 의의를 알고, 작품이 창작된 사회·문화적 배경을 주변의 도움을 받아 파악할 수 있다.	☐ 문학 작품이 지니는 심미적 체험의 가치와 소통 활동으로서의 의의를 알고, 작품이 창작된 사회·문화적 배경을 파악하는데 어려움을 느낀다.
쓰기	☐ 쓰기가 문제 해결 과정임을 정확하게 이해하고, 쓰기 과정에서 부딪히는 문제를 적절하고 능동적으로 해결하며 글을 쓸 수 있고, 쓰기 윤리를 준수하며 글을 쓴다.	V 쓰기가 문제 해결 과정임을 이해하고, 쓰기 과정에서 부딪히는 문제를 부분적으로 해결하며 글을 쓸 수 있고, 쓰기 윤리를 어느 정도 준수하며 글을 쓴다.	☐ 쓰기가 문제 해결 과정임을 이해하나, 주변의 도움을 받아 쓰기 과정에서 부딪히는 문제를 해결할 수 있고, 쓰기 윤리를 어느 정도 준수하며 글을 쓴다.	☐ 쓰기가 문제 해결 과정임을 이해하나, 주변의 도움을 받아 쓰기 과정에서 부딪히는 문제를 해결하는 데 어려움을 느끼고, 쓰기 윤리를 준수하는 데도 어려움을 느낀다.

1-2. 수업 시작하기 전 예상했던 것과 달라진 것은 무엇입니까? 이유를 2줄 이상 적어봅시다.

평가요소	달라진 것이 없다.
이유	지금도 전에 예상했던 것과 같은 상태인데, 더 좋은 결과가 나오려면 어떤 노력이 필요할까 생각해보아야 겠다.

1-3. B,C,D를 받은 항목과 그 이유를 2줄 이상 적어봅시다.

평가 요소	문학, 쓰기
이유	문학에서는 작품 전체의 의미나 주제를 형성하는 데 어떤 관련이 있는지를 이해하는 부분이 조금 부족한 것 같고 쓰기에서는 글을 쓸 때 부딪히는 문제를 능동적으로 해결하는 면이 부족한 것 같기 때문이다.

1-4. 어떻게 하면 A로 갈 수 있을지 생각하여 2줄 정도 적어봅시다.
문학을 읽을 때 이 글에서 표현하고자 하는 의미나 주제를 잘 살피고 주제를 형성하는데 어떤 관련이 있는지를 자세히 보아야 할 것 같다. 그리고 쓰기에서는 쓴 다음 소리내어 한 번 읽어보며 이상한 부분을 계속 고쳐 써야 글이 자연스러워 질 것 같다.

3학년 서평 쓰기 배움 확인표

2. 서평쓰기 스스로 채점

평가 요소	성취 수준			
	매우 뛰어남(4점)	달성함(3점)	조금만 더(2점)	힘을 내(1점)
문학	□ 작품이 창작된 사회.문화적 배경을 파악하고, 이것이 **작품 전체의 의미나 주제를 형성하는 데 어떤 관련이 있는지를** 이해하며 작품을 이해할 수 있다.	□ 작품이 창작된 사회.문화적 배경을 바탕으로 작품을 이해할 수 있다.	□ 작품이 창작된 사회.문화적 배경을 주변의 도움을 받아 파악할 수 있다.	□ 작품이 창작된 사회.문화적 배경을 파악하는데 어려움을 느낀다.
쓰기 과정	□ 쓰기 과정에서 부딪히는 문제를 적절하고 능동적으로 해결하며 글을 쓸 수 있다.	□ 쓰기가 문제 해결 과정임을 이해하고, 쓰기 과정에서 부딪히는 문제를 부분적으로 해결하며 글을 쓸 수 있다 .	□ 쓰기가 문제 해결 과정임을 이해하나, 주변의 도움을 받아 쓰기 과정에서 부딪히는 문제를 해결할 수 있다.	□ 쓰기가 문제 해결 과정임을 이해하나, 주변의 도움을 받아 쓰기 과정에서 부딪히는 문제를 해결하는 데 어려움을 느낀다.
쓰기 윤리			□ 쓰기 윤리 (인용, 출처 밝히기, 고쳐 쓴 부분 밝히기) 를 준수하며 글을 쓴다.	□ 쓰기 윤리(인용, 출처 밝히기, 고쳐 쓴 부분 밝히기)를 준수하는 데도 어려움을 느낀다.
		합계	8 점	

2-1. 자신이 해당된다고 생각하는 부분의 글씨를 파란색으로 바꾸어 봅시다.

2-2. 자신의 예상 점수를 써봅시다. 9 점

2-4. 왜 이런 점수를 받을 것 같다고 생각했습니까? 그 이유를 2줄 이상 써 보세요.
쓰기 과정에서 잘 정리하지 못하고 지저분한 부분이 많이 있어서 만점은 못 받을 거 같았고, 그렇다고해서 너무 못한 것이 아니기 때문이다.

2-5. 서평쓰기에 관한 총평을 다음 질문에 관한 대답을 중심으로 10줄 정도 정리해 봅시다.
- 수업을 통해 무엇을 알게 되었는가? 더 궁금한 점은 무엇인가? 궁금증을 어떻게 해결할 것인가? 배움을 발전시키기 위해 자신이 해야할 일은 무엇인가? 어떻게 실천할 것인가? 서평쓰기에서 자신이 잘한 점이나 부족한 점은 무엇인가? 서평쓰기를 하면서 재미있어가 어려웠던 점은 무엇인가? 서평쓰기를 하면서 어떤 능력이 향상되었는가? 이번 서평쓰기는 자신에게 어떤 의미가 있는가?

수업을 통해서 글쓰기와 문학분야에서 더 많은 흥미와 재미를 느낄 수 있었다. 서평을 처음 써보았다. 이전에는 주장하는 글이나 설명하는 글 정도만 작성해보고 평가해보았는데 서평을 써보긴 처음이다. 내 배움을 발전하기 위해서는 꾸준한 노력이 필요하다고 생각한다. 지금 배운것을 잘 기억하고 나중에 이러한 글을 쓰게 될 때에는 지금과는 달리 논리적이고 정리가 된 글을 써서 독자가 보아도 잘 이해가 될 수 있는 글을 쓰도록 노력해야겠다. 이 서평쓰기는 나에게 신선한 경험이었다. 정말 색다른 주제로 책에 관한 글을 쓸 수 있었다는 것이 가장 기억에 남고 의미가 있다고 생각한다. 내가 잘한점은 글감을 잘 만들어서 필요한 내용이 다 들어갔다는 점과 내가 부족했던 점은 글감을 잘 만들었음에도 실제 글을 쓸 때에 갈무리를 잘 하지 못해서 그 점은 부족했고 아쉬운 점으로 남는다. 가장 어려웠던 점은 질문에 대해 답을 달고 정리하는 것이 가장 힘들었다. 질문에 답을 어떻게 달아야할 지가 가장 고민되었다.

마지막 시간은 서로의 서평을 읽고 댓글을 남기고 자신의 한 학기를 돌아보는 시간이었다. 전체 학생이 모두 들어올 수 있는 구글 문서를 책 제목별로 만들어 학생들에게 자신의 최종본을 올리게 했다. 친구들의 글을 읽고 어떤 생각이 들었는지 댓글을 달라고 예시를 주었다. 등교수업으로 진행한 반도 있었는데 친구에게 편지를 쓰는 마음으로 댓글을 달라고 했다. 처음 서평 수업을 시작하고 예전 선배가 쓴 글을 예시로 보여주었을 때는 시큰둥했는데 친구가 쓴 글을 보라고 하니 어찌나 감동을 하면서 읽는지 신기할 지경이었다. 서평보다 댓글을 읽는 재미가 더할 정도였다.

『아무도 들어오지 마시오』라는 책은 오랜만에 읽은 인상 깊게 남는 책이었다. 사람들이 이 책을 읽고 무엇인가 알아가고 그것으로 인해 사회가 더 좋은 방향으로 발전할 수 있다면 좋을 것 같다. 진짜 이것이 작가의 의도인지는 확실하지 않으나 나는 그렇게 생각하고 그걸 여러분에게 말할 것이다. 물론 모두가 바뀌는 것은 어렵다. 그러나 아주 작더라도 변화해 갔으면 좋겠다는 이야기이다. 작은 변화의 바람으로부터 희망은 시작한다.

↳ 우리들의 정곡을 찌르는 질문들이 담긴 글이었다. 특히 마음에 드는 점은 정의의 사도가 아닌 사냥꾼이다. 마녀사냥 등의 비유 표현이 많이 들어가서 와닿았다. 혹시 누군가에서 상처를 주고 있지 않냐는 부분이 깊은 생각을 할 수 있게 해준 것 같다.

↳ 첫 문장을 보자마자 홀린 듯이 읽었다. 되게 뭐라 말해야 할지는 잘 모르겠는데 잘 썼다는 말밖에 안 나온다, 진짜. 구체적인 예시를 들면서 정말 막 문장을 자연스럽게 구조하고 되게 의견을 분명히 밝히면서 전하고자 하는 것을 되게 잘 전달하는 서평을 쓴 것 같다.

↳ 첫 문장부터 굉장히 단호하게 말하는 것을 보며 읽기 시작했고 말하는 내용을 보면서 책을 굉장히 잘 읽었다는 것이 느껴졌다. 비유 표현도 굉장히 잘해서 인상 깊었고 혹시 정말 나도 누군가에게 상처를 주지 않았을까 하며 다시 생각해보게 되었다.

↳ 서평의 흐름이 너무 잘 이어져서 편하게 읽을 수 있었다. 정의라는 이름으로 폭력을 휘두르는 사람들이 사회에서 실제로 있다는 것을 알기에 소제목과 그 부분을 읽으며 몰입하게 됐다. 또 영화를 짧게 풀어낸 부분도 흥미로웠다.

1/30 목표: 서평을 고친 것을 잘 정리하고 열심히 수업에 몰입 것이다. 또한 맞춤법 확인하고 해야한 것을 다 끝마칠 것이다.
1/30 배움・느낀점: 한 책에 대하여 서평을 사람마다 다르기 또 수 있다는 것을 다시 한번 더 느꼈다. 글을 너무 잘 쓴 친구가 있어 보고 놀랐다. 서평을 다 쓴 게 후련하게도 한다.

| 7/30 목표 배우고 느낀점 | 이번 달 맥락 주단인만큼 노력하고 신방 써서 교재하고 제출하기. 서평 묶음을 읽고 느낀 점 제목이나 글의 시작부터 압도적으로 잘 쓰는 애들이 많아서 읽으면서도 감탄만 나왔다. 친구들의 속도 읽다가 내 글 읽어 보니 너무 부끄러웠다. 글 쓰는 답이까도 해야 하는 거 아닌가 싶었다... |

14 전체 평가(구글 문서, 패들렛)

1	공책 만들기, 목표 세우기
2	책 읽고 내용 정리
3	별점과 이유, 질문 만들기
4	중간 점검, 장단점과 반박
5~6	모둠 토의, 심사 기준 정하기
7	발표 자료 만들기
8	발표 대본 쓰기
9	발표 대본 수정
10	책 소개 연습
11	책 소개 발표
12	책 소개 발표 돌아보기
13	서평 쓰기 목표
14	내용 정리하기
15	서평 쓰기
16	고쳐쓰기
17	전체 평가
	행사 준비
	작가와 만남

학기 마지막 시간에는 언제나 한 학기 전체 평가를 한다. 자기 자신을 돌아보고, 자신이 배운 것은 무엇인지 어떤 능력이 향상되었고, 어떤 것들이 부족한지 생각해 본다.

매번 학기 말 평가를 받을 때 어떤 양식으로 받을지 고민을 많이 했다. 교사에 대해 평가하는 것도 받아 보고, 편지를 쓰라고도 해 보고, 수업 시간에 좋았던 점과 개선할 점을 적어보라고도 했다. 그러다가 최종적으로 정리한 것은 교사가 어떻게 했느냐보다 스스로 어땠는지를 돌아보는 것이 더 중요하지 않을까 하는 점이었다. 수업에 관한 이야기는 매시간 '배우고 느낀점'을 통해 바로 바로 피드백을 받을 수 있으므로 한 학기 동안 스스로 자기 평가를 해 보는 것이 더 의미있겠다고 생각했다. 학생들이 책을 몇 권 정도 읽었는지 궁금하여 끝까지 다 읽은 책을 물어보았고, 이를 독서 활동 상황에 기록해 주었다. 한 학기 동안 자신의 수업 태도를 돌아보고, 다음 학기 계획도 세워본다.

1. 1학기 평가

1-1. 코로나 속에서 벌써 한 학기가 지났습니다. 누구도 생각하지 못했던 온라인 학습을 하게 되었는데 여러분들의 생각이 어떤지 궁금합니다. 다음 표를 작성하면서 한 학기를 돌아봅시다.

	기억에 남는 일과 하고 싶은 이야기(3줄 이상)	늘어난 능력(3줄 이상)	앞으로 키워야 할 능력(3줄 이상)
PT 발표	피피티 발표는 많은 일이 있었지만 그래도 무난하게 잘 끝낼 수 있었다.	피피티를 어떻게 하면 눈에 더 잘 띄게 만들 수 있는지가 늘어났다.	말 버벅거리지 않고 발표하기. 큰 목소리로 하기
서평 쓰기	서평 1차쓰기가 가장 기억이 남는다.어떻게 하면 서평쓰기 예시와 비슷한 퀄리티가 될까를 생각하며 썼었다.	글의 도입부를 더 흥미롭게 쓰는 법이 늘은 것 같다.	서평을 쓰기 전에 책을 조금 더 비판적인 태도로 보는 것이 앞으로 필요할 것 같다.

1-2. '관악 청소년 문학상 프로젝트'에서 끝까지 다 읽은 책은 (2)권이며, 책 제목은 다음과 같습니다. (아몬드, 더빨강) --- 꼭 작성하세요!!

1-3. 한 학기 동안 나의 수업 태도를 생각해 봅시다. 별점을 주고 이유를 2줄 적어봅시다.

별점	4 개(5개 만점)
이유	열심히는 하였는데 성실하지는 못했던게 아쉬웠다. 하지만 전반적으로는 괜찮았던 것 같다.

1-4. 2학기의 다짐을 2줄 정도 적어봅시다.
2학기 때는 1학기 때의 불성실한 점을 고치고 거의 완벽해질 것 이다. 자신에게 부족한 점을 보완하고 필요한 것이 무엇인지 알고있는 사람이 되겠다.

1-5. 기타 하고 싶은 말 (선생님께 편지를 써도 좋습니다)
선생님 처음에는 관악 청소년 문학상 프로젝트가 무슨 도움이 될까 싶었었는데 수업에 참여하며 하나하나 씩 알아가는 제 모습을 보며 이 프로젝트가 저에게 많은 도움이 되고있다고 느낄 수 있었습니다 국어라는 과목에 좀 더 재미있게 다가갈 수 있었던 것 같고 선생님이 저희 학교에 남아 계셔서 다행이라는 생각이 들었습니다 또 이 프로젝트를 앞으로 관악중 후배들에게 추천해주고 싶고 이 프로젝트를 통해 많이 배웠으면 하는 바램입니다 처음에는 쓸게 많아서 귀찮을지 몰라도 나중에는 다 자신에게 도움이 되는 활동이라는 것을 꼭 알아 갔으면 좋겠다고 생각이 들었고 저희 관악중학교의 국어 선생님이여 주셔서 감사하다는 말씀을 꼭 드리고 싶었습니다 (졸업하면 선생님이 많이 생각날 것 같아요~)

1. 1학기 평가

1-1. 코로나 속에서 벌써 한 학기가 지났습니다. 누구도 생각하지 못했던 온라인 학습을 하게 되었는데 여러분들의 생각이 어떤지 궁금합니다. 다음 표를 작성하면서 한 학기를 돌아봅시다.

	기억에 남는 일과 하고 싶은 이야기(3줄 이상)	늘어난 능력(3줄 이상)	앞으로 키워야 할 능력(3줄 이상)
PT 발표	친구들과 발표준비를 한것이 가장 기억에 남는다	만나서 하지는 못했지만 온라인으로도 충분히 할수 있다는 것을 느꼈다	발표 준비를 더 잘해서 말 더듬지 말기
서평 쓰기	서평쓰기를 하면서 기억에 가장 많이 남는것은 친구들과 자신이 쓴것을 온라인에 올려 같이 보면서 나는 무엇이 부족한지 보면서 한 것이 기억에 많이 남는다	일단 글쓰기 실력이 많이 는것 같고 구체적으로 이야기를 풀수 있는 능력이 생긴것 같다	서평쓸때 문장 문장이 너무 길어져서 글을 깔끔하게 쓰는 방법을 배우고 싶다

1-2. '관악 청소년 문학상 프로젝트'에서 끝까지 다 읽은 책은 (2)권이며, 책 제목은 다음과 같습니다. (봉주르 뚜르, 더 빨강   ) --- 꼭 작성하세요!!

1-3. 한 학기 동안 나의 수업 태도를 생각해 봅시다. 별점을 주고 이유를 2줄 적어봅시다.

별점	5 개(5개 만점)
이유	최선을 다해서 그 시간마다 열심히 늦지않게 집중해서 했기 때문이다

1-4. 2학기의 다짐을 2줄 정도 적어봅시다.
2학기때도 온라인으로 한다면 집에서도 계속 열심히 지금처럼 할것이고 이제 온라인 수업도 조금은 익숙해졌기 때문에 더 성실히 하고 싶다

1-5. 기타 하고 싶은 말 (선생님께 편지를 써도 좋습니다)
　　　　1학년부터 항상 국어시간마다 프로젝트를 너무 많이 해서 힘들었는데 프로젝트를 할때는 느끼지 못하지만 프로젝트가 끝나고 나면 보람도 많이 느끼고 뭔가 국어 능력이 많이 향상된 것을 느낍니다. 만약 프로젝트를 1학년 때부터 하지 않았더라면 친구들과 많은 추억을 쌓았을수 없었을 거라고 생각됩니다.

학생들의 이 좋은 이야기를 나만 보는 건 아깝다는 생각에 학급별로 패들렛을 만들어 주고 학생들이 자축할 수 있는 자리를 마련했다. '성장과 축하의 자리'라는 이름을 달고 한 학기 동안 실패나 어려움을 어떻게 극복했는지에 관해 써 보도록 했다(그렇다, 자기소개서의 단골로 등장하는 문제다). 패들렛의 '스트림' 기능을 이용하면 한 학생의 글만 크게 나와 학생들이 한 명 한 명에게 집중할 수 있다.

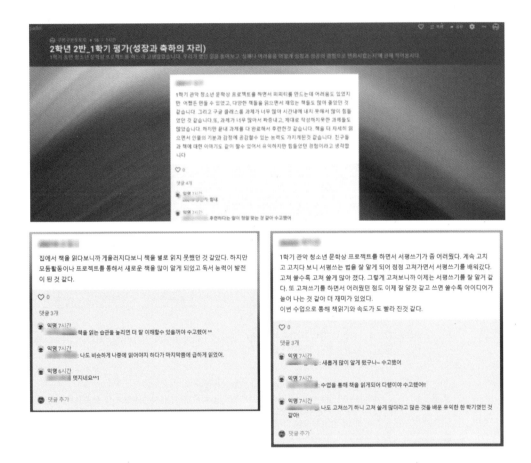

학생들은 한 학기 동안의 모든 과정을 끝냈지만 아직 나에게는 남은 일이 있었다. 생활기록부에 기록하기. 기본적인 틀에, 평가하면서 기록해 놓았던 각 학생의 특징과 장점을 위주로 서술해 주었다. 미리 배움 확인표를 만들어 놓으면 그것을 변형하거나 조합하여 쓰면 된다. 아래는 기록을 위해 작성한 기본 틀이다. 여기에 학생의 태도, 노력 등의 특징을 첨가하였다.

〈예시〉

• '청소년 문학상 프로젝트'에서 [   ]을/를 읽고 책의 내용을 분석하여 청소년 문학상에 맞는 심사 기준을 만들고, 본인이 선택한 책이 왜 청소년 문학상에 뽑혀야 하는지에 관해 책 내용을 근거로 들어 학급 친구들 앞에서 자신감 있고 설득력 있게 발표하였음.

• [   ]을/를 읽고 책에 드러난 사회 문화적 배경을 분석하였으며 이를 주제와 연결시킨 내용을 서평으로 작성함.

15 가정과, 과학과 융합 수업(구글 문서, 패들렛)

2019년에는 '관악 청소년 문학상 프로젝트'를 하면서 영어과, 미술과와 함께 융합 수업을 했다.

국어 시간에 읽은 책을 바탕으로 1학기 말 영어 시간에 'Book review'를 작성했다. 샘플을 보며 자신이 읽었던 책의 교훈이나 이 책이 누구에게 도움이 될지, 또는 책에서 내가 가장 좋아하는 장면 등에 대해 모둠끼리 이야기를 하며 내용을 정리하고 이를 쓰기 프롬프트(빈칸을 채워 문장으로 완성하게 하는 장치)를 이용하여 완성했다. 2학기가 시작되면서 미술 시간에는 자신이 읽은 책을 바탕으로 이를 '장면화'로 그리는 수업을 했다. 일러스트처럼 책 내용을 그대로 표현하는 것이 아니라 자신의 느낌과 감정이 생생하게 드러나는 그림으로 표현했다. 이를 가지고 2학기 영어 시간에 장면화를 영어로 설명하는 말하기 수행평가를 진행했다. 다음은 함께 진행했던 영어 선생님의 이야기이다.

여태껏 융합 수업이라고 하면 소재가 겹치는 정도의 효과를 생각했는데 이를 넘어서 자신이 읽은 책과 그린 그림에 대한 애착이 학생들의 영어 학습에 긍정적인 영향이 있었다고 생각한다. '자신이 아는 내용'과 '자신이 직접 그린 것'을 영어로 표현하는 과제가 책에 대한, 그림에 대한 애착이 영어 문장을 쓰거나 이를 말하는 과업을 가능케 했다. 개인적으로는 영어 수업 시간에는 볼 수 없었던 학생들의 다양한 재능을 보게 되며 그들에 대한 나의 이해가 얼마나 얕았는지 깨닫게 되었다. '한 명, 한 명'이 '너무 너무' 기특했으며, 동시에 이 반짝이는 재능들을 내 수업 시간에 어떻게 활용할 수 있을지에 대해 더욱 치열하게 고민해야겠다는 다짐을 하게 되었다.

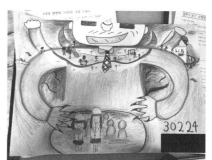

쓰기 수행평가 학습지 　　　　　'Book review' 쓰기 수행평가

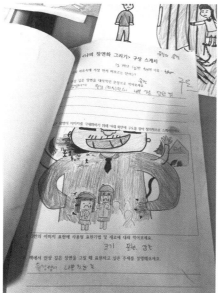

장면화 그리기 완성

장면화 그리기 구상 스케치

장면화를 영어로 설명하기

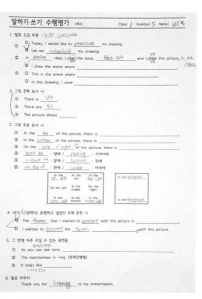

영어 말하기 평가 학습지

코로나가 시작되기 전만 하더라도 올해는 또 어떤 융합 수업을 해볼까 꿈에 부풀어 있었다. 하지만 원격수업과 등교수업을 오가는 상황에서 어떻게 융합 수업을 할 수 있을지 감도 잡기 어려웠다. 하지만 몇 년 동안 우리 학교에서 융합 수업을 경험해 온 가정 선생님이 먼저 학생들이 읽은 책으로 수행평가를 해보고 싶은데 이게 과연 가능할지 물어보았다. 융합 수업을 했을 때 시너지를 이미 몸으로 겪은 분이어서 그렇게 적극적으로 생각했을 수 있었겠다. '가정의 위기와 극복 방법'을 적어 보는 수행평가를 하면서 예년에는 학생들이 본 영화 속에 드러나는 가정을 분석하도록 했는데 이번에는 학생들이 읽은 소설책을 분석하게 하고 싶다는 것이다. 가정 선생님과 함께 이 소설들로 수행이 가능할지, 어떻게 할 수 있을지 논의를 하면서 세부적인 사항을 정리했다. 학생들이 자신이 읽은 책으로 작성하지 못할 것 같은 문항을 생각해 보며 대안을 찾아보았다. 세 번 정도 수정을 한 후 수행평가용 학습지가 완성되었고, 작년 수상작인 『어느 날 내가 죽었습니다』로 교사가 만든 예시를 따라 원격수업 때 자신이 읽은 책으로 가정의 모습을 분석해 보는 과제를 냈다. 선생님은 꼼꼼하게 피드백을 해 주었고, 학생들과 등교수업을 하게 되었을 때 직접 작성해서 제출하는 수행평가를 실시하였다.

가정 수업을 정리하면 다음과 같다.

성취기준	[9기가01-06] 가족 관계에서 발생하는 갈등의 원인과 배경을 분석하고, 효과적인 의사소통을 통해 가족 간의 갈등 해결 방안을 탐색하여 실천한다.
차시	수업 내용
1	변화하는 가족, 가족 관계 (등교수업)
2	가족의 의사소통과 갈등 관리 (원격수업)
3	소설에서 가족의 유형, 문제점, 해결 방안, 지원 방안 찾기 (원격수업)
4	수행평가 (등교수업)

책 제목	어느 날 내가 죽었습니다.
선택한 인물	친유미
선택한 인물의 가족 유형과 그 이유 (변화한 형태까지 모두)	엄마, 새아빠, 친유미, 최유현(동생)으로 엄마와 새아빠가 모두 재혼하여 이루어진 재혼가족
가족의 강점	1. 재혼가족이지만 유미는 새아빠와 대화도 많은 편으로 깊은 유대감을 느끼고 있다. 2. 엄마가 직장을 쉬고 바쁠 때 새아빠는 동생의 육아와, 유미의 아침과 집밥을 챙겨주며 가사일을 적절히 분담하고 있다.
가족의 위기(문제점)	1. 엄마가 무심한 편으로 유미는 모든 결정을 스스로 하고 책임도 스스로 지고 있다. 그런데 유미가 아직 혼자서 결정하고 책임을 지기에는 조금 어린나이로 부모님의 도움이 필요하다고 생각된다. 2. 유미는 어린시절부터 혼자 있는 시간이 많아 부모님과 함께 추억이나 놀이동산이나 여행을 하러 가는 가족문화가 없었다. 지금은 가족과 함께 하는 가족문화가 없다. 3. 친구(재혼이)의 죽음으로 유미는 심적으로 힘든 상태이나 가족이나 주변인의 도움 없이 혼자서 이겨내고 있다. 4. 친아빠의 변화의 통해지연사 어색한 사이로 변해가고 있다. 5. 재혼가족으로 인물의 이름은 친유미, 유미 동생의 이름은 최유현으로 유미의 성이 새아빠와 동생의 성과 다르며, 유미는 어릴 적부터도 없는 적막지만 매번 설명해야하는 어려움을 겪고 있다.
책에서 위기를 극복한 방법	1. 재혼으로 엄마가 큰딸 준 새준이의 일기장을 보면서 친구를 그리워하며 추억하며 혼자 이겨내고 견뎌낸다. 2. 새준이에 대한 강점을 정리하는 담임선생님의 도움을 받게 된다.
내가 제시하는 극복 방법	1. 친한 친구의 죽음을 경험하면 유미의 엄마, 새아빠는 많은 대화를 나눠야 한다. 부모님은 딸의 심리적 변화에 더욱 관심을 가져야 한다. 따라서 동생이 잠든 늦은 시간에 유미와 매주 가족의 친밀한 대화를 갖는 시간을 갖는다. 2. 새아빠와 함께했던 가족문화를 만든다. 새로만들어진 재혼가정도 서로 적응하는데 더욱 많은 시간이 필요하다. 따라서 지금 유미의 가족은 가족 정기여행과 가족, 외식부기 등의 방법이 필요하다. 예를들어 매월이동 주말마다 독서토론이나, 영화감상이나, 위의 방법이 필요하다. 3. 새아빠와 취미생활을 공유한다. 유미는 책상에 없는 관심을 가지고 있다. 그리고 새아빠의 직업은 자서작이다. 유미는 아직도 새아빠를 어려워하여 서로를 더 이해할 수 있는 방법을 활용한다. 예를들면 서로의 가사를 공유해주는 시간을 갖으로서 서로 깊은 이야기를 나눌 수 있으므로 서로를 이해할 수 있을 것이다. 4. 친아빠와 정기적으로 연락을 유지한다. 엄마의 친아빠가 서로 재혼을 하면서 유미와 친아빠의 연락이 자연스럽게 뜸해지게 되었다. 따라서 유미의 친아빠와 사연스럽게 교류하여 유대감을 계속 이어갈 수 있도록 어른들의 도움이 필요하다.
주인공 가족이 받을 수 있는 혜택 (복지로사이트 참고)	1. 개별 상담을 통해 유미의 성을 최씨로 바꿀 수 있다.(친아빠가 동의하지 않더라도 아이의 복지를 위해서 성씨변경이 가능함) 2. 청소년동반자프로그램 위기 청소년을 대상으로 전문가가 찾아가서 심층상담을 하고, 청소년 동반자 프로그램을 통해 심리적 정서적 지지를 받을 수 있도록 지원하는 프로그램을 활용하여 심층적인 상담을 받을 수 있다. 3.청소년전화1388 및 모바일문자상담 청소년 전화 1388 전화상담과 모바일 문자상담, 카카오톡 상담 등을 운영하여 청소년의 일상적인 고민, 상담부터 위기상황에 대한 상담 등을 지원하는 프로그램으로 유미가 좀 더 접근할 수 있다.

책 제목	아몬드
선택한 인물	윤재
인물의 가족 유형과 그 이유 (변화한 유형까지 모두)	
가족의 강점 (3가지 이상)	
가족의 위기(문제점) (3가지 이상)	
책에서 위기를 극복한 방법 (위기 별로 연결지어 써보세요)	

전년도 수상작으로 작성한 교사의 예시 자료

관악중학교 3학년 ( )반 (3)번 이름: — 가정 수행평가

책 제목		선택한 인물	
선택한 인물의 가족 유형과 그 이유 (변화한 형태까지 모두)			
가족의 강점 (3가지 이상)			

가족의 위기(문제점) (3가지 이상)		책에서 위기를 극복한 방법 (위기와 연결지어 써보세요)	

내가 제시하는 극복 방법 (3가지 이상)	

주인공 가족이 받을 수 있는 혜택 (복지로사이트 참고)	

※ 강점, 위기, 극복방법 등은 모두 소설 속 내용과 연결지어 그렇게 생각한 이유를, 내가 제시하는 극복방법, 사회적 혜택을 제시할 때에는 추천하는 이유를 함께 작으세요(각각 20자 이상)

관악중학교 3학년 ( )반 (4)번 이름: — 가정 수행평가

책 제목		선택한 인물	

※ 강점, 위기, 극복방법 등은 모두 소설 속 내용과 연결지어 그렇게 생각한 이유를, 내가 제시하는 극복방법 사회적 혜택을 제시할 때에 추천하는 이유를 함께 적으세요(각각 20자 이상)

2학기에는 과학과와도 융합 수업을 실행하게 되었다. 3학년 과학 수업에서 학생들은 에너지에 관한 내용을 배우는데 이때, 실생활에서 드러날 수 있는 에너지를 찾는 탐구 활동이 있다고 한다. 과학 선생님은 1학기 '관악 청소년 문학상' 프로젝트 수업에서 자신이 읽은 책 속에 에너지가 드러나는 장면을 찾고, 이름을 붙여 보는 활동을 계획했다. 2학기 초반에 코로나가 잠시 잠잠했을 때는 이 내용으로 공개 수업을 하기도 했다. 우리 학교는 공개 수업을 하기 전 모든 선생님이 모여 수업을 함께 디자인한다. 초반부터 이 수업은 열띤 논쟁을 불러일으켰는데, 어떤 국어 선생님이 소설을 이렇게 이용하는 것은 좋지 않다고, 차라리 신문 기사에서 찾게 하는 게 더 낫겠다는 의견을 강력하게 피력했기 때문이다. 과학 선생님은 이미 읽은 책에서 찾는 것이기에 소설 감상에는 방해가 되지 않을 거다, 오히려 그보다는 학생들이 사례를 찾지 못할까 봐 걱정이라고 했다. 하지만 이미 앞서 함께 수행평가를 진행했던 가정 선생님이 몇 개의 사례를 술술 이야기했고, 이 수업이 그다지 무리한 활동은 아닐 거란 결론을 내릴 수 있었다. 세 번에 걸친 사전 모임으로 수업안을 다듬고 또 다듬어 실제 공개 수업을 할 때는 아주 깔끔하게 수업이 진행되었다. 참관하던 교사들은 수업이 잘 진행되는 게 모두 자신의 일인 양 기뻐했다. 당연하다. 그 선생님들의 의견이 보태어져 만들어진 것이니 말이다.

이 수업을 참관한 선생님의 이야기이다(수업안을 함께 다듬어 이미 잘 알고 있었기에, 학생을 관찰하는 데 집중할 수 있었다).

물체가 힘을 받아 운동하면 운동에너지를 가지고 있다고 생각했는데, 가슴을 탕탕 두드리는 경우에는 사람이 의식적으로 자신의 근육을 써서 움직이는 건데 이것이 운동에너지에 해당하는지 궁금했고, 사람이 등산을 할 때 위치 에너지를 갖는지 질문에는 일반적으로 낙하하는 물체가 가지고 있는 위치 에너지랑, 땅바닥에 발을 디디고 있는 상태에서의 위치에너지랑 다른 점이 있나 궁금했어요. 소설 속에서 찾으니까 아이들이 다양한 사례에 대해 생각해볼 수 있는 기회가 된 것 같아 좋았어요!

■ 도입_ 일상생활에서 위치 에너지와 운동 에너지를 가지는 사례 구분하기 (5분)
1. 일상생활 및 소설 속 사례 제시

■ 전개_ 소설에서 위치 에너지, 운동 에너지 사례 찾기 (모둠 활동) 35분
1. 국어과에서 진행한 '관악청소년 문학상' 수업과 연계, 온오프라인 혼합 수업
2. 학생들이 읽었던 소설 속에서 위치 에너지, 운동 에너지 사례 찾기
   * 국어 수업 책 모둠으로 편성
   1모둠 : 더 빨강
   2모둠 : 모두 깜언
   3모둠 : 봉주르, 뚜르
   4모둠 : 아몬드
   5모둠 : 아무도 들어오지 마시오
   6모둠 : 장수 만세

3. 조사한 사례를 그림으로 표현하기 : 간단한 그림·글로 표현(사인펜 준비)
4. 구글클래스(패들렛)에 그림 탑재하기 : 패들렛 주소 QR코드, 스마트폰 준비
5. 조사 내용 나누기, 사례 적절성 토의하기

■ 정리_ 탐구 확인 (5분)
1. 학습지 탐구확인문제 풀며 마무리
2. 다음 차시 안내 : 오늘 과제 다 못한 경우 다음 시간까지 완성하기, 패들렛에서 친구
   들의 자료 살펴보고 댓글 달아주기, 학습지에 내용 정리하기(원격수업)

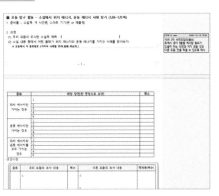

처음 학습지에 비해 달라진 모습이다.

책에서 사례를 찾고 있다.

자신이 그린 그림을 태블릿으로 사진 찍어 업로드했다.

모둠별로 소설에서 찾은 에너지를 그림으로 그린 후 패들렛에 올렸다.

『모두 깜언』에서 찾은 위치에너지 예를 그림으로 그렸다.

공개 수업을 했던 반을 제외한 다른 반은 원격수업으로 해야 했다.

다음은 공개 수업이 끝난 후 이 수업을 진행한 과학 선생님의 이야기이다.

아까 2반 애들이 아침부터 아니 소설책하고 과학이 무슨 상관이 있냐고, 계속. 애들한테 소설책을 가지고 오라고 했거든요. 과학 시간에 한다고. 그랬더니 ○○이는 아까 들어와서 막 시비를 걸더라고요. 소설이 과학이랑 무슨 상관있다고 갑자기 이런 걸 하냐고 해서 '융합 수업'이랬더니 '아~' 이렇게. 난 오로지 물리적 수업 목표만 생각해서 시도했는데 끝나고 보니 국어적 성취도 있는 것 같더라고요. 애들이 소설에서 스토리만 따라가지 배경 묘사는 잘 안 보거든요. 근데 묘사 장면을 찾고 이미지를 그림으로 구현했으니.

이 수업 내용은 기말고사에 문제화되어 실렸다.

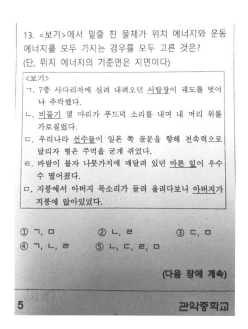

13. <보기>에서 밑줄 친 물체가 위치 에너지와 운동
에너지를 모두 가지는 경우를 모두 고른 것은?
(단, 위치 에너지의 기준면은 지면이다)

<보기>
ㄱ. 7층 사다리차에 실려 내려오던 서랍장이 궤도를 벗어
나 추락했다.
ㄴ. 비둘기 몇 마리가 푸드덕 소리를 내며 내 머리 위를
가로질렀다.
ㄷ. 우리나라 선수들이 일본 쪽 골문을 향해 전속력으로
달리자 형은 주먹을 굳게 쥐었다.
ㄹ. 바람이 불자 나뭇가지에 매달려 있던 마른 잎이 우수
수 떨어졌다.
ㅁ. 지붕에서 아버지 목소리가 들려 올려다보니 아버지가
지붕에 앉아있었다.

① ㄱ, ㅁ   ② ㄴ, ㄹ   ③ ㄷ, ㅁ
④ ㄱ, ㄴ, ㄹ   ⑤ ㄴ, ㄷ, ㄹ, ㅁ

(다음 장에 계속)

5   관악중학교

다음은 과학 수업을 정리한 것이다.

성취기준	[9과19-03] 일의 의미를 알고, 자유 낙하 하는 물체의 운동에서 중력이 한 일을 위치에너지와 운동에너지로 표현할 수 있다. 〈탐구 활동〉 일상생활에서 위치에너지와 운동에너지를 가지고 있는 예 조사하기
차시	**수업 내용**
1	중력에 대한 위치에너지 이해하기
2	운동에너지 개념 이해하기
3	소설 속 일상생활에서 위치, 운동에너지 사례 조사 발표 (수업 공개)
4	일상 생활에서 위치, 운동에너지 사례 발표 정리

16 작가와 만남 행사(잼보드, 구글 스프레드시트, 스트림 야드, 페어덱, 구글 드라이브)

1	공책 만들기, 목표 세우기
2	책 읽고 내용 정리
3	별점과 이유, 질문 만들기
4	중간 점검, 장단점과 반박
5~6	모둠 토의, 심사 기준 정하기
7	발표 자료 만들기
8	발표 대본 쓰기
9	발표 대본 수정
10	책 소개 연습
11	책 소개 발표
12	책 소개 발표 돌아보기
13	서평 쓰기 목표
14	내용 정리하기
15	서평 쓰기
16	고쳐쓰기
17	전체 평가
	행사 준비
	작가와 만남

'관악 청소년 문학상' 1학년 발표가 끝난 후 투표를 합산하니, 『아몬드』가 1등이었다. 기쁘게 손원평 작가에게 연락을 하였으나 한창 영화 작업으로 바빠서 참여가 어렵겠다는 전갈을 보내왔다. 어떻게 하는 것이 좋을까? 학생들에게 물었더니 2~4등 한 작품을 대상으로 다시 투표를 하자고 했다. 재투표 결과 『아무도 들어오지 마시오』의 최나미 작가가 수상자로 뽑혔다. 급히 메일을 드렸더니 너무나 흔쾌히 승낙하셨다. 자, 이제부터 본격적으로 행사 준비!

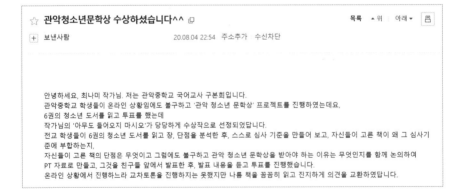

☆ 관악청소년문학상 수상하셨습니다^^   목록 ▲위 아래▼

＋ 보낸사람   20.08.04 22:54 주소추가 수신차단

안녕하세요, 최나미 작가님. 저는 관악중학교 국어교사 구본희입니다.
관악중학교 학생들이 온라인 상황임에도 불구하고 '관악 청소년 문학상' 프로젝트를 진행하였는데요,
6권의 청소년 도서를 읽고 투표를 했는데
작가님의 '아무도 들어오지 마시오'가 당당하게 수상작으로 선정되었습니다.
전교 학생들이 6권의 청소년 도서를 읽고 장, 단점을 분석한 후, 스스로 심사 기준을 만들어 보고, 자신들이 고른 책이 왜 그 심사기준에 부합하는지,
자신들이 고른 책의 단점은 무엇이고 그럼에도 불구하고 관악 청소년 문학상을 받아야 하는 이유는 무엇인지를 함께 논의하여
PT 자료로 만들고, 그것을 친구들 앞에서 발표한 후, 발표 내용을 듣고 투표를 진행했습니다.
온라인 상황에서 진행하느라 교차토론을 진행하지는 못했지만 나름 책을 꼼꼼히 읽고 진지하게 의견을 교환하였답니다.

'작가와 만남' 행사는 도서부가 주축이 되어 진행해 왔다. 2019년 이경혜 작가를 초대해 전교생이 강당에 모여 '어느 날 내가 상탔상'을 시상할 때도 도서부 학생들이 행사를 준비했었다. 하지만 코로나 상황에서 어떻게?

우선 동아리 시간에 도서부 학생들을 불러 모았다(다른 동아리는 온라인으로 모

임을 했다). 1학년 학생들은 처음으로 선배들 얼굴을 보게 되었다. 첫 시간이니만큼 도서부 부장이 작년에 했던 사업과 할 일을 브리핑했고, 올해 행사를 어떤 방식으로 치를 것인지, 프로그램은 어떻게 짤 것인지에 관해 이야기를 나누었다. 도서부 학생들이나 나나 온라인으로 행사를 치러야 한다는 것, 북토크나 퀴즈, 시상식 등 작년과 비슷한 형식으로 가야 한다는 것에는 동의했다. 하지만 이를 실제로 옮기는 일은 쉽지 않았다.

우리 학교는 두 가지 다른 특징이 있었다. 우선, '작가와 만남'은 정규 시간(창체)으로 편성이 되어 있다. 모든 학생이 다 참여해야만 하는 행사인 셈이다. 또 하나, 실시간 수업이 아니라 과제형 수업이기 때문에 학생들이 영상을 올리면 보지도 않고 과제만 해서 제출할 위험성이 있었다. 어떻게 해야 전교생 모두가 실시간 행사의 감흥을 느끼며 작가에게 질문도 하고 대답도 들을 수 있을까? 행사는 9월로 예정되어 있었는데 방학 전부터 고민이 되었다. 줌으로 진행하면 좋겠지만 300명이 넘는 학생이 한꺼번에 들어오는 건 무리였다. 유튜브라이브로 하면 좋겠지만 화면이 역동적이지 않을 것 같고, 학생들의 적극적인 참여도 쉽지 않을 것 같았다. 그러던 중 '페어덱'과 '스트림야드'라는 프로그램을 발견하여 해결의 실마리를 찾았다.

페어덱은 퀴즈 프로그램과 PPT를 합성한 듯한 프로그램으로 학생들이 답변을 올린 것이 실시간으로 바로바로 집계된다. 학생들에게 퀴즈를 낼 때 이용한다면 학생들의 더 큰 호응을 얻을 수 있을 것 같았다. 스트림야드는 유튜브와 연계하여 최대 6개의 화면까지 다양한 구도로 송출할 수 있는 프로그램이다. 작가의 얼굴, 사회자의 얼굴, 작가의 PPT, 행사 PPT 등 다양한 화면을 동시에 내보낼 수 있다. 유튜브와 함께 쓰기 때문에 유튜브 댓글도 이용할 수 있다.

두 개의 프로그램으로 생각이 좁혀지자, 이제 더 구체화할 일만 남았다. 도서부 학생들과 함께 세부 프로그램을 짜기 시작했다. 우선, 동아리 모임을 일부러 줌으로 했다. 학생들에게 페어덱이 어떤 프로그램인지 맛을 보여줄 필요가 있었고, 나도 사용법을 익힐 필요가 있었다. 도서부 구글 클래스룸 방을 개설하여 필요한 파일을 올려 두었다.

그리고 프로그램의 시작과 중간 전환 때 상영할 UCC를 만들어야 했다. 학년별로 줌 소회의실에 초대하고, 구글 스프레드시트를 이용하여 스토리보드를 작성하게 했다. 스토리보드에 간략하게 이미지를 넣어야 해서 잼보드를 이용하여 그림을 그렸다. 그리고 그것을 스프레드시트에 붙여 사용하도록 했다. 사서 선생님이 1학년 모둠을 전담하고 나는 3학년 한 모둠과 2학년 두 모둠을 돌면서 스토리보드를 만들 수 있도록 도왔다.

다음 동아리 시간까지 기간이 너무 벌어져 중간에 줌 회의를 한 번 더 소집했다. 이번 모임에서는 스토리보드를 완성하고, 출석을 위한 구글 설문지 질문을 만들며, 퀴즈 시간을 위한 페어덱용 질문을 만들어야 했다. 역시나 소회의실을 열어 주었고 학생들은 모둠별로 활동을 했는데 여기서 재미있는 현상을 발견했다.

2019년 작가와 만남 행사를 준비하면서 반별로 북토크를 위한 질문을 뽑았었다. 각자 포스트잇에 작가에게 물어볼 질문 두세 개를 적어서 모둠별로 분류한 후 투표하여 모둠의 대표 질문을 뽑는다. 모둠의 대표 질문을 반에서 발표하면 다른 모둠은 그 질문이 왜 적합하지 않은지 반박한다. 그러면 질문을

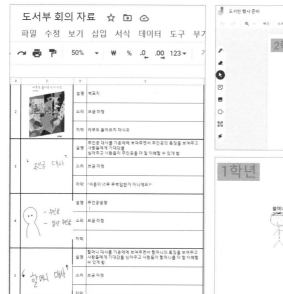

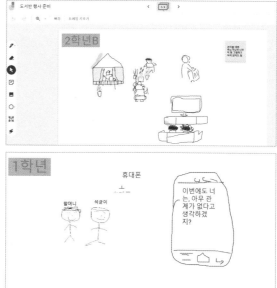

스프레드시트에 만든 스토리보드　　　　　　잼보드를 이용하여 그림을 그렸다.

선정한 모둠이 그럼에도 불구하고 왜 이 질문이 우리 반의 대표 질문이 되어야 하는지를 답변하는 방식이었다. 나는 잊고 있었는데 모둠별 소회의실 순시(?)를 하다가 3학년 학생들이 이 방식을 잼보드로 구현하는 모습을 보고 깜짝 놀랐다. 눈물이 날 뻔했다. 학생들은 수업 시간에 배운 방법과 절차를 몸으로 익히고 있었던 거다. 교사의 일이라는 게 눈에 잘 보이지는 않지만 학생들의 삶에 깊숙이 영향을 끼치고 있구나. 내가 하는 수업이 단지 지식적인 것뿐만 아니라 기능, 절차, 방법까지도 학생들에게 배움을 주게 하는구나.

　작가와 만남 행사는 점점 더 다가오고 도서부가 모일 시간은 두 번밖에 남지 않았다. 이번에는 얼굴을 보고 점검을 해야 할 것 같아서 학교로 모이게 했다. 미리 역할 분담을 한 다음 영상을 만들어 '구글 드라이브'에 올려 두게 했다. 구글 드라이브에는 '공유 드라이브'가 있어서 이메일 주소를 알면 초대된 사람들끼리는 올려놓은 자료를 공유할 수 있다. '공유 드라이브'에 '도서부' 방을 만들고 학년별로 디렉토리를 나누어 각 학년 학생들이 필요한 정보를 공

8	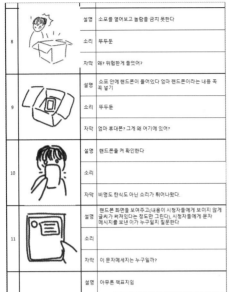	설명	소포를 열어보고 놀람을 금치 못한다
		소리	두두둥
		자막	왜? 위험한게 들었어?
9		설명	소포 안에 핸드폰이 들어있다 엄마 핸드폰이라는 내용 꼭 꼭 넣기
		소리	두두둥
		자막	엄마 휴대폰? 그게 왜 여기에 있어?
10		설명	핸드폰을 켜 확인한다
		소리	
		자막	비명도 탄식도 아닌 소리가 튀어나왔다.
11		설명	핸드폰 화면을 보여주고(내용이 시청자들에게 보이지 않게 글씨가 써져있다는 정도만 그린다), 시청자들에게 문자 메시지를 보낸 이가 누구일지 질문한다
		소리	
		자막	이 문자메세지는 누구일까?
		설명	아무튼 책표지임

스토리보드 끝까지 완성하기

스토리보드를 위한 그림과 질문들

잼보드에 각자 자기 의견 쓰기

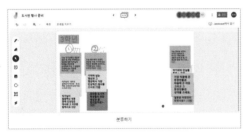

의견 분류하기

최종 결정

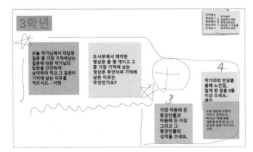

진도가 느린 1학년을 위해 예비로 질문 더 만들기

유하면서 영상을 만들 수 있도록 했다. 그림을 그리는 친구가 그림을 올려놓으면 편집을 하는 친구가 편집하고, 다른 친구는 음악을 골라 올려놓는 식이었다. 리허설 때 3학년 학생이 만든 UCC 음원이 유튜브에 걸려 다른 음악으로 바꿔야겠다고 했더니 편집하지 않은 친구가 공유 드라이브에 올려놓은 파일로 작업을 해서 완성본을 올려주기도 했다. 아마 구글 드라이브가 없었다면 이렇게 빠른 시간 내에 협업을 하기가 어려웠을지도 모른다. 동영상을 다 만든 2, 3학년 학생들은 페어덱을 만들고, 사회 대본을 쓰고, 북토크 준비를 했다. 구글 클래스룸, 크롬북, 구글 드라이브 등 여러 원격수업 도구를 이용하면 대면에서도 효과적으로 협업이 가능하다.

도서부 구글 드라이브

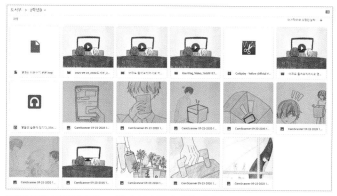

2학년 구글 드라이브에는 그림과 여러 번 수정한 영상이 있다.

페어덱을 만들고 있다.

그림을 마저 완성하는 2학년 팀

대본 리허설을 하는 부장, 차장

1학년 팀이 열심히 의논하고 있다.

음악을 고른다.

완성된 페어덱

이제 행사 전날 리허설 시간. 모두가 초긴장했다. 먼저 각 학년이 만든 동영상을 보면서 더 수정해야 할 것은 없는지 살폈다. 즉석에서 작가 역할 맡을 사람을 자원받고, 크롬북으로 스트림야드가 시연 가능한지 하울링은 안 나는지 (노트북 하나에 이어폰을 꽂아 해결했다), 화면 전환은 제대로 되는지를 모두 확인하여 조치를 취해야만 했다. 역할 분담도 다시 세세하게 나누고 시나리오도 다시 손봤다. 학생들의 참여를 북돋우기 위해 작가 이름으로 3행시를 짓게 했고, 멋진 3행시나 좋은 질문에는 바나나 우유 기프티콘을 쏘기로 했다(이는 2020년 물꼬방 여름 연수에서 아이디어를 빌려왔다).

동영상을 보며 수정해야 할 곳을 살폈다.

위치를 잡기 위해 학생들이 작가를 자원했다.

사회를 보는 부장과 차장

영상이 잘 작동되는지 확인했다.

시간	활동	세부사항	담당자	준비물	비고
	1부				
	시작 전 구글 계정 접속 안내, joinpd 접속 안내, 영상4개 준비, Pear dear 공유, 강연 자료 공유				
(10분) 10:00 - 10:10	오프닝 멘트		MC 정서현, 김석주		
	VCR 영상 1 (1학년)			VCR 영상 1 (1학년)	
(10분) 10:10 - 10:20	독서 퀴즈	독서 퀴즈 (5~8문제)	MC 정서현, 김석주	Pear deak, 정답자(상품) 당첨자 명단 작성	Pear deak 화면 공유!
(5분) 10:20 - 10:25	VCR 영상 2 (3학년)			VCR 영상 2 (3학년)	
	작가님 소개 멘트		MC 정서현, 김석주		
(30분) 10:25 - 10:55	작가 강연	최나미 작가님		작가님 강연 자료	작가님 강연 자료 공유!
	2부				
(5분) 10:55 - 11:00	VCR 영상 3 (2학년)			VCR 영상 3 (2학년)	
(30분) 11:00 - 11:30	북토크	사전 질문으로 진행	MC 김은영, 장유빈	의자	추가 질문 포스트잇
	VCR 영상 4 (2학년)			VCR 영상 4 (2학년)	
(10분) 11:30 - 11:40	상장 시상	'관악중이 인정했상' 시상	MC 정서현, 김석주 학생회 김채은	상장 / 꽃다발	

행사 순서

행사 전까지 모임을 정리하면 다음과 같다.

차시	내용	사용한 프로그램
1회	행사 개요 논의(대면)	PPT
2회	스토리보드 짜기(원격)	구글 스프레드시트, 잼보드, 페어덱, 줌
3회	스토리보드 완성, 질문 만들기	구글 스프레드시트, 잼보드, 줌
4회	UCC 완성, 페어덱 질문 완성	구글 드라이브, 페어덱
5회	전체 리허설	페어덱, 스트림야드, 구글 드라이브

드디어 행사 날. 뒤에 지저분한 거 가리고, 나름 꾸미고, 의자와 책상 배치를 바꾸느라 아침부터 정신이 없었다. 중간에 노트북 전원이 방전되기도 하고, 동영상 소리가 제대로 나오지 않는 크고 작은 사고가 있기는 했다. 하지만 본 행사에는 전교생이 거의 다 들어와서 적극적으로 질문하고, 3행시를 짓고, 바나나 우유를 타 갔다. 작가님도 아주 기뻐하며 내가 보낸 이메일을 읽는 것을 시작으로 재미있고 유익한 이야기를 들려주었고, 학생들은 진지하게 새겨들었다. 그러니까 큰 무리 없이 행사는 잘 끝났다. 행사가 끝나고 뒷정리까지 다 한 도서부 학생들에게 샌드위치 하나씩 사서 들려 보내는데 너무나 고마워 눈물이 날 지경이었다.

도서실에서 행사 시작

강연 중에도 바쁜 도서부 학생들

스트림야드 조정하고 있는 모습

바나나 우유 기프티콘을 쏩니다!

북토크를 진행한 2학년 도서부원들

학생들의 열띤 참여

학생회장이 직접 상장과 꽃다발 전달

작가님은 기뻐하시며 한 컷!

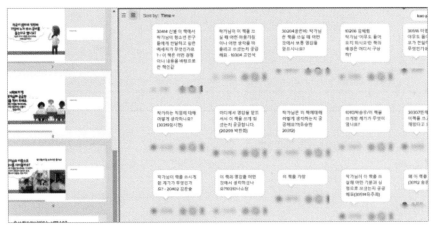
학생들의 페어덱 답변

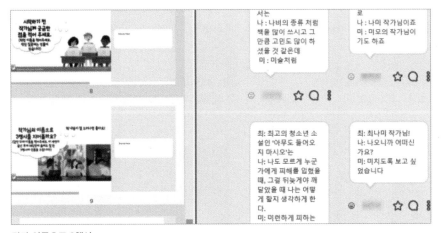
작가 이름으로 3행시

학생들의 '활동 소감' 구글 설문지 답변 중 일부를 소개한다.

오늘 작가님의 말들이 너무 좋은 말들이 많았던 것 같다. 그도 그럴 것이, 작가님
이시기도 하고, 기본적으로 우리보다 연장자인 것도 있으시겠지만 작가님께서 우리
를 위해서 준비를 많이 하고 오셨다는 것이 눈에 보였다. 그리고 작가님에게 하는 질
문들을 들으면서 궁금한 점들도 엄청 많이 해결되었어서 기분이 좋기도 했고, 뭔가

신기한 기분도 들었다. 좋은 말씀 많이 들은 것 같아서 고마웠던 느낌이 제일 크다.

관악 문학상 프로젝트라는 긴 여정이 끝난 것 같아 뿌듯했지만 한편으로는 아쉬웠다. 평소 잘 읽지 않는 책을 읽고 책에 대한 흥미를 가지게 되었고, 그 책으로 토의, 발표 등의 다양한 활동을 하면서 나의 말하기 능력과 친구들과 의사소통 능력을 향상시킬 수 있었다. 그러나 내가 읽은 『모두 깜언』이 상을 받지 못해 조금 아쉬웠다. 다음 활동에는 더 열심히 참여할 것.

『아무도 들어오지 마시오』 책을 난 받질 않아서 읽어보지 못했는데 오늘 작가와의 만남 수업으로 등장인물, 줄거리 등등 자세히 알게 되었고, 작가의 답변도 다 들을 수 있어서 좋았다. 매년 작가와의 만남 수업을 하는데 할 때마다 새로운 작가님들을 만날 수 있어서 좋은 기회인 것 같고 이제 졸업하지만 고등학교 가도 잊지 않을 것 같다.

이번 관악 청소년 문학상 프로젝트를 통해서 작가님의 사상을 잘 알게 되었다. 또한 『아무도 들어오지 마시오』 책을 통해서 우리가 궁금한 점을 다시 물어보고 생각할 수 있게 되었다. 책을 다 읽었을 때부터 이 책에 궁금한 점이 많이 있었는데, 인터뷰를 통해서 석균이와 할머니의 관계, 책의 어두운 내용과 밝은 내용의 대조 등의 다양한 궁금증을 해결할 수 있었다.

최나미 작가님의 강의를 대면으로 들은 게 아니었지만 그래도 관악중학교를 위해 수업을 준비해주신 것만으로도 정말 감사해야 할 부분이고 신기하게 봤던 것 같긴 하다. 일단 최나미 작가님의 강의를 들으면서 평소에 내가 고민이었던 얘기를 자세하게 해주셨고, 인생조언이나 책에 담긴 진실을 알 수 있었던 것 같다. 그리고 내가 책을 읽었을 때보다 작가님의 설명을 듣고 책 내용을 한번 더 생각하니 다른 의미, 다른 관점으로 해석되는 내용이 많이 있었던 것 같다. 재미있었고 뜻깊은 날이었다.

작가를 만나볼 수 있었다. 많은 영감도 얻게 되었고, 내 진로에 도움이 많이 되었다.
이 최나미 작가분은 생각하는 방식이 독특하신 것 같았다. 나도 그런 점을 본받고 싶
었다. 그리고 온라인으로 하는 것이라 적응도 되지 않고 걱정되었지만 잘 마무리되
어서 너무 좋다. 책에 대한 궁금증도 풀릴 수 있어 너무 좋은 시간이 된 것 같다. 특별
한 활동을 해볼 수 있어 좋았다.

행사가 끝나고 작가님에게 사진을 보냈더니 따뜻한 메일이 왔다. 작가님의
메일을 전체 학생들에게 전달했다.

☆ **구본희 선생님께** 🗗

⊞ 보낸사람   최나미   20.09.29 03:15   주소추가   수신차단

> 고맙습니다.
> 사실 작가와의 강연 다녀와서 행사 준비하신 분들에 대해 생각해보는 일이 많지 않았어요.
> 처음으로 하는 비대면 강연이라 저 혼자 긴장하고 신경 쓴다고 생각했는데,
> 진행 과정 지켜보면서 준비해주신 선생님들과 도서부 친구들이 얼마나 애썼는지 알 것 같더라고요.
> 좋은 기억 갖게 해주신 관악 식구들께 다시 한번 감사하다는 말씀 전합니다.
> 작업실에 와서도 상장 들여다보며 한참 좋아했어요.
> 자랑을 잘 못하는데, 두고두고 자랑하려고요.^^
> 사진도 고맙습니다.
> 마스크로 적당히 가리니까 제 얼굴 보기는 훨씬 편하네요.^^
> 올해 웃을 일이 많지 않았는데, 관악 중학교 작가와의 만남은 단연 으뜸이 될 것 같습니다.
> 직접 만나지 못한 친구들에게도 감사 인사 전해주세요.^^

❖ 구글 스프레드시트

엑셀과 비슷한 온라인 기반 구글 프로그램이다. 엑셀의 기능과 같은데 공유하여 협업으로 작업하기 좋다. 모둠 활동을 할 때 하나의 파일에 시트를 복사해서 쉽게 쓸 수 있고, 모둠별로 다른 모둠의 활동 과정을 보기 편하다.

❖ 스트림야드

실시간 방송을 가능하게 하는 프로그램이다. 이 프로그램을 이용해서 유튜브나 페이스북 라이브 방송을 할 수 있다. 한 화면에 강사의 얼굴과 프리젠테이션 자료를 동시에 띄울 수 있고 다른 장소에 있는 사람들이 동시에 한 화면에 나올 수 있다. 유튜브 라이브 방송을 하기 위해서는 유튜브 채널이 있어야 하고, 처음 유튜브 실시간 스트리밍을 하는 경우 신청 후 24시간이 지나야 실시간 스트리밍이 가능하다.

❖ 페어덱

학생의 스마트 기기 화면을 공유하고 실시간 답을 제출할 수 있는 서비스이다. 구글 슬라이드에 추가해서 사용할 수 있고 학생은 joinpd.com으로 들어가 코드만 입력하면 바로 들어올 수 있다. 슬라이드로 설명하다가 학생에게 그림을 그리거나 의견을 묻거나 설문을 할 수 있다.

❖ 구글 드라이브

구글의 클라우드 저장 서비스이다. 공유 드라이브를 만들면 여럿이 함께 다양한 자료를 저장하여 쓸 수 있다.

주제 탐구 프로젝트

슬기로운 인권 생활
북한 탐구 생활

1 주제 탐구 융합 프로젝트 수업이라니, 그것도 블렌디드라니!

'한 학기 한 권 읽기'를 계획하면서 1학기 때는 문학 작품을 읽히고 2학기 때는 비문학을 읽혀야겠다고 생각했다. 일주일에 한 시간씩 나 혼자 프로젝트를 끌고 나가는 것보다 누군가와 함께하면 좋겠다, 다른 사람의 도움을 받아야겠다 싶었다. 혐오와 인권 문제에 관심이 많았고, 학생들이 이 문제를 진지하게 접해보면 좋겠어서, 도덕 선생님에게 인권으로 1학년 융합 수업을 제안했다. 내용적인 면은 도덕 선생님이, 나는 읽기와 쓰기에 초점을 맞추면 되겠다고 생각했다.

2학년은 어떻게 할까? 때마침 『다음 세대를 위한 북한 안내서』라는 책을 읽게 되었다. 북한에 관해 조금은 안다고 생각했는데 내 착각이었다. 북한이라. 남북한 두 정상이 판문점에서 만났을 때만 해도 드디어 금강산을 가 볼 수 있겠구나 싶었다. 하지만 다시 남북 관계가 냉각되고 코로나가 전 세계를 휩쓸면서 내 머릿속에 북한이라는 존재는 아예 없었다. 2학년 수업에 북한과 통일

단원이 있던데 그것과 연결시켜 볼까? 본격적으로 생각을 굳히게 된 것은 우연이었다. 아는 선배를 통해서 곧 책으로 나오게 될 원고 내용을 검토해달라는 의뢰를 받았다. 별생각 없이 수락했는데 이 원고는 후일 『남북한 청소년 말모이』라는 책으로 나왔다. 내용은 쉬웠으나 원고를 읽으며 내가 이렇게 북맹이었나 새삼 깨닫게 되었고, 내가 분단 현실을 아예 잊고 살았구나 하는 생각도 들었다. 학생들도 그러지 않을까? 그래, 이 주제로 가야겠다.

도덕 선생님은 바로 옆 교무실에 있다. 점심을 먹고 나면 주로 그곳에서 커피 한 잔을 마시는데 그때마다 2학기 수업을 어떻게 할 건지 이야기를 나누었다. 커피 덕에 1년 내내 협의회를 한 셈이다(커피를 제공해 준 체육 선생님에게 감사를 드려야 할 일이다). 6월부터 논의는 구체화되었다. 수업 시간에 인권의 어떤 부분을 다뤄요? 모둠은 몇 개로 나눌까요? 북한으로만 모둠을 만들까요? 아니면 통일을 덧붙일까요?

커피 한 잔을 마실 때마다 논의는 조금씩 진전이 있었다. 1학년 인권 관련 프로젝트는 '슬기로운 인권 생활'이라고 이름을 정하고, '난민, 노동, 빈곤/빈부, 성, 인종/다문화, 장애'의 6개 소주제로 나누었다. 2학년 북한·통일 관련 프로젝트의 경우는 '북한 탐구 생활'이라고 이름을 정하고 '북한의 역사/정치, 북한의 경제/사회, 북한의 교육/문화, 통일의 필요성, 통일의 방법'으로 나누기로 했다. 나눠놓고 나니 간단해 보이지만 이걸 정하는 데 몇 주가 걸렸다.

도덕 선생님도 몇 년 전부터 수업 시간 전 10분 책 읽기(『한 학기 한 권 읽기, 어떻게 할까?』, 북멘토 참고)를 진행하고 있다. 한 학기 동안 도덕과 국어 시간에 계속 책을 읽게 하면 한 모둠에게 다른 책을 주더라도 돌아가면서 읽힐 수 있을 것 같았다. 일주일에 한 시간씩 혼자 진행했다면 꿈도 못 꿨을 텐데 도덕과 함께하면 잔소리할 수 있는 시간이 일주일에 세 번, 교사는 둘이 된다. 학교 나올 때마다 책을 바꿔서 읽게 하면 한 소주제에 관해 3~4권 정도는 읽힐 수 있다. 자신이 맡은 소주제에 관해 더 깊게 알게 될 터였다.

사서 선생님과 함께 한 소주제당 서로 다른 책 4권씩 목록을 만들었다. 읽기 어려워하는 학생들을 위한 초등학교 중학년용부터 고1 정도의 학생이 읽을 수 있는 책까지 다양하게 준비했다. 처음 책을 배정할 때 학생의 수준에 맞게 책을 배정했다. 책을 바꿔 읽다가 느린 학생이 어려운 책을 접하더라도 배경 지식이 있기 때문에 접근하기가 수월할 거라고 예상했다. 1학년 인권과 관련된 주제는 워낙 책이 다양해서 어떤 책을 빼야 할지 고민이었는데, 2학년 북한·통일과 관련된 주제는 워낙 책이 없고 그 책들마저 분야가 명확하게 나뉘지 않기 때문에 어떤 책을 겹치기 구매할 것인지 고민해야 했다. 코로나 덕에 잔뜩 잡아놓은 축제 예산이 그대로 남게 되어서, 이 예산을 책 구입하는 데 썼다. 1, 2학년 학생들에게 각자 한 권씩 책을 사 줄 수 있었다.

학생들에게는 1학기와 마찬가지로 구글 설문지로 1~3지망을 써서 내라고 했다. 1학기와 다른 점이 있다면 자신이 원하는 주제를 먼저 고른 후, 그 주제 안에서도 책을 골라야 한다는 것이었다. 책과 학생을 매칭시키는 일이 더 복잡해지긴 했으나 한 학기를 지내봤기 때문에 1학년 학생들도 대략은 어떤지 감이 잡혀 어렵지 않게 모둠 배정을 끝냈다. 코로나가 위세를 떨치면서 2학기가 시작되어도 학생들 얼굴을 보기 힘든 상황이 되었고, 각 학년의 선생님들은 1학기 때처럼 학습 꾸러미를 만들어 배부할 계획을 세우고 계셨다. 책만 빨리 온다면 진행하는 데 무리는 없어 보였다.

〈도서 목록〉

	난민	노동/학력차별	빈부/빈곤
인권/1학년	내가 본 것을 당신도 볼 수 있다면 내 이름은 욤비 난민(세계시민수업1) 세상에서 가장 슬픈 여행자, 난민	나, 너 우리의 일과 권리 탐구생활 노동(생각이 크는 인문학18) 우리가 몰랐던 노동 이야기 열 가지 당부	덤벼라, 빈곤 빈곤(세계시민수업6) 세계의 빈곤, 남반구와 북반구의 비밀 세계의 빈곤, 게을러서 가난한 게 아니야!
	성	**인종/다문화**	**장애**
	나의 첫 젠더 수업 성평등: 성 고정관념을 왜 깨야 할까 양성평등, 나부터 실천해요 성평등(생각이 크는 인문학12)	다문화 사회(세계시민수업9) 나는 어느 나라 사람인가요? 다른 게 나쁜 건 아니잖아요 혐오와 인권(세계시민수업7)	누구나 꽃이 피었습니다 불편해도 괜찮아 장애란 뭘까? 장애, 너는 누구니?

북한과 통일 / 2학년	북한의 정치 역사	북한의 경제, 사회	북한의 교육, 문화
	남북한 청소년 말모이 어린이를 위한 북한 바로 알기 북한 떡볶이는 빨간 맛? 파란 맛? 우리는 통일 세대	남북한 얼마나 다를까? 남북한 청소년 말모이 북한은 처음이지 북한 떡볶이는 빨간 맛? 파란 맛?	다음 세대를 위한 북한 안내서 남북한 어린이 말모이 북한 아이들의 비밀 일기 어린이를 위한 북한 바로알기
	통일 필요성	통일 방법	
	선생님 통일이 뭐예요? 청소년을 위한 통일인문학 10대와 통하는 평화통일 이야기 한반도 통일열차 세계를 향해 달려요	다음 세대를 위한 통일 안내서 통일 비용(세/더/잘63) 통일: 통일을 꼭 해야 할까? 나는 통일을 땡땡합니다	개학 후 원격수업 동안 워킹스루로 배부

책 목록과 책을 소개하는 링크 안내

소주제와 책 모두 3지망까지 선택하도록 했다.

분류	책제목	1반	2반	3반	4반
난민	내 이름은 용비	12		8	9
	내가 본 것을 당신도 볼 수 있다면	5	12	5	4
	세계시민수업1 난민	3	5	20	2
	세상에서 가장 슬픈 여행자, 난민	19	24	7	21
노동	나, 너 우리의 일과 권리 탐구	4	23	15	3
	생각이 크는 인문학18 노동	6	7	9	10
	열 가지 당부	20	9	16	6
	우리가 몰랐던 노동 이야기	16	8	17	22
빈부	덤벼라 빈곤	7	13	11	14
	세계시민수업6 빈곤	10	6	22	19
	세계의 빈곤, 게을러서 가난한 게 아니	9	14	24	7
	세계의 빈곤, 남반구와 북반구의 비밀	13	19	19	8
성	나의 첫 젠더 수업	17	3	4	1
	생각이 크는 인문학 12 성평등	2	20	1	24
	성평등, 성 고정관념을 왜 깨야 할까	21	11	23	23
	양성평등 나부터 실천해요	8	4	13	18
인종	나는 어느 나라 사람인가	24	21	18	11
	다른 게 나쁜 건 아니잖아요	22	16	6	17
	세계시민수업7 혐오와 인권	15	18	21	16
	세계시민수업9 다문화 사회	23	2	3	15
장애	누구나 꽃이 피었습니다	14	1	10	13
	불편해도 괜찮아	18	15		12
	장애 너는 누구니	1	10	12	20
	장애란 뭘까?	25	17	14	5

학생들의 지망과 학생 수준을 고려하여 교사가 최종적으로 모둠 구성을 하였다.

2학년 나눠줄 책

1학년 워킹스루

2학년 워킹스루

전체적으로 국어과 수업 진행은 다음과 같았다.

차시	1학년 슬기로운 인권 생활	2학년 북한 탐구 생활	차시	1학년 슬기로운 인권 생활	2학년 북한 탐구 생활
1	목표 세우기	목표 세우기	10	처음 부분 쓰기	처음 부분 쓰기
2	내용 요약, 비주얼 씽킹 안내	책 읽고 내용 정리1 (도덕 교사와 코티칭)	11	개요 고치고 중간 부분 쓰기	설명 방법 활용하여 글쓰기
3	책 읽고 정리하기1	책 읽고 내용 정리2 (설명 방법과 관련지어 내용 정리)	12	끝까지 쓰기	고쳐쓰기 전략을 활용하여 고쳐쓰기
4	책 읽고 정리하기2	설명 방법 복습, 읽은 책 내용 총정리	13	고쳐쓰기	글쓰기 평가, 카드뉴스 안내
5	책 바꾸고 토의하기	읽은 책 내용 토의하기 (도덕 교사와 코티칭)	14	고쳐 쓰고 카드뉴스 계획	카드뉴스 계획
6	중간 점검, 관심사 찾기	중간 점검, 관심사 찾기	15	최종 고치고 카드뉴스 세부 계획	카드뉴스 만들기
7	관심사 찾고 주제 잡기	관심사 찾고 주제 잡기 (도덕 교사와 코티칭)	16	카드뉴스 만들기	카드뉴스, 프로젝트 평가
8	주제와 연결하여 개요 짜기	주제와 연결하여 개요 짜기	17	카드뉴스, 프로젝트 평가	
9	정보 찾고 개요 짜기	정보 찾고 설명 방법 활용하여 개요 짜기	*음영은 등교수업(1학년 5회, 2학년 4회)		

도덕과의 수업은 진행은 다음과 같다.

차시	1학년	2학년	비고
1	인권이란?	남북 분단의 과정 1	
2	인권 감수성과 헌법	남북 분단의 과정 2	
3	서울 학생 인권조례	북한 정치 1	
4	사회적 약자의 개념	북한 정치 2	*매시간 수업 시작하기 전 10분 책 읽기
5	난민1	북한 경제	*기본 지식과 개괄적인 내용 PPT를 이용하여 수업
6	난민2	북한 사회 1	
7	노동자	북한 사회 2	*3주에 한 번씩 책을 교환하여 돌려 읽음
8	빈부격차	북한의 교육	
9	성평등	북한의 문화	
10	다문화	통일의 필요성	
11	장애	통일의 방법	

② 목표 세우기

2학기가 되어도 코로나는 잠잠해지지 않았다. 1학기에는 금세 괜찮아질 거라고 생각해서 원격 수업을 하면서도 학습지도 나눠주고, 공책도 함께 정리하게 했었는데, 이제는 선택을 해야 했다. 학생들에게 계속 온라인에서 작성하고, 공책으로도 작성하게 하는 것은 무리였다. 하지만 1년이 지났을 때 무언가 차근차근 축적되어 자신의 지난 시간을 되돌아볼 수 있는 것도 필요하다고 생각했다. 결론적으로 학습지는 포기하고, 공책에는 배움 진행표만 남기기로 했다. 두꺼운 공책이 다 소용없게 되었으나 매주 손글씨로 무언가를 적고 자신이 지난주에, 지지난 주에 무슨 결심을 하고, 무엇을 이루었는지를 눈으로 확인하는 것은 의미가 있다고 생각했다.

학생들에게 프로젝트 결과물을 무엇으로 남기게 할지에 관해서도 고민을 해봤다. 대부분 수업이 원격으로 이루어진다면 프로젝트의 결과물도 온라인에 기반해야 하지 않을까? 이렇게 온라인 생활에 익숙한 학생들인데 굳이 결과물을 오프라인으로 만들 필요가 있을까? 구글 문서에 글을 쓰는 것이 최종 목표이니, 온라인을 이용해 더 넓은 세상과 연결해 볼 수도 있지 않을까? 학생이 매체의 표현 효과를 제대로 알려면, 자신이 작성한 메시지가 매체를 통해 대중들에게 전파되어야 가능하지 않을까? 너무 많은 의문이 머리를 떠다녔다. 시간과 공간의 제약을 벗어나 많은 사람과 접할 수 있는 게 온라인의 특징이라면 개인적으로 글을 쓰는 게 아니라 공개적인 공표의 장을 만들어 줘야겠다고 생각했다. 학생들의 글을 묶어 하나의 사이트를 만들어야겠구나. 구글 사이트 도구를 이용하면 사이트를 쉽게 만들 수 있다니, 그걸로 만들어 보자. 사이트를 만든다면 거기에 글도 싣고, 이미지도 넣을 수 있을 터였다. 그렇다면 글쓰기와 카드뉴스를 함께 만들면 되겠구나. 이러한 프로젝트에 맞는 성취기준을 뽑아 보았다.

과목		수업 내용	1학년 성취기준	2학년 성취기준
국어	읽기	인권/북한·통일 관련 책 읽기	[9국02-03]읽기 목적이나 글의 특성을 고려하여 글 내용을 요약한다. [9국02-08]도서관이나 인터넷에서 관련 자료를 찾아 참고하면서 한 편의 글을 읽는다.	[9국02-04]글에 사용된 다양한 설명 방법을 파악하며 읽는다. [9국02-07]매체에 드러난 다양한 표현 방법과 의도를 평가하며 읽는다.
	쓰기	인권/북한·통일과 자신의 관심사를 관련지어 글쓰기, 카드 뉴스 만들기	[9국03-05]자신의 삶과 경험을 바탕으로 하여 독자에게 감동이나 즐거움을 주는 글을 쓴다. [9국03-06]다양한 자료에서 내용을 선정하여 통일성을 갖춘 글을 쓴다. [9국03-08]영상이나 인터넷 등의 매체 특성을 고려하여 생각이나 느낌, 경험을 표현한다.	[9국03-02]대상의 특성에 맞는 설명 방법을 사용하여 글을 쓴다. [9국03-07]생각이나 느낌, 경험을 드러내는 다양한 표현을 활용하여 글을 쓴다. [9국03-09]고쳐쓰기의 일반 원리를 고려하여 글을 고친다.
도덕		수업 시간 시작하기 전에 10분씩 관련 주제의 책 읽기. 인권/북한·통일 수업 진행	[9도03-01]인간 존엄성과 인권, 양성평등이 보편적 가치임을 도덕적 맥락에서 이해하고, 타인에 대한 사회적 편견을 통제하여 보편적 관점에서 모든 인간을 인권을 가진 존재로서 공감하고 배려할 수 있다. [9도03-02]보편 규범과 문화 다양성의 관계를 이해하고, 이를 바탕으로 문화적 차이와 다름을 존중하는 등 다양성을 긍정하는 자세를 지닐 수 있다. [9도03-03]세계 시민으로서 요구되는 도덕적 가치를 이해하고, 지구 공동체에서 일어나는 다양한 도덕 문제를 인식하며, 이러한 문제를 개선하려는 참여적 태도를 가지는 등 세계 시민 윤리의식을 함양할 수 있다.	[9도03-06]북한과 북한 주민에 대한 객관적 이해를 바탕으로 균형 있는 북한에 대한 관점을 가질 수 있다. [9도03-07]보편적 가치 추구와 평화 실현을 위해 통일을 이루어야 함을 알고, 바람직한 통일 국가 형성을 위해 요구되는 태도를 기르는 등 통일 윤리의식을 정립할 수 있다.

1학기에 아쉬웠던 점을 바탕으로 2학기 시작할 때는 나 혼자만 학생들의 목표를 보는 것이 아니라 함께 공유하는 것이 필요하다고 생각해서 구글 문서로 작업한 것을 패들렛에도 올리게 했다. 친구들이 생각하는 이 프로젝트의 목표는 무엇이고, 친구들의 '나의 목표'는 무엇인지를 함께 공유하는 것에서도 배움이 일어날 수 있겠다 싶었다. 무엇보다 배움 확인표로 자신의 현재 상태를 점검하면서 이를 발전시키기 위한 전략을 세울 때 친구들의 조언이 도움이 되리라 생각했다. 다른 학생의 글을 읽고 함께 전략을 생각해 보는 것도 자신에게는 도움이 될 터였다.

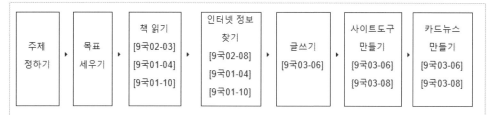

■2단계 : 목표 세우기

2-1. '슬기로운 인권 생활'는 <u>왜 할까요</u>? 하면 무엇이 좋을까요? 어떤 의미가 있을까요? (50자 이상)

사회에서 자주 일어나는 인권 문제에 대해 관심을 가지기 위해 이 프로젝트를 진행하는 것이라고 생각한다. 이 프로젝트를 통해 평소에 우리가 미처 가지지 못했던 인권 문제에 대해 관심을 가지면서 사회의 전반적인 인권에 대한 흐름을 알 수 있을 것이다. 이 프로젝트에는 ' 인권에 대한 사회의 전반적인 흐름 ' 을 알아보라는 의미가 숨겨져 있을 것 같다.

2-2. '슬기로운 인권 생활'는 나에게 어떤 의미가 있을까요? 이 프로젝트에서 <u>나의 목표</u>는 무엇인가요? (50자 이상)

이 프로젝트는 평소에 인권 문제에 대한 관심이 없었던 나에게 많은 인권 정보를 알려주는 정보책 같는 의미가 있을 것 같다. 왜냐하면 정보책에도 여러가지 종류의 내용을 자세히 설명해주는데 이 프로젝트도 정보책 처럼 인권에 관한 여러가지 정보들을 자세히 알게 해주기 때문이다. 이 프로젝트를 통해 나는 평소에 관심 가지지 않았던 인권 뉴스를 꾸준히 읽는 것이 나의 목표이다.

1학년 목표 세우기

주제 정하기	→	목표 세우기	→	책 읽기 [9국02-03] [9국01-04] [9국01-10]	→	인터넷 정보 찾기 [9국02-08] [9국01-04] [9국01-10]	→	글쓰기 [9국03-06]	→	사이트도구 만들기 [9국03-06] [9국03-08]	→	카드뉴스 만들기 [9국03-06] [9국03-08]

■ 2단계 : 목표 세우기

2-1. '북한 탐구 생활 프로젝트'는 <u>왜</u> 할까요? 하면 무엇이 좋을까요? 어떤 의미가 있을까요? (50자 이상)

이 프로젝트를 하는 이유는 당연히 아직 휴전 상태인 우리나라에서 갑자기 통일이 될 수도 있고 북한에 대해 모르는 사람이 많을 수도 있으니 북한에 대해 좀더 알기 위해서 하는 것인 것 같다. 이 활동을 하면 북한에 대해 좀더 자세히 알 수 있고 만약 갑작스러운 통일이 되었을 때 혼란을 줄일 수도 있다는 이점이 있다.

2-2. '북한 탐구 생활 프로젝트'는 나에게 어떤 의미가 있을까요? 이 프로젝트에서 <u>나의 목표</u>는 무엇인가요? (50자 이상)

이 프로젝트는 나에게 통일에 대해 좀더 자세히 알아보고 몰랐던 부분을 더 세세히 알게 하는 의미있는 계기가 될 것이다. 이 프로젝트에서 나의 목표는 통일을 왜 해야되고 통일을 하게 된다면 뭐가 좋은지 단점은 또 무엇인지 북한은 어떻게 살고 있다 문화에 관한것을 알아보는게 목표이다

2학년 목표 세우기

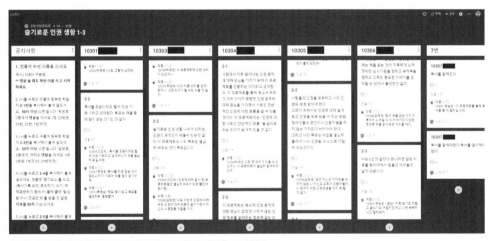

1학년 패들렛. 댓글을 통해 목표를 공유하고 함께 전략을 고민했다.

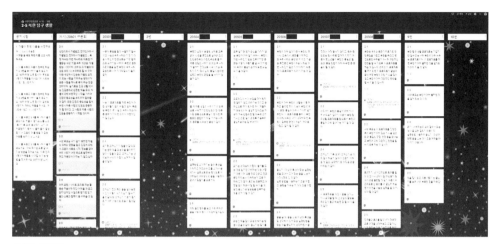

2학년 패들렛

2-3 프로젝트를 시작하기 전에 아래 채점 기준표를 읽고, 지금 나의 수준이라고 생각하는 내용을 평가요소 마다 ✓에 하나씩 표시해 봅시다. (■를 복사해서 붙여 넣으세요.)

평가요소	성취수준		
	매우 뛰어남 A	달성함 B	조금만 더 C
독서기록요약	□ 도서관이나 인터넷에서 인권 관련 글을 읽으며, 핵심적인 글의 내용을 자연스럽게유려한 문장으로 요약할 수 있다.	□ 도서관이나 인터넷에서 인권 관련 글을 읽으며, 글의 특성을 고려하여 글의 내용을 요약할 수 있다.	□ 도서관이나 인터넷에서 인권 관련 글을 읽으며, 선생님이나 친구들의 도움을 받아 글의 내용을 요약할 수 있다.
토의하기	□ 읽은 내용에 대해 적극적으로 의견을 교환하면서 토의하고, 내용의 타당성을 판단하며 집중하여 들을 수 있다.	□ 읽은 내용에 대해 의견을 교환하면서 토의하고, 내용의 타당성을 판단하며 들을 수 있다.	□ 읽은 내용에 대해 토의를 하지만 의견 교환이나 타당성을 판단하며 듣는 데에 어려움을 느낀다.
쓰기	□ 다양한 자료에서 적절한 내용을 풍부하게 선정하고 통일성을 갖추어 글이 명료하게 드러나도록 글을 쓸 수 있다.	□ 다양한 자료에서 적절한 내용을 선정하여 통일성을 갖춘 글을 쓸 수 있다.	□ 다양한 자료에서 내용을 선정하여 부분적으로 통일성을 갖춘 글을 쓸 수 있다.
매체표현하기	□ 인터넷 매체의 특성을 효과적으로 고려하여 생각이나 느낌, 경험을 구체적으로 표현할 수 있다.	□ 인터넷 매체의 특성을 고려하여 생각이나 느낌, 경험을 표현할 수 있다.	□ 인터넷 매체의 특성을 고려하여 느낌, 경험을 표현할 수 있다.

2-4 B(달성함)나 C(조금만 더)를 받을 것 같은 평가 요소는 무엇입니까? 이유도 2줄 정도 적어봅시다.

평가요소	이 유
매체표현	사이트 도구로 하는 활동은 처음이라 약간 어려울 것 같고 만약 온라인 수업으로 한다면 친구들과 소통과 협력이 좀 어려울 것 같다.

2-5 어떻게 하면 A(매우 뛰어남)로 갈 수 있을지 생각해 보고, A로 가기 위한 구체적인 방법을 적어봅시다.

친구들과 사전에 연락을 하거나 학교에서 미리 어떻게 할 것인지 계획을 짜서 사이트 도구 활동 중 소통을 많이 하지 않아도 협력이 잘 되게 하고, 활동하기 전 어떻게 하는 것인지 미리 찾아보면 될 것 같다.

1학년 배움 확인표 살피기

■2단계 목표 세우기

2-1 '북한 탐구 생활 프로젝트'는 왜 할까요? 하면 무엇이 좋을까요? 어떤 의미가 있을까요? (50자 이상)

북한은 가장 가까우면서도 가장 멀리에 있는 이웃나라 이다. 우리나라와 분단국가이고 지금은 휴전중이다. 북한 탐구생활 프로젝트를 하다보면 몰랐던 북한의 모습과 새로운 사실들에 대하여 알 수 있을 것 같다. 그렇게 서로에대해 알아가보면 언젠가 북한과의 더 깊은 대화의 장이 마련되지 않을까 생각한다.

2-2 '북한 탐구 생활 프로젝트'는 나에게 어떤 의미가 있을까요? 이 프로젝트에서 나의 목표는 무엇인가요? (50자 이상)

이 프로젝트에서의 나의 목표는 북한에 대해 몰랐던 새로운 사실들을 알아가는것이다. 그와 동시에 우리가 그동안 생각해왔던것과는 다른 북한의 이면에 대해 찾아보는것도 나쁘지 않을것 같다. 가장 가까운 이웃나라에 대해 알아간다는 것은 큰 의미가 있다. 서로에 대해 잘 알고 서로의 상황을 이해해야 이전에 없던 대화가 가능해진다.

■2단계 목표 세우기

2-1 '북한 탐구 생활 프로젝트'는 왜 할까요? 하면 무엇이 좋을까요? 어떤 의미가 있을까요? (50자 이상)

북한은 가장 가까우면서도 가장 멀리에 있는 이웃나라 이다. 우리나라와 분단국가이고 지금은 휴전중이다. 북한 탐구생활 프로젝트를 하다보면 몰랐던 북한의 모습과 새로운 사실들에 대하여 알 수 있을 것 같다. 그렇게 서로에대해 알아가보면 언젠가 북한과의 더 깊은 대화의 장이 마련되지 않을까 생각한다.

2-2 '북한 탐구 생활 프로젝트'는 나에게 어떤 의미가 있을까요? 이 프로젝트에서 나의 목표는 무엇인가요? (50자 이상)

이 프로젝트에서의 나의 목표는 북한에 대해 몰랐던 새로운 사실들을 알아가는것이다. 그와 동시에 우리가 그동안 생각해왔던것과는 다른 북한의 이면에 대해 찾아보는것도 나쁘지 않을것 같다. 가장 가까운 이웃나라에 대해 알아간다는 것은 큰 의미가 있다. 서로에 대해 잘 알고 서로의 상황을 이해해야 이전에 없던 대화가 가능해진다.

2학년 배움 확인표 살피기

다음은 패들렛 공지사항이다. 2-1은 프로젝트의 목표, 2-2는 자신의 목표, 2-4는 현재 자신이 부족한 지점과 이유, 2-5는 향상 전략이다.

1. 첫 줄에 학번 이름을 쓰세요.
예시) 10501 구본희 ** 댓글 쓸 때도 학번, 이름 쓰고 시작하세요.

2. (+)를 누르고 구클에 첨부된 학습지 2-1번을 복사해서 붙여 넣으세요. 50자 이상 쓰면 됩니다. 뒷번호 3명에게 댓글을 다세요.(예: 23번은 24번, 25번, 1번에게)

3. (+)를 누르고 구클에 첨부된 학습지 2-2번을 복사해서 붙여 넣으세요. 50자 이상 쓰면 됩니다. 앞번호 3명에게 격려의 댓글을 다세요.(예: 2번은 1번과 25, 24번에게)

4. (+)를 누르고 2-4를 복사해서 붙여 넣으세요. 첫줄에 '평가요소'를 쓰고(독서기록 요약, 토의하기, 쓰기, 매체 표현하기 중에서) 둘째 줄에 '달성함'이나 '조금만 더'를 받을 것 같은 이유를 50자 이상 쓰세요.

5. (+)를 누르고 2-5를 복사해서 붙여 넣으세요. '매우 뛰어남'으로 갈 수 있는 방법을 적어보세요. 아무 친구 3명에게 댓글로 '나아질 수 있는 방법'을 적어주세요. 20자 이상 쓰세요.

2학년의 배움 진행표이다. '북한과 통일'이 주제임에도 재미있을 것 같다고 해서 다행이었다.

배움진행표

| 8/4 활동 | 북한 팀 공생활 학습지를 작성하고 배웠는데 ... 다 ... 것이다. 배워보니까 ... 열심히 ... 있었다 |
| 느낀점 | 통일에 대해 다시 생각하게 되었으나 ... 노트... 목록을 ... 과정에서 ... 뚜렷하게 정리 ... 않았다 |

8.25요일 : 북한 관련된 프로젝트니까 ... 가까운 매체가 많이 되지 않나 생각해서 ... 하고싶다.
배운느낀점 : 북한이 가까이에서 (통일론), 딱 배운 ... 각자의 생각이 ... 다른게 놀랍다.

1학년의 배움 진행표이다. 줌으로 수업을 했는데 거기에서 내 얼굴을 본 게 반가웠나 보다. 방학 한 달 동안 못 만났는데도 오랜 시간이라고 생각한 듯하다.

| 8월26일 배움 | 오늘은 처음으로 인권생활 프로젝트로 하는데 앞으로 열심히 하고싶다. |
| 배우고 느낀점 | 오늘은 친구에게 피드백과 친구가 나에게 다는 피드백? 같은 것을 했다. 친구의 의견을 들으면서 하니까 음연가 순탄해다 |

| 8/26 활동 | 5명이랑 연결된 수업이라 뭔가 스케일이 생각 크기론데 2학기에도 |
| 배운느낀점 | 열심히 해봐야겠다. 학기로 초반엔 B가 많을순데 나중에 A로 학기 올렸으니 2학기에도 열심히 해서 B→A로 만들어야겠다. |

배움 열심히 해가겠다

오늘은 나에게 어떤 기회 부족하기
어떤 것을 해야 부족한 걸 해 올 수 있는지
알았다
그리고 일하다 보니 오랜 만에 선생님 얼굴을
봐서 좋았다

③ 개념 학습과 적용하며 읽기

1	목표 세우기
2~4	개념 학습과 적용하며 읽기
5	토의하기
6	중간 점검
7	관심사 찾고 주제 잡기
8	개요 짜기
9~12	정보 찾아 글쓰기
13	고쳐쓰기
14	카드뉴스 만들기
15	공유와 평가

도덕 선생님은 수업 시간 10분 읽기를 꾸준히 진행하면서 2학기 내내 학생들이 책을 읽을 수 있도록 했다. 2학기 끝나고 확인해 보니 학생들은 모둠의 책 4권 중 적어도 2~3권은 완독하였고, 나머지 책들도 얼마큼씩은 들춰보긴 했다. 한 번 잡으면 쭉 읽히지도 않는 비문학 책인데 이걸 일주일에 한 번 든 내 수업 시간에만 읽히려고 했다면 쉽지 않았을 것이다. 융합 수업의 힘!

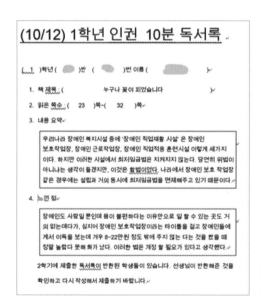

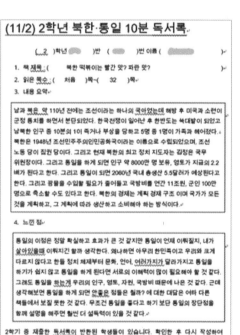

176   보니샘과 함께하는 블렌디드 수업과 평가

도덕 시간에 읽은 책을 바탕으로 국어B 시간에는 '읽기' 수업을 진행했다. 어떻게 설명을 해야 학생들이 지루하지 않고 정확하게 관련 개념을 습득할 수 있을까? 등교수업을 할 때에도 필요하면 간단하게 관련 개념을 설명했었다. 10분을 넘긴 적은 없었고, 설명한 후 이것을 적용하여 할 수 있는 활동을 제시하여 실제 적용해 보면서 개념을 확실하게 익힐 수 있도록 설계했었다. 원격수업에서는 어떻게 해야 가능할까?

우선 1학년은 줌을 이용하여 내용 요약하기에 관한 기본 사항들을 설명했다. 이미 1학기 때 '국어A' 시간에 배웠다지만 책을 요약하기 위해서는 다시 개념을 다질 필요가 있었다. 단어, 문장의 개념부터 중심 문장과 뒷받침 문장, 요약하기의 방법까지. 실제 시간은 7~8분 정도였는데 문제는 이 시간에 들어오지 않은 학생들은 학습할 기회를 얻지 못한다는 거다. 그래서 다음 차시까지 개념 학습으로 넉넉하게 잡고, 3차시에 전 시간에 줌에서 설명한 것을 녹화, 편집하여 영상으로 올려주고, 이를 다시 보면서 구글 설문지를 풀어보게 했다. 내용 요약하기에 관한 설명을 바탕으로 '라이브워크시트'로 제시한 문제를 풀어보도록 했다(2학년은 설명 방법을 익히는 라이브워크시트를 풀어야 했다).

라이브워크시트는 온라인 학습지로, 교사가 만든 학습지를 그대로 온라인에서 재현해 준다. 자신의 점수를 바로 확인할 수 있고, 틀린 문제가 무엇인지도 알 수 있어 이를 고치는 과정에서 오개념을 바로잡아 주는 것도 가능하게 한다. 2차시에는 라이브워크시트를 소개하고, 학생들에게 자기 점수를 확인하는 방법을 알려준 다음 10점이 되도록 여러 번 풀어 제출하라고 했다. 쉽지는 않았던지 10점이 아닌데도 그냥 제출하는 학생들이 있었다.

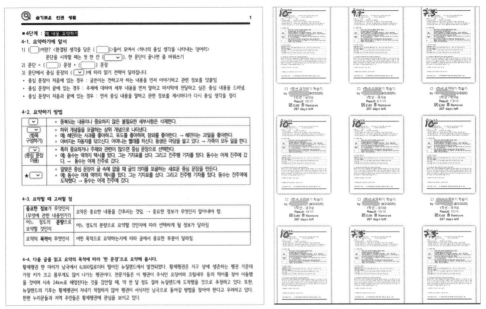

라이브워크시트로 제작한 학습지   학생들이 제출한 학습지

1학년의 배움 진행표이다. '학습지 빈칸'은 라이브워크시트를 말한다.

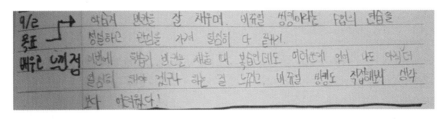

학생들은 이미 내용 요약하기에 관해 배웠다. 다시 반복해야 하는 상황인데 다르게 접근하고 싶어서 이미지로 내용 요약이 가능한 비주얼 씽킹을 선택했다. 1학기 첫 시간에 자기 소개하기를 비주얼 씽킹으로 해 본 경험은 있으나 정확하게 기억하지 못할 것 같아 구글 설문지에 비주얼 씽킹을 간략히 소개하는 영상을 올리고, 이에 관해 묻는 퀴즈와 함께, 말하고 들을 때 유의할 점을 다룬 유튜브 영상('말 그릇' 세바시 영상)을 올려주고 이를 비주얼 씽킹으로 나타내 보도록 했다. 어떤 방식으로 했는지 서로 보면서 학습할 수 있게 패들렛에 그림 그린 것을 올리게 한 후, 학생 작품에 관해 댓글로 피드백을 해주었다. 잘된 작품은 하트 표시를 해주었으며, 다른 반에도 공유했다.

질문을 좀 더 수월하게 받기 위해
오픈채팅방을 개설했다.

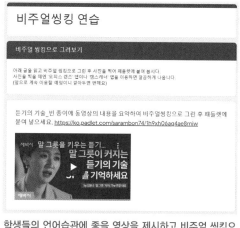

학생들의 언어습관에 좋을 영상을 제시하고 비주얼 씽킹으로 그려보게 했다.

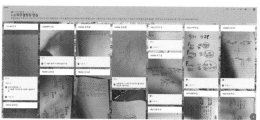

댓글로 수정해야 할 부분을 제시했다.

1학년이지만 제법 잘 그리는 학생들이 있어 모든 반에 공유했다.

3차시에는 구글 설문지를 이용하여 비주얼 씽킹을 복습했다. 선배들이 그린 비주얼 씽킹 중 여러 수준의 작품을 뽑아 제시하고 각 작품이 1~5단계 중 어디에 속하는지, 왜 그렇다고 생각하는지를 적어보게 했다. 예시 작품을 보고 그것을 평가하는 동안 어떻게 그려야 할지 감을 잡게 하기 위한 활동이었다. 결과를 공유할 수 있으면 더 좋았겠지만 그러지 않았다 할지라도 학생들이 생각하는 것과 내가 생각하는 것이 거의 비슷해서 안심이 되었다. 아래 첫 번째 그림은 그림은 잘 그렸지만 무엇을 설명하는지가 명확하지 않다는 의견이었고, 두 번째 그림은 무엇을 표현했는지 모르겠다는 의견이었다. 몇몇 학생들은 전혀 다른 의견을 내기도 했는데, 계속 보여주고, 연습하면 나아지지 않을까 싶었다.

교사의 영상 보고 답하기

선배들의 비주얼 씽킹 보면서 평가하기

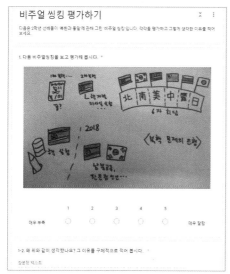

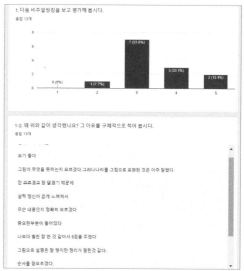

선배들의 비주얼 씽킹 보면서 평가하기

3차시에서는 또한 본격적으로 책을 읽고 내용 요약을 하여 패들렛에 올려 보도록 했다. 소주제별로 패들렛을 만들어 주고 〈공지사항〉에 어떻게 포스팅 해야 하는지 자세하게 안내하고, 예시를 첨부한 후, 한 사람당 세 개씩 요약과 비주얼 씽킹 그림을 올리도록 했다.

〈공지사항〉

1) 자신이 받은 책의 분량을 1/3로 나누세요.(보통 큰 장으로 1~2개 정도입니다) ― ― 아래 사진 참고하세요. 빨간 동그라미 분량 정도입니다.

2) 첫 줄에 학번 이름 책 제목과 몇 쪽까지 읽었는지, 해당하는 중제목, 소제목를 쓰 세요.

3) 읽은 내용 중에 '소제목'과 연결되는 중요한 내용과 새롭게 알게 된 내용을 2~3문 장으로 3개씩 올립니다. (+)를 누르고 각 1개씩 올리세요. 1. 2. 3으로 번호를 붙 여 주세요.

4) 요약한 부분에 관한 구체적인 사례를 '비주얼 씽킹'으로 그립니다(절대 책에 있는 사진이나 그림을 따라 그리지 말고, 자신의 생각을 표현하세요. 글로 내용 요약한 것보다 풍부한 정보를 제공해야 합니다). 요약 한 개에 그림 하나씩 그립니다(요약문 3개+비주얼 씽킹 3개).

5) 비주얼 씽킹에는 소제목이 반드시 표시되어야 합니다. 그림을 잘 그리지 않아도 됩니다. 알아볼 수 있으면 됩니다. 그림으로 표현하지 못하는 것은 글자를 넣어 주세요. 숫자, 고유명사 등 구체적인 것들은 글자로 표현해 주세요. 굵은 펜으로 잘 보이도록 그립니다. 책을 읽지 않은 친구들도 내용을 알 수 있도록 그려야 합니다(그린 종이는 공책에 붙여 주세요).

6) 비주얼 씽킹 그림을 사진 찍어 업로드합니다('오피스렌즈'나 '캠스캐너' 앱을 이용해서 찍으세요). 올릴 때 1번에 관한 사례라면 1번 내용을 쓴 후 ↑ 를 누르고 사진을 넣으세요. 핸드폰으로 사진을 찍었다면 '구글 드라이브'에 저장한 후, 패들렛에서 불러오면 올리기 편합니다. 꼭 가로로 올려주세요!

7) 자신이 맡은 책이 위의 표에서 첫 번째 책이라면 분홍색, 두 번째라면 노란색, 세 번째라면 연두색, 네 번째라면 하늘색으로 색깔을 바꿔주세요. 점 3개 누르면 색깔을 변경할 수 있습니다(예시 – 내가 '난민' 중 『내 이름은 욤비』를 읽었다면 분홍색으로 내가 쓴 것들의 색깔을 바꿉니다). 아래 사진을 참고하세요.

8) 우리 반 친구들에게 댓글(3개), 다른 반 친구 중 같은 책을 읽은 친구들에게 댓글이나 '읽다가 궁금한 질문'을 올립니다(3개). 질문의 경우, 친구가 올린 내용과 상관없이 책을 읽다가 이해가지 않은 내용을 질문해도 됩니다(우리 반 댓글 3개+ 다른 반 질문 3개). 친구가 질문을 달면 그에 관한 답을 달아주세요.

＊댓글 피드백은 '시각화' 혹은 '내용'에 관해 올려주세요.

예시) 무기를 든 사람과 죽은 사람을 시각화해서 잘 표현했어. ➡ 시각화 피드백
북수단과 남수단에서 종교 때문에 분쟁이 있었다는 사실을 처음 알게 되었어. ➡ 내용 피드백

내용이 겹치지 않도록 하기 위해 요약은 읽은 부분의 내용을 문장으로 쓰게 했고, 비주얼 씽킹은 사례를 그림으로 표현하게 했다.

같은 소주제라도 같은 반 모둠원들의 책은 모두 다르다. 하지만 전체 학년을 놓고 보면 한 반에 한 명씩은 나와 같은 책의 내용을 요약하는 친구들이 존재한다. 같은 책은 같은 색깔로 표시하게 하여, 세로로 주르륵 훑어보면 같은 반 친구들이 같은 소주제에 관해 다른 책을 읽고 내용 요약한 것을 볼 수 있고, 가로로 주르륵 훑어보면 다른 반 친구들이 자신과 같은 책을 읽고 내용 요약한 것을 볼 수 있다. 친구들이 쓴 내용을 더 꼼꼼하게 읽어 보라고 다른 반 친구와 같은 반 친구에게 댓글을 달게 했다. 내용이 낯설고 오개념도 있을 수 있는 2학년의 경우 도덕 선생님이 패들렛에 들어와서 내용에 관한 댓글을 달아 주었다. 원격수업으로 팀티칭을 구현한 것이다.

소주제별 패들렛을 구글 클래스룸에 올려 주었다.

피드백을 위해 오픈채팅방을 개설했다.

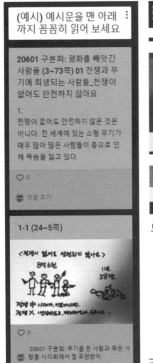

교사가 예시 작품을 게시했다.

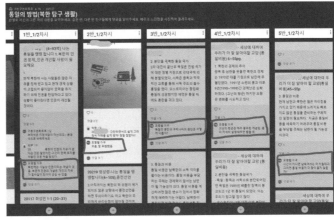

도덕 선생님의 피드백

4차시에는 지난 시간에 배운 내용을 복습했다. 코로나로 미루고 미루던 '작가와 만남'을 앞두고 있어서 '스트림야드'를 이용하여 유튜브 라이브로 도덕 선생님과 듀엣으로 진행해 보았다. '스트림야드'를 쓰니 각자 재택근무를 하는 와중에도 함께 출연이 가능했다. 도덕 선생님도 실시간으로 학생들도 대면할 수 있는 기회여서 이 프로젝트의 의미부터 책을 꼼꼼히 읽으라는 당부까지 내가 해야 할 잔소리들을 대신해 주었다. 한 명일 때보다 교사가 두 명이니 훨씬 좋다. 유뷰트로 페어덱을 이용하여 내용 요약하기와 비주얼 씽킹을 복습하고, 방탈출 설문지를 만들어 내용 요약을 다시 해 보도록 했다. 구글 설문지를 이용한 방탈출 설문지는 문제를 맞추어야 다음 단계로 넘어가고, 결국 모든 문제를 맞추어야 미션을 끝낼 수 있다. 친구 찾기, 누군가 구하기, 갇힌 건물 탈출하기 등 다양한 이야기를 입혀서 설문지를 만든 것이다. 여러 선생님이 인터넷에 소스를 공개해서 문제만 내용 요약하기로 바꾸어 제공했는데 학생들은 폭발적인 반응을 보였다(방탈출을 오픈 소스로 만들어 준 선생님들, 감사합니다!).
2학년의 경우 읽은 내용 중 설명 방법이 드러난 부분을 골라 요약하게 했더니
학생들이 어려워했다. 설명 방법을 개념으로 아는 것과 글에 나타난 설명 방
법을 찾는 것은 확실히 다른 문제다.

스트림야드를 이용한 유튜브 방송으로 페어덱을
안내하고 있다.

도덕 선생님과 각자 교무실에서 실시간 방송을 했다.

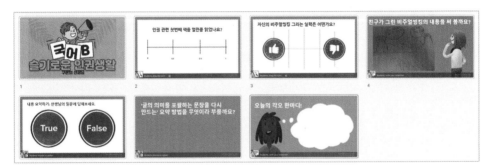

페어덱으로 개념을 다시 복습했다.

학생들의 대답이 실시간으로 보인다.

'설명 방법은 왜 배워야 할까'에 관한 2학년 학생들의 대답

방탈출 설문지   설명 방법 찾기에 관해 안내하는 2학년 패들렛

2학년은 책을 두 번에 나눠 정리하고 마지막으로 총정리를 해 보게 했다.

유튜브로 수업할 때 선생님이 말씀해주신 내용들이 있어서 어렵지 않게 할 수 있었다. 문제와 설문지 구성이 재미있었고 작은 것이지만 그래도 마무리하니 뿌듯하다. 패들릿에 비주얼씽킹 한 것과 내용 요약 올리는 것도 이것처럼 재미있게 해야겠다.

어렵고 중간에 이런걸 꼭 해야하나 싶고 그랬는데 끝까지 다 성실하게 해서 라이언을 구출해서 좋았다 그리고 일반 설문지가 아니라 이런 구출 이런것도 있어서 더 재미있게 했던것같다

음...생각즈했던것보다 쉬웠고 재미도 있었다. 내가 라이언을 구출했다는게 너무 기쁘다. 다음에도 또 했으면 좋겠다.

오늘은 그냥 문제를 푸는게 아니라 스토리가 있어서 푸는데 더욱 잘 맞춰야 겠다고 생각이 들었고 내가 맞춰도 틀려도 그것에 대한 문장이 나오니까 훨씬 재미있었고 몇번이나 틀려서 내가 이렇게 공부를 안했나 싶었고 앞으로도 이런 스토리가 있는 설문지를 풀면 분명 공부하고 있지만 재미있어서 놀이 하는 것처럼 느껴져서 더 재미있을 것 같다.

복습이라서 기억이 안 나는 것도 많이 있었는데 어떻게 꾸역꾸역 해서 라이언을 구출 한 것 같다 처음 부분은 금방금방 풀었는데 마지막 쪽에서 잘 몰라가지고 머리를 쥐어짠 것 같다 그리고 라이언 그럴 때 는 경찰에 신고해^^

1학년 학생들의 배움 진행표이다. 점점 나아지고 있다니 나도 기분이 좋았다.

9/16 목표	비주얼 씽킹 패들렛에 올리기, 문제풀기 등 느낀점: 비주얼 씽킹
느낀점	은 계속해도 어려웠고 그래도 몇번하다보니 어느정도 이해를 할수
	있게 되었다. 그리고 책을 읽고 내용을 간추리다 보니 책을 몇번
	더 읽은 것 같다.

2학년은 설명 방법 찾기의 어려움을 호소하고 있다. 전체 책 내용을 총정리하게 했더니 그에 관한 언급도 있다.

개념을 학습한 이후, 이해를 바탕으로 적용하고 확장하는 연역적인 방법은 내 수업의 일상적인 패턴이 아니었다. 어떤 과제(문제, 상황)를 던져주고 그것을 해결하는 과정에서 깨닫게 하고 이왕이면 스스로 정리하게 하는 귀납적인 방법을 선호하기는 하지만, 이를 사용할 때는 함께 탐구할 동료가 반드시 필요하다. 실시간 수업을 했다면 더 다양한 모형을 실험해 볼 수도 있었겠는데 그렇게 하지는 못했고, 직접 교수법의 일종이라고 볼 수 있는(직접 교수법은 학습 효과가 높다!) 방법을 적용했다. 2~4차시의 1, 2학년 수업을 정리하면 다음과 같다.

	1학년		2학년	
	개념	적용	개념	적용
2차시	내용 요약하기와 비주얼 씽킹 (줌과 구글 설문지, 라이브워크시트)	비주얼 씽킹 그려보기 (패들렛)	비주얼 씽킹 (구글 설문지)	책 1/2 읽고 내용 요약하고 비주얼 씽킹으로 나타내기 (패들렛)
3차시	내용 요약하기와 비주얼 씽킹 (영상과 선배들의 예시를 담은 구글 설문지)	책 1/3 읽고 내용 요약하고 비주얼 씽킹으로 나타내기 (패들렛)	설명 방법 파악하기 (구글 설문지)	책 2/2 읽고 설명 방법 파악하며 읽고 비주얼 씽킹으로 나타내기(패들렛)
4차시	내용 요약하기와 비주얼 씽킹 (페어덱, 방탈출 설문지)	책 2/3 읽고 내용 요약하고 비주얼 씽킹으로 나타내기 (패들렛)	설명 방법과 비주얼 씽킹 (페어덱, 라이브워크시트)	책 전체를 내용 요약하고 비주얼 씽킹으로 나타내기 (패들렛)

수업을 할 때 10여 분 미니레슨을 하고 그 내용을 적용하여 활동하던 것을 원격수업에서 구현해보려 했지만 모든 학생이 제대로 알고 적용하는지 살펴보고 피드백하기 어려웠기 때문에 흉내만 냈다고 봐야겠다. 실시간 수업을 했다면 느린 학생들에게 보다 직접적으로 피드백을 해 줄 수 있었을 것이다. 설명 방법을 적용한 읽기에 관한 평가는 국어A 선생님이 지필고사를 이용하여 진행했다.

❖ 라이브 워크시트
라이브워크시트는 온라인으로 제공하는 학습지이다. 일상적으로 사용하는 학습지를 PDF로 변환해서 올리면 학생들이 온라인으로 제출하고, 그 결과를 바로 채점해서 알려줄 수 있다. 한시적으로 무료로 쓸 수 있게 했으나 유료로 사용해야 학생의 답안을 계속 보관하고 PDF 파일로 학생 답을 다운받는 등 다양한 기능을 쓸 수 있다. 티처메이드(teachermade.com)는 라이브 워크시트와 비슷한 기능인데 무료로 사용 가능하다.

❖ 구글 설문지(방탈출)
방탈출 게임을 형성평가에 이용한 것으로 문제를 맞혀야 다음 섹션으로 넘어가서 무사히 방을 탈출할 수 있다. 틀린 문제를 다시 풀어야 하기 때문에 학습 내용을 제대로 이해할 수 있게 한다.

4 토의하기(오픈채팅, 페어덱)

1	목표 세우기
2~4	개념 학습과 적용하며 읽기
5	**토의하기**
6	중간 점검
7	관심사 찾고 주제 잡기
8	개요 짜기
9~12	정보 찾아 글쓰기
13	고쳐쓰기
14	카드뉴스 만들기
15	공유와 평가

한 학년씩 등교한다는 이야기가 나오자마자 급히 1학년 계획을 변경했다. 처음엔 3차시에 걸쳐 책을 다 읽고 내용을 요약하고, 비주얼 씽킹을 그리게 하려 했었지만, 학교에 나온 그 드문 날 원래 계획대로 하기엔 너무 아까웠다. 등교수업이 아니면 하기 힘든 것을 해야 했다. 학생들에게 그동안 온라인으로만 파악했던 모둠원이 누구인지, 각자 어떤 책을 어떻게 읽고 있는지 이야기하며 서로를 '느끼게' 해 주고 싶었다. 바깥 상황은 시시각각 바뀌기 때문에, 그에 맞게 유연하게 대처해야 학생들이 더 배울 수 있을 것이었다. 게다가 '작가와 만남'을 준비하는 도서부 1학년 학생들을 보니 토의하는 것 자체가 매우 서툴렀다. 서로에 대한 친밀도가 낮은 탓도 있겠지만 토의 경험이 부족해서일 수도 있다.

급하게 구글 클래스룸에 올렸던 과제를 토의하기로 바꾸었다. 1학기 때 했던 것과 크게 다르지 않으니(그때는 비록 원격수업이었지만) 이해하기는 어렵지 않았을 것이다. 그런데 첫 반 수업을 하기 20여 분 전에 구글 클래스룸 사이트가 다운되었다. 머리가 하얘져서 한글에다 기억나는 대로 학습지를 다시 만들고 부지런히 복사해서 수업에 들어갔다. 학생들에게 오늘은 사이트가 다운되어서 구글 클래스룸을 사용하지 못할 것 같다고 이야기한 다음 새로 만든 학습지를 나눠주려는데 학생들이 좀 전에 구글 클래스룸에 들어갔다고 했다. 뭐지? 확인해 봤더니 그새 복구가 되어 있었다. 괜히 혼자 땀을 뺐다. 전국이 원격수업을 하는 상황이 되면 여러 프로그램이 번갈아가며 다운되기도 했다. 원격수업의 진풍경이었다.

오래간만에 나온 1학년 학생들은 또 구글 클래스룸 접속하기까지가 오래 걸렸다. 그냥 학습지에 적어가며 토의하라고 할 걸 괜히 온라인을 고집했나 싶어 마음이 불편했다. 그러나 불행인지 다행인지 학생들의 토의 속도는 아주 느렸고 토의 내용을 정리하는 것은 자연스럽게 집에 가서 구글 문서에 마저 작성해서 올리는 과제가 되었다. 학습지에 적었다면 집에서 마저 정리한 후 사진 찍어 올리라고 했겠지만, 공책을 쓰지 않는 상황에서 붙이지 않은 학습지가 집에까지 무사히 도착할지는 알 수가 없었기에, 구글 클래스룸에 한 것이 결론적으로는 더 나았다.

토의할 시간을 더 많이 줘야 했는데 또 욕심을 부려 앞부분에 이것저것 내용을 넣었다. 페어덱을 몇 번 써본 후 이게 등교수업에서도 강력한 힘을 발휘할 것 같다는 예감이 들어 내가 하고 싶은 이야기를 질문으로 바꾸고, 학생들의 대답을 확인하면서 내가 하고 싶은 이야기를 풀어내는 방식으로 수업을 진행했다.

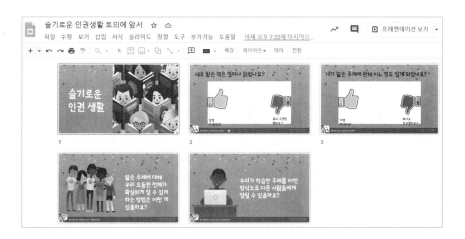

예를 들면 이런 거다. '새로 받은 책은 얼마나 읽었나요?'(슬라이드2)는 '책 많이 읽었니? 빨리 읽으렴'을 대신하는 슬라이드이다. '표지 구경만 했어요'에 자신의 원을 올려놓은 친구들에게 화면을 가리키며 '어머, 이런!'이라고만 하면 된다. '얘들아, 우리 읽은 책으로 토의하자.'라고 하는 대신 공을 학생에게 던진다. '맡은 주제에 대해 우리 모둠원 전체가 확실하게 알 수 있게 하는 방법은 어떤 게 있을까요?'(슬라이드4) 학생들의 아이디어가 빛난다.

화면에 올라오는 학생들의 답변을 읽어주며 '그래, 그러면 우리는 대화를 나누거나, 토의를 해 보면 되겠구나. 오늘 한번 해 보자.'라고 말한다. 학생들은 스스로 토의를 해야 한다는 의견도 내었으니 더 열심히 참여할 것이다(물론 나의 의도가 다 깔려 있기는 하지만). 마지막으로 '우리가 학습한 주제를 어떤 식으로 다른 사람에게 알릴 수 있을까요?'(슬라이드5)라고 물으면 학생들은 또 엄청 훌륭한 아이디어를 내 준다.

그러면 나는 또 이야기한다. '진짜 훌륭한 생각들이 많구나. 이 많은 것을 한데 묶을 수 있는 사이트를 하나 만들면 좋겠다.' 아마, 영리한 학생들은 이미

1차시에 들은 이야기라는 걸 눈치챌 것이다. 하지만 나는 시치미를 떼고 '사이트를 하나 만들어서 너희가 한 결과물들을 다 모아 놓자.'라고 이야기한다(미안하다, 얘들아). 그리고는 아까 '너희가' 이야기한 대로 대화를 나눠보자고 한다 (하지만 구글 문서를 열면 이미 세팅이 되어 있다).

먼저, 각자 읽은 책 내용을 가지고 토의 준비를 한다.

토의하기 시작. 하지만 이야기가 잘 안 나온다. 목소리도 작고, 거리는 멀고, 옆에 앉은 친구는 낯설다. 대략 5~7분 정도 지나야 뭔가 대화가 되는 분위기이다. 나는 돌아다니면서 크롬북을 덮고 그냥 이야기하라고 말한다. 하지만 낯선 친구들에게 자기의 부족을 노출하기 싫은 학생들은 그냥 구글 문서의 내용을 보고 읽는다. 시간이 지나면서 자연스럽게 대화로 흐르는 모둠이 있고 그렇지 않은 모둠이 있다. 내가 중간에 어떻게 개입을 해 보려 해도, 기본적인 관계 형성이 되지 않은 상태라 어렵다. 2~3분 정도 남기고 구글 문서에 정리를 시작하게 하고, 종이 치면 집에 가서 마저 정리해서 제출하라고 한다. 과제를 해야 출석으로 인정되는 것이 아니기에 한 반에 절반 정도만 제출했다.

5-3. 토의 내용을 정리해 봅시다. (모두 3줄 이상)

친구의 답변 중 기억에 남는 내용 (3줄 이상)	장애 기부에 대한 내용이 가장 인상 깊었다는 친구가 있었다. 그리고 장애인 근로 시설이 3개가 있는데 그 중 최저임금법을 지켜야하는 곳은 하나밖에 없어서 그 이유가 궁금했다는 친구도 있었다. 또한 장애인이 살아가는 방법이 가장 흥미로웠다는 답변과 장애인에 대한 권리를 그냥 알려주면 재미없었을텐데, 여러가지 예시를 활용하여 알려주는 장면이 가장 재미있고 흥미로웠다는 답변이 있었다.(그 부분이 가장 기억에 남았다.)
토의를 하면서 새롭게 깨달은 점 (3줄 이상)	우리나라에는 장애인 근로 시설 3개중 최저임금법을 지켜야하는 곳은 하나밖에 없다는 점을 처음 듣었고 새로 알게 되었다. 서로 질문을 하면서 장애에 대하여 자신이 새로 알게 된 점을 나누어서 더욱 더 많은 지식이 쌓인 느낌도 들었다. 그리고 내가 궁금했던 질문에 대하여 서로 의견을 나누어서 궁금증도 풀렸다.
오늘 시간을 통해 배우고 느낀 점 (3줄 이상)	친구들과 자신이 읽은 책에 대하여 의견을 나누고 토의하니까 새로 알게 된 점도 더 많아 지고, 더욱 많은 것을 깊이 배우는 느낌이라서 좋았다. 나중에는 다른 주제에 대하여 더 깊게 나누어서 더 많은 것을 배우고 싶다고 생각했다. 궁금증도 풀 수 있는 시간이여서 좋았다.

5-3. 토의 내용을 정리해 봅시다. (모두 3줄 이상)

친구의 답변 중 기억에 남는 내용 (3줄 이상)	다문화 가정이라고 해서 차별당하거나 놀림을 당한다거나 그러면 소심하고 위축되서 말을 하지못할거같고 그냥 반에서 혼자있으면서 지낼거같다고한게 가장 기억에 남는 내용이었다.
토의를 하면서 새롭게 깨달은 점 (3줄 이상)	확실히 토의를 하려니 머리가 좀 아팠고 어떻게 이야기를 시작해야하는지 잘 몰겠어서 좀 힘들었다 그래도 많은걸 알게되었고 국어는 답이 정해져있는 과목인줄 알았는데 토의를 하니 답이 있는 과목이 아니란걸 알았다 내가 생각하는데로 말하는걸 알았다
오늘 시간을 통해 배우고 느낀 점 (3줄 이상)	내가 다문화 가정이라고 생각을 해봤을때 놀림을 당하다고 생각을 한다면 다문화 사람은 놀림을 받았을때 얼마나 상처받을지 생각해보는 시간이 되었다 .느낀점은 국어수업 했던거중에 제일 재밌었고 또 하고싶다

뭔가 한 것 같지도 않게 시간이 흘렀는데 재미있었다는 반응이 많아서 놀라웠다. 그래, 너희도 얼굴 보고 이야기 나누는 게 좋구나.

2학년은 같은 수업을 원격으로 진행해야 했다. 줌 수업에 늦지 말라고 문자로 신신당부해도 전체 98명 중에 20명 정도는 항상 들어오지 않는다. 도덕 선생님이 토의한 내용을 수행평가에 포함시키겠다고 해도 아랑곳없다.

먼저 줌으로 페어덱을 했다. 1학년과 같은 문항이었는데 마지막에 '우리가 학습한 주제를 다른 사람에게 알릴 때 설명 방법은 왜 필요할까요?'만 하나 추가시켰다. 학습의 초점을 다시 한번 명확하게 하려고 넣은 질문이었는데, 학생들의 대답을 보면 나보다 훨씬 나았다.

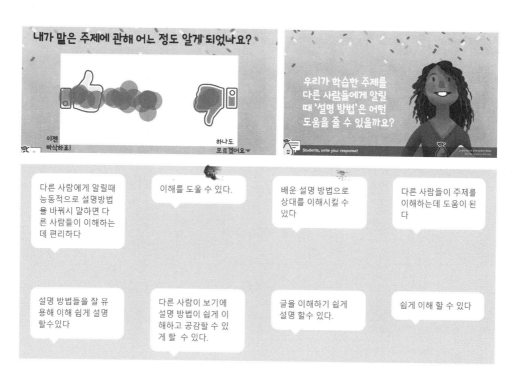

2학년의 경우 원격수업으로 토의하기를 진행했다. 줌을 이용하여 왜 토의를 해야 하는지, 이후 어떤 일을 할 것인지를 페어덱으로 공유한 후, 구글 문서를 열어 토의할 준비를 먼저 한다. 5분 정도 작성할 시간을 준 후, 오픈채팅방에 모이게 한다. 오픈채팅방을 10개 개설해서(5개 소주제×앞반, 뒷반) 나와 도덕 선생님, 사서 선생님이 총출동하여 모든 방에 다 들어갔다. 2학년 학생들은 워낙 토의도 많이 해본 데다가 1학기에 오픈채팅방 토의를 했던지라 별문제 없이 잘 진행했다. 게다가 도덕 선생님이 토의 내용을 수행평가로 넣겠다고 했기 때문인지 훨씬 진지하게 토의에 임했던 것 같다. 토의가 끝난 후에는 구글 문서에 토의 내용을 정리하여 제출했다.

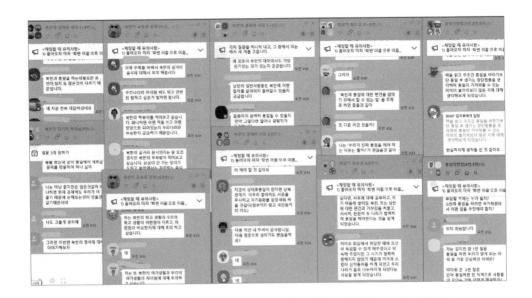

5-1. 토의를 준비해 봅시다. (토의 전 할 일)

우리 모둠의 주제	통일의 필요성
내가 읽은 책제목, 작가, 출판사(2권 모두)	선생님 통일이 뭐예요?-정경호, 살림터 청소년을 위한 통일 인문학-건국대학교 통일인문학연구단 지음, 알렘
책에서 가장 흥미있다고 생각한 부분(3줄 이상 구체적으로)	나는 '코리언 디아스포라'에 대한 부분이 가장 흥미 있다고 생각했다. 코리언 디아스포라는 일제 시대에 생존을 위해 강제적으로, 또는 자발적으로 한반도를 떠난 사람을 뜻하는데, 평소 내가 일제 강점기 시대에 대해 관심이 있고, 처음 들어보는 말이였기에 코리언 디아스포라에 대한 부분이 가장 흥미 있다고 생각한다.
책을 읽고 주제에 관해 새롭게 알게된 사실(3줄 이상 구체적으로)	통일을 빨리 한다고 좋은 게 아니라는 것을 알게 되었다. 통일을 빨리 하기 위해 남한과 북한 둘 중 하나가 권력을 잡고 주도적으로 통일을 이끌어 가게 된다면, 아직 마음의 장벽이 허물어지지 않은 상황이기에 사람들이 거부감을 느낄 수 있으며 통일 같은 통일이 되지 못한다. 그렇기 때문에 우리가 완전한 하나가 되고 싶다면, 서로에 대해 공부하고, 자기 마음에 쌓아둔 북한, 또는 남한에 대한 편견과 거부감을 허물고, 서서히, 천천히 두 나라가 협력하여 통일을 해야한다.
친구들과 이야기 나누고 싶은 질문 만들기(2개)	1. 통일에 대해 어떻게 생각하나요? 2. 이산 가족을 상봉 시키기 위해 어떤 방법이 있을까요?

5-3. 토의 내용을 정리해 봅시다. (모두 3줄 이상)

친구의 답변 중 기억에 남는 내용 (3줄 이상)	통일을 하게 되면 휴전으로 인해 군대에 들어가는 비용을 줄일 수 있다는 것과, 이산 가족이 상봉하기 위해 이산 가족 마을을 지어 다 같이 살게 하는 것이 좋겠다는 효령이의 답변이 기억에 남는다.
토의를 하면서 새롭게 깨달은 점 (3줄 이상)	통일의 필요성에 대해 더 자세히, 더 많은 이유를 알게 되었다. 사실 나는 통일을 우리나라의 경제적 발전과 이산 가족만을 위해 해야한다고 생각했는데, 이 토의를 통해 전쟁의 불안을 비롯한 다양한 이유 때문에 통일을 해야한다는 것을 알게 되었다.
오늘 시간을 통해 배우고 느낀 점 (3줄 이상)	하나의 토의 주제에 대해 사람들이 생각하는 것이 비슷하지만 조금씩 다르다는 것을 알게 되었다. 너무 힘들었다 솔직히. 그래도 이렇게 토의를 진행해보면서 여러 사람의 의견을 알 수 있어 좋았다.

5-3. 토의 내용을 정리해 봅시다. (모두 3줄 이상)

친구의 답변 중 기억에 남는 내용 (3줄 이상)	"저는 많은 사람들이 북한 기아 문제를 잘 아는 것이 중요하다고 생각하기 때문에 북한의 기아 문제를 사실을 기반으로 많은 사람들에게 알리는 것이 가장 우선이라고 생각해요"라는 내용(북한 기아 문제 해결 방법 이라는 질문)
토의를 하면서 새롭게 깨달은 점 (3줄 이상)	북한에 대해서 내가 너무 부정적으로 본 것 같기도 하다. 확실히 긍정적으로 보면 우리와 같은 민족이고 우리와 맞는 점도 있을 거고.. 좋은점이 많은 것 같다.
오늘 시간을 통해 배우고 느낀 점 (3줄 이상)	토의를 할때 "이런 건 다 의견이 비슷비슷하지 않을까?" 라는 주제도 각각 조금씩 다르다는 것을 느낀 것 같다. 확실히 각각의 생각이 다르기 때문에 토의를 한다는 것을 느낀 것 같다.

이 모든 과정이 다 내 마음에 들게 이루어진 것은 아니다. 1학년 수업을 시작하려 할 때 개구쟁이 남학생 한 명이 친구에게 '너, 장애지? 장애니까 장애에 앉아.'라고 이야기를 했다. 내 귀에 안 들렸다면 지나갔겠지만 일단 접수가 된 이상 그냥 넘어갈 수는 없었다. 정색하고 우리가 왜 이런 인권 수업을 하는지에 관해 이야기해 주었다. 우리가 아무렇지도 않게 하는 말 중에 혐오 발언이 많다고. 그렇게 되지 않기 위해 이러한 수업을 하는 거라고. 머리로 지식만 채워서는 아무 소용이 없다고. 앞으로는 우리 모두가 자기 스스로 돌아보며 말할 때도 좀 조심했으면 좋겠다고.

이 일은 그다지 큰 일은 아니었다. 더 큰 일은 1학년 마지막 반 수업에서 일어났다. 학생들은 페어덱을 사용하는 것이 재미있을 수도 있었을 거다. 자신이 쓴 답변이 바로바로 화면에 보이니까 말이다. 한 명이 맡은 주제에 관해 우리 모둠이 더 잘 알게 하는 방법을 묻는데 '난민을 만들어 버린다'라는 답을 올렸다. 이때는 나도 웃으며 그런 실현 불가능한 답변 말고, 우리가 할 수 있는 이야기를 하면 좋겠다고 말을 했는데, 이 순간 그 반 친구들의 웃음에 고무되었는지 유사한 답이 또 올라왔다. 그제야 정색을 하고, 이것은 수업을 방해하는 행위고 누가 썼는지 다 기록으로 남는다고, 선생님 지금 경고하는 거니까 진지하게 임했으면 좋겠다고 이야기를 했는데, 다음 질문으로 넘어간 순간 3~4개의 이상한 답변이 또 올라왔다. 그중에 어떤 답변은 친구 이름을 거론한 것도 있었고, 어떤 답변은 일베가 쓰는 용어를 늘어놓은 것도 있었다. 그 자리에서 수업을 멈추고 전체를 대상으로 톤을 낮추어 이야기했다. 너희와 함께 이 수업을 잘 해보고 싶어서 준비를 많이 했는데 진지하게 참여하지 않으니 서운하다. 인권을 주제로 공부를 하는 이유가 뭐냐. 인간의 권리를 지키고, 지켜주는 의미인데, 지금 이런 장난을 치는 학생들은 다른 사람의 학습권을 전혀 배려하지 않고 있다는 거 아니냐. 학교에서 공부를 하는 이유가 뭐냐. 인권을 지식적으로 학습하는 게 중요한 게 아니고 자신이 아는 것을 제대로 실천하는 게 중요한 거다. 선생님과 다른 친구를 배려하지 않는 행동을 한다는 건 인권에 관해 제대로 배우지 못하고 있다는 거다 등등. 5분 일장 연설 후에 수업은 더 잘되긴 했지만 그래도 그냥 넘어가서는 안 되겠다는 생각이 들었다.

수업이 끝나고 페어덱 사이트에서 엑셀로 자료를 다운받아, 누가 무슨 이야기를 했는지 확인한 후, 그 학생들을 남겼다. 1학년 부장 선생님, 기획 선생님, 그 반 담임 선생님과 함께 돌아가며 이야기를 했고, 그중 정도가 심한 두 명은 성찰문을 쓰도록 했다. 학생 생활지도는 혼자서 하기 힘들다. 생활지도는 함께 달려드는 것만이 방법이다.

이 학생들은 4주 후에 온다. 아마 야단맞았던 기억은 다 잊을지도 모른다(교사 몇 명이 달라붙었는데도!). 제대로 안 풀린다면 내 시간에만 얌전할 수도 있다. 그래도 나는 되는 행동과 안 되는 행동이 무엇인지 정확하게 알려주고 싶다.

다른 사람을 배려한다는 게 뭔지, 자기 행동에 책임을 진다는 게 뭔지도. 귀찮다고 눈감아 버리지 말고 하나하나 다잡아야 한다고 생각한다. 이대로 놔두면 내년, 내후년에 더 큰 부메랑으로 돌아올지 모르는 일이다.

5 중간 점검(구글 문서)

1	목표 세우기
2~4	개념 학습과 적용하며 읽기
5	토의하기
6	중간 점검
7	관심사 찾고 주제 잡기
8	개요 짜기
9~12	정보 찾아 글쓰기
13	고쳐쓰기
14	카드뉴스 만들기
15	공유와 평가

읽기가 끝나고 쓰기 부분으로 넘어가기 전에 중간 점검을 했다. 도덕 시간에는 여전히 책을 바꾸어 학기 내내 꾸준히 읽게 되겠지만, 일단 한 번 학생들의 '읽기'를 점검해야겠다고 생각했다. 이미 책을 한 번 바꿔 읽은 터라 새로운 책도 잘 읽고 있는지 궁금했다. 학생들에게 배부한 모든 책을 다 읽어 본 것도 아니어서 책들에 관해 어떻게 생각하고 있는지도 알고 싶었다.

■6단계 : 중간 점검

6-1. 책 읽기 돌아보기

1) '북한 탐구 생활' 프로젝트에서 지금까지 읽은 책 두 권의 제목과 각각의 장점(줄 바꾸지 말고 3줄 이상)을 적어봅시다.

제목	장점
북한은 처음이지?	북한의 경제상황이 나와있긴했지만 어떤경제체제인지 제대로 소개되지는 않고 우리와달리 어떤 시설을 쓰고있는지, 어느정도의 생활수준인지를 안내해주었다. 북한의 지리와 지역을 알아보는데는 도움이 되었던 것 같다.
북한떡볶이는 빨간맛 파란맛?	북한은 처음이지? 가 북한의 경제상황을 나타내주었다면 이 책은 북한의 경제체제가 도대체 어떤 체제인지 자세히 설명해 주었다. 또한 두개의 책 모두에게서 북한의 경제체제에 자본주의와 비슷한 시장경제가 점점 도입되고있다는 사실을 알수있었다.

2) 어느 책이 더 마음에 듭니까? 그 이유는 무엇입니까? (줄 바꾸지 말고 3줄 이상)

솔직히 북한떡볶이는 빨간맛 파란맛이 조금더 마음에 든다. 그 이유는 북한의 경제체제에 대해 자세히 나왔기 때문이다. 북한은 처음이지 라는 책도 북한의 경제상황과 지리를 알아보는데에는 정말 도움이 되었으나 경제체제 에 관련해서 소개된 책이 조금더 인상깊었던것 같다.

■6단계 : 중간 점검

6-1. 책 읽기 돌아보기

  1) '북한 탐구 생활' 프로젝트에서 지금까지 읽은 책 두 권의 제목과 각각의 장점(줄 바꾸지 말고 3줄 이상)을 적어봅시다.

제목	장점
북한은 처음이지?	각 지역별로 사람들의 특성이나 사회의 모습, 지역의 특징들에 대하여 읽기 쉽게 정리되어 있다. 각 도시의 인구 밀도 등 기본 정보들을 그래픽을 사용하여 다른 도시들과 비교하기 쉽게 되어 있다. 중간중간 적절한 사진들이 배치되어 있어 이해를 돕는다.
남북한 얼마나 다를까?	카테고리 별 북한의 특징을 정리해 놓았다. 주제 별 북한의 모습을 자세하게 사진과 함께 설명해놓았다.글씨 크기가 비교적 큰 편이라 작은 글씨를 읽는 것에 흥미를 느끼지 못하는 사람들에게 거부감을 덜 준다.

  2) 어느 책이 더 마음에 듭니까? 그 이유는 무엇입니까? (줄 바꾸지 말고 3줄 이상)

'북한은 처음이지?'가 더 마음에 든다. 각 지역별로 특징을 잘 정리해두어 읽기 편하였고, 남한 사람들이 쉽게 알 수 없는 지역 사회의 특징 (ex. 함경남도 사람들의 특징, 평안도 사람들의 특징)을 알 수 있었다. 그리고 '남북한 얼마나 다를까?'가 카테고리 별 자세한 내용을 알 수 있는 책이라면 '북한은 처음이지?'는 지역별로 여러 정보를 넓게 알려주는 느낌이라 일단 북한 사회에 대한 많은 이야기들을 알고 싶었던 나는 간결하게 사회가 나타나있는 '북한은 처음이지?'가 마음에 들었다.

■6단계 : 중간 점검

6-1. 책 읽기 돌아보기

  1) '북한 탐구 생활' 프로젝트에서 지금까지 읽은 책 두 권의 제목과 각각의 장점(줄 바꾸지 말고 3줄 이상)을 적어봅시다.

제목	장점
북한은 처음이지?	다양한 주제는 아니지만 심도있고 깊게 들어감으로써 한 가지에 대해 많은 것을 배울 수 있었고 그와 인해 몰랐던 것들을 많이 알게 되었다. 이 책은 아무것도 칠해지지 않은 공간에 처음으로 칠을 하는 느낌이었다.
남북한 말모이	이 책은 깊게 들어가지는 않는 대신 다양한 주제였다. 그리고 그만큼 깊지는 않지만 다양한 정보를 알게되었다. 이번 책은 좀 더 실생활 느낌이랄까? 알고 있던 사실에 덧붙이는 느낌도 있었던 것 같다.

  2) 어느 책이 더 마음에 듭니까? 그 이유는 무엇입니까? (줄 바꾸지 말고 3줄 이상)

나는 개인적으로 남북한 말모이가 더 좋았던 것 같다. 왜냐하면 북한은 처음이지? 는 내용이 깊은 편이어서 기본적인 지식을 알고 봐야 알기 쉬울 것 같다는 생각이 들었기 때문이다. 반면 남북한 말모이는 좀 더 가볍게 읽을 수 있었던 것 같다.

6-1. 책 읽기 돌아보기

1) '슬기로운 인권 생활' 프로젝트에서 지금까지 읽은 책 두 권의 제목과 각각의 장점(3줄 이상)을 적어봅시다.

제목	장점
누구나 꽃이 피었습니다	장애에 대해 자세하게 설명되었으며, 어떤 장애인이 있는 지를 자신의 경험을 토대로 자세히 써있어 글에 내용을 이해하기 쉬웠으며, 장애와 관련있는 영화와 대조되며 나와 글이 더 재미있게 읽을 수 있었다는 점.
장애란 멀까?	장애에 대해 자세하게 설명되었으며, 어떤 장애인이 있는 지, 또 장애인을 봤을 때는 어떤식으로 행동하여 하는지 또는 장애의 종류등 많은 것들을 쉽고 재미있게 잘 가르쳐 주는 점.

2) 어느 책이 더 마음에 듭니까? 그 이유는 무엇입니까? (3줄 이상)

누구나 꽃이 피었습니다. 왜냐하면 누구나 꽃이 피었습니다라는 책이 더 재미있다고 느꼈고, 이책을 읽으며 다음 내용이 너무나도 궁금하게 만들었으며 이 책은 가르침을 주는 것이나 재미나, 어떠한 많은 것들을 가르쳐 주는 것을 쉽고 편리하게 알려주기 때문이다.

6-1. 책 읽기 돌아보기

1) '슬기로운 인권 생활' 프로젝트에서 지금까지 읽은 책 두 권의 제목과 각각의 장점(3줄 이상)을 적어봅시다.

제목	장점
혐오와 인권	혐오 표현에 대해서 알려주고 어디까지가 장난이고 어디까지가 혐오인지 알려준다 혐오때문에 일어난 실제사건들을 알려주고 혐오가 얼마나 위험한것인지 알려주는 내용이다.
나는 어디나라 사람인가	본인이 한국사람 즉 한국인 이지만 피부색이 다르다고 생김새가 다르다고 해서 차별받지 말아야 한다는걸 알려준다. 조금 다르다고 해도 같은 한국인이고 그냥 다문화 가정이기 때문에 차별하면 안된다.

2) 어느 책이 더 마음에 듭니까? 그 이유는 무엇입니까? (3줄 이상)

혐오와 인권. 이유 : 나도 내가 혐오표현을 그렇게나 많이 쓰는줄 몰랐었는데 지금와서 보니까 내가 혐오표현을 밥먹듯이 쓰고 있었다는걸 알게되었다 혐오와 인권이라는 책 덕분에 나는 그래도 이제부터라도 혐오표현을 쓰지 말아야겠다.

학생들의 읽기 점검은 1학기와 비슷한 표였다. 하지만 총평을 본 순간 깜짝 놀랐다. 나는 분명 1학기와 같은 형태를 제시했는데 학생들의 사고 수준이 향상된 것이다! 구체적으로 자신의 상태나 나아갈 방향에 관해 언급한 글들을 읽으면서 기분이 좋았다. 꾸준하게 자기를 점검할 수 있는 장치를 마련한 것이 효과가 있다는 걸 알았다.

6-2. 나는 글을 읽을 때 어떻게 행동했나요? 해당하는 곳에 V표를 해 봅시다.

	항상 그러함	때때로 그러함	그렇지 않음
다음 내용을 예측하면서 글을 읽었다.		V	
머릿 속으로 그림을 그리듯 상상하면서 글을 읽었다.	V		
내용 끼리 연관성을 찾으면서 글을 읽었다.	V		
이해에 어려움을 느낀 이유를 깨달았다.	V		
문제를 해결하기 위해 조치를 취했다.	V		

*총평(위 내용에 관한 자신의 생각을 50자 이상 쓰세요):

전체적으로 책을 읽을때 생각을 하면서 읽는 편이다. 그러나 스토리가 있는 책은 아니고 북한에 대한 정보를 전달하는 책이기 때문에 다음내용 예측은 부족했다. 이해에 어려움을 느낀 부분은 거의 없었고 다시 책의 첫부분으로 되돌아가면서 찾아보았기 때문에 문제를 해결하기위해 조치를 취했다고 볼 수 있다.

6-2. 나는 글을 읽을 때 어떻게 행동했나요? 해당하는 곳에 V표를 해 봅시다.

	항상 그러함	때때로 그러함	그렇지 않음
다음 내용을 예측하면서 글을 읽었다.		v	
머릿 속으로 그림을 그리듯 상상하면서 글을 읽었다.	v		
내용 끼리 연관성을 찾으면서 글을 읽었다.	v		
이해에 어려움을 느낀 이유를 깨달았다.		v	
문제를 해결하기 위해 조치를 취했다.		v	

*총평(위 내용에 관한 자신의 생각을 50자 이상 쓰세요):

나는 이해에 어려움을 느껴도 일단은 앞뒤상황을 통해 예측하고 넘어간다는 사실이 생각났다. 그리고 앞의 내용을 예측하며 읽기보다는 그저 그 다음의 내용이 어떻든지 간에 받아들이려고 한다는 것도. 개선해야 한다고 생각하면서도 마음처럼 잘 되지 않는 게 힘들다.

6-2. 나는 글을 읽을 때 어떻게 행동했나요? 해당하는 곳에 V표를 해 봅시다.

	항상 그러함	때때로 그러함	그렇지 않음
다음 내용을 예측하면서 글을 읽었다.	V		
머릿 속으로 그림을 그리듯 상상하면서 글을 읽었다.		V	
내용 끼리 연관성을 찾으면서 글을 읽었다.	V		
이해에 어려움을 느낀 이유를 깨달았다.	V		
문제를 해결하기 위해 조치를 취했다.	V		

*총평(위 내용에 관한 자신의 생각을 50자 이상 쓰세요):

책을 읽는 것은 많이 해서 큰 문제가 아니지만 내가 크게 관심 있는 분야가 아닌, 통일이라는 분야를 만나서 처음엔 어려웠다. 처음 받은 책은 나는 통일을 땡땡합니다였는데, 어려울 거라는 생각보다 재미있어서 좋았다. 평소 읽는 소설 책 같은 형태의 책은 아니었지만 어떤 결과가 나올 것인가에 대한 궁금증이 커서 소설보다 더 위 표처럼 생각하며 읽어갔다.

6-2. 나는 글을 읽을 때 어떻게 행동했나요? 해당하는 곳에 V표를 해 봅시다.

	항상 그러함	때때로 그러함	그렇지 않음
다음 내용을 예측하면서 글을 읽었다.		V	
머릿 속으로 그림을 그리듯 상상하면서 글을 읽었다.	V		
내용 끼리 연관성을 찾으면서 글을 읽었다.	V		
이해에 어려움을 느낀 이유를 깨달았다.	V		
문제를 해결하기 위해 조치를 취했다.	V		

*총평(위 내용에 관한 자신의 생각을 50자 이상 쓰세요):

사실 내가 받은 두 개의 책은 내가 평소에 읽었던 소설과 같은 형식으로 된 이야기 책이 아니여서 다음 내용을 예측하면서 글을 읽기 힘들었다. 평소에 솔직히 통일에 대해 별 다른 관심을 가지고 있지도 않았고, 그냥 일제 감정기 이후에 이런저런 이유로 분단이 되었고, 그래서 지금은 휴전 상태이다, 밖에 알지 못해서 그런지 이해하는 게 어렵기도 했다. 처음보는 단어들이 나오고 문장을 여러번 읽어도 뭐라는지 이해가 가지 않았던 부분이 있었다. 하지만 나는 그 문제를 해결하기 위해 국어사전에 여러번 검색하고 이해가 될 때까지 문장을 읽곤 했다.

	항상 그러함	때때로 그러함	그렇지 않음
다음 내용을 예측하면서 글을 읽었다.	V		
머릿 속으로 그림을 그리듯 상상하면서 글을 읽었다.	V		
내용 끼리 연관성을 찾으면서 글을 읽었다.	V		
이해에 어려움을 느낀 이유를 깨달았다.	V		
문제를 해결하기 위해 조치를 취했다.	V		

*총평(위 내용에 관한 자신의 생각을 50자 이상 쓰세요): 독서시간에 책을 읽으며 항상 읽기 점검표(6-2)를 했었는데 이번에도 책을 읽기전, 읽기 점검표를 생각하며 읽었다. 그래서 그런지 책을 읽으며 더욱 이해하기 쉬웠던것 같고, 책을 더 깊게 이해할 수 있었던것 같다. 앞으로도 어떠한 책을 읽기전, 읽기 점검표를 생각하면서 읽는다면 그 책을 더욱더 깊게 이해할 수 있을것 같다.

6-2. 나는 글을 읽을 때 어떻게 행동했나요? 해당하는 곳에 V표를 해 봅시다.

	항상 그러함	때때로 그러함	그렇지 않음
다음 내용을 예측하면서 글을 읽었다.		O	
머릿 속으로 그림을 그리듯 상상하면서 글을 읽었다.	O		
내용 끼리 연관성을 찾으면서 글을 읽었다.	O		
이해에 어려움을 느낀 이유를 깨달았다.	O		
문제를 해결하기 위해 조치를 취했다.		O	

*총평(위 내용에 관한 자신의 생각을 50자 이상 쓰세요):

소설이나 내용이 전개되는 방식은 아니다 보니 다음 내용을 예측하면서 읽지는 못했던 것 같다. 하지만 글을 읽고 대충 어떤식으로 진행되었을진 상상해보았고 이해에 어려움을 느낀 이유를 찾았지만 크게 노력하진 않았던 것 같았다.

    학생들의 읽기 점검표를 확인하다가 눈물을 쏟을 뻔했다. 학생들은 성장한다. 그것이 바로바로 눈으로 보이지 않을 뿐이다. 교사는 성장을 돕기 위해 과정을 잘게 쪼개서 제시하고, 자신의 성장을 학생 스스로도 깨달을 수 있는 장치를 마련하면 되는 것이다.

다음 질문은 프로젝트 전반을 관통하는 목표에 어느 정도 도달했는지를 확인하기 위한 것으로, 역시나 1학기와 비슷한 형태로 제공되었다. 이것도 마찬가지로 나는 같은 형태를 제공했을 뿐인데, 학생들은 부쩍 성숙한 답을 내놓았다. 프로젝트에서 유사한 형태가 반복되는 것이 성장을 확인하는 데는 유용했다.

6-3. 우리는 '북한 탐구 생활' 프로젝트를 통해서 아래의 목표를 달성해야 합니다. 자신의 상태에 V 표시를 해 봅시다.

	잘 하고 있음	나아지고 있음	노력이 더 필요함
읽기를 생활화하여 글에 사용된 다양한 설명 방법을 파악하고, 표현 방법과 의도를 적극적으로 평가하며 관련 자료를 찾아 참고하며 읽는다.	V		
듣기 말하기가 의미 공유의 과정임을 이해하고, 읽은 내용에 대해 의견을 적극 교환하며 토의하고, 내용의 타당성을 판단하며 집중하여 들을 수 있다.	V		

*총평(위 내용에 관한 자신의 생각을 50자 이상 쓰세요):

일단 관련 자료를 찾아가며 글을 읽는 것은 그래도 1학기때보다는 늘어난것 같다. 이유는 내가 거의 지식이 전무했던 북한에 대한 책을 읽다보니까 찾아볼게 많았고 이해가 살짝 어려운 지도나 북한의 역사등을 인터넷으로 찾아보게 된 것 같다.

6-3. 우리는 '북한 탐구 생활' 프로젝트를 통해서 아래의 목표를 달성해야 합니다. 자신의 상태에 V 표시를 해 봅시다.

	잘 하고 있음	나아지고 있음	노력이 더 필요함
읽기를 생활화하여 글에 사용된 다양한 설명 방법을 파악하고, 표현 방법과 의도를 적극적으로 평가하며 관련 자료를 찾아 참고하며 읽는다.	V		
듣기 말하기가 의미 공유의 과정임을 이해하고, 읽은 내용에 대해 의견을 적극 교환하며 토의하고, 내용의 타당성을 판단하며 집중하여 들을 수 있다.		V	

*총평(위 내용에 관한 자신의 생각을 50자 이상 쓰세요):

점점 더 갈수록 읽기를 생활화하며 책 속 내용의 다양한 표현 방법이나 저자가 의도한 바를 알아내려고 하고 있다.

6-3. 우리는 '북한 탐구 생활' 프로젝트를 통해서 아래의 목표를 달성해야 합니다. 자신의 상태에 V 표시를 해 봅시다.

	잘 하고 있음	나아지고 있음	노력이 더 필요함
읽기를 생활화하여 글에 사용된 다양한 설명 방법을 파악하고, 표현 방법과 의도를 적극적으로 평가하며 관련 자료를 찾아 참고하며 읽는다.	V		
듣기 말하기가 의미 공유의 과정임을 이해하고, 읽은 내용에 대해 의견을 적극 교환하며 토의하고, 내용의 타당성을 판단하며 집중하여 들을 수 있다.	V		

*총평(위 내용에 관한 자신의 생각을 50자 이상 쓰세요):

코로나로 집에서 수업하며 시간적 여유가 조금 더 생겼다. 그래서 그러한 여가 시간에 맞춰 책을 읽을 수 있었다. 많은 글을 읽고 수업 시간에 공부하는게 조금 여유 있어졌기 때문에 더 쉽고 간단하게 할 수 있었던 것 같다. 그래서 위 표 1번항목은 확실히 그렇게 하고 있다. 2번항목은 이렇게 열심히 책을 읽을 뒤 모둠토의를 하니 바로 이해 됐다고 느끼고 있다.

6-3. 우리는 '북한 탐구 생활' 프로젝트를 통해서 아래의 목표를 달성해야 합니다. 자신의 상태에 V 표시를 해 봅시다.

	잘 하고 있음	나아지고 있음	노력이 더 필요함
읽기를 생활화하여 글에 사용된 다양한 설명 방법을 파악하고, 표현 방법과 의도를 적극적으로 평가하며 관련 자료를 찾아 참고하며 읽는다.	V		
듣기 말하기가 의미 공유의 과정임을 이해하고, 읽은 내용에 대해 의견을 적극 교환하며 토의하고, 내용의 타당성을 판단하며 집중하여 들을 수 있다.		V	

*총평(위 내용에 관한 자신의 생각을 50자 이상 쓰세요):

평소에 잘하지는 않고 열심히는 해서 그래도 부족한 부분은 채워가며 점점 나아지고 있다 생각한다. 두번째엔 노력이 더 필요함 에 v를 한 이유는 저번에 토의할 때 나는 그냥 짧게씩 내 의견 말하고 상대 의견에 공감만 해주는 등 별로 열정적이게 한 것 같지 않아 노력이 더 필요하다고 생각했다.

6-3. 우리는 '북한 탐구 생활' 프로젝트를 통해서 아래의 목표를 달성해야 합니다. 자신의 상태에 V 표시를 해 봅시다.

	잘 하고 있음	나아지고 있음	노력이 더 필요함
읽기를 생활화하여 글에 사용된 다양한 설명 방법을 파악하고, 표현 방법과 의도를 적극적으로 평가하며 관련 자료를 찾아 참고하며 읽는다.	V		
듣기 말하기가 의미 공유의 과정임을 이해하고, 읽은 내용에 대해 의견을 적극 교환하며 토의하고, 내용의 타당성을 판단하며 집중하여 들을 수 있다.	V		

*총평(위 내용에 관한 자신의 생각을 50자 이상 쓰세요): 1학기때 관악 청소년 문학상 프로젝트를 진행하며 읽기 습관이 갖춰졌다. 그래서 읽기가 생활화되었고, 이에 관련된 자료를 찾으며 읽는것 또한 습관화된것 같다. 또한 읽은 내용에 대해 토의하는것과 내용의 타당성을 판단하며 듣는것도 수차례 친구들과 토의를 하며 그렇게 할 수 있게되었다. 나 스스로 잘하고 있다고 표시했지만 더 발전하고, 위의 목표를 더 잘 달성할 수 있도록 노력해야겠다.

6-3. 우리는 '북한 탐구 생활' 프로젝트를 통해서 아래의 목표를 달성해야 합니다. 자신의 상태에 V 표시를 해 봅시다.

	잘 하고 있음	나아지고 있음	노력이 더 필요함
읽기를 생활화하여 글에 사용된 다양한 설명 방법을 파악하고, 표현 방법과 의도를 적극적으로 평가하며 관련 자료를 찾아 참고하며 읽는다.		V	
듣기 말하기가 의미 공유의 과정임을 이해하고, 읽은 내용에 대해 의견을 적극 교환하며 토의하고, 내용의 타당성을 판단하며 집중하여 들을 수 있다.	V		

*총평(위 내용에 관한 자신의 생각을 50자 이상 쓰세요): 읽기를 조금씩 생활화하고 있다. 전보다는 훨씬 더 많이 읽는다. 전에는 하나도 읽지 못했다. 원낙 읽는게 느리다 보니 한 문장을 좀 많이 읽게 되고 그러면서 부모님한테 종종 의미를 물어보면서 읽으니까 읽은 내용에 대해서 많이 생각하고, 타당성을 판단하며 읽게 되는것 같다.

중간 점검의 마지막은 앞으로의 각오로 끝난다. 이제 쓰기로 넘어가야 할 텐데 다시 목표를 되새기는 것이 필요하다고 생각했다.

6-4. 앞으로 진행할 프로젝트는 다음 목표를 달성하기 위한 것입니다. 자신의 각오를 작성해 봅시다.

□ 대상의 특성에 맞는 설명 방법을 적극적으로 사용하여 기준 분량에 맞추어 유려하게 글을 쓸 수 있다. (맑은 주제와 자신의 관심사를 고려하여 '사이트도구'에 들어갈 글을 씁니다.)

□ 친구들과 토의를 통해, 고쳐쓰기의 일반 원리를 고려하여 자신의 글을 꼼꼼하게 고쳐 쓸 수 있다. ('사이트도구'에 들어갈 글을 고쳐씁니다.)

*나의 각오(위 내용에 관한 자신의 생각을 50자 이상 쓰세요):

1학기때 보다는 글 쓰는 실력이 조금더 늘 수 있도록 글을 써보겠다는 것이 나의 각오이다. 이번엔 저번에 제대로 하지 못한 고쳐쓰기나 조금더 정확한 정보를 글에 쓸 수 있도록 자료를 찾는 활동도 예전보다 활발하게 할 것이다.

6-4. 앞으로 진행할 프로젝트는 다음 목표를 달성하기 위한 것입니다. 자신의 각오를 작성해 봅시다.

□ 대상의 특성에 맞는 설명 방법을 적극적으로 사용하여 기준 분량에 맞추어 유려하게 글을 쓸 수 있다. (맑은 주제와 자신의 관심사를 고려하여 '사이트도구'에 들어갈 글을 씁니다.)

□ 친구들과 토의를 통해, 고쳐쓰기의 일반 원리를 고려하여 자신의 글을 꼼꼼하게 고쳐 쓸 수 있다. ('사이트도구'에 들어갈 글을 고쳐씁니다.)

*나의 각오(위 내용에 관한 자신의 생각을 50자 이상 쓰세요):

나의 주제는 통일의 필요성이라 이걸 관심 키워드에 어떻게 연결할까 고민이 많다... 고쳐쓰는건 평소에도 수백번 해서 정말 자신 있지만 하 글을 쓰는 걸 잘 할 수 있을지 고민이 된다. 잘 쓸 수 있겠지ㅠ

6-4. 앞으로 진행할 프로젝트는 다음 목표를 달성하기 위한 것입니다. 자신의 각오를 작성해 봅시다.

☐ 대상의 특성에 맞는 설명 방법을 적극적으로 사용하여 기준 분량에 맞추어 유려하게 글을 쓸 수 있다. (맡은 주제와 자신의 관심사를 고려하여 '사이트도구'에 들어갈 글을 씁니다.)

☐ 친구들과 토의를 통해, 고쳐쓰기의 일반 원리를 고려하여 자신의 글을 꼼꼼하게 고쳐 쓸 수 있다. ('사이트도구'에 들어갈 글을 고쳐씁니다.)

*나의 각오(위 내용에 관한 자신의 생각을 50자 이상 쓰세요): 나는 아직 내가 글 쓰는 능력이 조금 부족하다고 느낀다. 그래서 이번에는 친구들과 토의를 적극적으로 참여해서 글을 꼼꼼하게 고쳐보고싶다. 또 설명 방법을 조금 더 공부 해보고 싶다.

6 관심사 찾고 주제 잡기(비캔버스)

1	목표 세우기
2~4	개념 학습과 적용하며 읽기
5	토의하기
6	중간 점검
7	관심사 찾고 주제 잡기
8	개요 짜기
9~12	정보 찾아 글쓰기
13	고쳐쓰기
14	카드뉴스 만들기
15	공유와 평가

읽기 점검과 함께 수업했던 것은 '관심사 찾기'였다. 최종 결과물로 글을 쓰는 계획을 세웠을 때부터 고민이 많았다. 그냥 이 상태로 책 읽고 자료 조사해서 글을 쓰면 모든 학생이 비슷비슷한 글을 쓰게 될 것 같았다. 서로의 글을 읽으면서도 배우는 게 더 있다면 좋을 텐데 어떻게 다양한

주제의 글을 쓰게 할까? 또 다른 고민은 글쓰기라는 지루한 작업을 하는 동안 '그럼에도 불구하고' 달려들 수 있게 하는 동인은 무엇일까 하는 점이었다. 작년에 '나만의 책 만들기'를 하면서 자신이 관심 있는 주제에 관해 A4 5~10쪽에 달하는 글을 쓰면서 학생들이 기말고사가 끝나고, 심지어 겨울 방학이 끝난 후 그 짧은 2월 수업 순간에도 계속 매달려서 과제를 했던 것이 생각났다. 학생들이 흥미를 느낄 주제, 이것이 필요했다. 하지만 이미 소주제가 정해진 상태에서 어떻게? 그러다가 소주제와 관심사를 엮어 글을 쓰게 해야겠다는 결론을 내렸다. 자기 관심 분야이니 조금 더 흥미롭게 접근할 수 있을 것 같고, 같은 '난민'이라는 소주제라 할지라도 아주 다양한 글이 나올 것 같았다.

다음 문제는 어떤 툴을 이용할 것인가였다. 마인드맵으로 그려서 관심사를 찾아야겠다 싶긴 한데, 툴을 너무 자주 바꾸고 싶지 않았다. 새로운 툴의 기능을 익히는 데 힘을 덜 쓰고, 이왕이면 이후에 할 과정을 모두 아우를 수 있는 것이 무얼까. 이미 썼던 잼보드, 패들렛이 떠올랐으나 이후 글쓰기 수업으로 이어지기에는 무리가 있어 보였다. 자료를 찾고 정보를 모을 수도 있으면 좋을 텐데, 잼보드는 그러기엔 어려웠고, 핸드폰으로 구현이 잘 안 되었다. 고민하다가 비캔버스를 접하고, 이거다 싶었다. 앱을 깔면 핸드폰으로도 사용할 수 있었고, 그림을 그리거나 자료를 모으거나, 협업을 하기에도 적절했다.

1학년부터 수업을 시작했다. 줌으로 설명을 하고 못 들어온 학생들을 위해 그림과 동영상을 이용하여 설명 방법을 알려 주었다. 자신의 관심사를 마인드맵 방식으로 그리라고 했는데(비캔버스는 마인드맵과 유사한 틀을 제공한다) 몇몇 학생이 요구하지도 않았던 이미지를 이용하여 멋지게 만들었다. 관심사를 이미지를 통해 더 구체화시킬 수 있겠다는 생각이 들어 2학년 수업에서 1학년의 잘된 작품 몇 개를 예시로 들어주었더니, 당연히 2학년 학생들은 더 멋지게 꾸며서 제출했다. 하지만 수업 목적이 꾸미기가 아닌데, 너무들 열심히 작성해서 아차 싶었다. 결과물이야 예쁘긴 하지만 지금도 이걸 볼 때마다 좀 씁쓸하다.

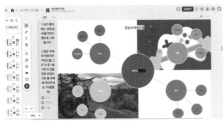
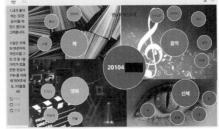
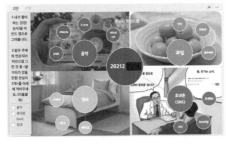
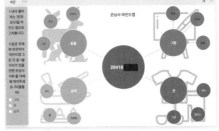

10/5 목표	잘 알고 하나 교과 ... 성학하게 과제 끝내는 것. 8시 조원에 하는 ... 늦지 않게 들어가노 빨게, 성학하게 과제 끝내는 것. 내가 좋아하는 것들 마인드 맵으로 그리고 샘노게 복습 통일와 연관지어야 하다 보니 생각을 오래한 것 같았다. 그래도 빨리 끝써 중 수업도 조금 늦었지만 잘 들어가서 만족한다.

10/14 목표 배우고 느낀점	- 두번째 프로젝트를 마무리하며 비캔버스 연습하기 - 오늘은 비캔버스를 연습했다. 마인드 맵을 만드는거라 막 어렵 지는 않았다. 나의 관심사에 대해서 했는데 친구들의 관심사에 대 해서도 알 수 있어 좋았다. 그리고 다음 프로젝트는 더 열심히하자!

10/14 목표 배우고 느낀점	비캔버스 잘 작성하기 오늘은 비 캔버스에 들어가 나의 관심사 마인드 맵을 완성했다. 내 관심사를 적고 쓸 만한 관심사도 골라보니 대충 글을 어떻게 써야 한지 가 들어왔다. 난 티셔츠, 작품, 가수를 골랐다. 앞으로 프로젝트를 열심히 해야겠

목표 느낀점	이번에는 평소보다 일찍시작했으니 정해진 1교시시간에 따 우리하고 남은 교시들 밀리지않기. 내가 평소에 관심 사간 있는게 뭔지 모르겠어서 고민 을 많이 하고 쥐어짜냈는데 별로 막 관심있는 것 같 않아서 걱정이다.

다음 차시에는 자신의 관심사를 소주제와 연결시켜 구체적인 주제로 잡는 수업이었다.

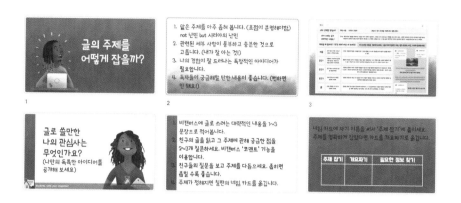

관심사와 소주제를 여러모로 연결시켜 본 후에 초점을 분명하게 잡고, 세부 사항이 풍부하고, 자신의 경험도 있는 데다 독자들이 궁금해할 만한 내용으로 잡아 보라고 안내했다. 모두 만족해야 하는 것은 아니고 주제를 잡을 때 고려 해야 하는 것들이라고 이야기하고 실제 나의 관심사와 소주제를 연결시켜 적 어 보게 했다.(슬라이드4) 소주제가 같은 친구들끼리 모둠으로 앉아 있으므로 자신의 관심사를 어떻게 연결시킬 것인지 모둠에서 이야기를 나눠 보면 좋겠 다고도 했다.

    명확하게 감을 잡은 사람은 자석 네임카드를 '주제 잡기' 칸에 붙이게 했고, 이름을 붙인 사람은 비캔버스의 개요표에 대략적인 내용을 적어 보게 했다. 이렇게 자석 네임카드를 붙이고 수행을 완료하면 다음 칸으로 옮기게 하는 방법은 학생들이 현재 무엇을 하고 있는지 한눈에 파악하고, 누구를 도와야 할지 금세 알 수 있어 교사가 돌아다니면서 피드백을 해야 하는 상황에 매우 유용하다. 학생들 입장에서도 자신이 어떤 방향으로 가야 하는지 안내하는 지도와 같은 역할을 하기 때문에 좋다고 생각한다.

    다음은 1학년 학생들이 마인드맵 하단에 써넣은 '내가 선택한 관심사?'와 '내가 쓰려는 글의 대략적인 내용은?'의 답이다.

1학년 김○○

내가 선택한 관심사? 자전거

내가 쓰려는 글의 대략적인 내용은? 노르웨이에서 자전거를 타고 온 시리아 난민을 러시아로 추방했다. 노르웨이 난민 수용 경관들이 그들은 보호가 필요없다며 시리아 난민들이 타고 온 자전거를 모으라는 명령을 내렸다. 그 명령 때문에 자전거만 주고 내쫓는 게 아닌가 하는 소문이 돌기도 했다.

1학년 박○○

내가 선택한 관심사? 팝송

내가 쓰려는 글의 대략적인 내용은? 난민의 내용이 있거나 관련 있는 팝송, 난민이었던 사람이 가수가 되어서 쓴 노래 등을 난민이라는 난민을 팝송이라는 관심사와 함께 글을 쓰고 싶다.

1학년 오○○
내가 선택한 관심사? 옷
내가 쓰려는 글의 대략적인 내용은? 우리가 주변에서 쉽게 구매하는 할인하여 싸게 파는 옷들. 사실 그런 옷들은 안전이 잘 보장되지도 않는 공장에서 노동자들이 힘들게 만들어 낸 옷들이다. 빈곤한 노동자들이 힘들게 만들어낸 옷들을 상위층 사람들이 싸게 판매하고 노동자들은 제대로 된 몫도 받지 못한다. 그리고 실제로도 방글라데시에서 위험한 공장에서 옷 만드는 일을 하던 사람들이 공장이 무너져 크게 다쳤던 적이 있다. 심지어 공장이 무너질 걸 알면서도, 독촉에 어쩔 수 없이 나왔던 것이었다.

1학년 황○○
내가 선택한 관심사? 유튜브 창설 및 편집
내가 쓰려는 글의 대략적인 내용은? 다문화 커플인 릴리와 제임스는 자신들의 평소 생활모습을 카메라에 담아 유튜브에 업로드한다. 봐주는 사람이 거의 없어도 꾸준히 올리기 시작한다. 그렇게 결혼도 하고 아이까지 낳아 더욱 활발하게 유튜브 활동을 한다. 그러면서 많은 사람들이 알게 되었고 생활 브이로그는 물론이고 싸우는 모습, 문화적 차이 등의 영상을 올리기 시작한다. 그로 인해 많은 사람들이 편견을 버리게 되었고 제임스의 나라인 케냐, 미국의 문화까지 알게 되었다. 지금은 65만 명의 구독자를 보유한 유명 유튜버다.

칠판에 이름이 붙지 않은 학생들을 중심으로 어떤 글감을 생각하고 있는지, 그것이 어떤 방식으로 글이 될 수 있는지 이야기를 나누었다. 바로 글감을 떠올리는 학생도 있었지만 그렇지 못한 학생들에게는 교사가 생각하기에 학생이 적어넣은 관심사로 어떤 내용이 가능한지 예를 들어 주었고, 자료를 검색하면서 생각을 다듬어도 된다고 말해 주었다.

2학년의 경우는 내가 북한에 관해 별로 아는 것이 없다는 게 문제였다. 학생들이 자신들의 관심사를 소주제와 연결시켜도 그것이 어떻게 글로 될 수 있을지 예를 들어 줄 수 있을지 걱정이 되어 미리부터 도덕 선생님에게 코티칭을 의뢰했다.

역시, 전문가는 전문가다. 도덕 선생님은 페어덱으로 학생들이 어떤 관심사를 적어내든 그걸 다양한 사례를 들어 북한의 현실과 연결지어 설명해 주었다. 나중에 구체적인 내용으로 작성할 때도 교사 두 명이 함께 대응하니 훨씬 수월했다. 물론 이 때문에 도덕 선생님은 엄청난 수업 시수를 감당해야 했지만 기꺼이 시간을 내주어서 감사할 따름이다.

다음은 2학년 학생들이 마인드맵 하단에 써넣은 '내가 선택한 관심사?'와 '내가 쓰려는 글의 대략적인 내용은?'의 답이다.

2학년 박○○

내가 선택한 관심사? 침대

내가 쓰려는 글의 대략적인 내용은? 북한의 침대부터 시작해서 집안의 가구들, 더 나아가 북한 가정집의 대략적인 모습을 소개하고 남한의 모습과 비교하려 한다.

2학년 김○○

내가 선택한 관신사? 전시회

내가 쓰려는 글의 대략적인 내용은? 최근에 내가 좋아하는 작가님이 참여하시는 전시회가 오픈돼서 관심이 많아졌다. 전시회를 통해 남북의 분단과정, 분단된 생활 그리고 통일 후 우리의 모습을 글과 그림을 통해 전시를 하면 많은 사람들이 관심을 가질 수 있고 앞으로의 미래를 내다보고 생각하게 되는 과정이 될 것이라 생각한다.

2학년 채○○

내가 선택한 관심사? 옷

내가 쓰려는 글의 대략적인 내용은? 북한에서는 어떤 옷을 어떻게 입는지, 가격, 유행하는 패션 등을 찾아 보고 글을 작성할 예정이다. 남한과 북한의 패션은 어떤 차이점, 공통점이 있는가에 대한 내용도 추가해서 쓰고 싶다.

2학년 이○○

내가 선택한 관심사? 축구

내가 쓰려는 글의 대략적인 내용은? 축구는 전 세계적으로 인기가 많은 스포츠이다. 대한민국에서도 축구는 인기 많은 스포츠들 중 하나이다. 그렇다면 북한에서 축구는 인기가 많을까? 또한 인기가 많다면 북한에도 축구리그가 있을까? 북한은 축구 교육을 어떻게 할까? 북한의 피파랭킹은 몇 위이고, 유명한 축구선수는 누가 있을까? 한국과 북한이 축구 경기를 한 적이 있을까? 나는 전부터 축구에 관심이 있었는데 이번에 북한 탐구 프로젝트를 하며 북한의 축구 교육과 북한의 유명한 선수는 누가 있을지 궁금했었다. 그래서 내가 쓸 글의 대략적인 내용은 북한의 축구 교육, 그 교육을 거쳐 탄생한 북한의 유명한 축구선수에 대해서 쓸 예정이다.

| 10/26 목표 | - 모둠 친구들과 함께 글의 주제를 어떻게 잡을지 알아보기! |
| 배우고 느낀점 | - 솔직히 말하자면 친구들과 함께 이야기를 하며 주제를 잡지 않았지만 그래도 각자 고심하며 각자의 주제를 정하니 집중은 더욱 잘 된 것 같다. 다음 주는 온라인인데 오프라인 수업을 듣고 갔다. |

7 개요 짜기(페어덱, 비캔버스)

1	목표 세우기
2~4	개념 학습과 적용하며 읽기
5	토의하기
6	중간 점검
7	관심사 찾고 주제 잡기
8	**개요 짜기**
9~12	정보 찾아 글쓰기
13	고쳐쓰기
14	카드뉴스 만들기
15	공유와 평가

글감을 잡았으니 이제 글의 뼈대를 잡아야 할 시간이다. 2학년 학생들은 대면으로, 1학년 학생은 원격으로 수업을 진행했다. 비캔버스를 이용해서 자신이 맡은 부분의 표를 완성하면 된다.

등교수업에서는 언제나 페어덱의 도움을 받았다. 먼저 학생들과 주제 잡기가 얼마나 되었는지 확인을 했다. 학생마다 편차가 있어 미니 레슨할 때에도 어느 범주까지를 다룰지 항상 고민이다. 페어덱으로 질문을 던졌다. 독자를 고려해서 글을 써야 한다고 설명하지 않고 '사이트에 올릴 내 글을 읽는 사람들은 어떤 사람일까요? 무엇을 궁금해하는 사람일까요?'(슬라이드3)라고 질문했다. 참신한 답변이 나오기를 기대했다기보다 글을 쓰기 전 구체적인 예상 독자를 상상해 보게 하려는 의도였다. '북한+이쁜 누나'를 글감으로 잡은 학생은 '이쁜 누나', '북한+스폰지밥'을 글감으로 잡은 학생은 '스폰지밥 광팬'이 예상 독자라고 적어 웃음을 자아냈다.

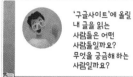

	북한의 축구에 관심있는 사람	Deleted Response	북한에대해 알아보고 싶은사람;#
모르겠다	축구를 좋아하는사람/ 북한축구에 관심이 있는사람	한국과 북한의 관계와 북한한의 음악에 관심이 많은	음식을 좋아하는 사람
우리나라 경제의 미래에 대해 관심이 있는 사람	이쁜누나	통일의 필요성에 관심이 있는 사람	vkalfpalvkalfpalvkvkv kalfpehfpalfpehfpalal alfkalfpehtlfkthfvkfkvk
할짓 없는 백수	북한의 교육에 대해 잘 알고 싶은 사람	북한에 반감이 있는 사	북한에대헤 궁금한 사람들이 검색하다가 우연히 발견해서 읽게 될 것 같다.
영화를 좋아하는 사람, 북한에 대해 궁금한 사람	북한만화와 애니를 좋아하는분	스폰지밥 광팬	통일에 대해 확실한 생각을 가지고 있거나 확실한 생각을 찾고 싶어 하는 사람들
북한의 문화가 궁금한 사람	방구석 오타쿠	통일이 된 후를 궁금해하는 사람들, 통일에 관심이 있는	Deleted Response

한 선생님은 2학년들이 1학기에 쓴 서평을 보고 깜짝 놀랐다고, 이렇게 글 솜씨가 좋은 학생을 만나기 쉽지 않으니 글 잘 쓰는 비법을 꼭 듣고 싶다며 '처음' 부분에 어떤 내용이 들어가면 좋을지를 물었다.(슬라이드4) 실제 2학년 학생들이 1학기 때 서평을 3학년만큼이나 잘 써서 다른 선생님들에게 보여드리고 자랑도 하곤 했었기에 진심으로 이러한 이야기를 했다. 한 학생이 페어덱에 '왜 자랑을 하셔서 부담을 주세요'라고 썼다가 친구들이 웃으니 쓱 지운다.

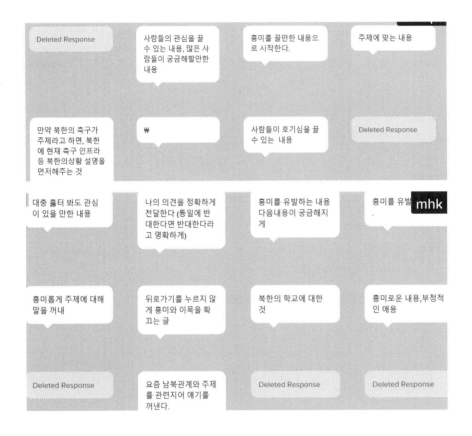

'중간' 부분에 들어가야 할 것은 내가 생각해서 정리해 주었다. 남들과 다른 글이 되기 위해서는 자기 경험이 분명해야 할 것이고, 요즘처럼 '카더라' 통신이 많은 때에 정확한 정보를 전달하는 것을 가르쳐야겠다고 생각했다. 미디어 리터러시나 혐오 혹은 편견에 관해 직접적으로 가르치지는 않았지만 글을 쓰면서 본인이 고민해 보도록 하고 싶었다. '이런 게 바로 편견이야. 이런 편견이 혐오를 조장하지.'라고 내가 하는 말은 그다지 효과가 없을 것이다. 본인이 찾고, 읽고, 판단하고, 표현해 보아야 본인의 것이 되지 않을까 싶었다. 또 하나, 단단한 글을 만들기 위해서는 사실에 기반해야 하고, 튼튼한 근거를 위해서는 정확한 수치나 통계가 필요하다고 여겨, 학생들에게 이러한 것을 글에 넣어 줄 것을 당부했다. 자기 경험 쓰는 것을 제외하고는 다양한 자료를 탐색하고 비판적으로 읽고 판단해야 하기 때문에 만만치 않은 글쓰기가 될 터였다.

'끝' 부분은 학생들이 충분히 풀어낼 수 있을 것 같아서 페어덱으로 물어보았다.(슬라이드6)

총 정리	내용을 한 번 요약해 보고 질문을 던져본다.	요약, 총평, 정리	결론, 감사인사
궁금할만한 점을 다시 정리한다	총정리	결론과 정리	글내용 정리 및 내가 하고 싶었던 말
내용 요	앞 글 정리	내용정	실천 할만한 것들?

강조	Deleted Response	간단하게 정리와 요	Deleted Response
요약 정리	심플하게	끝에도 자신의 의견을 전달한다	끝까지 귀에 남아돌만 한 말
북한 교육의 단점과 개선될 점	Deleted Response	끝에는 자신이 느낀점 을 쓴다.	남북의 현시점의 현실 을 알린다.

Deleted Response	내가쓴글의내용을 정리하는것과 마지막 강조. 또한 독자들에게 생각을 할수있게	강조하고 싶은 말을 한번 더 적어주고 마무리를 한다	주장에 대한 마지막 인사를 의문문으로 끝내야한다.
글을 마무리 하면서 의문문으로 끝나거나 시도해보거나 찾아보라 이러한 내	Deleted Response	마지막 인사	Deleted Response
다른 사람의 말을 인용해서 강조하	요약	Deleted Response	명

이제는 본격적으로 개요를 짜야 할 시간. 비캔버스의 '붙임 쪽지' 기능을 이용하여 학생 1인당 하나씩의 페이지를 만들어 이름을 붙여 두었다. 작성 방

법을 잘 모를 수도 있어서 내가 직접 예시를 하나 만들어서 제시했다. 2학년의 경우에는 개요에 '사용할 설명 방법'까지 넣어야 하기 때문에 더 쉽지 않았을 것이다. 지난 시간에 몇 문장으로 썼던 '내가 쓰려는 글의 대략적인 내용은?'으로 글의 개요를 구체화할 수 있을지 걱정이 되어 먼저 친구들이 쓴 내용을 읽으며 '코멘트' 기능을 이용하여 궁금한 것에 관해 질문을 해 보라고 했다. '붙임 쪽지' 기능을 사용하면 코멘트를 달 수 있다. 친구들의 질문을 받으면 자신이 무엇을 더 써야 할지 감을 잡을 수 있을 것 같았다.

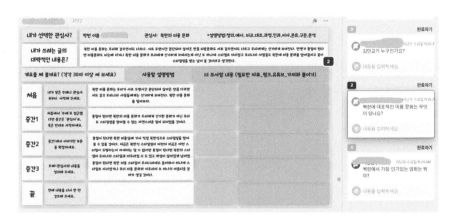

학생들은 친구들의 코멘트 덕분에 어떻게 써야 할지 알게 되었다는 이야기

를 했다. 일일이 교사가 피드백을 하기 어려운 경우 학생들끼리 상호 피드백을 하도록 수업을 설계하는 것도 수업 내용을 탄탄하게 만드는 한 방법이다.

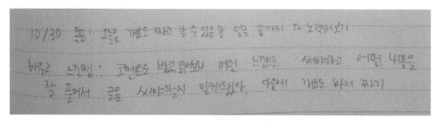

1학년은 원격수업으로 진행되어 페어덱으로 하기는 어렵겠다고 생각했다. 모든 학생이 다 들어오지 않을 때 너무 중요한 것을 계속 쏟아놓을 수는 없어서 최대한 구글 문서를 통해 혼자 생각해 보도록 한 후, 비캔버스에서 친구들의 도움을 얻어 개요를 짤 수 있도록 설계했다. 실제 글을 쓰기 전, 학교에 나왔을 때 개요를 더 봐주면 되겠다 싶었다(등교수업이라는 기회에 무엇을 할 것인지가 중요하다).

친구들에게 서로 '코멘트' 기능을 이용하여 궁금한 점을 질문하라고 했는데 제대로 할까 우려가 되었다. 그래서 자신이 단 코멘트로 활동을 할 수 있게 만들었다. 작은 장치이지만 이런 것을 넣으면 코멘트를 꼭 달게 된다. 교사는 촘촘한 설계를 위해 계속 잔머리를 굴려야 한다.

7-2. '비캔버스'에서 친구들의 주제에 코멘트를 해 줍니다. 코멘트 기능을 누르고 **2~3개의 질문**을 적어봅니다. 친구에게 도움이 될 수 있도록 성심성의껏 작성해 주세요. **(우리 반은 모두, 다른 반은 한 반에 한 명씩, 2명 이상)**

1). 친구들의 주제 중 **인상에 남는 내용과 이유(50자 이상)**를 적어 주세요. (한 개 이상)

내용	나는 3,4년이라는 긴 시간동안 필요한 것은 활력소, 즉 힘이 필요하며 그 힘을 먼저 잃는 사람이 난민으로 인정받지 못한 사람들중 한명이라고 생각한다.
이유	난민으로 인정받기란 참 어렵다. 모두 활력소를 가지고 힘을 냈으면 좋겠다

2) 자신이 썼던 질문 중 스스로 괜찮았다고 생각하는 질문을 2개 적어주세요.

신구 악번과 이름	신구의 주제 요약	내가 한 질문
10320	ㄷㅏ양한 경우가 있지만 보통 난민이 되면(난민으로 인정받으면) 가족들을 데려오는 경우가 많은데, 가족과 함께 사는 경우가 많은 것 같다.	난민의 가족을 데리고 오기는 힘들텐데 어떤 방법이 있나요?
10308	난민의 종류에는 전쟁난민, 정치난민, 종교난민, 기후난민등등 난민이 된 계기에 따라 난민의 이름이 달라진다. 또한 난민에는 다양한 연령층이 있다. 아주 어린아기, 연세가 많은 노인들도 난민이 되는 것처럼 난민에는 남녀노소 다양한 연령이 있다.	난민으로 인정 받지 못하는 사람들도 있나요?

7-2. '비캔버스'에서 친구들의 주제에 코멘트를 해 줍니다. 코멘트 기능을 누르고 **2~3개의 질문**을 적어봅니다. 친구에게 도움이 될 수 있도록 성심성의껏 작성해 주세요. **(우리 반은 모두, 다른 반은 한 반에 한 명씩, 2명 이상)**

1). 친구들의 주제 중 **인상에 남는 내용과 이유(50자 이상)**를 적어 주세요. (한 개 이상)

내용	빈곤한나라들이 빈곤한, 빈곤해진 이유를 그 나라의 역사와 관련해 이유를 쓸 것이다.
이유	그 나라의 빈곤문제와 역사를 이어 생각한다는 것이 참신하고, 그 글을 읽는 사람도 새로운 시각으로 다른 것을 바라볼 수 있게 해주는 주제라고 생각한다.

2) 자신이 썼던 질문 중 스스로 괜찮았다고 생각하는 질문을 2개 적어주세요.

친구 학번과 이름	친구의 주제 요약	내가 한 질문
10214	우리가 주변에서 싸게 구매하는 옷들의 정체	옷의 출처를 알고 옳은 구매를 한다고 해서 공장에서 일하는 노동자의 삶이 개선될까요?
10324	빈곤한나라들이 빈곤한, 빈곤해진 이유를 그 나라의 역사와 관련해 이유를 쓸 것이다.	과거의 어떤 역사적 사실로 인해 이런 빈부격차가 생긴 것 일까요? 아니면 지금의 여러 체제들로 인해서 생긴 걸까요?

7-3. 친구들의 코멘트 중 **나에게 도움이 되었던 것**을 뽑고, 그 **이유도 50자 이상** 적어봅니다. (한 개 이상)

도움된 것	북한의 빈곤에 대해서 북한 국민들은 어떤생각을 하고 있을 까요?
이유	우리의 관점이 아닌 그들의 관점에서 바라봤을 때는 또다른 의견과 생각이 나올 수 있기 때문이다. 북한 국민의 빈곤에 대한 인터뷰가 있을까?

7-3. 친구들의 코멘트 중 **나에게 도움이 되었던 것**을 뽑고, 그 **이유도 50자** 이상 적어봅니다. (한 개 이상)	
도움된 것	과거의 어떤 역사적 사실로 인해 이런 빈부격차가 생긴 것 일까요? 아니면 지금의 여러 체제들로 인해서 생긴 걸까요?
이유	아직 개요를 짜지 못해서 빈곤과 역사를 관련지어 무슨내용을 써야할지 고민중이었는데 코멘트를 해준 덕분에 개요를 짜는데에 큰 도움이 되었다.

7-3. 친구들의 코멘트 중 **나에게 도움이 되었던 것**을 뽑고, 그 **이유도 50자** 이상 적어봅니다. (한 개 이상)	
도움된 것	국악인들이 쓰는 악기는 무엇일까?
이유	나는 국악인의 노동과 국악을 배우는것, 그리고 국악인이 되기 위한 길을 위주로 주제를 정하려 생각하였는데 국악인들의 악기에 대해서 알고 난 후 참고하는것도 좋을 것 같아서이다.

　내가 일일이 코멘트를 해주면 좋았겠지만 그럴 상황이 되지 않아 학생들에게 슬쩍 역할을 넘겼는데도 진지하고 성실하게 참여해 준 학생들이 참 대견했다.

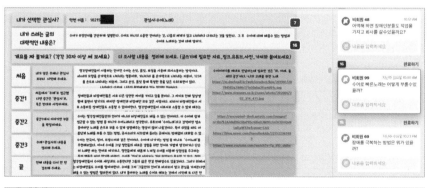

2020. 10. 28. ④	오늘은 비캔버스로 개요를 짜는 날이다 개요를 짜는 것이 아직 어렵지만 또한 거리고
목표	믿고 열심히 참여할 것이다.
배우고 느낀점	이 수업을 하면서 예물에 무심코 받았던 생활이 머릿속에 그려지고 또 보고싶어 지는 것 같아
	여러 영상들과 기사들을 많이 찾아보는 시간이 됐고 왜 이승비 같은 영상들을 모르고 있었는지
	후회가 된다

10.28 목표	오늘은 주제에 맞는 개요 짜고 친구의 비캔버스에 코멘트 다는 활동을 할것
	이며 주제에 알맞는 개요를 짤 것이다.
배우고 느낀점	개요 짜는 것이 5개 어려울 줄 알았는데 생각보다 아이디가 많이 나와서 좋았
	었다. 친구의 비캔버스에도 흥미로운 관심사가 많이 나와 호기심을 자극해 재
	미 있었다.

10/28 목표 →	내용을 잘 자연스럽게 쓰고 반근과 잘 연결시키기
느낀점 →	미술입시 주제에서 유기견으로 바꿨더니 글이 더 잘
	써졌다. 아주 만족스러웠다!

10/28	목표 / 내가 지난 시간에 정한 주제에 대한 개요 작성을 한다.
목표와	그리고 코멘트 달아주기
배우고	배우고 느낀점 / 개요는 그래도 잘 작성 (어렵지 않게) 할 수
느낀점	있어서 다행이였지만 코멘트를 달기가 어려웠는게 힘든
	것 같다. 다음에는 더 많은 정보를 조사해야 겠다는 생각이
	든다.

❖ 비캔버스

한눈에 직관적으로 협업하기 쉽게 만든 도구이다. 시각적이고 다양한 링크를 바로 연결할 수 있어서 무엇이든 한 공간에 기록할 수 있고, 채팅이 가능하며 댓글로 피드백하기 좋다. 무료일 경우 캔버스를 일곱 개까지 사용 가능하다. 앱을 깔면 핸드폰에서도 쉽게 이용할 수 있다.

8 정보 찾아 글쓰기(페어덱, 구글 문서)

본격적인 글쓰기에 들어가기 전에 관련 정보를 더 찾아보는 것이 필요할 것 같았다. 책을 읽으며 기본적인 배경지식을 쌓았다 할지라도 구체적인 주제로 좁히면 인터넷의 정보가 훨씬 다양할 것이기에 정보를 찾으면서 개요를 다시 다듬게 했다.

소주제별 비캔버스를 구글 클래스룸에 탑재했다.

1학년의 경우 다시 등교수업을 할 수 있었기 때문에 선배들이 작성한 페어덱을 참고할 수 있었다. 먼저 '처음 부분에 어떤 내용이 들어가면 좋을까'를 묻고, 학생들의 답변을 보며 이야기를 나눈 후, 선배들의 이야기 중 좋은 부분만 뽑아 보여주는 방식이다. 1학년 학생들은 친구들의 답변에도 흥미를 보였지만 선배들의 이야기는 눈을 반짝이며 들었다. 역시, 선생님보다 선배!

찾은 자료는 비캔버스에 모아 두고 이후 글을 쓸 때 참고하도록 했다. 놀랍게 1학년인데 논문을 찾은 친구도 있었고, 예상처럼 유튜브 검색을 하는 친구도 있었다. 혹시 유튜브 검색을 하게 될까 싶어 학생들에게 이어폰을 가져오라고 했는데 블루투스 이어폰이 제대로 연결되지 않아 그냥 작게 소리를 틀어놓고 검색해 보게 했다. 비캔버스는 자료를 모을 때 참 좋다.

논문을 참고자료로 찾은 학생도 있다.

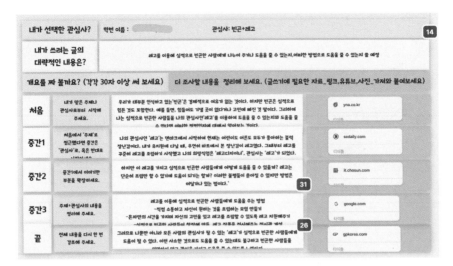

각종 사이트가 깔끔하게 정리된다.

11/5 목요 수업에 적극적으로 참여하기 개요를 보고 이해하기 쉬운 글쓰기
친구들이 코멘트 해준 내용으로 개요를 보실 수 있어서 많은 도움이 됐다. 글의 첫,
중간, 마지막을 어떻게 써야 할지 알게됐다.

11/5	목표: 비캔버스에서 정보찾기 자료조사등 조사하기, 과제 제시간에 하기
목표	성실하게 임하기등 느낀점: 자료를 찾을때 초음 자료가 안나와서
느낀점	어려움이 있었지만 자료찾기를 할때 새로 알게된점이 많아서
	신기했다.

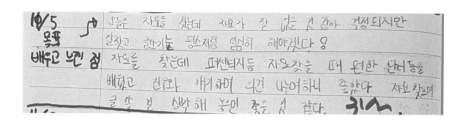

소주제별 모둠으로 앉혀 놓으니 근처에 앉은 친구들과 정보를 교환하면서 과제를 할 수 있어서 좋았나 보다. 학생들에게 선생님이 모둠으로 앉혀 놓은 이유가 있다며, 친구들에게 많이 물으라고 이야기했던 것이 효과가 있는 듯하여 기뻤다.

이번에는 반대로 2학년이 원격수업이었다. 지난 시간에 했던 것을 정리하고 어떤 설명 방법을 사용할지 확정한 후, 필요한 자료까지 찾아야 했다. 비캔버스를 이용해서 친구들의 개요를 보고 '코멘트' 기능을 이용하여 질문을 남기게 했다. 친구의 개요를 읽고 조언을 하라고 하는 것보다 '질문'을 하라고 하면 직접적으로 상처 주는 말을 줄일 수 있다. '질문' 안에는 부족한 부분과 고쳐야 할 내용까지 다 담겨 있기 때문에 되도록 학생들이 질문을 하도록 한다.

7-2. '비캔버스'에서 친구들의 주제에 코멘트를 해 줍니다. 왼쪽 세로막대기의 가장 아래쪽 코멘트 기능을 누르고 한 친구당 **1~2개의 질문**을 적어봅니다. 친구에게 도움이 될 수 있도록 성심성의껏 작성해 주세요. **(우리 반은 모두, 다른 반은 한 반에 한 명씩, 2명 이상)**

1). 친구들의 주제 중 **인상에 남는 내용과 이유(50자 이상)**를 적어 주세요. (한 개 이상)

내용	비무장지대에 사는동물들
이유	비무장지대는 사람이 살지 않기 때문에 환경이 잘 보존되어 있을것 같다. 그렇기 때문에 멸종위기종들도 많이 살것 같다.

2) 자신이 썼던 질문 중 스스로 괜찮았다고 생각하는 질문을 2개 적어주세요.

친구 학번과 이름	친구의 주제 요약	내가 한 질문
20517 ▇▇	비무장지대에는 수많은 동물들이 산다.	통일이 된다면 비무장지대에 살던 동물들은 어떻게 될지 궁금하다.
20409 ▇▇	북한의 영화소개,통일이 된후 바뀔 영화계	통일이 된 후 우리나라의 영화계가 어떻게 변할지 궁금하다.

7-3. 친구들의 코멘트 중 **나에게 도움이 되었던 것**을 뽑고, 그 이유도 **50자** 이상 적어봅니다. (한 개 이상)

도움된 것	'북한의 관광지나 영화,드라마가 통일에 끼칠 수 있는 영향이 궁금하다.'
이유	이 질문에 대해선 생각해보지 않았는데 이 질문에 대한 답도 내가 쓸 글에 넣어야겠다.

7-2. '비캔버스'에서 친구들의 주제에 코멘트를 해 줍니다. 왼쪽 세로막대기의 가장 아래쪽 코멘트 기능을 누르고 한 친구당 **1~2개의 질문**을 적어봅니다. 친구에게 도움이 될 수 있도록 성심성의껏 작성해 주세요. **(우리 반은 모두, 다른 반은 한 반에 한 명씩, 2명 이상)**

1). 친구들의 주제 중 **인상에 남는 내용과 이유(50자 이상)**를 적어 주세요. (한 개 이상)

내용	북한만의 전통적인 요리
이유	평양냉면도 그렇고 갑자기 북한요리가 궁금해서

2) 자신이 썼던 질문 중 스스로 괜찮았다고 생각하는 질문을 2개 적어주세요.

친구 학번과 이름	친구의 주제 요약	내가 한 질문
▇▇▇	북한의 요리	북한의 요리는 우리나라의 요리랑 닮을까
▇▇▇	북한의 군사력과 남한의 군사력	군사력만으로 평화가 유지될까

7-3. 친구들의 코멘트 중 **나에게 도움이 되었던 것**을 뽑고, 그 이유도 **50자** 이상 적어봅니다. (한 개 이상)

도움된 것	왜 북한에선 이성계가 고려를 엎은 인물로 나올까?
이유	북한의 사상과 입장을 고려하여 정확히 이유까지 써야겠다는 걸 앎

> 11/5 목표 / 매우 느낀점
> 개요 짜기 단백하게 단을 녹 설명하기
> 거사하느라 힘들었고 코인이라는것도 힘들었으나 개론 다른거로 다 된것같고 나도 북한에 대비해가는 느낌이다

> 11/5 목표: 개요 짜고 (관련) 자료 찾고 표 마련하기. 최대한 빨리 과제 끝내기
> 배움 느낀점: 개요를 짜면서 대략 어떻게 내용을 시작하고 끝맺음할지도 감이 왔고 또 글을 써서 이 글을 어떻게 효과적으로 내용을 전달할지 감이 잡혔다.

도덕 수업에서도 본격적으로 북한 단원을 들어가고 있었는데 그 때문에 더 재미있었다는 반응도 있었다.

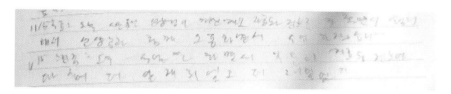

개요 짜기에서 학생 간 속도 차이가 있어서 우선 첫 문단까지 쓰게 했다. 학생들은 첫 문장과 첫 문단 쓰는 것을 매우 어려워하기 때문에, 첫 문단을 쓰면 이후에는 글을 쭉 쓸 수 있다. 1, 2학년 모두 등교수업이었기에 페어덱을 이용했다.

먼저 지금까지 우리가 했던 일과 앞으로 해야 할 일에 관한 로드맵을 보여주었다.(슬라이드2) 내가 서 있는 지점을 정확하게 아는 게 자신의 학습을 조절하는 데 도움이 될 거라고 생각했기 때문이다. 이전 시간 페어덱의 내용을 정리하여 처음, 중간, 끝부분에 들어가야 하는 내용을 다시 이야기했다. 친구들과 선배들이 지난 수업 시간에 쓴 것을 캡처하여 슬라이드를 만들었다. 학생들이 이미 활동한 내용을 이용하면 학생들은 더 관심을 갖고 지켜본다. 비캔버스에 질문으로 코멘트를 달게 했는데, 제대로 하지 않은 학생에게 질문의 의미를 다시 깨닫게 하고자 '질문은 왜 필요할까? 하면 무엇이 좋을까?'를 생각해 보게 했다.(슬라이드9) 지난 시간 학생들이 제출한 과제를 정리하여 슬라이드로 제시하고 이러한 내용을 읽고 질문이 왜 필요하다고 생각하는지 적어 보도록 했다.

○ 질문을 해서 다른 사람의 의견을 들을 수 있고 그 의견으로 새로운 지식을 얻을 수도 있다.

○ 자신이 생각하지 못한 아이디어를 얻을 수 있기 때문에 가치관이 넓어질 수 있다.

○ 글을 쓸 때 보충해야 할 것을 알 수 있다.

○ 친구의 질문 덕분에 나는 그 질문에 대하여 다시 한번 생각해보게 되고 글에 혼자서는 생각하지 못했던 내용을 담아낼 수 있다. 그리고 질문한 친구는 다른 주제에 대해 생각해볼 수 있다.

○ 한 번 더 생각해볼 수 있어서

○ 의견을 들을 수 있어서

○ 자신이 바라보지 못한 관점에서 바라보고 질문하기 때문에 여러 부분에서 주제를 바라보면서 글을 쓸 때 더욱 폭넓게 보고 쓸 수 있다.

○ 질문에 대해 생각하면서 부족한 점을 보완할 수 있어서

○ 읽는 이를 생각해서 질문할 수 있다.

학생들의 대답을 보면, 학생들은 굳이 내가 설명하지 않아도 이미 잘 알고

있다. 교육의 영어인 'education'의 어원이 '끌어낸다'에서 나왔다는데 수업을 하다 보면 그런 모습을 자주 관찰하게 된다.

다음으로, 첫 문단의 첫 문장을 어떻게 쓸 것인지 적어보라고 했다.(슬라이드11) 첫 문장에 관해 이야기할 때마다 종종 김훈 작가의 『칼의 노래』 첫 문장을 예로 든다. '버려진 섬마다 꽃이 피었다'로 쓸 것인지, '꽃은 피었다'로 쓸 것인지를 한참 고민한 소설가의 이야기를 하면서 첫 문장이 그만큼 중요하다고, 너희도 며칠까지는 아니지만 몇 분 이상은 꼭 고민해야 한다며, 어떻게 해야 매력적인 첫 문장이 될지 적어 보라고 했다.

○ 빈곤의 늪에서 살게 된 사람의 인생

○ 코로나와 싸우는 의료진들을 위한 덕분에 챌린지를 기억하나요?

○ 2020년 10월 북한은 열병식에서 많은 무기를 공개했는데 이번 열병식에서는 충격적인 무기가 몇 개 있었다.

○ 2020년 초반부터 후반까지 조사를 해보았는데 북한에도

○ 확 끌리는 첫 문장은 정말 중요하지만 못 정해서 그냥 시작하겠다.

○ 당신은 북한의 정치적 금서 및 책들에 관해 아는가?

학생들의 첫 문장을 함께 읽으며 감탄을 하거나 함께 바꿔보기를 한 후에, 구글 문서에 글에 들어가야 할 내용을 다시 점검하고 첫 문단을 적어보게 했다. 페어덱에서는 학생이 자기 자리에서 수정하면 바로 큰 화면에 수정한 글이 나온다. 학급 학생 전체가 한 학생의 첫 문장을 위해 같이 궁리해 보기도 했다.

페어덱으로 간단한 설명이 끝나면 학생들은 자신이 어느 지점에 와 있는지 칠판에 자석 네임카드를 붙인 후 구글 문서를 작성한다. 8 - 1은 중간 부분에 들어가면 좋을 내용이라고 말한 것을 넣을 준비가 되었는지, 자료는 찾았는지 확인해 보기 위해 만들었다. 설명만 하고 지나가면 자료를 찾아 놓지 않을 수도 있으므로 교사의 설명을 학생이 했는지 확인할 수 있는 장치가 필요하다.

■8단계 : 자료 찾고 글쓰기

8-1. 비캔버스의 개요를 참고하여 글을 쓰기 위해 관련 자료(기사, 뉴스 등)를 찾아, 비캔버스의 분홍색 칸에 보충합니다. 다음 자료는 아래에 보충해 보세요.

	내용 정리해서 30자 이상 쓰고 관련 링크는 붙여 놓기
주제와 관련한 나의 경험	우리나라에 온 난민에 대한 얘기들은 많이 들리고 있다.
가짜 뉴스와 편견	난민들은 폭력적이고 우리나라 사람들에게 해가 된다.
그에 관한 반박	난민들은 생활이 힘들어서 다른 나라로 도망친거고 돈을 벌기 위해 열심히 일하는 사람들이다.
관련 수치 혹은 통계 자료	2019년 한해동안 15452건의 난민 신청이 있었다.

8-2. 자신이 쓸 글의 제목을 멋지게 지어봅시다. (나중에 수정해도 됩니다)
루카 모드리치, 당신이 몰랐던 그의 이야기

8-3. 훑어 쓰기를 해 봅니다. 먼저 처음 부분의 내용을 적어보세요.
루카 모드리치, 그는 2018년 메시, 호날두를 제치고 축구선수로서 받을 수 있는 최고로 명예로운 상인 발롱도르를 받은 월드클래스 축구선수이고 동시에 크로아티아 국가대표팀의 든든한 주장이었다. 그는 아직도 레알 마드리드에서 뛰고 있고 축구팬이라면 그를 모르는 사람은 아마 없을 것이다. 하지만 그의 인생이 순탄했던 것 만은 아니다. 루카 모드리치는 다름 아닌 '난민' 이었다.

8-1. 비캔버스의 개요를 참고하여 글을 쓰기 위해 관련 자료(기사, 뉴스 등)를 찾아, 비캔버스의 분홍색 칸에 보충합니다. 다음 자료는 아래에 보충해 보세요.

	내용 정리해서 30자 이상 쓰고 관련 링크는 붙여 놓기
주제와 관련한 나의 경험	북한의 한 축구선수가 이탈리아의 '유벤투스'에 입단했었다는 기사를 보고 '북한에서도 유럽의 축구 구단에 입단할 만한 실력의 축구선수를 만들고 있고, 축구 유망주들을 잘 관리하기 위해 노력하고 있구나.'라는 생각이 들었다.
가짜 뉴스와 편견	북한이라는 나라가 상대적으로 잘 알려지지 않았기 때문에 '북한은 축구에 관심이 없고, 축구 유학등을 가지 않을것이다.'라는 생각과 편견을 가지기 쉽겠지만 그렇지 않다.
그에 관한 반박	우리나라에서 독일, 스페인 등으로 축구 유학을 가듯, 북한에서도 축구 유학을 보내고 축구에 관심이 있다. 또한 북한에서도 축구 리그가 있는만큼 축구 열기는 뜨겁다는것을 알 수 있다.
관련 수치 혹은 통계 자료	https://url.kr/qJNLdo https://url.kr/pB7sqX

8-1. 비캔버스의 개요를 참고하여 글을 쓰기 위해 관련 자료(기사, 뉴스 등)를 찾아, 비캔버스의 분홍색 칸에 보충합니다. 다음 자료는 아래에 보충해 보세요.

	내용 정리해서 30자 이상 쓰고 관련 링크는 붙여 놓기
주제와 관련한 나의 경험	저번부터 유기견 봉사활동을 하고 싶어서 자료도 많이 찾아봤었다. 그리고 유기견 분양 사이트에도 가봤고 인터넷강의도 들은 기억이 있다.
가짜 뉴스와 편견	유기견은 무조건 더럽고 병든 아이라고 생각하는 경우, 유기견은 사고만치고 늙은 아이라는 편견.
그에 관한 반박	물론 유기견이라함은 한번 버려진 강아지임으로 마음의 상처가 깊을수 있다. 그럴수록 유기견을 입양할때 신중해야하는것은 알고 있다. 일주일에 3번정도 유기견 센터를 들려서 지기 자신과 맞는 강아지를 찾을때까지 유기견들과 교감하는것이 중요하다. 너무 활발하거나 장난기많은 아이가 부담스러우면 얌전한 아이를 데려오면 된다. 입양하고 후의 입양 유기견의 사고,말병은 오직 입양할때 신중하지 못한 보호자의 몫이다. 부담되면 입양자체를 하지말고 유기견에게 두번의 상처를 주지 말자.또 유기견은 병들고 더럽다고 생각하는 경우가 많은데 전혀 그렇지 않다. 유기견은 그냥 우리사람으로 따지면 고아라고 생각하면 된다. 유기견으로서 발견된 것이지 지금도 그 상태를 유지하는것은 아니다. 유기견 센터에서 먹고 자며 입양되기 위해 더 이쁘게 유기견들은 관리되고 있다. 이 말이 못미더우면 직접 유기견 센터에 가보길바란다. 얼마나 안타깝고 이쁜아이들이 많은지를.
관련 수치 혹은 통계 자료	https://news.sbs.co.kr/news/endPage.do?news_id=N1005060413

8-2. 자신이 쓸 글의 제목을 멋지게 지어봅시다. (나중에 수정해도 됩니다)
뽑고 버리실 건가요?

8-1. 비캔버스의 개요를 참고하여 글을 쓰기 위해 관련 자료(기사, 뉴스 등)를 찾아, 비캔버스의 분홍색 칸에 보충합니다. 다음 자료는 아래에 보충해 보세요.

	내용 정리해서 30자 이상 쓰고 관련 링크는 붙여 놓기
주제와 관련한 나의 경험	한국에서 배달음식을 시켜먹은 적이 있다. 한국은 배달 음식 문화가 잘 되어있어서 24시간 음식을 시킬 수 있다.
가짜 뉴스와 편견	북한은 배달을 할 때 자전거로 할 것이고, 스마트폰 대신 전화로만 주문이 가능할 것이다.
그에 관한 반박	북한은 오토바이로 배달하고, 여러가지 배달, 택배 인터넷 사이트와 앱이 있다.
관련 수치 혹은 통계 자료	

8-2. 자신이 쓸 글의 제목을 멋지게 지어봅시다. (나중에 수정해도 됩니다)
북한도 사실 배달의민족 이더라

2학년은 성취기준 중 하나인 고쳐쓰기에 공을 들이기 위해 한 차시에 중간 부분과 끝부분을 쓰게 한 반면, 1학년의 경우 중간 부분과 끝부분을 나눠 쓰도록 했다. 중간 부분을 쓰기 전에 학생들이 자석 네임카드 붙여 놓은 상황을 살피니 아직까지 개요 짜기에 머물러 있는 학생들이 눈에 띄었다. 빠른 학생들은 중간 부분 글을 써야 하고, 느린 학생들은 아직 개요를 더 다듬어야 한다. 빠른 학생이라도 개요를 튼튼하게 하는 것은 좋은 일이라는 생각이 들어, 개요를 다시 한번 살피는 시간을 넣었다. 등교수업의 장점을 살려 실제 친구들의 개요를 보고 이야기를 나누면 글 쓰는 데 도움이 될 거라고 생각했다.

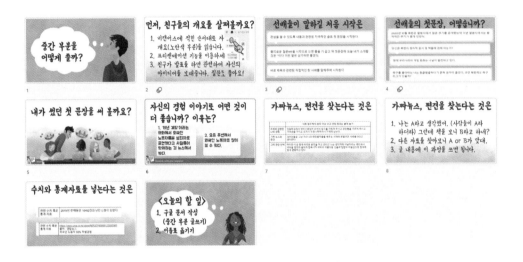

모둠별로 돌아가면서 자기 개요에 관해 친구들에게 이야기한다. 그걸 듣고 친구들은 보탤 아이디어나 궁금증을 말한다. 2학년이라면 토의를 위해 제시한 표만 보여 줘도 감을 잡고 바로 활동을 했을 텐데 1학년의 경우는 어떻게 해야 하는지 반복해서 설명해야 한다. 함께 자신의 개요를 이야기해 보라고 했더니, 그동안 몇 번 이야기를 나눠서 그런지 금세 활발하게 이야기를 나누었다. 물론 여전히 크롬북에 쓴 자신의 개요를 보고 읽는 학생들이 있었지만, 계속 연습하고 훈련해야 나아질 터라 되도록 자연스럽게 이야기를 나누라고 말해 주기만 했다. 모둠 친구들은 함께 공부한 소주제가 같기 때문에 그것을 개요로 구체화해도 해줄 이야기가 더 있었을 것이다. 나눈 이야기는 구글 문서에 정리하도록 했다.

■8단계 : 자료 찾고 글쓰기

** 먼저 친구들과 개요 쓴 것을 나눠봅니다. 자기 개요에 관해 1분 정도 자세하게 이야기를

친구 이름	글(개요)의 내용	보탤 아이디어 or 궁금증
███	난민출신 축구선수 농구선수가 있다	난민출신 농구선수가 많은 나라는 어디일까
███	숙구선수중 난빈 술신 숙구선수늘이 많다. 그중 부카 모드리치에 대해 알아보자	왜 부카모드리치에 대해서 말하는 거죠
███	난민출신 축구선수에서 아라이비에 대해서	아라이비는 왜 축구선수가 되었나요

** 내 개요에 관한 친구들의 이야기를 적어 보세요.

친구 이름	친구의 아이디어 or 궁금증	이야기 들은 후 생각
███	난민출신 가수는 누가있을까	무엇을 더 추가할지 알계되었따
███	난민과 관련된 노래에는 주로 어떤 가사가 있을까	
███	난민을 주제로 한 노래는 무슨 종류가 있을까	

■8단계 : 자료 찾고 글쓰기

** 먼저 친구들과 개요 쓴 것을 나눠봅니다. 자기 개요에 관해 1분 정도 자세하게 이야기를 합니다.

친구 이름	글(개요)의 내용	보탤 아이디어 or 궁금증
███	외국인 노동자들에 대한 이야기	그러면 외국인 노동자들은 어떻게 생활하시나요
███	노동과 관련된 게임들과 게임을 하는 게임관련 직업들의 노동이야기	노동관련 게임들은 어떤 게임들이 있나요?
███	노동으로 힘들어하는 현대 사회에서 향기치료 프로그램을 해서 치유한다	향기치료를 하는 노동자에 대해서도 써도 좋을것 같다.

** 내 개요에 관한 친구들의 이야기를 적어 보세요.

친구 이름	친구의 아이디어 or 궁금증	이야기 들은 후 생각
███	여러가지 주제중에 왜 국악을 선택하였는지	생각하지 못한 질문들 때문에 당황스러웠다
███	외국인은 어떻게 국악을 생각할까요(?)	
███	국악을 배웠나요	

■8단계 : 자료 찾고 글쓰기

** 먼저 친구들과 개요 쓴 것을 나눠봅니다. 자기 개요에 관해 1분 정도 자세하게 이야기를 합니다.

친구 이름	글(개요)의 내용	보탤 아이디어 or 궁금증
▮▮▮▮	시리아 난민의 러시아까지의 자전거 행렬	자전거는 어떻게 구해서 간건가요?
▮▮▮▮	제주도 예멘난민을 음익으로 도와준다	음악 전문가를 부르는 돈과 난민하고 어떻게 만나서 도울건가요?

** 내 개요에 관한 친구들의 이야기를 적어 보세요.

친구 이름	친구의 아이디어 or 궁금증	이야기 들은 후 생각
▮▮▮▮	난민게임을 사람들이 많이 하도록 광고한다	게임을 알릴 방법을 많이 만들어야겠다.
▮▮▮	그 게임을 어떻게 알릴건가?	
.		

　15분 정도 시간을 주고 다시 페어덱으로 돌아온다. 오늘 중간 부분의 글을 작성하는 학생들이 있을 것이기에 이 부분도 짚고 넘어가야 한다. 자기 경험으로 어떤 것이 더 나을지, 그 이유를 써 보게 하고 페어덱의 답을 보면서 어떤 경험을 어떻게 쓰는 게 효과적일지 함께 나누었다.(슬라이드6) 경험이라고 썼는데 그것이 구체적이지 않으면 글 자체의 개성이 드러나지 않으므로 세부적으로 작성해 볼 것을 주문했다. 가짜뉴스나 편견을 찾고 그에 대해 반박하는 것을 어려워할까 봐 그러한 정보를 찾은 후 자기 생각의 흐름을 쓰면 된다고 이야기해 주었다.(슬라이드7,8) '나는 A라고 생각했어. 혹은 사람들이 A라 하더라. 그런데 책(정보)을 보니 B라고 하네? 다른 자료를 찾아보니 A 혹은 B가 맞대.' 이런 방식이다. 수치나 통계자료를 넣는 것은 선배들의 과제를 예시로 보여

주었다.(슬라이드9) 이런 숫자들이 자기 생각을 더 튼튼하게 받쳐주는 지지대가 된다고 설명을 덧붙였다. 지난 시간에 썼던 부분에 이어서 학생들은 글을 마저 썼다.

본격적인 글쓰기 시간. 1, 2학년 모두 원격으로 진행했다. 1학년의 경우 초벌로 쓰고 얼굴 보고 고쳐쓰기를 시켜야지 했다가 코로나 상황이 악화되어 더 이상 얼굴을 볼 수 없었다. 글쓰기는 먼저 다시 한번 개요를 점검한 후(2학년은 설명 방법을 개요에 추가해야 했다) 배움 확인표를 살피면서 우려되는 점과 극복하기 위한 노력을 적어보게 했다. 지속적으로 채점 기준을 살피면서 부족한 것은 없는지, 어떻게 나아질 것인지를 생각하게 했더니 학생들의 실력이 느는 것이 보여 뿌듯했다.

성취기준, 배움 확인표에 따른 글쓰기 방법을 안내한 후 글을 썼다. 2학년은 첫 문단을 쓴 후, 다음 차시에 글을 끝까지 쓰게 하고, 1학년은 첫 문단까지, 다음에는 중간까지 쓰게 한 후, 그다음 차시에 끝부분과 고쳐쓰기를 함께 진행했다. 2학년의 경우 설명 방법을 활용하여 글을 써야 했기에 자신의 글에 드러난 설명 방법에 빨간색으로 색깔을 바꾸게 했다. 본인도 설명 방법을 어디에 썼는지 고민해야 했고(자신이 개요에서 짠 설명 방법을 고려하지 않고 쓰는 경우도 있다), 교사도 학생이 능숙하게 적용했는지 확인하기가 쉬웠다. 세 개 이상 표시해 보라고 주문했는데, 버거워하는 학생은 설명 방법을 많이 써 놓고도 간신히 세 개를 찾아 빨간색으로 표시하기도 했다.

9-1. 이전에 썼던 개요를 다시 정리해 봅시다.

*사용할 설명 방법: 정의,예시, 비교,대조,과정,인과,서사,분류,구분,분석

*참고: 내 경험, 가짜뉴스나 편견, 수치나 통계자료

		쓸 내용 (30자 정도로 요약)	사용할 설명 방법	참고
처음		북한에서 가장 많이 사용하는 이동수단은 자동차보다 자전거다. 북한엔 자전거 면허와 번호판이 있다는데 진짜일까?	정의	http://m.aut otimes.han kyung.com/ article.php? aid=201804 262158351
중간	1	(처음의 대답)+그렇다면 북한은 왜 자동차를 많이 타지 않는지, 자동차의 가격과 면허 취득에 관해 본다	정의	-
	2	북한의 도로 상황, 출시되고 만들어지는 자동차와 브랜드들을 소개, 남한과 비교해본다.	비교/대조	https://youn g.hyundai.c om/magazi ne/motors/d etail.do?se
	3	현재 북한 사람들이 이용하는 이동수단은 무엇인지, 이 상황을 통일 방법과, 통일 후엔 어떻게 합칠지에 관해 말한다.	정의, 예시	http://www. ktv.go.kr/co ntent/view? content_id= 538001
끝		내용을 요약하여 정리하고, 앞으로의 전망을 소개하여 마무리한다.	과정	https://www .youtube.co m/watch?v= PKpvgEAh Kwl&featur e=youtu.be

9-2. 채점 기준을 살펴 보고 수행을 잘 하기 위한 걸림돌이 무엇인지, 어떻게 하면 극복할 수 있는지 생각해 봅시다.

평가 요소	성취 수준		
	매우 뛰어남 A(5점)	달성함 B(4점)	힘을 내 D(3점)
설명 방법 사용하여 글쓰기	☐ 주제에 맞는 적절한 자료를 풍부하게 선정하였으며, 대상의 특성에 맞는 설명 방법을 적극적으로 사용하여 설명 대상이 효과적으로 드러나도록 글을 쓴다.	☐ 주제에 맞는 자료를 선정하였고, 대상의 특성에 맞는 설명 방법을 사용하여 설명 대상이 드러나도록 글을 쓴다.	☐ 주제와 관련된 자료를 선정하였으나, 설명 대상의 특성에 맞는 설명 방법을 사용하는데 어려움을 느끼고, 설명 대상이 명확하게 드러나지 않게 글을 쓴다.
고쳐쓰기	☐ 고쳐쓰기의 일반 원리를 적용하여 자신의 글을 능동적으로 점검하고, 독자가 이해하기 쉽게 고쳐쓴다.	☐ 고쳐쓰기의 일반 원리를 적용하여 자신의 글을 스스로 점검하고, 독자가 이해할 수 있게 고쳐쓴다.	☐ 고쳐쓰기의 일반 원리를 적용하여 자신이 쓴 글을 점검하는데 어려움을 겪고, 친구들과 교사의 도움을 받아 자신의 글을 고쳐쓴다. 독자가 글을 이해하는데 추론이 필요하다.

*걸림돌(우려되는 점): 고쳐쓰기

*극복하기 위한 노력(30자 이상): 읽었을 때 걸리는 부분이나, 더 좋은 표현을 찾아서 바꾸는 것을 생각해보고, 글을 써본다.

9-3. **제목**을 멋지게 지어 봅시다. 홈페이지에 들어온 독자가 제목만 보고 내 글을 클릭할 수 있도록 만들어 봅시다.

인민들의 로망, 자동차

9-4. 홈페이지에 탑재할 글을 써 봅시다.

<유의사항>

① 문단 나누기를 한 번도 하지 않으면서 글을 쓰는 경우가 있습니다. **개요에 따라 문단을 나누어** 주세요. 스페이스바를 두 번 눌러 **들여쓰기**를 해 주세요.

② 하나의 문단에는 하나의 중심 생각이 담겨 있어야 합니다. 필요한 설명 방법을 적용하여 자세하게 풀어주세요. 문단 마다 **7~10줄** 정도 되도록 써 봅니다. (처음과 끝은 5~7줄 정도)

③ 글이 전체적으로 **구체적이지 않고 추상적인 경우**가 있습니다. 설명을 자세히 딜고 자신의 경험과 구체적인 수치, 통계 자료를 인용해 주세요. (최소 1개 이상씩)

④ 다른 자료에서 참고한 내용이 있으면 **어디에서 인용하였는지 출처를 반드시 밝혀야** 합니다. 맨 마지막에 <참고 자료>를 만들어 인용한 자료를 모아 주세요.

---

*제목: 인민들의 로망, 자동차

　　우리 주변엔 정말 많은 교통수단이 있다. 당장 우리집 문 앞을 열어보면 자동차, 오토바이, 자전거도 보이고 대로가로 나가면 지하철역, 수많은 버스와 자동차들이 달린다. 우리는 이렇게 다양한 교통들이 있는데 북한에선 어떤 교통수단이 많이 이용될까 궁금했다. 그리하여 인터넷 검색으로 북한의 주민들은 자전거를 많이들 이용한다는 이야기를 보았다. 그런데 같이 본 글에서 신기한 이야기를 같이 보았다. 북한에서는 자전거에도 번호판을 달고 면허를 받아야 운전할 수 있다는 내용이었다. 자전거 번호판에 면허는 어디에서도 들어본 적이 없는 내용이라 무척 의아했고, 이게 진짜인지 너무 궁금해졌다. 그래서 본 조사에서는 이 흥미롭고도 재밌는 이야기를 조사해보았다.

　　초벌로 쓴 글이었는데 학생들의 글을 보고 깜짝 놀랐다. 1학년도 볼만 했는데 2학년의 경우 생각보다 훨씬 글이 좋았다. 너무 흥분해서 좋아하다가 좀 더 꼼꼼히 살피니 학생 간 편차가 심한 것이 눈에 보였다. 개요 짜는 것까지는 어떻게 어떻게 끌고 왔는데 글쓰기로 넘어가는 순간, 그 고비를 넘기지 못하는 학생들이 눈에 보였다. 원격수업이 아니었다면 이보다는 나았을 텐데 싶어 씁쓸했다.

| 11/25목표 | 글 중간부분까지 글쓰기, 개요와 자료을 가지고 자세하게 쓰기 |
| 배우고 느낀점 | 수업시간에 이야기한 것들이 글 쓰는 아이디어를 떠올리니 쉽게 쓸 수 있었다. 채점기준표를 잘 보고 맞추어서 쓰기를 노력해야겠다. |

배우고느낀점
11/19 목표

11/19 목표 : 가벼를 다듬고 글 쓰기 얼룩 효과적으로 글을 쓰기

배우고 느낀점 : 글 생각하고 또 생각해서 써서 더 잘 글을 쓸 수 있었던 것같고 다음 시간에 글 고칠때도 잘 생각하며 고쳐서 좋은 글로 만들면 좋겠다.

자료를 찾다 보면 여러 의견에 혼란을 느끼기도 한다. 어떤 것을 나의 관점으로 택할 것이냐를 스스로 결정하는 일이 쉽지는 않겠지만, 이런 연습을 한 학생은 보다 세상사에 주체적으로 대응할 수 있을 것이다.

11/25 목표
- 오늘은 좀더 있 자료를 각자 중간까지 다쓰는게 과제인데 천천히 오랫동안 생각하면서 학교에서 했던 것을 수정하면서 중간까지 다쓰고 싶다.

배우고 느낀점
- 오래걸렸지만 중간까지는 다써서 좋았고 제목을 잘써야지 독자가 내글을 읽게 할수 있다는 것을 알게되었다. 학교에 가면 집중력이 떨어져서 글을 잘쓰지 못했었는데 집에서 혼자하니까 잘할수 있게 되어서 좋았다.

글을 쓸 때 집중이 잘 된다며 원격수업이 더 좋다는 학생이 꽤 있었다. 원격

수업에서는 빨리 끝내고 싶어 글을 대충 쓰게 된다는 학생도 있었다. 개인의 성향 차이가 존재하므로 블렌디드 수업에서 글쓰기는 효과가 있을 것 같다. 글을 쓴다는 것이 쉽지 않은 작업이므로 교사가 꾸준히 완성할 수 있게 도와주면 학생은 성취감과 자기 효능감을 느낄 수 있다.

9 고쳐쓰기(페어덱, 구글 문서)

1	목표 세우기
2~4	개념 학습과 적용하며 읽기
5	토의하기
6	중간 점검
7	관심사 찾고 주제 잡기
8	개요 짜기
9~12	정보 찾아 글쓰기
13	고쳐쓰기
14	카드뉴스 만들기
15	공유와 평가

고쳐쓰기는 언제나 나에게 숙제 같다. 어떻게 지도해야 더 잘 고칠 수 있는지 언제나 감이 안 잡혔다. 고쳐쓰기와 첨삭에 관한 책들을 보면 '지우고 바꾸고 줄이는' 포인트를 학생 스스로 깨닫는 것이 중요한데 그것이 쉽지 않았다. 그러던 와중 수잔 브룩하트의 루브릭 책 『how to creat and use rubrics for formative assessment and grading』을 읽다가 미국에서 글쓰기에 쓴다는 '6+1 특성 루브릭'을 알게 되었다. 미국에서는 3학년 정도부터 12학년까지 전국적으로 사용한다던데 여기서 6은 '내용, 조직, 어조, 단어 선택, 문장 유창성, 관습'이고 1은 '프리젠테이션(결과물의 표현)'을 뜻한다. 각 항목을 4~5개의 기준으로, 이것들을 각기 6수준으로 나누어 놓은 방대한 루브릭이다. 우리와 문화적으로 다른 면들도 많이 있지만 (대문자를 지켜 썼는지, 문장에서 운율이 느껴지는지 등) 전체적으로 배운 바가 많았다. 그동안 쓰기 수업을 하면서 중요하다고 생각한 부분(주제의 초점화, 개인의 경험에서 오는 독창성이나, 설득적인 근거 등)은 학생들과 함께 나누기도 했지만

고쳐쓰기를 할 때 일목요연하게 정리하여 고쳐쓰기의 기준으로 삼기로 했다.

2학년의 경우 고쳐쓰기 원리에 맞게 고치는 것이 성취기준이어서 수업 시간에 이에 맞게 고쳐서 제출하면 그걸로 수행평가 점수를 부여하기로 했다. 학생들이 이제껏 써냈던 이야기들을 보면 고쳐쓰기를 어려워하면서도 잘하고 싶은 욕구는 많은 듯 보이는데 이번에도 제대로 했는지는 잘 모르겠다.

학생들이 제출한 초고 중에 눈에 띄는 것을 골라 함께 고쳐보게 했다. 페어덱에서 글을 본 후 어떻게 고치는 것이 좋을지 올리면 그것으로 이야기를 나누었다.

일부러 다른 인터넷 자료에서 그대로 복사해서 붙여넣은 것이 많은 글(슬라이드3)을 가져왔더니 다음과 같은 반응이 나왔다.

다른 하나는 끝부분에 대한 강조를 위해 가져온 예(슬라이드4)였는데, 이를 재료로 끝부분을 어떻게 써야 하는지 다시 한번 당부할 수 있었다. 처음과 끝이 잘 이어져야 하고, 결코 용두사미가 되지 않게 부탁한다고 말했다.

○ 마지막에 중간 내용을 요약 정리해서 조금 분량을 늘리면 좋을 듯
○ 중간 내용에 비해 마무리가 너무 짧은 것 같다.
○ 문단의 구분이 제대로 안 되어 있는 것 같다.
○ 나도 빨리 다 하고 싶다.

마지막으로 고쳐쓰기 팁을 공유해 달라고 했더니(슬라이드5) 내가 하려던 말이 이미 다 들어 있었다.

○ 처음 부분과 마지막 부분을 위주로 고친다.
○ 들여쓰기는 문단의 시작 부분에만 해야 한다.
○ 자신이 쓴 글을 읽어보고 말이 계속 반복되지 않는지 확인해본다.
○ 나 혼자서만 내가 쓴 글을 읽어 고쳐쓰지 말고 친구한테 읽어보라 하고 어떤지 물어본다.
○ 사실 나는 내 초안을 별로 좋아하지 않아서 마음에 안 드는 문단은 메모장에 써놓고 더 좋은 거 사용하는데... 그냥 여러 번 읽어보면 이상하다 싶은 건 바꾼다.

<글쓰기 유의사항>

① 문단 나누기를 한 번도 하지 않으면서 글을 쓰는 경우가 있습니다. **개요에 따라 문단을 나누어** 주세요. 스페이스바를 두 번 눌러 **들여쓰기**를 해 주세요.

② 하나의 문단에는 하나의 중심 생각이 담겨 있어야 합니다. 필요한 설명 방법을 적용하여 자세하게 풀어주세요. **문단 마다 7~10줄** 정도 되도록 써 봅니다. (처음과 끝은 5~7줄 정도)

③ 글이 전체적으로 **구체적이지 않고 추상적인 경우**가 있습니다. 설명을 자세히 달고 자신의 경험과 구체적인 수치, 통계 자료를 인용해 주세요. (최소 1개 이상씩)

④ 다른 자료에서 참고한 내용이 있으면 **어디에서 인용하였는지 출처를 반드시 밝혀야** 합니다. 맨 마지막에 <참고 자료>를 만들어 인용한 자료를 모아 주세요.

<고쳐쓰기 유의사항>

① 자신이 쓴 글을 중얼중얼 읽어보세요. 문장이 어색한 부분은 고쳐주세요. 너무 길어 생각이 뒤엉켜있다면 문장을 끊어 간결하게 만들어 주세요.

② 제목, 처음 시작 부분, 마무리 부분은 특히 신경을 써 봅니다. 글을 다 읽은 후에도 기억에 남을 만한 인상깊은 마무리를 해 주세요.

③ 개요에서 제시한 설명 방법이 잘 쓰였는지 확인해 보세요. 적어도 **3개 이상의 설명 방법**을 사용합니다.

④ 자신의 경험이 잘 드러나 있나요? 수치, 통계 등 구체적인 근거가 있나요? 사람들의 편견(가짜 뉴스)에 관한 반박이 드러나 있나요?

평소에 자주 이야기하던 것도 실어 두었지만 특별히 아래 기준표를 보며 중요하다고 생각하는 부분을 이야기했다.

*고쳐쓰기할 때 다음 기준표를 참고 하세요.

	매우 뛰어남	달성함	조금만 더	힘을 내
내용	내용이 매우 명확하고 초점화되어 있으며 흥미롭다. 글이 지속적으로 독자의 주의를 불러일으킨다. 중심 내용이 뛰어나고, 중심 내용의 전개는 예상독자에게 부합하는 세부 내용으로 강력하게 뒷받침되고 있다. 내용을 뒷받침하는 인용구를 정확하게 표시하고 있고, 출처가 제대로 표기되었다.	명확하고 초점화되어 있으며 흥미롭다. 글이 독자의 주의를 끈다. 중심 내용이 뛰어나고, 내용 전개는 예상독자에게 적절한 세부 내용으로 뒷받침되고 있다. 내용을 뒷받침하는 인용구와 출처를 표시하였다.	중심 내용을 이해할 수는 있으나, 지나치게 광범위하거나 단순하다. 세부 내용이 매우 부족하고 빈약하며, 지나치게 일반적이거나 가끔씩 화제에서 벗어나 있다. 인용된 정보들이 글쓴이의 주장을 대체로 뒷받침하지만, 좀 더 많은 혹은 다양한 정보가 인용될 필요가 있다.	중심 내용과 글의 목적이 다소 불명확하거나, 내용 전개가 시도되었지만 미약하다. 글의 중심 내용이나 목적이 잘 드러나지 않는다. 내용을 전개하기 어려울 만큼 글이 너무 짧다. 인용구가 글의 흐름을 깨거나, 지루하거나, 어울리지 않고 제대로 출처가 표시되지 않았다.
구성	구성은 중심 내용의 전개를 도움으로써 그 내용이 잘 드러나도록 해 준다. 내용의 순서와 구조를 독자로 하여금 글에 쉽게 빠져들게 한다. 독자를 어느 정도 매료시키는 '처음'과 완결되고 인상에 남는 '끝'이 있다.	구성은 중심 내용의 전개를 도움으로써 그 내용이 잘 드러나도록 해 준다. 내용의 순서와 구조는 독자로 하여금 글에 빠져들게 한다. 독자를 어느 정도 매료시키는 '처음'과 완결된 '끝'이 있다.	구성을 하려는 시도는 있었지만, 전반적으로 구조가 일관성이 없거나 엉성하다. '처음'과 '끝'이 무엇인지 알 수 있으나 '처음'이 사람들의 기대를 불러일으키지 못하거나 '끝'이 글의 내용을 일관되게 정리하지 못한다.	구성이 잘 드러나지 않는다. 가끔 보이는 구조적 장치가 있긴 하지만, 글이 지속되기 어렵고 글이 구조적인 기능을 보여주기에는 너무 짧다. 중간 부분을 소개하는 '처음'의 기능이 미약하고 '끝'에서 내용을 정리하지 못한다.
문장의 유창성	글이 효과적인 흐름과 리듬을 가지고 있다. 글이 소리 내어 읽고 감상하기에 좋고, 다양하면서도 일관성 있는 구조로 표현되었다. 문장의 전환이 세심하고 생각들의 연결고리가 명료하게 제시되어 있다.	글이 평이한 흐름과 리듬을 가지고 있다. 글이 소리 내어 읽고 감상하기에 좋고, 다양한 구조로 표현되었다. 문장의 전환이 자연스럽고 생각의 연결고리가 제시되어 있다.	글의 흐름이 매끄럽지 못하고 어색하다. 가끔씩 어색한 구조가 있어 다시 읽어 보아야 이해할 수 있다. 문장의 전환이 쓰였으나, 생각의 연결이 애매한 부분이 일부 존재한다.	글이 고르지 못하고 조리가 없다. 어색한 구조가 자주 나타나서 읽는 데 어려움이 있다. 생각들 사이의 연결고리가 없거나 혼란스럽다.
단어 선택	단어 선택이 글에 아주 어울린다. 단어가 특히 명확하고 정밀하다. 생동감 넘치고 기억될 만한 단어들을 사용하여 독자에게 강한 인상을 준다.	단어 선택이 글에 어울린다. 단어가 명확하고 정밀하다. 다소 생동감 있고 기억될 만한 단어들을 사용하여 독자에게 강한 인상을 준다.	단어 선택이 전반적으로 수용할 만하지만, 정밀함이 떨어진다. 불필요한 군더더기 표현을 개선해야 한다. 독자들이 마음에 이미지를 떠올리기에는 많은 단어들이 생동감이 부족하다.	단어 선택이 전반적으로 적절하지 못하다. 많은 단어가 분명하지 못하고 알맞게 사용되지 못했다. 다소 불필요한 중복적인 표현이 있다. 선택된 어휘가 불명확하여 독자가 마음속에 이미지를 떠올리기가 어렵다.

학생들의 초고를 보면서 가장 안타까웠던 것은 개요에 따라 충실하게 쓰려고 하다 보니 문단과 문단의 연결이 어색한 경우였다. 또, 비슷한 주제로 글을 길게 쓰려다 보니 같은 말이 계속 반복되는 것 같다는 느낌도 들었다. 그래서 페어덱을 통해서도 충분히 설명하고, 기준표를 보면서도 다시 한번 강조했다. 마지막에 평가서를 받는데 다음과 같은 구절을 발견하고 내가 강조한 것이 학생들에게 다가가는구나 싶어 뿌듯했다.

이번 쓰기 수업을 통해 설명 방법을 이용해 글을 실제로 써봄으로써 각 설명 방법들에 대해 더 명확하고 구체적으로 알게 되었다. 또한 이전에 북한의 국내총생산이나 주요 산업 등 북한에 대해 잘 몰랐던 점들을 많이 알게 되었다. 글쓰기를 하며 내가 부족하다고 생각되었던 부분은 첫 번째로 한 주제에서 다음 주제로 넘어갈 때, 그 주제들을 자연스럽게 이어줄 수 있는 문장이 있어야 하는데 그 문장을 잘 쓰지 못해 글의 전개가 어색해지는 점이다. 두 번째는 여러 번 중복되어 나오는 단어들이다. 한 글에 같은 단어가 너무 많이 쓰이면 글이 단조로워져서 비슷한 뜻의 단어들로 쓰는 게 좋을 텐데, 아는 단어가 적어 그러지 못했다. 그래도 이번 기회로 글 쓰는 실력이 조금은 늘지 않았을까 싶다.

그러다가 곧 이렇게 생각한 학생들이 대다수여야 하는데 그렇지 못한 현실에 아쉬움이 밀려왔다. 이 배움 확인표를 미리 제시하고, 자신이 쓴 글에 어떻게 적용해야 할지 모둠별로 의논하고 탐구하는 시간을 마련했다면 더 많은 학생이 적용할 수도 있었을 텐데. 기말고사 전에 수행을 끝내야 한다는 생각으로 충분히 단계를 더 만들지 못했다.

점수와 함께 피드백을 제공하지 말라는 이야기를 많이 들었다. 학생들은 점수만 보지, 피드백을 꼼꼼하게 살피지 않는다는 거다. 좋은 점수를 받은 학생은 더 성장하기 위해 노력을 하지 않을 거고, 나쁜 점수를 받은 학생은 시도도 해 보지 않고 좌절한다. 학생들의 성장을 위해서라도 점수를 알려주기 전에 피드백을 하는 것이 중요하다. 그래서 학생들이 고쳐 쓴 글에 2학년 전체 피드백을 주면서 이걸 반영해서 수정한 것으로 점수를 주겠다고 했다. 3일에 걸쳐 전체 학생에게 피드백을 해주었다.

구글 문서의 좋은 점은 세부적인 피드백이 가능하고, 학생이 어느 부분을 어떻게 고쳤는지 확인이 가능하다는 거다. 전체적인 피드백은 비공개 댓글로 남겨주고 구체적인 부분은 그곳에 피드백을 남겼다.

9-3. 고쳐쓰기 원리를 참고하여 글을 고쳐 봅니다. (설명방법이 사용된 곳은 색깔을 붉은색으로 바꿔주세요.)

*제목:비무장지대에 꽃이 피면

많은 사람들은 비무장 지대에 통일이 되어 개발될 경우 자연환경이 파괴되거나 비무장 지대 내에 지뢰가 있어 위험하게 불이익이 생길 수 있다고 생각한다. 이는 개발 찬성파와 반대파로 나누어져 아직도 의견이 분리되는 상황이다. 먼저 이 이야기의 핵심을 잡기 위해 비무장 지대에 대해 알 필요가 있다. 비무장지대 란 무엇일까? DMZ라고도 하며, 휴전협정 이후 직접적인 충돌을 방지하기 위해 일정간격을 두도록 한 완충지대를 말한다. 한국 전쟁 이후 1953년 채결된 정전 협정에 따라 설정되었다. 비무장 지대에서는 비무장지대는 군사적인 충돌을 막는 완충재의 역할을 하는 곳이기 때문에 어떠한 군사적인 행위도 금지된다. 비무장지대에 들어가기 위해서는 군사정전위원회의 허가를 받아야 하며 입장 인원 수도 일부 제한되며 무기 휴대 또한 당연히 금지된다.

학생들은 내가 준 피드백을 반영하여 자신의 글을 수정하였다.

9-3. 고쳐쓰기 원리를 참고하여 글을 고쳐 봅니다. (설명방법이 사용된 곳은 색깔을 붉은색으로 바꿔주세요.)

이렇게 우리나라를 소재로 한 북한의 영화, 북한을 소재로 한 우리나라 영화, 북한의 영화와 우리나라 영화와 북한의 영화의 차이점 등을 소개해보았습니다. 이 글을 읽은 여러분들에게 다시 문겠습니다. 여러분들은 통일을 영화가 필요하다고 느끼나요? 통일의 장점은 뭐라고 생각하나요? 이 글을 읽기 전에 했던 생각이 조금이라도 바뀌게 되면 좋겠습니다. 통일을 하면 교류도 더 발전 할 수 있으며, 이산 가족의 상봉을 할 수 있고, 군대에 들어가는 방역비를 줄일 수 있는 등 다양한 장점이 있습니다. 통일을 하게 된다면 얻을 수 있는 정보가 더 많다는 점 꼭 기억해주시길 바랍니다. 북한에 남한을 소재로 한 영화가 있으며, 남한이 북한이 주제로 만든 영화에는 픽션이 있으며, 통일 후 저희는 알려지지 않은 북한 영화를 볼 수 있고 남한과 북한이 협력해 영화를 만들 수 있습니다. 얼른 빨리 통일이 되어 북한과 남한이 힘을 모아 만든 영화를 볼 수 있는 날이 오면 좋겠습니다.

않다는 8.6%, 매우 필요하다 8.1%인데요. 이 결과를 통해 우리는 우리나라 사람들 중 통일을 해야한다고 생각하는 사람이 많다는 것을 알 수 있습니다. 그렇다면 질문을 바꿔서, 왜 우리는 통일을 해야할까요? 통일의 좋은 점은 무엇이 있을까요? 지금부터 통일의 좋은 점을 하나를 같이 알아봅시다

- 혹시 다른 영화를 좋아하시나요? 영화를 좋아하신다면 북한의 영화 혹은 북한을 소재로 한 우리나라 영화를 본 적이 있으신가요? 다들 잘 알다시피 우리나라에는 '공작', '대국기 뒤날리며', '실미도', '공조', '공동 경비 구역 JSA' 등 북한을 소재로 만든 영화가 많습니다. 이 영화 외에도 북한을 소재로 만든, 북한과 관련 있는 내용을 바탕으로 만든 영화가 더 많이 존재하고요. 우리나라에 북한을 소재로 한 영화가 많듯이, 북한에도 우리나라를 소재로 만든 영화가 꽤 많다고 합니다. 어? 북한에도 영화가 있네, 라고

*제목: 통일 한국의 경제적 장점과 단점

당신은 통일에 대해서 어떻게 생각하는가? 우리는 통일에 대해 긍정적인 측면으로 접근하는 교육을 받아왔고 여론 역시 통일에 제법 우호적인 편이었으나, KBS의 통계에 따르면 2017년부터 2019년까지 통일에 대해 긍정적으로 생각하는 국민의 비율이 약 9.2% 줄어든 것을 확인할 수 있다. 그렇다면 통일에 부정적인 사람들이 고려하는 점은 무엇일까. 최근 3년 간 조사에서 통일 과정에서 우려되는 점에 '남한주민의 막대한 통일비용 부담'이라는 응답이 2017년에는 41.7%, 2018년에는 47.9%, 2019년에는 47.2%로 가장 높게 나타났다. 실제로 여러 기관에서 통일비용을 추측해본 결과 상당한 자금이 들어갈 것이라는 결과가 나왔으며, 이에 기반하여 통일이 우리나라의 경제에 악영향을 끼칠 테니 통일을 막아야 한다, 라고 주장하는 이들 또한 존재한다. 그 말이 사실인지 알아보자,당신은 현재 우리나라의 경제에 대해 얼마나 많은 정보를 알고 있는가? 많은 이들이 자신의 수입이 많기를 원하지만, 수입과 밀접한 관련이 있는 우리나라의 경제에 대해 자세히 알고 있는 경우는 그 수에 미치지 못한다. 당장

먼저 우리나라의 전년도 GDP(국내총생산)을 물어봤을 때 정확히 답할 수 있는 사람의 수가 많으리라고는 생각하지 않는다 알아보자. 한국은행에 따르면, 2019년 우리나라의 GDP(국내총생산)는 약 1조 6420억 달러로 2018의 통계에 비해 증가율 -4.6%를 기록했다. 또한 2019년 기준 우리나라의 GNI(국민총소득)는 약 1조 6571달러이며, 1인당 GNI는 약 3만 2047달러로 2018년에(약 3만 3434달러)

학생들은 나의 피드백을 반영하여 수정한 후 고친 글을 다음 차시 과제와 함께 제출하였다. 다음 차시 과제는 자신의 글쓰기 점수를 예상하여 써 보고 그렇게 생각한 이유를 적는 것이었다.

■11단계 : 글쓰기 총정리
11-1. 채점 기준을 살펴 보고 자신이 해당하는 곳에 ■ 표시를 한 후, 자신의 예상 점수를 써 봅시다.

평가 요소	성취 수준		
	매우 뛰어남 A(5점)	달성함 B(4점)	힘을 내 D(3점)
설명 방법 사용하여 글쓰기	□ 주제에 맞는 적절한 자료를 풍부하게 선정하였으며, 대상의 특성에 맞는 설명 방법을 적극적으로 사용하여 설명 대상이 효과적으로 드러나도록 글을 쓴다.	■ 주제에 맞는 자료를 선정하였으며, 대상의 특성에 맞는 설명 방법을 사용하여 설명 대상이 드러나도록 글을 쓴다.	□ 주제와 관련된 자료를 선정하였으나, 설명 대상의 특성에 맞는 설명 방법을 사용하는데 어려움을 느끼고, 설명 대상이 명확하게 드러나지 않게 글을 쓴다.
고쳐쓰기	□ 고쳐쓰기의 일반 원리를 적용하여 자신의 글을 능동적으로 점검하고, 독자가 이해하기 쉽게 고쳐쓴다.	■고쳐쓰기의 일반 원리를 적용하여 자신의 글을 스스로 점검하고, 독자가 이해할 수 있게 고쳐쓴다.	□ 고쳐쓰기의 일반 원리를 적용하여 자신이 쓴 글을 점검하는데 어려움을 겪고, 친구들과 교사의 도움을 받아 자신의 글을 고쳐쓴다. 독자가 글을 이해하는데 추론이 필요하다.
총점			8 점

2-1. 왜 이런 점수를 받을 것 같다고 생각했습니까? 그 이유를 2줄 이상 써 보세요.

자료가 생각보다 많지 않아 풍부한 자료 선정이 어려웠던 거 같다. 그리고 설명대상에 맞는 설명방법을 사용하지 못한 게 있는 것 같다. 또한 독자가 이해하기 쉽게끔 풀어쓰거나 적절한 단어를 사용하지 못한 것들이 있는 것 같다.

채점에 이용한 배움 확인표는 본격적으로 쓰기를 하면서 매시간 계속 제시했다. 실제 점수화하는 배움 확인표는 이와 같이 성취기준과 관련지어 간단하게 제시하였으나 고쳐쓰기를 어떻게 해야 하는지는 246쪽처럼 구체적이고 자세하게 안내했다. 채점은 성취기준에 맞게 하고(그에 맞는 배움 확인표를 제시하고), 실제 수업에서 학생들의 배움을 깊게 하기 위해서는 또 그에 맞는 수업과 배움 확인표를 제공한다(이는 점수화하지 않는다).

학생들은 대부분 실제 내가 부여한 점수와 크게 다르지 않은 예상 점수를 적어냈다. 한 반에 2~3명 정도는 내가 부여한 점수보다 1점 높게, 3~4명 정도는 1점 낮게 주었다. 내가 준 점수보다 낮게 자기 점수를 예측한 학생은 성취도가 높은 학생들이었는데 기대 수준이 매우 높았기 때문에 이런 결과를 가져온 것 같다. 계속적인 점검이 학생과 나의 눈높이를 맞추었다.

11-1. 채점 기준을 살펴 보고 자신이 해당하는 곳에 ■ 표시를 한 후, 자신의 예상 점수를 써 봅시다.

평가 요소	성취 수준		
	매우 뛰어남 A(5점)	달성함 B(4점)	힘을 내 D(3점)
설명 방법 사용하여 글쓰기	□ 주제에 맞는 적절한 자료를 풍부하게 선정하였으며, 대상의 특성에 맞는 설명 방법을 적극적으로 사용하여 설명 대상이 효과적으로 드러나도록 글을 쓴다.	□ 주제에 맞는 자료를 선정하였으며, 대상의 특성에 맞는 설명 방법을 사용하여 설명 대상이 드러나도록 글을 쓴다.	□ 주제와 관련된 자료를 선정하였으나, 설명 대상의 특성에 맞는 설명 방법을 사용하는데 어려움을 느끼고, 설명 대상이 명확하게 드러나지 않게 글을 쓴다.
고쳐쓰기	□ 고쳐쓰기의 일반 원리를 적용하여 자신의 글을 능동적으로 점검하고, 독자가 이해하기 쉽게 고쳐쓴다.	□ 고쳐쓰기의 일반 원리를 적용하여 자신의 글을 스스로 점검하고, 독자가 이해할 수 있게 고쳐쓴다.	□ 고쳐쓰기의 일반 원리를 적용하여 자신이 쓴 글을 점검하는데 어려움을 겪고, 친구들과 교사의 도움을 받아 자신의 글을 고쳐쓴다. 독자가 글을 이해하는데 추론이 필요하다.
총점			9 점

2-1. 왜 이런 점수를 받을 것 같다고 생각했습니까? 그 이유를 2줄 이상 써 보세요.

내 글을 다 쓰고 다시 고친 다음 읽어보니 글을 읽고 이해하는데 딱히 어려움은 없었던 것 같다. 하지만 글에서 설명 방법을 효과적으로 나타내었는지 잘 모르겠다. 선생님이 피드백해주신 이후 한번 다시 쓰긴 했는데 잘 모르겠다.

2-2. 설명 방법 이용하여 글쓰기에 관한 총평을 다음 질문에 관한 대답을 중심으로 10줄 정도 정리해 봅시다.
- 수업을 통해 무엇을 알게 되었는가? 더 궁금한 점은 무엇인가? 궁금증을 어떻게 해결할 것인가? 배움을 발전시키기 위해 자신이 해야할 일은 무엇인가? 어떻게 실천할 것인가? 글쓰기에서 자신이 잘한 점이나 부족한 점은 무엇인가? 글쓰기를 하면서 재미있었거나 어려웠던 점은 무엇인가? 글쓰기를 하면서 어떤 능력이 향상되었는가? 이번 글쓰기는 자신에게 어떤 의미가 있는가?

일단 이 수업을 통하여 평소에 잘 알지 못하였던 북한에 대해 조금이나마 알게 되었다. 책을 읽고 수업을 듣고 자료를 찾는 과정에서 많은 것을 새로 알게 되었다. 북한과의 통일이 쉬울줄만 알았는데 막상 그런것만은 아니었다. 내가 찾은 정보들 말고 더 많은 북한의 정보들이 궁금해진다. (특히 내가 썼었던 관심사에 관한 정보들) 자료가 많이 없어서 (어쩌면 내가 못찾는걸지도) 아마 찾기 힘들겠지만 그래도 한번 찾아봐야겠다. 그리고 직접 설명방법을 사용해 글을 쓰니 설명 방법들을 더 잘 이해할 수 있었다!! 하지만 이해만 하였는지 이것을 글에 녹여내는 것은 제대로 해내지 못한 것 같아서 걱정된다. 예시 빼고는 딱히 쓸게 없어서... ㅠㅠ 그래도 글은 읽기 나름 괜찮게 쓴 것 같다. 아마 계속 설명방법을 통하여 글을 쓴다면 실력이 늘지 않을까 싶다. 물론 내가 국어 시간 말고 언제 설명 방법 이용하여 설명하는 글을 쓰겠는가. 그러니 매우 좋은 경험이었던 것 같다. 게다가 글의 주제도 '북한'과 '통일'에 관련되었기 때문에 더 의미가 있었던 것 같다. 많은 것을 배우고 내 잘못된 인식들을 바로 잡을 수 있었던 시간이었던 것 같다.

이 과제에는 글쓰기에 관한 총평도 함께 써서 제출하게 했다. 위, 아래 예문에서 볼 수 있듯, 학생들은 주제(북한과 통일)와 성취기준(설명 방법, 아래 예시 글에는 고쳐쓰기)에 관한 소감을 함께 적어냈다. 한 과제가 끝날 때 항상 이러한 자기 성찰문을 받는데, 이때 성취기준에 관한 언급이 있으면 '이번 수업을 엉망으로 하진 않았구나' 안심을 하게 된다.

이번 수업을 통해 북한에 대해 정말 많은 점을 알게 되었다. 평소에 내가 궁금해하던 주제를 가지고 조사를 하고 글을 쓰니까 모르던 사실도 자세하게 알게 되어서 정말 좋았다. 이번에 고쳐쓰기를 하면서 틀리거나 문장이 이상한 부분이 생각보다 많았는데 앞으로 글쓰기를 할 때 고쳐쓰기를 하는 습관을 들이면 매우 좋을 것 같다는 생각이 들었다. 고쳐쓰기는 단순히 오타만 고치거나 하는 게 아니라는 것을 배웠다. 문장이 자연스럽지 않거나 부족한 부분도 고쳐쓰기다. 이번에 쓴 글은 북한의 게임에 관하여 썼는데 북한이라서 그런지 자료가 너무 적어서 쓰기 불편했다. 자료를 찾기도 힘들었고 내가 원하는 내용이 없어서 어려웠다. 조사를 하면서 북한에 게임이 있다는 것은 정말 처음 알았다. 주제를 정할 때에도 정말 북한에 과연 게임이 실제로 있을지 정확하게는 몰랐는데 찾아보니 있어서 정말 신기하고 재미가 있었다. 이번 기회에 자료를 찾는 능력이 올라간 것 같다. 자료 찾기가 힘들어서 하다 보니 그렇게 되었다고 생각한다.

이번 수업을 통해 어떠한 대상을 설명할 때 어떠한 설명방법을 써야 더 자연스럽고 읽기 좋은지 알게 되었고, 북한과 음악에 대해서도 많은 정보를 알게 되었다. 이 글쓰기를 진행하며 생긴 궁금증도 꽤 있었는데 그중에 하나는 북한에도 우리나라와 같이 MLE론, B억스, GENIE뮤직 등이 있는지 궁금해졌다. 하지만 이것은 북한에 스마트폰 등이 많이 공급되어 있는지, 그들의 고유한 앱이 따로 있는지 등을 먼저 알아봐야 했고 나의 글쓰기 주제와 관련이 없었으며 자료도 거의 없었기에 답을 찾지 못했다. 글쓰기에서 사용한 설명방법에 관한 배움을 발전시키기 위해서 책을 읽을 때 설명방법을 찾아보는 것도 재미있겠다는 생각이 들었다. 글쓰기를 하며 재미있었던 점은 딱히 생각해본 적 없거나 생각만 하고, 의문점만 가지고 넘어갔던 것을 직접 검색하며 답을 찾는 것, 답을 찾고 난 후의 그 감정은 말로 형용할 수 없을 정도로 기분이 좋았다. 어려웠던 점은 자료를 찾는 것이었다. 특히 루머에 대한 사실을 확인하는 것이 어려웠다. 이번 글쓰기는 나에게 북한과 통일에 대해 한 번 더 생각해볼 수 있는 계기를 만들어 주었다. 원래는 그저 안일하게 어떻게든 되겠지, 그렇게 어떻게든 통일하고 나면 이제 어떻게든 잘 살겠지 라고 생각하는 경향이 있었는데 이번 글쓰기를 통해 북한과의 통일은 땅만 이어진다고 되는 것이 아니라는 것을 새삼 깨닫게 해주었다. 또한 글쓰기를 마치고 나서 고쳐쓰기를 하며 느낀점이 있다. 고쳐쓰기를 하며 설명방법을 표시하기 위해 찾고 있었는데 내가 의도한 설명방법보다 더 많은 설명방법을 발견한 것이다. 우리는 생활 속에서 우리가 모르는 새에 수많은 설명방법을 사용하고 있다는 것을 느꼈다. 신기했다.

구글 클래스룸에는 아래와 같이 배움 확인표를 탑재하여 점수와 함께 돌려 줄 수 있다. 내가 각 항목에 체크를 하면 총점과 더불어 학생에게 전달된다. 이를 통해 학생은 자신이 예상했던 점수와 어떻게 다른지, 실제로는 어떤 항목에서 어떤 점수를 받았는지 알 수 있다.

11월 4주_2학년_고쳐쓰기

설명방법 사용하여 글쓰기

매우 뛰어남 5점	달성함 4점	힘을 내 3점
주제에 맞는 적절한 자료를 풍부하게 선정하였으며, 대상의 특성에 맞는 설명 방법을 적극적으로 사용하여 설명 대상이 효과적으로 드러나도록 글을 쓴다.	주제에 맞는 자료를 선정하였으며, 대상의 특성에 맞는 설명 방법을 사용하여 설명 대상이 드러나도록 글을 쓴다.	주제와 관련된 자료를 선정하였으나, 설명 대상의 특성에 맞는 설명 방법을 사용하는데 어려움을 느끼고, 설명 대상이 명확하게 드러나지 않게 글을 쓴다.

고쳐쓰기

5점	4점	3점
고쳐쓰기의 일반 원리를 적용하여 자신의 글을 능동적으로 점검하고, 독자가 이해하기 쉽게 고쳐쓴다.	고쳐쓰기의 일반 원리를 적용하여 자신의 글을 스스로 점검하고, 독자가 이해할 수 있게 고쳐쓴다.	고쳐쓰기의 일반 원리를 적용하여 자신이 쓴 글을 점검하는데 어려움을 겪고, 친구들과 교사의 도움을 받아 자신의 글을 고쳐쓴다. 독자가 글을 이해하는데 추론이 필요하다.

피드백을 반영하여 수정해서 제출하면 점수를 알려 주었다.

처음 준 피드백

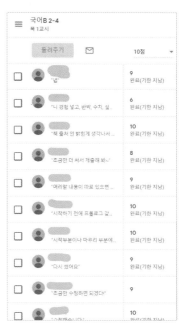

피드백을 반영하여 수정해서 제출하면
점수를 알려 주었다.

안타까운 점은 이렇게 공을 들여도 따라오는 학생만 따라온다는 점이다. 나중에 제대로 글을 써내지 않아 최저점을 받은 학생의 숫자를 분석해 보니 한 반에 5명 정도, 1/4 수준이었다. 아마 학교에 꾸준히 나왔다면 이 중 절반은 이것보다는 좀 더 나았을 텐데 아쉽다. 뒤집어 생각하면 나머지 70% 정도가 이래저래 쫓아와서 대략의 성취기준을 달성한 정도의 수준이라는 것에 아쉬움을 달래기로 했다. '코로나, 미워요!'

1학년 학생들의 경우 고쳐쓰기 전 과정을 원격수업으로 진행해서 방법이 좀 달라졌다. 학년 말 업무에 치여 전체 학생 피드백을 해 줄 수 있을까 걱정하고 있던 찰나, 교통사고까지 당해 어떻게 해 볼 도리가 없었다. 미안하지만 단계를 더 촘촘히 만들고, 서로 피드백을 여러 번 하도록 설계하는 수밖에.

고쳐쓰기 배움 확인표를 안내하고 제시하는 데 그치지 않고 이를 변형한 체크리스트를 만들어 자기 상황을 점검해 보도록 했다.

■11단계 : 최종 고쳐쓰기

11-1. 최종적으로 제출하기 전에 자신의 글을 점검해 봅시다. (Y인지 N인지 표시해 보세요)

	점검 요소	Y/N
1	처음과 끝 부분이 연결되어 있나요?	Y
2	중간 부분은 3문단 이상으로 자료 조사를 통해 풍부한 내용을 담고 있나요?	Y
3	각 문단은 중심 문장과 뒷받침 문장으로 구성되어 5줄 이상의 분량을 유지하였고 문단마다 들여쓰기가 정확한가요?	Y
4	출처는 마지막 부분에 한꺼번에 밝히고 있으며 (중간에 URL이 없어야 합니다) url에는 우리 말로 설명이 붙어 있나요? (기사나 블로그 제목, 작성자, 사이트나 블로그 이름)	Y
5	자신의 경험, 수치나 통계, 사람들의 편견(가짜 뉴스)에 대한 반박이 들어있나요?	N
6	정확하고 명확한 단어, 생동감 넘치는 단어를 사용했나요?	Y
7	문장은 어법에 맞고 자연스러운가요?(너무 길거나 짧지 않아야 합니다)	Y
8	제목이 글 전체의 내용을 잘 반영하고 있나요?	Y

11-2. 위의 점검을 하고난 후 자신의 글을 어떻게 다듬어야 할 지 생각해 봅시다. (50자 이상 작성하세요)
나의 경험이나 사람들의 편견은 적었는데 수치나 통계에 대해서는 조금밖에 못 넣어서 아쉬운 것 같다. 수치나 통계에 대한 자료를 조금 더 찾아서 넣는 것도 좋을 것 같다.

11-2. 위의 점검을 하고난 후 자신의 글을 어떻게 다듬어야 할 지 생각해 봅시다. (50자 이상 작성하세요)
생동감이 넘치는 단어 사용하고, 가짜뉴스와 편견 그리고 그들에 대한 반박 내용 조금 더 추가하기.

11-2. 위의 점검을 하고난 후 자신의 글을 어떻게 다듬어야 할 지 생각해 봅시다. (50자 이상 작성하세요)
제목을 빈곤 VR이라고 했는데 정작 글에서는 VR에 대한 내용이 별로 없어서 그 부분을 더 고치고 VR에 관련된 내용을 더 추가해 제목이 글 전체의 내용을 반영 하도록 해야 겠다.

11-2. 위의 점검을 하고난 후 자신의 글을 어떻게 다듬어야 할 지 생각해 봅시다. (50자 이상 작성하세요)
출처를 지금보다 더 정확하게 밝히고 나의 경험이나 수치, 통계나 사람들의 편견을 더 넣어서 내용을 지금보다 더 늘려서 글이 풍부해 보이도록 만들어야겠다.

전체 학생이 다 볼 수 있는 공유 문서를 만든 후, 체크리스트에 맞게 고쳐 쓴 글을 복사해서 붙였다. 자신이 올린 글 아래쪽 친구 세 명에게 댓글로 위의 체크리스트를 참고하여 조언을 달아 주도록 했다. 상호 피드백을 할 때에는 피드백을 하는 학생의 교육도 중요하지만 피드백을 받는 학생에게도 이야기를 해줘야 한다. 수잔 브룩하트의 책에 나와 있는 내용을 바탕으로 학생에게 한바탕 잔소리를 했다. 아무리 좋은 피드백을 한다고 해도 받아들일 자세가 되어 있지 않으면 소용이 없기 때문이다.

피드백을 줄 때	피드백 받을 때
1) 친구의 작품을 주의 깊게 읽으세요. 작품을 쓴 사람이 아니라 작품에 관해 이야기하세요. 2) 작품의 내용을 설명, 묘사하기 위해 배움 확인표에 나타난 용어를 사용하세요. 3) 제안과 아이디어를 주고, 왜 이것이 작품을 향상시킬 수 있다고 생각하는지 설명하세요. 4) 피드백을 받은 친구의 이야기나 질문을 잘 들으세요.	1) 친구의 피드백을 잘 들으세요. 질문에 답을 하기 전에 그에 관해 먼저 생각할 시간을 가지세요. 2) 친구의 피드백을 배움 확인표와 비교하고, 자기 글을 수정할 때 어떤 코멘트를 받아들일 것인지 결정하세요. 3) 피드백을 준 친구에게 고마움을 표시하세요.

11-3. 위의 기준을 적용하여 '모음 글'에 작성한 자신의 글 밑에 3명의 친구(아래쪽에 쓴 친구는 처음으로 넘어갑니다) 글에 고쳐쓰기를 위한 조언을 해 줍니다. 친구의 글 아래쪽에 자신의 학번 이름을 적고 조언을 씁니다. (조언할 것이 없으면 칭찬을 써도 됩니다) 본문과 구분이 되도록 파란색으로 색깔을 바꾸어 줍니다. (지난 시간 자기 글을 아직 복붙하지 않은 사람, 학번 이름을 안 쓴 사람 빨리 먼저 수정해 주세요!!)

예시) 10501 구본희: 한 문단이 2~3문장 밖에 안 되어 있어. 뒷받침 문장을 더 보충하거나, 비슷한 내용은 묶어서 한 문단으로 만들면 좋겠어.

    학생들이 조언을 제대로 썼는지 확인하기 위해 자신이 쓴 조언과 친구가 쓴 것 중 마음에 드는 것을 적어 보게 했다. 이렇게 다시 점검하는 장치를 만들어야 보다 성의껏 댓글을 달게 된다.

11-4. 자신의 조언(칭찬) 중 마음에 드는 조언은 무엇입니까?

	친구 이름	조언 내용
1	■■■	말투가 존댓말에서 반말로 바뀌는걸 고치면 될것같아
2	■■■	첫문장을 좀더 흥미있는 문장으로 고치면 좋겠어

11-5. 친구의 조언 중 마음에 드는 조언은 무엇입니까? (하나만 써도 됩니다)

	친구 이름	조언 내용
1	■■■	4번째 문단이 너무 길어서 나눴으면 좋겠고 띄어쓰기를 고쳐봐

11-4. 자신의 조언(칭찬) 중 마음에 드는 조언은 무엇입니까?

	친구 이름	조언 내용
1	▮▮▮	사람들이 모르는 분야를 잘 짚어낸 것 같다.
2	▮▮▮	10320임지후: 난민과 드라마의 관계가 깊게 다뤄지지 못한 것 같아 아쉽지만 드라마 주인공이 성장하는 것과 난민이 살아가기 위해 노력하는 것을 엮은 것은 신선했다.

11-5. 친구의 조언 중 마음에 드는 조언은 무엇입니까? (하나만 써도 됩니다)

	친구 이름	조언 내용
1	▮▮▮	글의 목적을 알 수는 있으나 난민으로서 잘 살고 있는 사례 말고 반대로 난민인데 잘 살지 못하는 사례도 보여줬으면 좋겠다.
2	▮▮▮	글의 길이나 내용은 좋지만 잘 살고 있지 못하는 난민들의 이야기도 넣으면 좋을것 같다.

11-4. 자신의 조언(칭찬) 중 마음에 드는 조언은 무엇입니까?

	친구 이름	조언 내용
1	▮▮▮	코로나19로 인한 장애인들의 어려움은 생각해보지 못했는데 이 글을 통해 조금은 생각해볼 수 있게되어 좋았다. 장애인의 불편을 해결해 줄 수 있는 방법에 대해 더 조사해서 써보면 더욱 좋은 글이 될 것 같다.
2	▮▮▮	문단을 나눠 들여쓰기 하고, 제목을 글의 내용과 조금 더 관련있는 것으로 지으면 좋겠다.

11-5. 친구의 조언 중 마음에 드는 조언은 무엇입니까? (하나만 써도 됩니다)

	친구 이름	조언 내용
1	▮▮▮	자료가 많지만 정리를 잘 해 두어서 보기 좋았다.

소주제별로 나누어 글을 올리게 한 글모음에 들어가면 다음과 같은 모습을 볼 수 있다.

생각합니다. 또한, 난민수용에 반대하는 보수단체가 운영하는 rapefugees.net 이라는 사이트에 게시된 난민이 저질렀다고 주장하는 291건의 성범죄 사건을 조사한 결과, 강간사건이라고 주장하는 138건 중 실제 있었던 사건은 41건인데 그중 난민과 관련된 건수는 20건, 유죄판결은 14건 이었습니다. 그리고 집단강간이라 주장하는 67건의 집단강간 사건중 실제 있었던 사건은 18건, 난민 관련은 6건, 그중 유죄판결은 4건으로 생각보다 난민 범죄가 적다는것을 알 수 있습니다. 유엔난민기구 친선대사로 활동하고 계신 배우 정우성씨는 난민들의 생활 모습과 환경들을 직접 두 눈으로 보고 그들을 위해서 힘써주고 계십니다. 몇몇 사람들은 난민들에 대한 부정적인 생각을 가지고 있기에 난민들을 보호하려는 정우성씨의 행동을 좋게 보고있지는 않지만, 그래도 정우성씨는 자신의 SNS에다가 난민에대한 자신의 생각을 남기는 등의 난민을 보호하려는 주장을 계속해서 하고계십니다.

난민들에 대해서 찾아보고, 그들을 보호하기위해 노력하시는 배우 정우성씨가 존경스럽고, 이 글을 읽으신 후에 난민에 대한 부정적인 생각들이 조금이라도 긍정적으로 바뀌었으면 좋겠다고 생각합니다. 가짜뉴스와 소문들만 믿고, 난민들에 대해서 부정적으로만 생각하지 말고 난민들에 대하여 조금이라도 더 알아보는건 어떨까요?

*참고자료

[현장영상]정우성"난민옹호강요하려는건아니다"

https://news.naver.com/main/read.nhn?mode=LSD&mid=sec&sid1=102&oid=005&aid=0001209713

제주서 예멘난민 수용 반대집회...난민법 개정 등 촉구

https://www.yna.co.kr/view/AKR20180630047100056?input=1195m

_____ : 글을 읽어 보면 난민들이 성범죄를 일으킨 사건수 보다 가짜뉴스로 만들어진 사건이 더 많아 일부 사람들은 난민을 별로 호의있게 생각하지 않는다는 걸 알 수 있었다.
_____ : 가짜뉴스 예가 구체적이다.

학생들의 글을 살피니 내가 생각한 것만큼 잘 고쳐지지 않았다. 배움 확인 표에 맞게 조언을 하라는 것이 잘 다가오지 않은 듯하여 친구들에게 피드백하는 것을 한 번 더 하게 했다. 웹서핑을 하다가 동료 피드백 관련한 내용(I heard, I noticed, I wondered, http://www.tnellen.com/cybereng/method.html)을 발견했는데 이를 내 수업에 맞게 조금 변형하였다.

■13단계 : 한 번 더 고쳐쓰기

13-1. 글모음에서 내가 붙여 넣은 글 위쪽 친구 2명이 쓴 글을 읽고 다음을 작성하세요.

1) 친구의 글에 다음과 같은 글을 작성해 줍니다.

	친구에게 한 말씀	친구의 말을 들으니
1.내가 읽은 것	친구의 글에 관한 전체적인 생각을 이야기합니다. 글의 핵심 아이디어가 무엇인지 정리합니다.	친구가 쓴 내용이 내가 전달하려고 했던 것인지 아닌지 생각해 봅니다.
2.내가 눈치챈 것	친구의 글 중에서 특별히 관심을 끌었던 부분은 어디입니까? 왜 그렇게 생각했습니까? 어떤 내용이 특히 생동감 넘치고 빼어납니까? 이 글에 관해 어떤 것이 기억에 남을 것 같습니까?	친구가 쓴 내용을 읽으며 친구의 관심을 끈 내용과 그 이유를 분석하고 그것을 글 전체에 적용할 수 있는 방법을 생각해 봅니다.
3. 내가 궁금한 것	친구의 글을 읽고 어떤 의문이 들었습니까? 궁금한 점은 무엇입니까? 무슨 뜻인지, 왜 그것이 포함되었는지 이해가 가지 않는 부분은 없었습니까? 지루하거나 읽는데 방해가 되는 부분은 없었습니까? 다른 방식으로 고치면 더 나아질 것 같은 부분은?	친구가 쓴 질문에 관한 답이 글 속에 녹아날 수 있도록 글을 어떻게 고칠 수 있을지 생각해 봅니다. (친구가 느낀 부분을 좀 더 명확하게 하기 위해)

*위의 표를 참고로 하여 아래 표를 작성합니다.

	친구에게 한 말씀 (각 항목 당 100자 정도 작성)
1.내가 읽은 것	일상이 돼버린 웹툰 속에 성차별적 단어들과 말들이 있다. 그런 단어와 말들이 안좋은 영향을 줄 수 있기때문에 좋은 영향만 줄 수 있게 성장해 갔으면 좋겠다
2.내가 눈치챈 것	처음 문장에서 흥미를 느껴 잘 읽었다.
3.내가 궁금한 것	바르게 어떤식으로 성장해 가는지 궁금하다

한 사람당 자기 글보다 먼저 올린 친구 두 명에게 표 내용에 맞추어 조언을 하게 했다. 지난번과 반대 순서였는데 더 많은 친구의 글을 꼼꼼히 읽어 보면 좋겠다는 바람에서였다. 친구들이 댓글을 빨리 안 올린다며 볼멘소리도 있었지만 댓글을 받으니 자신의 글쓰기에 도움이 되었다는 학생들도 있었다. 글모음은 아래와 같은 모습이 된다.

이처럼 저희의 삶에 코로나19가 들어오고 나서부터 문제들이 하나둘씩 증가하기 시작했습니다. 이러한 문제들을 해결하려면 기부를 하거나, 모금을 하는 등의 캠페인으로 조금이나마 도움을 줄 수 있는 일이라도 했으면 좋겠습니다. 하지만 이런 빈부 격차가 코로나19가 사라지면 조금씩 줄어들 것 같으니, 빨리 코로나19가 끝나길 바랍니다.

〈참고자료〉

– 코로나 시대 커지는 빈부격차… 교육·일자리 양극화 심해진다 – 김세정, 국민일보
http://news.kmib.co.kr/article/view.asp?arcid=0924157297
– 디지털 격차가 부른 교육 불평등… 포스트 코로나 과제 – 김기성, YTN
https://www.ytn.co.kr/_ln/0113_202006130117092304_012
– 코로나로 드러난 전 세계 민낯 – 임소연, 머니투데이
https://news.mt.co.kr/mtview.php?no=2020041314574710462

친구에게 한 말씀 (각 항목 당 100자 정도 작성)	
1.내가 읽은 것	전체적인 내용도 좋고 읽을 거리가 많다.
2.내가 눈치챈 것	코로나19로 인하여 빈부격차가 더 벌어지고 있다는 사실을 알게 되었다.
3.내가 궁금한 것	앤드루 쿠오모 뉴욕 주 지사는 왜 "뉴욕 내 인종에 따른 피해 편중에 충격을 받았다"고 말했나요?

친구에게 한 말씀 (각 항목 당 100자 정도 작성)	
1.내가 읽은 것	코로나19로 인한 빈곤에 대해 구체적으로 잘 설명했다.
2.내가 눈치챈 것	여러 나라의 처지들을 잘 알게 되었다. 코로나19를 주제로 써서 더 인상 깊을 것 같다.
3.내가 궁금한 것	미국은 왜 의료 비용도 높고 의료보험 가입률이 낮나요?

친구에게 한 말씀 (각 항목 당 100자 정도 작성)	
1.내가 읽은 것	코로나19로 인해서 전세계의 아이들과 어른들이 고생을 하고 힘들게 살고 있어서 빨리 끝나면 좋겠다
2.내가 눈치챈 것	코로나 19 싫어!
3.내가 궁금한 것	무엇을 이용해서 기부나 복지를 할 것 같나요?

이렇게 루카 모드리치의 숨겨진 이야기를 알아보았다. 글의 내용을 정리하자면 루카 모드리치는 크로아티아 독립 전쟁으로 인해 피난 생활을 해왔고, 결국엔 월드클래스 축구선수로 자리 잡았다. 모드리치의 어린시절처럼 꿈을 가진 여러 나라의 학생들을 위해서라도 전쟁을 하고 있는 나라들은 평화를 찾고 난민 문제를 해결해야 한다. 난민 문제가 심각한 나라들이 평화를 목표로 발전해 나가면 난민 문제는 금방 사라질 거라고 확신한다.

〈참고자료〉
- 예멘 난민 신청자, 월 138만 원 지원받는다? – 팩트체크, JTBC
https://news.jtbc.joins.com/article/article.aspx?news_id=NB11652436
- 축구계 '우주 최강 스펙' 모드리치 발롱도르 수상!
https://www.youtube.com/watch?v=ztlvMjl73Qg – 엠빅뉴스, Youtube

	친구에게 한 말씀 (각 항목 당 100자 정도 작성)
1.내가 읽은 것	루카 모드리치는 크로아티아 사회주의 공화국에서 태어나서 크로아티아의 독립전쟁으로 인한 난민생활을 하다가 축구선수가 되었고, 전쟁을 하고 있는 나라들이 평화를 찾아가면서 난민문제를 해결하려고 노력하면 난민문제는 해결될것이라는것.
2.내가 눈치챈 것	루카 모드리치의 어린시절 이야기를 한것이 관심을 끌었고, 어렸을 때 난민이 되었다는것이 힘들었을텐데, 그럼에도 불구하고 메시, 호날두를 제치고 축구선수로서 받을 수 있는 최고로 명예로운 상인 발롱도르를 받은 월드클래스 축구선수가 되었다는것이 기억에 남을것같다.
3.내가 궁금한 것	설명을 자세하게 해주어서 궁금하거나 이해가 잘 되지 않는 부분은 없었고, 글이 지루하지 않았다. 루카 모드리치는 어쩌다가 축구선수가 되었는지에 관한 내용이 조금 더 있어도 좋을것 같다.

고칠 만큼 고쳤다고 생각했을 때 학생들의 글을 학년별 구글 사이트에 올리도록 했다. 구글 사이트에는 이후 카드뉴스를 만들어 함께 탑재하도록 했기에, 구글 사이트에 관한 내용은 이후에 다루겠다.

학생들은 긴 글을 써 보고 고쳐 쓰는 과정을 거치면서 글을 완성한 자신을 대견하게 여겼고, 자신의 실력이 향상되었다고 느꼈다. 사고가 깊어졌다는 걸 느낀 학생들도 있었다. 사이트에 올린 내 글을 다른 사람들이 읽을 것이라는 사실이 글을 쓰고 다듬는 데 더욱 동기부여가 되었다.

자신의 글을 돌아보는 데는 선배나 친구들의 글을 읽어보는 것도 도움이 되고, 친구들의 글에 조언을 하는 것도 도움이 된다는 이야기가 많았다. 교사가 일일이 피드백을 하는 것도 도움이 되겠지만 상호평가를 통해 본인 스스로 메타인지를 발휘하여 자기 글을 점검하는 일도 학습의 주인으로 서는 데 필요한 일이다.

같은 소주제로 글을 쓴 친구들끼리 묶어서 피드백을 하게 했더니 자신이 소주제를 어떻게 녹여냈는지에 관해 성찰하기도 했다.

> **12/9 목표**
> **배우고느낀점**
> 고쳐쓸 점들 더 찾아서 글 완성하기, 피드백 주고 받기, 카드뉴스글쓰기
> 내가 쓴 글을 바탕으로 간단한 카드뉴스를 만드는게 재미있었다. 친구들의 글을 읽어본 것도 글 고쳐쓰는데 도움이 됐다.

> **12/12 목표**
> **배우고느낀점**
> 글 끝까지 다 작성하기, 배운내용을 가지고 글 고쳐쓰기
> 친구들이 글 고쳐쓰는 팁을 듣게 되어 인 도움이 됐다. 놓쳤던 내용들도 다시 배워서 조금 더 좋은 글이 됐다.

10 카드뉴스 만들기(비캔버스, 구글 슬라이드)

1	목표 세우기
2~4	개념 학습과 적용하며 읽기
5	토의하기
6	중간 점검
7	관심사 찾고 주제 잡기
8	개요 짜기
9~12	정보 찾아 글쓰기
13	고쳐쓰기
14	**카드뉴스 만들기**
15	공유와 평가

매체와 관련된 성취기준은 학년별로 모두 있다. 1학년은 표현에 초점을, 2학년은 읽기에 초점을 둔 것이 다르다. 1학기에 발표를 위한 슬라이드를 만들어 보긴 했지만 온전히 매체 자체를 다루었다고 보기 어려워 카드뉴스 만들기를 시도했다.

카드뉴스는 크게 내용과 이미지로 나눠 생각해 볼 수 있다. 내용은 이미 글을 쓰기 위해 준비했기 때문에 새롭게 무언가를 더 만들어 내야 하는 것은 아니므로 쉽게 접근할 수 있을 것 같았다. 내용과 관련된 이미지를 찾는 것은 검색이 쉽지 않을 수 있을 것 같아 직접 그림으로 그려도 된다고 했다.

먼저 카드뉴스를 만들기에 앞서 다른 학교 학생들이 만든 예시를 보여 주었다(이혜진 선생님 감사합니다!). 성취기준을 들이대기 전에 실물로 보이는 게 있어야 이야기하기 편할 듯싶었다. 다행히 예시 자료가 아주 완벽하지 않아서 어떤 점이 마음에 들지 않는지도 이야기할 수 있었다. 시간이 넉넉하면 상, 중, 하 수준을 함께 놓고 비교하거나 학생들에게 예시를 주고 대략의 배움 확인표를 만들어보라고 했었어도 좋았을 텐데 싶다.

■12단계: 카드뉴스 만들기

도덕과와 함께 인권 관련 책을 읽고 '사이트 도구'와 '카드 뉴스'를 만듭니다.

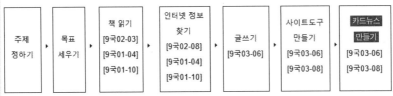

12-1. 다음 채점 기준표를 살펴 봅시다. 수행을 하기 전에 우려되는 점은 무엇입니까? 극복하기 위해 어떤 노력을 해 볼 수 있을까요?

평가 요소	성취수준		
	매우 뛰어남 A (5점)	달성함 B(4점)	조금만 더 C(3점)
독자 와 매체 고려	인터넷 매체와 독자의 특성을 세심하게 고려하여 전달하고자 하는 핵심 내용을 간결하고도 효과적으로 표현한다.	인터넷 매체와 독자의 특성을 고려하여 전달하고자 하는 핵심 내용을 표현한다.	인터넷 매체와 독자의 특성을 그다지 고려하지 않으며 전달하고자 하는 내용이 잘못되었거나 부족하게 표현한다.
매체 표현	다양한 자료에서 적절한 내용을 풍부하게 선정하고, 독자의 흥미를 끌게끔 짜임새 있게 내용을 조직하였으며, 전달하려는 내용에 적합한 이미지를 효과적으로 사용한다.	여러 자료에서 내용을 선정하고 짜임있게 내용을 조직하고, 전달하려는 내용에 적합한 이미지를 사용한다. 부분적으로 적절하지 않은 이미지가 있기도 하지만 전체적인 맥락에서 큰 영향을 주지 않는다.	몇 개의 자료에서 내용을 선정하고, 내용의 조직이 엉성하여 전달하려는 바가 뚜렷하지 않다. 이미지의 상당수가 내용과 관련없다. 혹은 분량이 너무 적어 전달하려는 의미를 충분하게 전달하지 못한다.

*우려되는 점:독자와 매체 고려
*극복을 위한 노력:다른 사람들에게 부탁해서 내용을 읽어 달라고 한 다음 모르는 단어 등이 있는지 알려달라고 한 다음 풀어쓰거나 쉬운 단어로 교체하거나 주석을 다는 등으로 읽기 편하게 할 것이고 핵심내용을 잘 뽑아내기 위해 중심문장 찾는 방법을 연습할 것이다.

*우려되는 점: 아무래도 카드뉴스는 많은 양을 넣진 못해서 진짜 핵심적인 부분만 넣어야 하는데 효과적으로 할 수 있을지 모르겠다.
*극복을 위한 노력: 필요 없다고 느끼는 부분이 있으면 가차없이 자르고 인터넷 매체의 특성과 연결지어 완성한다.

*우려되는 점: 핵심 내용만 간결하게 효과적으로 표현할 수 있을지 우려된다.
*극복을 위한 노력:
카드 뉴스를 만들기 전 내 글을 정리해서 분량과 내용을 어떻게 할지 미리 개요표를 세워보아야 겠다.

카드뉴스를 만들기 위한 계획을 세우기 위해 비캔버스를 이용했다. 미리 틀을 제시하고 이에 맞게 작성해 보도록 했다. 학급별로 캔버스를 만들고 '붙임 쪽지' 기능을 이용하여 표처럼 보이게 틀을 만든 후, 학생 숫자만큼 복사하여 만들어 두었다. 1학년의 경우, 자료와 글 위주의 계획서와 이미지를 추가한 계획서를 각 1차시씩 진행했고, 2학년의 경우는 한 차시에 두 개를 모두 만들도록 했다. 채점 기준에는 넣지 않았지만 최소 8장 이상 만들라고 했더니 대부분 8장에 딱 맞게 만들었는데, 조사한 내용이 많은 경우 억지로 8장에 맞추느라 흐름이 자연스럽지 않은 경우도 눈에 띄었다. 글 내용이 다 담기면 된다고만 하고 분량을 정해주지 말 걸 그랬나 싶기도 하다.

카드뉴스 배움 확인표를 만들려고 검색을 하다가 마음에 들지 않는 배움 확인표도 여럿 보았다. 카드뉴스를 만든다고 하면서 내용이나 매체 표현에 관한 기준도 있지만, 제출 기한, 분량, 협력 정도 등을 기준으로 삼는 배움 확인표도 있었다. 어떤 배움 확인표는 기한이나 분량의 경우 항목에서 만점을 정해 놓고 한 개 어길 때마다 감점을 하는 것도 있었다. 배움 확인표를 만들 때는 진짜 중요하고 본질적인 요소에 강조를 두어야 한다고 생각한다. 특히 눈에 보이는 공정성을 추구하기 위해 제출 기한, 분량 등을 기준으로 넣는 경우(누가 봐도 몇 점인지가 분명하다) 교사의 지시를 잘 이행했는지 혹은 성실한지를 측정하기 위한 것이라면 모를까 자칫하면 실제 학생의 배움과 성장에 기여하는 바가 적은 배움 확인표가 될 수도 있다. 만약 8장 이상이라는 제한을 두고 이를 점수 부여하는 기준으로 삼는다면 자칫 학생들은 얼마 없는 내용을 늘리고 늘려 8장을 만들 수도 있다. 짜임새나 완성도 면에서는 떨어져도 8장을 만든 학생은 그 항목에서 점수를 잘 받고, 그 반대 경우의 학생은 그 항목에서 점수를 잘 받지 못한다면, 점수가 학생의 배움과 성장을 보여주지 못하는 셈이 된다.

마음에 드는 이미지를 찾지 못해 직접 그린 학생도 있었다.

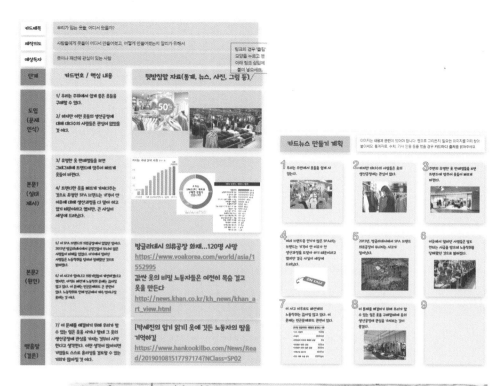

12/11 목표
배우고 느낀점
카드뉴스 만들기는 처음이라 걱정도 되고 기대도 되지만 성공적으로 만들 수 있을까 걱정된다.
처음부터 느낀건데 역시 자료를 찾고 수집한다는 게 수월한 게 아니다 솔솔 지치기도 한다. 아직 끝날 때까지는 끝난 게 아니다.

12/12 • 카드뉴스 계획 세우기
• 글 쓰는 건 쉽지만, 더 정확하게 포인트를 강조해 간추려야 했기에 조금 생각을 많이 했던 것 같다.

2020. 12. 13. 일
모두
내 배우고 느낀점
글 다 고치고 카드뉴스 만드는 날이다 카드뉴스를 잘 만들 수 있다는 모험같기도 그래도 완성 단계에 났다
카드뉴스 만들고 글을 고치는 건 쉬운 게 아니라 너무너무 어려운 것이었다. 또 시간이 제일 힘들었다. 머리도 너무 아팠다.

제 2챕 목표
예상 느낀점
오전은 너랑 너 ... 카드뉴스 만들기 계획을 만드는 날이다. 거의 다 했지만 열심히 해야겠다.
오늘은 비긴어게인어 카드뉴스 만들기를 하는데 너무 힘들었다. 왜냐하면 사진도 찾고 밀리고 또 사진은 붙여넣기가 안되서 더 힘들었다.

계획을 세운 이후 카드뉴스를 구글 슬라이드로 작성하게 했다. 만든 카드뉴스를 구글 사이트에 올릴 예정이라 별생각 없이 구글 슬라이드로 작성하게 미리 틀을 주었다. 나중에서야 사이트에서 슬라이드가 안 보인다는 걸 알았다. 공유 설정을 바꿔야 하는데 그것을 놓쳤기 때문이었다. 급하게 학생들에게 오픈채팅방, 문자 등을 통해 알리고, 한주 늦게 작성하는 1학년에게는 그 설명까지 담아 안내했다.

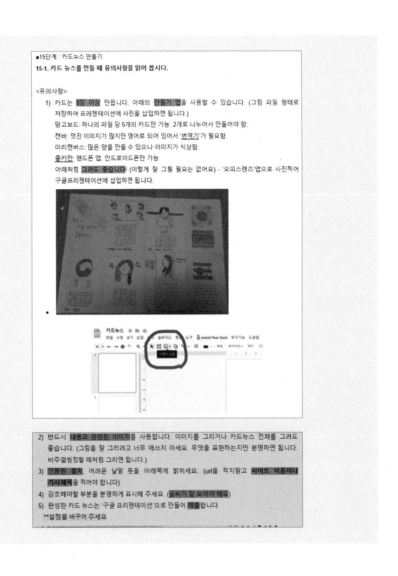

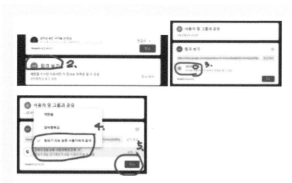

6) 다음 '구글 사이트'에 자신의 카드뉴스를 게시하세요.

아래 사이트에 들어가 1번[프리젠테이션]을 누르고 자신의 프리젠테이션을 불러옵니다.

학생들은 입맛에 맞게 직접 그림을 그리거나, 이미지를 찾아 카드뉴스를 완성하였고, 이를 구글 사이트에 올렸다. 내용과 관련된 이미지가 필요하기 때문에 찾기 어려우면 그림을 그리는 게 낫다고 안내했다. 학생에 따라 찾은 이미지에 필요한 글씨, 그림 등을 삽입하여 원하는 이미지로 다시 만든 경우도 있었다. 비주얼 씽킹 수업을 하면서 그림으로 설명하기 힘들 때 핵심어를 통해 보충해 줄 수 있다고 했더니 자연스럽게 배운 것을 이용했다.

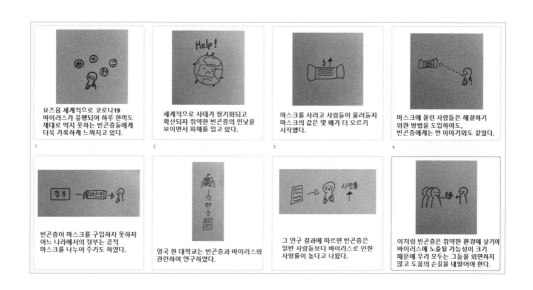

2장 •주제 탐구 프로젝트   269

요즘 반려견을 키우는 사람이
늘어나고 있는 가운데 유기견 또한
늘어나고 있다.

그림은 모두 다
내가 직접 그림
(1-2 장면용)

1

또한 유기견도 많이 생기고 있다.

2

유기견이 생기는 이유는
첫째, 입양아의 생활이 나빠져
더이상 강아지를 키울수 없을때

3

둘째,반려견의 병원비가
많이들어 부담이 될때.

4

셋째, 반려견이 문제행동을
보일때.

반려견을 입양할때는 신중하게
생각하는것이 정상이지만
반려견의 외모에만 혹해
생각없이 입양을 선택하는
일이 종종 생긴다.

책임지도 못할 반려견을
데려와서 그 생명에게 상처를
주기보다는 다른 사람에게
입양갈수있는 기회를 주는것이
어떨까? 자신이 빈곤에 떨고
있다면 하나의 생명을
책임지는 것에 있어서 더
신중할 필요가 있다

우리에게 반려견은 인생의
일부이지만 반려견에게 우리는
인생의 전부라는것을 기억해
주기를 바란다.

북한의 자동차와 교통 시장,
제 2의 개성공단으로

우리 생활에선 이미 기본이 된 자동차,
가끔 뉴스에서 북한의 열병식 자동차
행렬을 본곤한다.

그렇다면 실제 북한의 자동차와
교통의 모습은 어떨까?

버 후기 !!!

북한은 자체적으로 차량을 생산 및
수입하고 있으나, 가격대가 매우 높아
서민층은 접하기가 불가능에 가깝다.

북한에는 타 교통수단도 있으나
규모가 크지 못하고, 고속도로
등도 있지만 상태는 좋지 못하다.

북한에서는 2017년까지 개인 자동
차 등록이 불가능하며, 임금에
비해 너무 비싸 일부 '돈주와 간부
들만의 사치물으로 전락했다

이렇게 자동차를 이용하는 사람이
적다보니 도로나 교통시설 등이
잘 정비되지 않았다.

하지만 이런 북한의 자동차와 도로는
개발할 가치가 크며 회담 당시 함께
고속도로 현대화 사업을 하자고 합의
하기도 하였다.

이렇게 자동차를 이용하는 사람이
적다보니 도로나 교통시설 등이
잘 정비되지 않았다.

하지만 이런 북한의 자동차와 도로는
개발할 가치가 크며 회담 당시 함께
고속도로 현대화 사업을 하자고 합의
하기도 하였다.

이렇게 도로와 개선과 자동차 발전 사업
을 남북이 함께한다면 제 2의 개성공단
처럼 운영할 수 있을 것이다.

우리가 남북의 통일에 조금
더 관심을 가지고 차근차근
이어간다면 통일에 한 발자국
더 다가갈 수 있을 것이다.

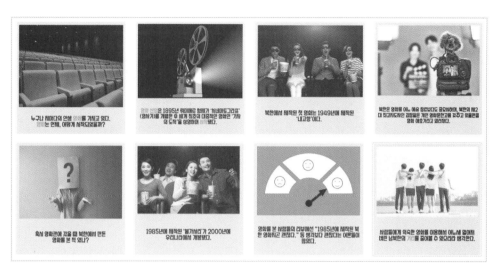

필요한 이미지 위에 본인이 직접 그림을 그리기도 했다.

디지털 도구 사용에 능숙한 학생들은 카드뉴스 만드는 것을 부담스러워하지 않았고, 반면 그렇지 못한 학생들은 엄청나게 많은 시간을 투자했으며, 결코 다시는 하고 싶지 않다는 이야기도 했다. 등교수업이었다면 친구나 교사에게 물어가며 훨씬 쉽게 할 수 있었을 텐데, 출발점을 보다 고르게 맞춰 주었을 텐데, 안타깝다.

	단원 목표 : 한반도 관련보고 카드뉴스 제작하기
2020/12/23	카드뉴스에 적절한 사라하나 사이트(사춘)를 둘러봐고 내 글을 담숙해 연구하는 작업이
내용고 행동	재미엇엇고, 뚜미 사이트라는 이용해와서 재밌기도 벗기만 따라 뚜둔에서
	좋더 그것으면 나는 부분들이 않다. 종더 멋지게 많을 수 있는텐데...

12.30 목표	카드뉴스 완벽히 만들기
내고고 느낀점	오늘은 최종적으로 카드뉴스 만들기를 끝마쳤다 카드뉴스라는건 저술을
	둘이보는데 생각보다 쉽게 만들었고 재밌었다. 검색아었고도 재밌었

카드뉴스를 만든 후에 카드뉴스 만들기에 관한 평가를 했다. 카드뉴스를 계획할 때 본인이 예상했던 것과 실제 만들어진 카드뉴스를 비교하여 자신의 생각을 서술해 보는 것이다.

14단계: 카드뉴스 만들기 평가

14-1. 자신의 카드뉴스 만들기를 되돌아 봅시다. 다음 채점 기준표에 자신이 해당되는 부분에 빨간색을 칠합니다.

평가 요소	성취수준		
	매우 뛰어남 A (5점)	달성함 B(4점)	조금만 더 C(3점)
독자 와 매체 고려	인터넷 매체와 독자의 특성을 세심하게 고려하여 전달하고자 하는 핵심 내용을 간결하고도 효과적으로 표현한다.	인터넷 매체와 독자의 특성을 고려하여 전달하고자 하는 핵심 내용을 표현한다.	인터넷 매체와 독자의 특성을 그다지 고려하지 않으며 전달하고자 하는 내용이 장황하거나 부족하게 표현한다.
매체 표현	다양한 자료에서 적절한 내용을 풍부하게 선정하고, 독자의 흥미를 끌게끔 짜임새 있게 내용을 조직하였으며, 전달하려는 내용에 적합한 이미지를 효과적으로 사용한다.	여러 자료에서 내용을 선정하고 짜임새있게 내용을 조직하고, 전달하려는 내용에 적합한 이미지를 사용한다. 부분적으로 적절하지 않은 이미지가 있기도 하지만 전체적인 맥락에서 큰 영향을 주지 않는다.	몇 개의 자료에서 내용을 선정하고, 내용의 조직이 엉성하여 전달하려는 바가 뚜렷하지 않다. 이미지의 상당수가 내용과 관련없다. 혹은 분량이 너무 적어 전달하려는 의미를 충분하게 전달하지 못한다.

14-2. 카드뉴스를 계획할 때 예상했던 것과 달라진 점은 무엇입니까? 그 이유를 적어 봅시다.

평가요소	이 유
매체 표현	처음에 계획을 했을 때는 짜임새와 이미지 등을 구상을 못하고 있었는데, 예시자료로 카드뉴스들을 직접 보고, 비캔버스에서 개요표를 만들었더니 구성이 잘 되었다.

14-3. 여전히 B(달성함)나 C(조금만 더), D(힘을 내)를 받은 평가 요소는 무엇입니까? 이유를 50자 이상 적어봅시다. (없으면 없는 이유를 쓰세요)

평가요소	이 유
독자와 매체 고려	글 같은 매체는 평소에도 많이 접하고 읽어보고, 수업에서도 배웠기 때문에 독자와 매체를 생각하여 쓰는 것이 수월했는데, 카드뉴스는 평소에 보지도 않고 어떤 것인지, 어떻게 구성하는 것인지 같은 기본적인 것을 하나도 모른채로 온라인 수업에서만 보고 만들어서 확실히 읽은 독자가 매체에 어울리지 않는다는 평가를 내릴 수 있을 것이라 생각했다.

14-4. 위의 요소에 관해, 어떻게 하면 A(매우 뛰어남)로 갈 수 있을지 생각해 보고, A로 가기 위한 구체적인 방법을 50자 이상 적어봅시다. (모두 A인 경우 그렇게 생각한 이유를 쓰세요)

카드뉴스라는 매체의 특성을 이해하기 위해 예시가 될 수 있는 실제 카드뉴스들을 참고자료로 많이 읽고, 어떤 방식으로 독자들에게 본인의 뉴스를 어필하는지, 강조를 할 때는 어떻게 하는지, 가장 활용하여 뉴스를 만드는 법은 어떤지 등을 찾아내어 실제로 만드는 것에 적용해보면 큰 도움이 될 것이다.

14-5 카드뉴스 평가

나는 이 수업을 통하여 카드뉴스라는 것이 어떤지 알게 되었다. 평소에 보는 뉴스는 TV에서 보는 뉴스와 인터넷 기사들이고, 카드뉴스는 본 경험이 거의 없었는데 이 수업을 하면서 자연스럽게 카드뉴스가 무엇인지, 어떤 점이 장점이고 어떤 점이 단점인지 등을 알 수 있었다. 더 궁금한 점이라고 하면 어떻게 해야 카드뉴스라는 제약 안에서 독창적이고 눈에 띄는 효과를 넣을 수 있을지가 궁금하다. 이걸 알려면 실제 카드뉴스들을 보며 영감을 얻어야 할 것이다. 내가 잘한 점을 뽑아 보면 개요표 작성과 사진을 찾은 것으로 뽑고 싶다. 개요표를 어느 정도 구체적으로 만들어 두어서 오늘 실제로 뉴스를 만들 때 많이 참고하여 큰 도움의 토대로 삼을 수 있었으며, 카드뉴스만의 매력이자 중요 포인트인 기사 내용과 어울리는 사진들을 미리미리 찾아두어서 뉴스에도 어울리고, 시간도 크게 절약할 수 있었다. 모든 뉴스를 다 만들고 나서 쭉 봤을 때가 가장 성취감 있고 재미있었고, 나머지는 거의 다 어려웠다. 수업을 통해 독자들을 생각하며 여러 매체로 내용을 설명하는 능력이 향상되었으며, 새로운 지식의 개척과 경험이라는 의미가 있다.

수업을 통해 카드뉴스를 만드는 앱과 보통의 카드뉴스 짜임새는 어떻게 생겼는지에 대해서 새로 알게 되었고 더 궁금한 점은 다른 사람은 비무장지대에 대해서 어떠한 글을 주로 쓰고 이러한 활동을 하였을지가 궁금하였다. 이 궁금증을 해결하기 위해서 인터넷 블로그나 사이트에서 찾아볼 수 있을 거 같다. 또 배움을 발전시키기 위해서 평소에 북한에 대한 책을 읽어야 할 것 같고 코로나 때문에 도서관을 못가서 전자책으로 대여해서 읽을 수 있을 거 같다. 카드뉴스 만들기에서 잘한 점은 내용 구성인 것 같고 부족한 점은 글의 전체적인 맥락 맞추기와 맥락에 맞는 이미지 사용하기인 것 같고, 카드뉴스 만드는 것이 생각보다 재밌고 깔끔하게 나와서 좋았던 것 같고, 어려웠던 점은 많이 없었던 것 같다. 카드뉴스를 만들면서 글을 짜임새 있게 구성을 하는 부분에서 향상이 되었고, 아무래도 전에는 카드뉴스를 만들어본 적이 한번도 없었는데 처음 한 활동이고 생각보다 많이 재밌고 새로 알게 된 내용도 많기에 의미있는 활동인 것 같다.

이번에 카드뉴스 만들기 수업을 하면서 카드뉴스를 만드는 방법과 어떻게 하면 카드뉴스를 간결하지만 내가 하고자 하는 말을 효과적으로 전달할 수 있는지에 대해서도 새롭게 알게 되었다. 이 활동을 하면서 내가 부족했던 점은 간결하지만 효과적으로 전달하기였는데 계속 이 활동을 하고, 고치고 또 고치다 보니 이 부족했던 점이 보완되어 해결된 것 같다. 이 활동을 하면서 내가 부족했던 점을 보완할 수 있어서 좋았던 것 같다. 카드뉴스 만들기를 하며 내가 맡은 주제에 맞게 내가 직접 구성하고, 만들어서 발표까지 하니 이 점이 즐거웠던 것 같다. 코로나19로 인해서 직접 발표하지 못한다는 점이 아쉽지만 그래도 카드뉴스 만들기 활동도 내가 무언가를 얻어가며 끝마칠 수 있어서 만족한다. 전에 언급했지만 이것을 통해 나는 간결하지만 효과적으로 내가 하고자 하는 말을 전하는 방법을 배웠고, 이 점을 더 발전시키기 위해서 이러한 활동들을 많이 접해보고, 많이 해봐야 할 것 같다. 카드뉴스 만들기 활동은 나에게 또 다른 강점을 선물해준 활동인 것 같다. 그래서 더 뜻깊고 이 엄청난 강점을 꼭 유지해야겠다. 또 한 이 강점을 실전에 사용하고, 나에게 주어진 상황에 맞게 잘 활용해야겠다.

수업을 통해 자료를 찾는 방법이 향상되었다. 그리고 카드뉴스 만들기에서 부족한 점은 솔직히 다 부족한 것 같다. 초등학교 때 모둠끼리 카드뉴스 만드는 것도 어려웠는데, 혼자 하니 더 막막하고 자료는 많은데 쓸 말이 없고, 초등학교 카드뉴스는 되게 길게 만들었는데 지금 만든 건 너무 짧은 것 같아서 아쉽고 그런다. 카드뉴스 구상하는 것하고 만드는 것이 어려웠다. 한마디로 그냥 다 어려웠다는 말이다. 내가 관심 있는 분야를 카드뉴스로 만들라고 하면 재밌게 할 수 있을 거 같은데 솔직히 나는 북한에 대해 관심이 하나도 없고 그나마 내가 관심있는 영화와 연결해 북한에 관한 영화를 조사를 하고 카드뉴스를 만들었지만, 처음 접해보는 단어도 있었고, 생각보다 자료가 적었다. 구상하는 것도 내가 전달하려는 목적을 찾는 것이 어려웠고, 어떤 내용을 쓸 건지 정하는 것도 어려웠다. 많은 내용을 쓰고 싶어도 자료가 한정적이어서 아쉬웠다. 이번 카드뉴스 만들기는 나중에 학교 생활이나 직장 생활을 하면서 카드뉴스 만들 일이 생길 때 참고할 수 있는, 나중의 발판이 될 수 있는 것인 것 같다.

이 수업을 통해서 인권의 중요성과 인권을 보장받아야 한다는 점에 대해서 정말 잘 알고 잘 배우게 되었다. 더 궁금한 점은 다른 사람들, 예를 들어 난민에 대한 인권이 궁금하고 이 궁금증은 다른 친구들의 글을 보면서 해결할 수 있을 것 같다. 배움을 발전시키기 위해 내가 해야 할 일은 수업에 집중하는 것이라고 생각한다. 이를 실천하는 방법은 수업을 제시간에 제때 맞춰서 하는 것이고 그리고 과제를 열심히 최선을 다해서 하는 것이라고 생각한다. 카드뉴스 만들기에서 내가 잘한 점은 그림을 잘 찾고 만약 못 찾았을 때에는 내가 원하는 그림을 직접 그리는 것을 잘한 것 같다. 그리고 부족한 점으로는 계획을 세우는 부분에서 너무 시간을 오래 지체한 것이라고 생각한다. 카드뉴스를 만들면서 재미있었던 점은 카드뉴스를 처음 만들어보는 것이기 때문에 새로운 경험이었다. 그래서 재미있었고, 어려웠던 점 역시 처음 해보았기 때문에 사진자료를 찾거나 내용을 정리해서 간추리는 데 약간 어려웠던 것 같다. 이를 통해서 글 정리 능력이 향상된 것 같고 그리고 정보를 찾는 능력도 향상되었다고 생각한다. 이번 카드뉴스 만들기는 나에게 새로운 것도 열심히 하면 잘 해낼 수 있다는 의미가 담겨 있다고 생각한다.

학생들은 카드뉴스 만들기를 통해 이미지를 활용하고 글을 간략하게 다듬으며 효과적으로 매체를 사용하는 법을 익혔을 뿐만 아니라 자신들이 학습한 주제에 관한 고민도 깊어졌다. 마지막 평가서에 주제 내용과 성취기준에 관한 언급이 들어있으니 괜찮은 수업이었던 셈이다. 수업 시간에 교사가 전달한 지식을 외우면서 학습한 것은 온전히 자신의 것이 되기 어렵다. 하지만 스스로 자료를 찾아보고, 고민하는 과정에서 익힌 것은 분명 삶에 각인되어 남아 있을 것이다. 카드뉴스를 만든 학생들의 소감을 보면서 역량을 구성하는 지식, 기능, 태도의 모든 부분을 제대로 배운 듯하여 뿌듯했다.

11 공유와 평가(구글 사이트, 구글 문서)

구글 사이트는 사이트를 쉽고 간단하게 만들어 주는 도구이다. 선생님들은 온라인 학습을 체계적으로 올리거나, 많은 선생님의 작업을 한군데 모으고 싶을 때('학교 가자 닷컴'이 대표적이다) 혹은 온라인 교무실을 만들어 공유 문서 등을 쉽게 공유하고 싶을 때 구글 사이트를 사용한다. 학생들에게 수행과제로 낼 때는 학생 한 명당 사이트 하나씩을 만들어 포트폴리오 형식으로 제작하게 하기도 한다.

글쓰기를 온라인에서 구글 문서로 작업했기 때문에 이왕이면 온라인에 게시하고 싶었다. 카드뉴스도 함께 게시하면 좋겠다고 생각했다. 전체 학생들이 하나의 구글 사이트 도구에 자기 작품들을 올린다면 따로 문집을 만들지 않아도 결과물을 전시하는 것이나 다름없겠다는 생각도 했다.

학생들에게는 구글 사이트 도구를 작성하는 방법이 담긴 동영상을 제시하고, 설명도 일일이 붙여 안내했다. 예상했던 대로 2학년은 아무 문제 없이 쓱쓱 잘 만들었고, 1학년 학생들은 카톡방에 불날 정도로 계속 물어왔다. 자신들의 글을 올리게 하고, 카드뉴스까지 올리게 한 후(제대로 올리지 못한 학생의 뒤처리는 물론 나의 몫이었다) 학년을 엇갈려 서로의 사이트를 방문하여 패들렛을 붙여 만든 방명록에 글을 쓰게 했다.

학생들의 구글 사이트는 내가 디자인했는데, 감각도 없고, 아이디어도 없어서 아주 평범하게 만들었다. 어떻게 만들어야 할지 잘 모르겠어서 메인페이지 없이 만들었다가, 학생들 글을 모두 나오게 만들었다가, 이렇게 저렇게 바꾸었는데 최종적으로는 다음과 같은 꼴을 갖추게 되었다.

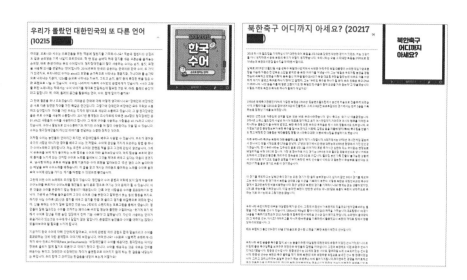

1학년에게는 친구와 선배들의 사이트에, 2학년에게는 친구와 후배들의 사이트에 들어가 여러 글을 읽어 보고 방명록을 세 개씩 작성하도록 했다. 학년별로 주제가 달랐기 때문에 서로 매우 흥미롭게 글을 읽고 방명록을 달았다.

방명록 쓰는 방법 안내

후배들 사이트에 방명록을 남긴 2학년 선배들

모든 학생이 글을 쓰고, 모든 학생이 카드뉴스를 올리지는 않았다. 특히나 카드뉴스의 경우 원격수업으로만 진행한 데다 기말고사도 끝난 시점이어서 이 복잡하고 어려운 수업을 따라오는 게 쉽지는 않았을 거다. 모두 다 잘했으면 좋겠지만 그건 나의 욕심일 뿐이다. 지금까지의 과정만으로도 학생들의 노고와 성장이 느껴져서 칭찬을 마구 날리고 싶다. 나에게, 학생들에게.

학생들의 소감을 보면 볼수록 공유의 힘을 깨닫는다. 나누면 나눌수록 서로 배우는 것이 많아지고 관계도 돈독해지는 것 같다. 그렇다고 모든 학생이 다 좋아했던 것은 아니다. 공유하는 것을 불편해하는 학생도 있었다. 자신이 공부하고 배운 것을 나누고 자기의 말과 글에 책임지려는 자세가 중요하다고, 학습이라는 것은 학습하는 사람이 주인이 되는 것이기에 남들의 이야기는 내가 주체적으로 판단하고 받아들여야 한다고 얼굴 맞대고 이야기를 하고 싶었으나 그럴 기회가 없었다. 많은 학생이 공유를 통해 배웠다고 하는 말에 혼자 감동하여, 왜 이런 활동을 하는지 제대로 전달하지 못한 것이 아닌가 싶었다. 내가 더 세심하게 챙겨야 할 부분이다.

2학년의 경우, 1학기에 쓴 서평도 있어서 연말에 묶어서 책자로 만들었다. 이미 글이 다 있었으므로 만드는 과정이 어렵지는 않았다.

마지막으로 프로젝트 전체를 마무리 짓는 2학기 최종 평가를 했다. 2학기 시작했을 때 자신이 썼던 글을 보면서 2학기 끝났을 때 얼마나 성장했는지를 스스로 판단한다. 마지막 시간에는 언제나 눈시울이 뜨거워진다. 한 학기 쫓아오느라 얼마나 힘들었을까. 학생들의 한 학기 평가를 볼 때는 나에 관해 상찬을 늘어놓는 말보다 어떤 어떤 능력이 향상되었다고 말해 주는 게, 이러이러한 생각을 하게 되었다고 말해 주는 게 참 좋다. 내 뒤통수가 얼얼해지는 평가도 도움이 많이 된다. 이번에도 한 학생이 북한 사람을 실제로 만나 보았으면 더 좋았겠다고 썼는데, 왜 난 그 생각을 진작에 하지 못했을까 싶었다. 연결을 중요하게 생각한다고 하면서 학생과 세상을 연결하는 것에 고민이 깊지 못했던 걸 반성했다. 언제나 학생에게 배운다. 내가 교직에 있는 동안, 앞으로도 늘 그럴 것이다.

18-1. 패들렛에 프로젝트가 시작할 때 썼던 2-1, 2-2를 읽고 자신이 얼마나 목표를 달성했는지에 관해 자신의 생각을 100자 이상 적어보세요.

나는 국어수업 초반에 내가 설정했던 목표를 거의 90 % 이상 달성했다고 본다. 그동안 몰랐던 북한의 새로운 모습이나 갈라지게된 계기, 그 역사에대해 조금더 자세하게 알 수 있게되었고 그동안 막연하게 사회주의국가니까 , 공산주의니까 하고 생각하던 것들이 무슨 뜻을 가지는지, 경제, 정치가 우리나라와 비교해 얼마나 다른지 전보다는 조금더 자세히 알게되지 않았을까 싶다.

18-1. 패들렛에 프로젝트가 시작할 때 썼던 2-1, 2-2를 읽고 자신이 얼마나 목표를 달성했는지에 관해 자신의 생각을 100자 이상 적어보세요.

북한을 선을 그어버린다는 나라로 생각을 했었는데 매체를 찾고 여러 글을 보는 것 만으로도 북한이라는 나라에대해 마음을 열게 된 것 같고 비슷하다는 인식을 심는게 목표라고 했는데 지금 그 목표를 이룬 것 같다.

그리고 가장 변한건 새로운 나라에대해서 배우는게 아니고 원래 알던 친구를 조사하는 느낌을 받게되었다.

18-1. 패들렛에 프로젝트가 시작할 때 썼던 2-1, 2-2를 읽고 자신이 얼마나 목표를 달성했는지에 관해 자신의 생각을 100자 이상 적어보세요.

이 프로젝트가 시작할 때의 나의 목표는 바로 '북한에 대해 그 누구보다 더 잘 알게 되는것'이었다. 현재 뜻깊었던 프로젝트가 끝난 지금 이 시점에서, 나는 나의 목표를 99% 달성한것 같다. 1% 아쉬운것이 있는데 그것은 바로 생생한 이야기를 들어보지 못했다는 점이다. 나는 이 프로젝트를 하며 정말 많은 것들을 조사해 보며 북한에 대한 많은 정보들을 얻었지만, 내가 맡은 분야와 관련되어 북한에 살았던 사람의 이야기등과 같은 생생한 이야기를 보거나 듣거나 하지 못했다는 것이 정말 아쉽다. '이러한 사람들의 이야기를 들었다면 내가 썼던 글이 더욱 더 풍부해지고 더욱 더 완벽해졌을텐데..'라는 생각이 들었을 정도로 아쉬웠다. 그래도 내가 생각했던 목표의 99%를 달성했다는 점과 이 프로젝트를 하며 내가 할 수 있는 한 최선을 다하며 했다는 점에서 만족스러운것 같다.

18-1. 패들렛에 프로젝트가 시작할 때 썼던 2-1, 2-2를 읽고 자신이 얼마나 목표를 달성했는지에 관해 자신의 생각을 100자 이상 적어보세요.

나의 목표는 내 주제인 '장애'와 관련된 책을 모두 읽고 이 주제에 대해 다른사람에게 자세히 설명해 줄 수 있는 수준이 되는것, 그리고 이 주제에 관심을 가지는 것 이었다. 책 4권을 모두 읽지는 못했지만 3권은 읽었고, 자세히 완벽하게 설명하는 수준은 못 되지만 어느정도는 설명해줄 수 있다고 생각하므로 목표의 60~70%를 달성했다고 말할 수 있겠다. 또 장애와 장애인에 대해, 그들의 권리에 대해 조금은 관심을 가지게 되었으니 이 역시 목표를 잘 달성한 것 같다.

18-2. 패들렛에 적은 2-4와 2-5를 읽어 봅시다. 2-5에 적은 방법을 잘 실천하였나요? 그 동안 나아지기 위해 어떤 노력을 하였나요? 이에 관한 자신의 생각을 50자로 적어봅시다.

잘 실천 하였다고 생각한다. 독서기록 요약을 잘 하기 위해 스스로 책 내용을 요약해보겠다고 계획을 세웠다. 그후 읽은 내용으로 비주얼 씽킹을 그리고(과제로), 장애에 관한 책 중 1권을 읽을 때는 한 챕터의 내용을 노트에 정리하며 읽었다. 또 카드뉴스를 잘 만들기 위해 예시를 본 후에 도전해보겠다는 계획을 세웠었다. 실제로 카드뉴스를 만들기 전에 선배들이 만든 것과 만드는 프로그램에 나와있는 예시들을 보고 카드뉴스를 만들었기에 잘 실천하였다고 생각한다. 다만 미리 카드뉴스와 사이트 도구의 특성에 대해 알아보자는 방법은 실천하지 못했다.

18-3. 수업 시작하기 전 예상했던 것과 달라진 것은 무엇입니까? 그 이유를 적어 봅시다.

평가요소	이 유
토의하기	북한에 대한 지식이 조금 더 풍부해졌기 때문이다.

18-4. 여전히 B(달성함)나 C(조금만 더), D(힘을 내)를 받은 평가 요소는 무엇입니까? 이유를 50자 이상 적어봅시다. (없으면 없는 이유를 쓰세요)

평가요소	이 유
매체 표현하기	인터넷에서 통계 자료를 인용해서 글을 쓰면 좋았을 텐데 그 자료를 찾지 못하고 그대로 글을 썼기 때문에 여전히 b로 평가를 했다.

18-5. 위의 요소에 관해, 어떻게 하면 A(매우 뛰어남)로 갈 수 있을지 생각해 보고, A로 가기 위한 구체적인 방법을 50자 이상 적어봅시다. (모두 A인 경우 그렇게 생각한 이유를 쓰세요)

> 매체 표현하기 요소가 A로 가기 위해서는 내가 인터넷 자료를 찾을때 통계청, 등의 공식기관에서 통계자료를 조사해서 앞으로 글을 쓸 때 거기에 넣어서 글을 써야 할 것 같다.

18-6. 1년 동안 수고 많았습니다. 마지막으로 다음 질문에 관한 대답을 중심으로 1년 소감을 작성해 봅시다. (모든 질문에 답을 쓰는 것이 아니라 몇 개만 골라 구체적으로 작성해 주세요. 선생님께 편지를 써도 좋습니다.)

- '북한 탐구 생활 프로젝트'를 하는 동안 자신이 겪었던 어려움은 무엇이고, 그것을 어떻게 극복하였습니까? 이 프로젝트를 통해 어떤 능력이 향상되었나요? 이 프로젝트는 자신에게 어떤 의미였습니까? 다른 프로젝트를 한다면 어떤 것을 해 보고 싶습니까? 국어 수업에 바라는 점은 무엇입니까? 원격수업에서 사용했던 프로그램(잼보드, 구글문서, 패들렛, 페어덱, 비캔버스 등) 중 마음에 드는 것은 무엇이고 이유는 무엇입니까? 끝으로 국어 선생님께 하고 싶은 이야기는 무엇입니까?

북한 탐구 생활 프로젝트를 시작하면서 걱정이 많았다. 앞으로 어떤 활동을 하게 되는 지도 모르고, 또 내가 과연 잘 할 수 있을까라는 생각이 들정도로 북한에 대해 깊이 알지 못했기 때문이다. 북한 프로젝트를 하면서 처음에는 북한에 대한 책을 여러권 들려 읽으면서 그 책의 내용을 요약해서 쓴 다음 그 내용을 가지고 그림을 그려보았다. 그리고 내 관심사를 정리해보고 그것과 연관지어 북한에 대한 글을 어떻게 쓸지 계획해보고, 계획한 걸 가지고 개요를 짜고, 또 개요 짠 것을 바탕으로 북한의 영화에 대한 글도 써보았다. 그리고 마지막에는 카드뉴스를 만들어보고, 또 다른 친구들이 쓴 글에 대한 느낀점도 써보았다. 이렇게 다양한 방법으로 글을 써보고나니 저절로 다양한 방법으로 글을 표현하는 것에 대해 도움이 된 것 같다. 그리고 카드뉴스를 이렇게 제대로12 만들어 본 적이 없었는데 새로운 경험이었던 것 같다.

북한 탐구생활 프로젝트를 하는동안 있었던 어려움은 여러가지가 있는데 그중에서도 가장 힘들었던건 자료조사가 아닐까 싶다. 인터넷에있는 방대한 자료를 요약하기가 힘들어서 선생님이 어느정도 설명해 주신 것과 책에서 본것들로 주로 글을 썼는데 다음에는 인터넷에 있는 자료도 잘 활용할 수 있도록 해야겠다. 이 프로젝트는 나에게 북한에대한, 사회이슈에대한 관심을 불러 일으킨 프로젝트였다. 그래서 앞으로도 쭈욱 이런 이슈들에 관심을 가질 것 같다.

일단 북한 탐구 생활 프로젝트에서 글쓰기도 어려웠지만 고쳐쓰기도 꽤 고난했다. 처음에 쓸 때 신경써서 잘 쓴 것 같은데 고쳐한다니 어떤 점이 쓸모 없어서 빼야되는지 어떤 내용을 더 집어넣어야하는지 고르는게 어려웠다. 난 그것을 독자의 입장에서 계속 읽어보며 어떤 것을 빼고 어떤 것이 필요한지 알아보고 집어넣었다. 이 프로젝트를 통해 독서 기록 요약하기, 토의하기, 쓰기, 매체 표현하기, 고쳐쓰기 등 많은 능력이 향상되었다. 이 프로젝트는 내가 부족했던 것들을 향상시킬 수 있는 기회가 되었다. 원격수업에서 사용했던 프로그램 중에는 구글 문서가 제일 친숙하고 깔끔한 느낌이 들어서 좋았던 것 같다. 선생님 과제가 항상 좀 많은 것 같아요.

온라인 수업으로 하다 보니까 처음이라 서툰 점도 많아서 어려웠고 지금은 친구들과 문제점도 서로 봐주고 보완해서 극복해낸것같다. 이 프로젝트로 온라인 수업에 더 적응하게 된 것 같다. 원격수업에서 사용했던 프로그램이 사실 다 너무 어려웠지만 그나마 구글 문서가 간단하고 쓰기 편해서 좋았다. 그래도 잘 마무리해서 좋다.

선생님 문제를 푸는 사람들도 힘들지만 만드는 사람은 더 힘들다는데 이 걸 1,2,3학년 일주일에 한번이나 모두 수업하는것을 만드시는 부분에서 매우 존경스러웠습니다. 남은 학년도 잘 부탁드립니다.

구본희 선생님께
안녕하세요 선생님 어느새 만난지도 2년째네요! 2년째라니 돌이켜보니 정말 한게 없는것 같아요 선생님 말씀도 안듣고 수업늦게 들어오고 공책도 안가져오고 참 문제가 많았었네요 . 이렇게 한해가 넘어가는게 정말 맞나 싶을 정도로 빠른 해인거같네요. 모두가 힘들었던 한해였지만 그런데도 구본희선생님의 웃음을 잊지않는 표정! 학생들을 가르치려는 열정적인마음! 이런것들을 보고 아!! 이 선생님은 진짜 선생님이구나 라는것을 알았어요. 어쨌든간에 좋은 연말 보내시고 내일이면 새해니까 새해복 많이 받으십쇼

마지막 시간에 한 학기 동안 배움 진행표를 전부 찍어 제출하도록 했다. 아래 '배우고 느낀점'에 나오듯 학생들도 자신이 걸어온 발자취에 뿌듯했겠지만, 나 또한 학생들이 대견하고 자랑스러웠다. 이렇게 학생들은 조금씩 성장한다.

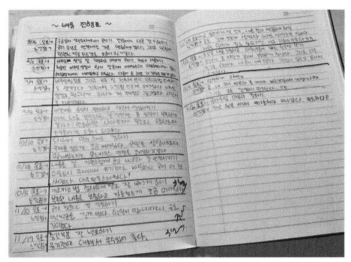

2/3 목표 - '슬기로운 인권 생활' 돌아보고 1년 동안의 활동 돌아보기
배우고 느낀점 - 오늘은 국어 B를 정말로 끝냈는데 아쉬우면서도 속이 후련했다. 그동안의 나를 돌아보니 정말 나도 수고 많았고, 많이 발전한 것 같다. 1년 동안의 배움진행표를 돌아보니 꽉 채워져 있는 진행표가 뿌듯해 보인다.

❖ 구글 사이트

구글이 제공하는 웹사이트 제작 도구이다. 손쉬운 방법으로 누구나 웹사이트를 만들 수 있고 공유를 통해 많은 사람이 함께 사이트를 제작하는 것이 가능하다. 텍스트, 동영상 등 다양한 자료를 삽입할 수 있고, 포트폴리오처럼 자료를 누적할 수 있어, 개인 사이트나 수행평가로도 좋다.

3 장

나꿈 너꿈
프로젝트

⬚1 이토록 복잡한 진로 수업이라

이 프로젝트는 '한 학기 한 권 읽기'와 연계하여 진학을 앞둔 3학년 학생들이 자신의 꿈과 진로 고민을 더 깊게 했으면 하는 바람으로 기획했다. 해마다 3학년을 가르칠 때는 면접 상황을 가정한 말하기, 진로 탐구 보고서, 진로 서평 쓰기, 고등학교 탐방 보고서 등 진로·진학과 관련된 프로젝트를 넣곤 했다. 1학기 '관악 청소년 문학상'의 일환으로 구술평가를 치르기로 했던 계획이 바뀌면서 2학기에는 진로 관련 책을 읽고 구술평가를 해야겠다고 생각했다.

그런데 몇 가지 고려 사항이 생겼다. 1학기에는 모둠 활동이라 친구들의 눈치를 봐서라도 책을 읽어야 하는 상황이었다. 그런데 2학기에는 어떻게 책을 꼭 읽어야겠다는 생각을 하게 만들까? 원격수업의 경우, 일주일 한 시간으로는 등교수업에 비해 책을 읽게 하는 동력이 떨어진다. 이를 해결하기 위해 1, 2학년은 융합 수업을 선택했는데 3학년도 뭔가 방법을 찾아야 했다. 자료를 뒤적이다가 물꼬방 선생님들이 짝과 진로 관련 인터뷰를 한 다음 보고서를 쓰게 한 내용을 발견했다(감사합니다. 한창호, 송수진 선생님). 그래, 짝과 함께하게 하면 짝 때문이라도 책을 읽겠구나! 진로에 관한 책을 읽고 자신의 생각을 친구들과 함께 나누면 자기만 이런 고민을 하는 것이 아니라는 안도감을 느낄 수 있을 것이다. 가까이 있었지만 정작 어떤 고민을 하며 사는지 잘 모르는 친구들에게 관심을 가질 수도 있다. '한 학기 한 권 읽기'에서는 학생이 책을 읽었는지 읽지 않았는지가 매우 중요한데, 교사가 학생에게 일일이 간섭을 할 수도 있지만, 짝과 매칭을 해줌으로써 친구 때문에라도 책을 읽어야 하는 상황을 만들어야겠다고 생각했다. 때로 학생들에게는 교사보다 친구가 더 부담스럽기도 하다. 혼자서 모든 학생을 독려하긴 어렵지만 인터뷰 짝이 책을 읽도록 돕는다면 내 짐을 덜 수 있을 것 같았다. 그래서 수행평가는 진로 관련 책을 읽고 짝과 인터뷰한 내용을 구술평가로 해야겠다고 결론을 지었다.

3학년은 1학년 때부터 계속 이어 가르쳤던 학생들이다. 1학년 때부터 계절 축제를 비롯하여 이것저것 다양한 행사를 치렀던 학생들이 코로나라고 옴짝달싹 못 하는 게 참 안쓰러웠다. 졸업 선물을 주고 싶은데 뭐가 좋을까? 구술평가로 마지막 프로젝트가 끝난다면 결과물은 없는 셈이다. 그렇다면 구술평가 내용을 정리하여 보고서로 만들어 볼까? 그걸 묶어서 졸업 문집을 만들어 줄 수도 있겠구나.

전체 차시는 다음과 같이 진행했다. 음영 표시는 등교수업으로, 1학기 끝나기 직전에 한 번, 2학기에 세 번이었다. 학생들 얼굴 보기가 이렇게 힘들 줄 상상도 하지 못했다.

차시	내용 /온라인 도구
0	도서관에서 책 고르기, 짝과 발표 순서 정하기, 방학 동안 책 읽어 놓으라고 독려
1	목표 세우기(이 프로젝트는 왜 할까? 나의 목표는 무엇일까? 배움 확인표 읽고 자기 수준 체크, B~D 받을 것 같은 요소과 그 이유, A를 달성하기 위한 나의 노력) /구글 문서, 패들렛
2~3	책 읽으면서 내용 정리(책 읽고, 주어진 질문에 답 쓰기) / 구글 문서, 패들렛
4	중간 점검, 인터뷰 질문 만들기(+인터뷰) / 구글 문서
5	인터뷰 내용 정리 / 구글 문서
6	구술평가 연습
7	구술평가 최종 준비 / 구글 문서
8~9	구술평가(진로 관련 책을 읽고 친구와 의견을 나눈 후 청중 앞에서 발표하기)
10	구술평가 돌아보기, 보고서 개요 짜기 / 구글 문서
11	'친구 인터뷰 보고서' 처음 부분 글쓰기 / 구글 문서
12~14	중간1, 중간2, 끝 부분 글쓰기, 고쳐쓰기 / 구글 문서
15	프로젝트 마무리 / 구글 문서

관련 성취기준은 다음과 같다.

영역	수업 내용	성취기준
읽기	진로와 관련된 책 읽기	[9국02-01]읽기는 글에 나타난 정보와 독자의 배경지식을 활용하여 문제를 해결하는 과정임을 이해하고 글을 읽는다. [9국02-05]글에 사용된 다양한 논증 방법을 파악하며 읽는다. [9국02-09]자신의 읽기 과정을 점검하고 효과적으로 조정하며 읽는다.
듣기/말하기	진로 관련 책 읽은 내용을 친구와 인터뷰한 후 구술평가	[9국01-06]청중의 관심과 요구를 고려하여 말한다. [9국01-09]설득 전략을 비판적으로 분석하며 듣는다.
쓰기	친구와 진로 인터뷰한 후 보고서 쓰기	[9국03-01]쓰기는 주제, 목적, 독자, 매체 등을 고려한 문제 해결 과정임을 이해하고 글을 쓴다. [9국03-03]관찰, 조사, 실험의 절차와 결과가 드러나게 글을 쓴다.

② 책 고르고 목표 세우기(구글 문서, 패들렛)

1학기 기말고사가 끝난 후 학교에 나온 이틀 동안 국어 선생님 시간을 한 시간씩 빌려서 2학기에 진행할 '나꿈 너꿈 프로젝트'를 안내했다. 대략의 프로젝트를 소개하고 뽑기 프로그램을 이용하여 짝과 구술평가 발표 순서를 뽑았다. 짝을 무작위로 할 것인지 성별을 나눌 것인지 물었더니, 아직은 같은 반 친구들과 친숙하지 않은 탓인지 같은 성별끼리 인터뷰를 하고 싶다고 했다. 처음에는 추첨을 해야 할지 원하는 친구들끼리 짝을 지어 주어야 할지 고민을 했지만, 한 학기가 지나도 별로 친해지지 않은 코로나 상황을 감안하여 무작위 추첨을 해서 짝을 정하기로 했다. 나중에 졸업 앨범을 펼쳤을 때, 친숙한 친구가 한 명이라도 더 있으면 좋겠다는 생각에서였다.

예전부터 발표할 사람을 뽑을 때는 '마시마로 뽑기 프로그램'을 이용하곤 했다. 한 번 당첨된 학생은 다시 나오지 않고 버튼을 누르면 약간 뜸을 들이며 당첨된 사람 이름이 나오는데 그 순간의 스릴을 학생들은 좋아했다. 이때는 시간이 넉넉해서 한 명씩 당첨이 되면 성별로 나누어 짝과 순서를 정했다. 마지막에 한 명이 남으면 세 명이 돌아가면서 하게 했다. 시간이 부족할 때는 '자리 뽑기 프로그램'을 이용하면 순식간에 짝과 순서까지 다 정할 수 있다. 내 이름이 언제 뽑힐지 두근거리며 기다리는 재미는 없겠지만.

순서를 정한 후 도서관에서 진로 관련 책을 골라 보게 했다. 자기 꿈이 확실한 친구는 쉽게 골라 왔고, 진로를 정하지 못한 친구는 망설이고 있었다. 멘토가 될 만한 사람의 이야기나, 진로 일반에 관한 책, 혹은 정한 것은 아니지만 관심 가는 직업에 관한 책들을 골라 보라고 권했다. 학생들이 책을 고르기 전에 물꼬방의 진로 도서 목록이나 '학교도서관저널'에서 나온 『진로 직업 365』, 강원도사서교사협의회의 '진로 패스파인더'를 참고하여 책을 사 놓았다.

관련 진로	도서명	작가	출판사
기자	궁금해요! 기자가 사는 세상	이상호 외	창비
금융업	금융인이 말하는 금융인	강세훈 외	부키(주)
외교관	왜 서희는 외교담판을 했을까?	한정수	자음과 모음
사진작가	종이거울 속의 슬픈 얼굴	최민식	현실문화연구
항공정비사	비행기 구조 교과서	나카무라 간지	보누스
과학자	수업시간에 못다한 신나는 과학이야기	오오츠키 요시히코	한울림
웹툰작가	10대에 웹툰 작가가 되고 싶은 나, 어떻게 할까?	권혁주	오유아이
공무원	공무원이 말하는 공무원	김미진	부키
피아노/음악	청소년을 위한 서양음악사	이동활	두리미디어
세무사	나의 직업 세무사	청소년행복연구실	동천출판
요리	소년이여, 요리하라!	금정연 외	우리학교
패션디자인	켄터키 할아버지 커넬 샌더스의 1008번의 실패, 1009번째의 성공	최은영	넥서스BIZ
인물	스티브 잡스를 꿈꿔 봐	임원기	탐
웹소설작가	실패하지 않는 웹소설 연재의 기술	산경	위즈덤하우스
외교관	외교 외교관	최병구	평민사
건축가	건축가가 말하는 건축가	이상림 외	부키
교사	나의 직업 선생님	동천기획연구실	동천출판
디자인	인테리어 디자인	김상권	미진사
요리사	요리사	주우미 외	꿈결
요리사	요리사 어떻게 되었을까?	지재우	캠퍼스멘토
인물	유재석 배우기	박지종	북랩
법률가	궁금해요! 변호사가 사는 세상	금태섭 외	창비
스포츠	멈추지 않는 도전	박지성	랜덤하우스코리아
PD	이벤트 연출가: 순간을 최고로 만드는 사람	고바야시 유지	커뮤니케이션북스
법률가	우리들의 변호사	박준영	이후
메이크업	메이크업아티스트가 되고 싶어요	김대환	생각나눔
운동선수	축구를 하며 생각한 것들	손흥민	브레인스토어
게임기획	게임 기획자와 시스템 기획	심재근	에이콘출판사
디자이너	디자이너가 말하는 디자이너	오준식 외	부키
경찰	나의 직업 경찰관	동천기획연구실	동천출판
군인	나는 대한민국 군인이다	이경현	푸른향기
디자이너	궁금해요! 디자이너가 사는 세상	이나미 외	창비
호텔리어	호텔리어 그 화려한 이름	김경윤 외	이프레스
간호사	나는 간호사, 사람입니다	김현아	쌤앤파커스
교사	오늘 처음 교단을 밟을 당신에게	안준철	문학동네
군인	나의 직업 군인(육군)	청소년행복연구실	동천출판
요리사	나의 직업 요리사	청소년행복연구실	동천출판
요리사/호텔경영	백종원의 장사 이야기	백종원	서울문화사
간호사	간호사라서 다행이야	김리연	원더박스
스포츠/축구	호날두 완벽을 위한 열정	루카 카이올리	그리조아 FC

관련 진로	도서명	작가	출판사
배우	배우수업	스타니스랍스키	예니출판사
과학자	과학자와 놀자	김성화 외	창비
치과의사	치과의사	강창용 외	꿈결
메이크업아티스트	베이직 메이크업	이영호	신아출판사
성우	목소리로 연기하는 배우, 성우 되기	황보현	들녘
방송PD	1인 방송 시작하는 법	김기한	지노
인물	스티브 잡스 이야기	짐 코리건	움직이는서재
제과제빵사	나의 꿈은 제과제빵떡사	꿈디자인LAB	동천출판
프로파일러	정의롭다면 프로파일러	고준채	토크쇼
제과제빵/요리	요리사가 말하는 요리사	김광오 외	부키
생명공학가	뭐라고, 이게 다 유전자 때문이라고?	리사 시크라이스트 치우	한얼미디어
제과제빵/요리	궁금해요! 요리사가 사는 세상	박찬일 외	창비
상담/정신과의사	어쩌다 정신과 의사	김지용	심심
항공기조종사	나의 직업 항공기 조종사	청소년행복연구실	동천출판
게임기획	게임기획자 공략집	오현근	이담북스
바리스타	김대기의 바리스타 교본	김대기	MJ미디어
인물	호날두는 우리와 무엇이 다른가	한준	브레인스토어
싱어송라이터	목소리를 높여 high!	악동뮤지션	마리북스
인물	갈릴레오 갈릴레이	피터 시스	시공주니어
마케터	마케터의 일	장인성	북스톤
헤어디자이너	헤어디자이너	이완근	bookin
PD	PD가 말하는 PD	김민식 외	부키
인물	찰리 채플린: 스크린의 독재자	김별아	자음과모음
프로게이머	프로게이머 어떻게 되었을까?	지재우	캠퍼스멘토
대중음악	김이나의 작사법	김이나	문학동네
만화가	하필이면 꿈이 만화가라서	올리버 폼마반	뜨인돌
파일럿	나의 직업 군인(공군)	꿈디자인LAB	동천출판
기술자	세상을 바꾼 기술자들	주동혁	지성사
군인	직업군인 어떻게 되었을까	김미영	캠퍼스멘토
의사	의사 어떻게 되었을까	한승배	캠퍼스멘토
예능PD	재미있게 살고 싶다면 예능 피디	신정수	토크쇼
패션디자이너	패션의 유혹	앤드류 터커 외	예담
예능PD	예능 PD와의 대화	홍경수	사람in
과학자/생명과학자	생명과학, 신에게 도전하다	김응빈 외	동아시아
간호사, 사	나의 직업 간호사	동천기획연구실	동천출판
개그맨	유튜브 스타 일주일이면 충분해	다비드 가메로	탐
의사	의사가 말하는 의사	김선 외	부키
만화가	나의 직업 만화가	동천기획연구실	동천출판
작가	10대를 위한 나의 첫 소설 쓰기 수업	문부일	다른
우주공학자	호킹의 빅 퀘스천에 대한 간결한 대답	스티븐 호킹	까치
프로게이머	나는 프로게이머다	이제동	새빛

학생들이 책을 고르기 쉽게 하려고 별치 서가에 빼놓기도 했다. 그럼에도 불구하고 학생들에게 책을 고르게 하는 일은 결코 쉬운 일이 아니었다. 사서 선생님, 수업 시간을 내준 국어 선생님, 나 이렇게 세 명이 달라붙어서 학생들의 이야기를 들은 다음 라텍스 장갑을 낀 손으로 맞는 책을 골라 주느라 정신이 없었다. 학생들은 상황이 상황이니만큼 눈으로 책을 보거나, 손 세정제를 잔뜩 바르고 조심조심 훑어봐야 했다. 그야말로 코로나 시대의 진풍경이었던 셈이다. 이렇게 고른 책을 대출해서(집에 관련 책이 있다는 학생은 그 책을 보게 했다.) 방학 때 집에 가져가게 했다. 여름 방학 과제로 빌려 간 진로 관련 책을 다 읽어 오라고 했으나, 개학하기 며칠 전에 빨리 읽으라고 3학년 전체에게 문자를 보내기도 했으나 개학 후 실제 상황을 살피니 책을 읽은 학생은 거의 없었다.

*학교 오는 수업에 1모둠부터 구술평가. 2주에 걸쳐 진행.

모둠		1	2	3	4	5
1모둠	1조					
	2조					
2모둠	1조					
	2조					
	3조					
3모둠	1조					
	2조					
	3조					
4모둠	1조					
	2조					2조
	3조					
5모둠	1조					
	2조					3조
	3조					

*조원이 3명인 경우 1→2→3→1 순서

첫 시간은 프로젝트 전체의 목표를 세우는 시간이다. 어떤 과정을 거쳐 어떻게 프로젝트를 진행할지 안내한 후, 목표 세우기를 한다. 다른 프로젝트에서 이미 자세하게 안내했으므로 여기에서는 간단하게 훑고 넘어가겠다. 목표 세우기에서는 이 수업을 왜 하는지, 하면 무엇이 좋은지 생각해 본 후, 자신의 목표도 정해 본다. 전체 평가 기준을 살핀 후 자신의 상황에 표시해 보고 어떻게 해야 능력을 계발할 수 있을지도 생각해 본다. 이 내용들을 패들렛에 게시하여 목표도 함께 공유하고 서로 댓글을 통해 격려한다. 초인지를 써야 하는 활동인데, 친구들에게 조언하고 친구들의 조언을 들으면서 프로젝트를 더 잘 수행하기 위한 전략을 생각해 볼 수 있다.

■1단계 : 수업 안내

2학기에는 진로와 관련된 책을 읽고 읽은 내용을 자신의 진로와 연관시켜 정리한 후 짝과 대화를 나눠봅니다. 자신의 이야기와 인터뷰한 짝의 이야기로 구술평가를 실시합니다. (구술평가 10점)

<국어과 3학년 성취기준>

듣기 말하기 [9국01-06]청중의 관심과 요구를 고려하여 말한다.

읽기 [9국02-01]읽기는 글에 나타난 정보와 독자의 배경지식을 활용하여 문제를 해결하는 과정임을 이해하고 글을 읽는다.

　　[9국02-09]자신의 읽기 과정을 점검하고 효과적으로 조정하며 읽는다.

책 정하기 ▶ 목표 세우기 ▶ 책 읽기 ▶ 책 내용 정리 ▶ 짝 인터뷰 ▶ 구술평가 준비 ▶ 구술평가

■2단계 : 목표 세우기

2-1. '나꿈너꿈 프로젝트'는 왜 할까요? 하면 무엇이 좋을까요? 어떤 의미가 있을까요? (50자 이상)

내 꿈을 이룰 수 있도록 구체적으로 생각해보는 시간을 가질 수 있을 것 같다. 진로와 관련된 책을 읽으며 그 분야의 지식을 쌓을 수 있는 좋은 기회라고 생각한다. 또 나뿐만이 아닌 다른 친구들의 진로에 대한 생각도 나눌 수 있을 것이기 때문에 미래를 꾸며나가는데 도움이 될 것이다.

2-2. '나꿈너꿈 프로젝트'는 나에게 어떤 의미가 있을까요? 이 프로젝트에서 나의 목표는 무엇인가요? (50자 이상)

고등학교 입학 전 마지막으로 내 진로를 정하고 그 길로 걸어나갈 방법들을 고뇌하는 시간이 될 것이다. 내 짝과 서로의 꿈에 대해 알아보고 의견을 주고받으면서 더 친해지는 기회가 될 것 같다. 서로의 조언을 들으면 진로에 대한 부담감이 조금 없어질 것 같다. 이번 프로젝트에서는 평소보다 더 진지하게 진로를 고민해보고 수업에 열심히 참여할 것이다.

2-3. 프로젝트를 시작하기 전에 아래 채점 기준표를 읽고, 지금 나의 수준이라고 생각하는 내용을 평가 요소 마다 □에 하나씩 표시해 봅시다. (■를 복사해 붙여 넣으세요)

평가 요소	성취 수준			
	매우 뛰어남 A	달성함 B	조금만 더 C	힘을 내 D
읽기	□ 읽기가 문제 해결하는 과정임을 이해하고, 자신의 읽기 과정을 적극적으로 점검하고 조정하여 기한에 맞게 단행본을 집중하여 끝까지 읽을 수 있다.	■ 읽기가 문제 해결하는 과정임을 이해하고, 자신의 읽기 과정을 점검하고 조정하여 기한에 맞게 단행본을 끝까지 읽을 수 있다.	□ 읽기가 문제 해결하는 과정임을 이해하나, 주변의 도움을 받아 읽기 과정을 점검하고 조정하며 단행본을 끝까지 읽을 수 있다.	□ 주변의 도움을 받아 읽기 과정을 점검하고 조정하는 데 어려움을 느끼며 단행본의 대부분을 읽는다.
토의하기	■ 청중의 관심과 요구를 세심하게 고려하여 자신의 생각이나 느낌, 경험이 구체적으로 드러나고, 타당한 근거를 들어 도록 풍부한 표현으로 말할 수 있다.	□ 청중의 관심과 요구를 고려하여 자신의 생각이나 느낌, 경험이 드러나고, 타당한 근거를 들어 말할 수 있다.	□ 청중의 관심과 요구를 어느 정도 고려하여 자신의 생각과 느낌, 경험이 명확하게 드러나지 않거나, 부분적으로 타당한 근거를 들어 말한다.	□ 청중의 관심과 요구를 거의 고려하지 못하고 자신의 생각과 느낌, 경험이 드러나거나 근거를 들어 말하는 데 어려움을 느낀다.

2-4. B(달성함)나 C(조금만 더), D(힘을 내)를 받을 것 같은 평가 요소는 무엇입니까? 이유를 50자 이상 적어봅시다. (없으면 없는 이유를 쓰세요)

평가요소	이 유
읽기	책을 중간에 안 멈추고 끝까지 읽은 적이 거의 없는 것 같기 때문이다.

2-5. 위의 요소에 관해, 어떻게 하면 A(매우 뛰어남)로 갈 수 있을지 생각해 보고, A로 가기 위한 구체적인 방법을 50자 이상 적어봅시다. (모두 A인 경우 그렇게 생각한 이유를 쓰세요)

> 이번에야 말로 진짜 끝까지 읽어봐야 겠다. 시간이 부족할 것 같긴 하지만 최대한 읽어보고 싶다. 공부하다가 쉬고 싶을 때 읽을 것이다.

구글 문서에 작성한 것을 패들렛에 옮겼는데, 이는 마지막 시간 프로젝트 전체 평가할 때 다시 참고하도록 했다. 패들렛은 '편집 가능'으로 설정하여 학생들이 언제나 들어와 수정할 수 있도록 했다.

〈공지사항〉

1. 첫 줄을 학번 이름으로 고치세요.

예시) 30601 구본희 ** 댓글 쓸 때도 학번 이름 쓰고 시작하세요. (댓글은 2-1, 2-2, 2-4만 답니다)

2. (+)를 누르고 구글에 첨부된 학습지 2-1번을 복사해서 붙여넣으세요. 50자 이상 쓰면 됩니다. 뒷번호 3명에게 댓글을 다세요(예: 20번은 21번, 1번, 2번에게).

3. (+)를 누르고 구글에 첨부된 학습지 2-2번을 복사해서 붙여넣으세요. 50자 이상 쓰면 됩니다. 앞번호 3명에게 격려의 댓글을 다세요(예: 2번은 1번과 25, 24번에게).

4. (+)를 누르고 2-4를 복사해서 붙여넣으세요. 첫줄에 '평가 요소'를 쓰고(독서기록 요약, 토의하기, 쓰기, 매체 표현하기 중에서) 둘째 줄에 '달성함'이나 '조금만 더'를 받을 것 같은 이유를 50자 이상 쓰세요.

5. (+)를 누르고 2-5를 복사해서 붙여 넣으세요. '매우 뛰어남'으로 갈 수 있는 방법을 적어 보세요. 아무 친구 3명에게 댓글로 '나아질 수 있는 방법'을 적어주세요. 20자 이상 쓰세요.

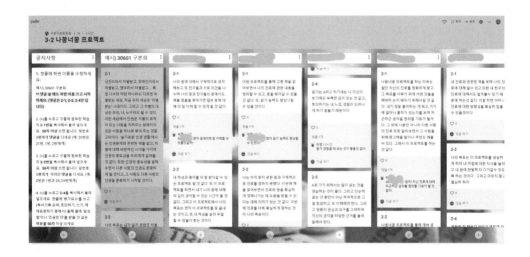

8/28 목표 배우고느낀점	너꿈나꿈 프로젝트를 새로 시작하게 되는데 기대가 되고 내가 왜 이 프로젝트를 해야하는거 어떤 의미를 주는거 인게 되었던 것 같다
8/28 목표 배우고 느낀점	오늘 활동들 성실하게 참여 다음 활동이 기대된다 앞을 접으며 진행들을 잘 했다. 오늘 활동을 통해 평소 나의 말하기 방법 다시 생각해 보게 되었다. 또기술때 어렵게 만든 활동지. 또 뭔가를 어떻게 하는거 쉽지만 못 할수 없어 됐다.
8/28 목표 배우고 느낀점	당분간은 또 온라인 수업을 해야하니 제시간에 일어나서 과제를 오늘 수업을 참여 해보니 이번 프로젝트는 내 진로에 대해 좀 더 알아보고 배울 수 있는 프로젝트 일 것 같아서 빨리 하고 싶다는 생각이 들었다 이번에 나에 대해서도 많이 알아갈 수 있을 것 같아 기대가 된다
8/21 목표 배우고 느낀점	새로운 프로젝트에 관한 목표를 세우고 심사기준 살펴보기 오늘은 방금 프로젝트를 개 확인한, 이번 프로젝트는 나의 진로 영향에 있기도 하고, 앞으로 직업 직접 선택하게 때문에 흥미 으로 더 궁금한 것 같다.

③ 책 읽고 정리하기(구글 문서 / 패들렛)

0	책 고르기
1	목표 세우기
2~3	**책 읽고 정리하기**
4	중간 점검과 인터뷰 준비
5	인터뷰 내용 정리
6~7	구술평가 연습
8~9	구술평가와 돌아보기
10~14	보고서 쓰기
15	프로젝트 마무리와 공유

다음은 두 차시에 걸쳐 책을 읽고 내용을 정리한다. 책을 읽고 내용을 정리할 수 있는 질문을 학생들에게 제시하고 그에 관한 답을 구글 문서에 적어 보게 했다. 함께 읽는 과정과 읽은 후 생각을 짝과 공유하기 위해 구글 문서에 작성한 내용을 새롭게 만든 패들렛으로 옮겨 보게 했고, 짝과 다른 친구들에게 댓글을 달게 했다. 학생들이 패들렛에 글을 올리고 댓글을 달지 않을까 봐 구글 설문지에 이를 묻는 간단한 설문을 만들기도 했다.

구글 문서에 제시했던 질문은 다음과 같다.

질문1. 꿈의 역사
아래에서 한 가지를 골라서 써 보세요. 모두 써도 좋습니다.(10줄 이상)
  ① 지금까지 살아오면서 가슴 속에 품었던 꿈들을 간추려 써봅시다. 그리고 현재의 꿈
  도 자세하게 씁니다. 그런 꿈들을 갖게 된 과정과 이유를 구체적으로 적어 봅시다.
  ② 아직 꿈을 찾는 중인가요? 아니면 몇 가지를 두고 고민하고 있나요? 하나의 진로
  를 결정하지 못하고 있는 상황에 대해 구체적으로 설명하고 그 이유를 적어 봅시다.

질문2. 명장면, 명대사 ①
책에서 가장 기억에 남는 대사 혹은 장면을 구체적으로 써 주세요. 그리고 그것이 왜 나
의 마음에 남았는지 그 이유를 자신의 경험을 예로 들어 써 주세요.(10줄 이상)

질문3. 명장면, 명대사 ②
책에서 가장 기억에 남는 대사 혹은 장면을 구체적으로 써 주세요. 그리고 그것이 왜 나
의 마음에 남았는지 그 이유를 자신의 경험을 예로 들어 써 주세요.(10줄 이상)

＊위의 답(쓴 글 3개)을 복사하여 패들렛에 각각 붙여 넣습니다. 짝에게 2개, 다른 친구
에게 2개 댓글을 답니다.
＊오늘 '배우고 느낀점'을 공책에 써서 사진 찍은 후, 패들렛에 붙여 넣습니다.

질문에 답을 쓴 후 패들렛에 붙여 넣게 했는데, 그때 패들렛 공지사항에 자
세하게 안내하고 옆에 예시를 작성하여 제시했다. 그러면 속도가 빠른 친구들
이 먼저 패들렛에 올리기 시작하고, 느린 학생들은 공지사항을 제대로 이해하
지 못해도 친구가 한 것을 보고 비슷하게 따라 올리게 된다. 짝이 누군지 분명
하게 눈에 띄도록 짝과는 같은 색깔로 포스팅을 하게 했다. 한 모둠에 2~3조
가 있는데, 이들은 구술평가를 함께할 친구들이다. 학생들은 자기 짝뿐만 아
니라 모둠 친구들에게도 관심을 가지며 댓글을 달았다.

〈공지사항〉

1. 아래 모둠 사진을 참고하여 1모둠 1조부터 가로로 배열합니다.

2. 맨 윗줄 세로 점 3개를 눌러 '칼럼 이름 변경'을 선택한 후, 제목에 학번 이름을 쓰고 질문 번호를 쓴 후 답을 적습니다.

예) 1모둠 1조 30601 구본희

3. 포스팅 하나에 하나의 질문+답을 올립니다. 총 3개를 올려야 합니다.

4. 포스팅한 후 점 3개를 눌러 1조는 하늘색, 2조는 연두색, 3조는 보라색으로 색깔을 바꾸세요.

5. 인터뷰 짝에게 댓글 2개, 다른 사람에게 댓글 2개 이상 다세요. 댓글 달 때 학번 이름을 쓰고 시작하세요(패들렛 가입한 사람은 그냥 써도 됩니다).

6. 배움 진행표 사진 찍어 올립니다. 가로로 올려주세요. 오늘 것만 보이게 할 수 있나요?(오피스 렌즈, 캠스캐너 앱을 쓰면 가능해요)

＊구술평가는 학교에 왔을 때 모둠별로 1모둠부터 진행합니다.
＊짝이 안 올리면 연락해서 재촉하세요. 구술평가는 3부분으로 나에 관한 질문 5개 중 1개, 짝에 관한 질문 5개 중 1개, 짝과 미리 질문을 의논한 것 1개 총 3문항으로 실시됩니다(방법은 추후에 더 자세하게 안내합니다).

등교수업이었다면 수업 시간에 책을 읽은 후 15분~20분 정도 시간을 주면서 작성하도록 했을 것이다. 언제 원격수업으로 전환될지 모르는 상황임을 고려한다면, 등교수업에서도 컴퓨터실, 크롬북, 블루투스 키보드 등을 이용하여 구글 문서로 작성하게 했을 것이다.

댓글이 별로 안 달려서 학생들에게 전
체 문자를 보냈다. 친구의 힘을 빌리자!

단문 143/90 byte

국어B 과제
여러분, 인터뷰 짝의 친구글을 읽어 보았
나요? 댓글을 달아주세요. 다른 친구들에
게도 달아주세요. 아직 글을 안 올렸다면
빨리 독촉 연락을 해 주세요^^

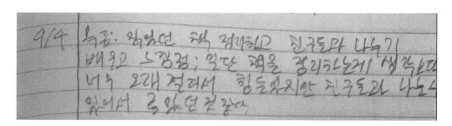

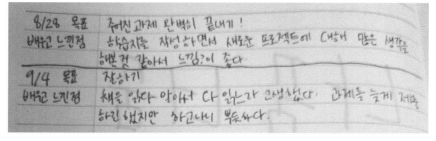

9/4 목표	이제 읽은 책에 대해 쓴다. 책을 다행히 시간 안에 다 읽었다. 하지만 예능 피디라는 꿈이 이젠 딱히 이루고 싶지 않은데 이미 시작해버려서 어떻게 할지 모르겠지만 잘 써야겠다.
배우고 느낀점	쓰다보니까 다시 예능 피디가 되면 섬뜩해졌다. 사실 공부를 잘해야 된다고 해서 포기를 했는데, 많은 사람들의 스트레스 해소법이 되고싶다. 내가 그럴 수 있다면 꿈을 이룰 거라고 생각했다. 이번 활동은 내 진로에 대한 확신을 줘서 정말 뜻깊은 활동인 것 같다.

다음 주에는 책을 끝까지 읽고 다음 질문에 답을 해야 했다.

＊중학교 3학년이 '쓰기'에서 반드시 갖춰야 할 능력은 다음과 같습니다.
[9국03-01]쓰기는 주제, 목적, 독자, 매체 등을 고려한 문제 해결 과정임을 이해하고 글을 쓴다.
[9국03-03]관찰, 조사, 실험의 절차와 결과가 드러나게 글을 쓴다.
[9국03-04]주장하는 내용에 맞게 타당한 근거를 들어 글을 쓴다.
[9국03-10]쓰기 윤리를 지키며 글을 쓰는 태도를 지닌다.

아래 질문에 답할 때 '주제'를 명확히 하고 '독자'와 '목적'을 고려하고 책의 내용을 근거로 들고 정확하게 인용하여 '쓰기 윤리'도 지키면서 써 봅시다.

〈오늘의 질문〉
질문4. 네가 나에게 준 것들
책을 읽고 새롭게 알거나 깨달은 점은 무엇인지 자세히 풀어 씁니다. 책을 읽기 전과 책을 읽은 후 내 생각이 어떻게 달라졌나요? 책을 읽은 후 내 마음에 어떤 변화나 움직임이 있었나요?(10줄 정도 적어 봅시다.)

질문5. 원하는 그 사람이 되세요

여러분이 꿈의 직업을 가진다면 어떤 일을 하고 싶나요? 어떤 태도로 어떻게 일하고 싶나요? 세상에 어떤 영향을 미치고 싶나요? 나아가 여러분은 어떤 사람이 되고 싶나요?(10줄 정도 적어 봅시다)

질문6. 조금 만 더 가까이

내 꿈을 이루기 위해서, 혹은 내 꿈을 찾기 위해서 앞으로 내가 해야 할 일, 해보고 싶은 일, 시도해 보고 싶은 일은 무엇인지 구체적으로 생각하고 적어 봅시다(10줄 정도 적어 봅시다).

＊'배우고 느낀점'은 공책에 적은 후 사진 찍어 패들렛에 올립니다.

패들렛에 게시한 책 읽기 관련 두 번째 공지사항은 다음과 같다.

1. 맨 윗줄 세로 점 3개를 눌러 이름 변경하지 않은 사람은 해 주세요.
예) 1모둠 1조 30601 구본희

2. 포스팅 하나에 하나의 질문+답을 올립니다. 총 3개를 올려야 합니다.
맨 윗줄 제목 : 질문3 네가 나에게, 질문4 원하는 그 사람, 질문5 조금만 더 가까이

3. 포스팅한 후 점 3개를 눌러 1조는 분홍색, 2조는 보라색, 3조는 노란색으로 색깔을
바꾸세요.

4. 인터뷰 짝에게 댓글 2개, 다른 사람에게 댓글 2개 이상 다세요. 댓글 달 때 학번 이름
을 쓰고 시작하세요(패들렛 가입한 사람은 그냥 써도 됩니다).

5. 배움 진행표 사진 찍어 올립니다. 가로로 올려주세요. 오늘 것만 보이게 할 수 있나
요?(오피스 렌즈, 캠스캐너 앱을 쓰면 가능해요)

＊구술평가는 학교에 왔을 때 모둠별로 1모둠부터 진행합니다.
＊짝이 안 올리면 연락해서 재촉하세요. 구술평가는 나에 관한 질문 5개 중 1개, 짝에
관한 질문 5개 중 1개, 짝과 미리 질문을 의논한 것 1개 총 3문항으로 실시됩니다(방법
은 추후에 더 자세하게 안내합니다).

명확한 진로가 있느냐 없느냐에 따라 학생들의 반응은 가지각색이었다. 책
을 읽고 질문에 답하면서 자기 자신에 관해 더 많이 고민하고 있다는 게 느껴
져 대견했다.

짝과 함께 활동해야 하는데 짝이 마음에 들지 않는 경우들도 있다. 어떤 학
생은 추첨일에 불만을 터트리기도 했다. 열심히 하지 않는 학생과 짝이 되었
다는 이유였다. 짝이 책을 읽지 않더라도 짝과 진로에 관해 이야기를 나누고
평소 짝을 관찰한 것을 바탕으로 구술평가 시험을 보면 된다고 이야기를 해
주었다. 어떤 학생은 수업이 끝나고 따로 찾아와 짝을 바꿔 달라고 해서 그 자

리에서 바꿔주기도 했다. 어떤 학생은 원격수업 중에 메시지로 지금 짝과 크게 싸웠는데 바꿔줬으면 좋겠다고 해서 몇 명과 전화 통화를 거친 끝에 다시 짝을 정하기도 했다. 친구 관계는 참 복잡 미묘, 어렵다.

9/11 목표 배우고 느낀점	...좋았다. 또 내가 이 책에서 배운 점이 인류라는 생각이 들어 뿌듯했다. 오늘도 질문에 답변을 하는 시간인것 같은데 잘 쓰고 과제를 잘 마무리하고 싶다. 질문에 대한 답을 쓰면서 내가 정말 하고 싶은 일은 무언가 다시 한번 생각하게 되는 계기였다. 그리고 이 책을 읽으면서 내가 교훈을 많이 얻었구나을 깨닫게 되었다.
9/11 목표 배우고 느낀점	...이기준 즉 읽어서 좋았다. 생각 정리하기 2. (나의 이야기를 중심으로.) 저번시간과 같이 책을 읽고 생각 정리하기를 했는데, 책 내용을 중심으로 한 지난번과 달리 이번에는 나의 진로와 관련된 이야기를 34야해서 요즘 더 어렵다.
9/11 목표 배우고 느낀점	저번처럼 구글문서에 있는 3개같은 답하고, 패들렛에 올리고 친구거에 답하기. 오늘 글에는 내 생각을 우겨느 답을 쓴 것 같다. 너무 극적이게 썼나라는 생각이 들지만 뭐 괜찮다. 짝이 갑자기 바뀌어 좀 당황했지만 이번짝도 잘할거라 생각한다.
9/11 목표 배우고 느낀점	...관계 재시간에 다 끝내기. 내가 하고 싶은것에 대해 다시 생각하고 고민하게 된것 같아서 좋았던 시간 했음

[4] 중간 점검과 인터뷰 준비(구글 문서)

책 읽기가 끝나고 본격적으로 인터뷰를 해야 할 시점이 다가와서 지금까지 한 활동을 한번 점검하고 넘어가기로 했다. 구술평가 때문에 '설득력 있게 말하기'를 성취기준으로 넣었는데 아직 거기까지 하고 있지 않아, 책에서 근거를 들어 자신의 생각을 설득력 있게 쓰고, 친구 글에서 설득 전략을 비판적으로 읽어 보는 내용으로 바꾸어 제시하였다. 2학년의 성취기준이 듣기, 말하기, 읽기, 쓰기에서 정보 전달하는 의사소통에 초점이 맞춰졌다면 3학년은 듣기, 말하기, 읽기, 쓰기에서 설득, 근거를 중요하게 다루고 있다.

다음에 하면 첫 시간에 세운 전략을 꾸준하게 유지하고 있는지 묻는 질문을 추가하고 싶다. 처음에 생각한 것을 배움 진행표의 맨 위에 적어 두고 매시간 '배우고 느낀점'을 쓸 때 자신이 계속 적용하고 있는지 나아지고 있는지 여부를 적게 하면 좋겠다. '배우고 느낀점'에 질문 만들기도 추가해 보면 좋겠다고 생각은 했으나 이번에는 시행하지 못했다.

1. 지금까지 나의 모습을 점검해 봅시다

우리는 '나꿈 너꿈' 프로젝트를 통해서 아래의 목표를 달성해야 합니다. 자신의 상태에 V 표시를 해 봅시다.

이번 프로젝트의 성취기준(목표)	잘하고 있음	나아지고 있음	노력이 더 필요함
읽기가 문제 해결하는 과정임을 이해하고, 자신의 읽기 과정을 적극적으로 점검하고 조정하여 기한에 맞게 단행본을 집중하여 끝까지 읽을 수 있다.			
(원래 목표) 청중의 관심과 요구를 적극 고려하여 여러 사람 앞에서 말할 때 부딪히는 어려움에 효과적으로 대처하여 명확한 근거를 들어 설득력 있게 말하고, 설득 전략을 비판적으로 분석하며 들을 수 있다.--)읽은 책의 장단점을 명확한 근거를 들어 설득력 있게 쓰고, 친구들의 글을 보며 설득 전략을 비판적으로 분석하며 읽을 수 있다.			

＊총평(위 내용에 관한 자신의 생각을 30자 이상 쓰세요) :

총평(위 내용에 관한 자신의 생각을 30자 이상 쓰세요) :
내 진로와 관련 있는 책이어서 그런지 책을 읽을 때 집중해서 끝까지 읽을 수 있었다. 하지만 내 생각과 책 내용을 섞어 쓰다 보니 아직은 조금 두리뭉실하게 표현한 부분이 있는 것 같아서 나아지고 있음에 표시했다.

책을 읽으면서 읽기 과정을 점검하고 조정해 정해진 기한까지 다 읽을 수 있었다. 하지만 다른 친구의 글을 보고 설득 전략을 분석하며 읽는 것은 좀 어려워서 노력하는 중이다.

책이 아무래도 내가 관심 있는 사람에 대한 책이다 보니, 읽는 점에서는 잘한 것 같다. 그리고 설득력 있게 말하고 비판적으로 분석하며 읽는 점은 잘하고 있다고 생각하지만 조금 걱정되는 부분이다. 나중에 구술평가를 할 때 과연 내가 읽은 책에 대해 설득력 있고 비판적으로 이야기하고, 듣는 사람이 의문을 가지지 않게끔, 어렵게 해석하지 않게끔 말할 수 있을지 걱정이 된다. 그래도 나는 지금 잘하고 있다고 믿고 생각한다!

이번에 책을 읽을 때, 읽기 과정을 적극적으로 점검하고 조정하며 읽지 못했으며, 기한에 맞게 읽지도 못했다. 책을 몰아서 한번에 읽으려 했으며, 다 읽지도 못한 채로 과제를 했었다. 몰아서 읽다 보니 집중도 잘 안 되었던 것 같다. 앞으로 책을 여러 권 읽어보면서 읽기 속도를 향상시키는 것도 좋을 것 같고, 하루에 한 번씩 조금이라도 책을 읽어보는 습관을 가질 수 있도록 노력해봐야겠다.

짝에 관해 평소에 관찰했던 바도 정리해 보고 패들렛에 올린 책 내용, 짝의 생각을 꼼꼼히 읽은 후, 그것을 바탕으로 인터뷰 질문을 만들게 했다.

2. 친구에게 할 면담 질문을 만들어 봅시다

패들렛에 친구가 쓴 글을 읽고 친구에게 물을 질문을 작성해 봅시다.

인터뷰 짝 친구 이름 :

친구가 읽은 책 제목 / 작가 / 출판사 :

1. 내 짝은 말이죠

평소 이 친구의 모습을 보면서 생각했던 점을 적어 봅니다. 친구의 특성, 장점, 좋아하는 것 등 진로와 관련된 부분들이 좋겠죠. 10줄 정도 그동안 관찰한 것을 적습니다.

2. 짝에게 묻고 싶어요

그동안 짝이 작성한 패들렛을 읽고 궁금한 질문 7가지 만들어 봅시다(친구의 삶과 관련된 것, 미래 혹은 책과 관련된 내용 등 뭐든지 가능. 좋은 질문을 만들기 위해 노력할 것. 단순한 사실 질문보다 친구의 내면을 깊고 넓게 알 수 있는 고농도의 질문을 만들기 위해 궁리하기).

1. 내 짝은 말이죠

○○는 사람들과 친해지는 것을 잘한다고 생각합니다. 제가 낯을 조금 가려서 안 친한 사람들과는 말도 잘 못하고 어색한데 ○○는 친하지 않고 잘 모르는 저에게 어색하지만 먼저 다가와서 인사해줄 정도로 사람들과의 관계를 만드는 것을 잘한다고 생각합니다. 평소에 학교에서도 반의 모든 친구들과 골고루 잘 지내고 다른 반 친구들과도 항상 잘 어울리는 것을 볼 수 있습니다. 그리고 ○○는 무엇이든지 열심히 하는 것이 장점인 것 같습니다. 학교에서 학원 숙제를 할 때도 어려운 문제를 포기하지 않고 끝까지 노력해서 하고, 모둠 활동을 할 때 열정적으로 의견 내고, 공부를 하다가 모르는 것이 있을 때는 친구들에게 물어보는 것, 학습지를 풀 때 내용을 꽉 채워서 내는 것을 보면 참 대단하다는 생각이 듭니다. 제가 평소에 본 ○○는 꾸미는 것을 좋아하는 것 같다는 생각이 들었습니다. 아침 일찍 일어나서 화장하고, 교복을 입고 오는 것은 사실 조금 귀찮을 수 있는 일인데 부지런하게 준비를 하고 오는 것이 자기 자신을 꾸미는 것을 좋아하기 때문인 것 같다고 생각됩니다.

2. 짝에게 묻고 싶어요

① 만약 자신이 좋아하거나 정말 하고 싶은 일이 있는데 그 일이 안정성도 떨어지고 보수도 좋지 않더라도 자신이 하고 싶은 일을 선택할 것인가요?

② 고등학교에 가서 어떤 경험들을 해서 진로를 결정할 것인가요?

③ 현재 가장 관심 있는 진로 분야는 무엇인가요?

④ 간호사라는 직업이 궁금했던 이유는 무엇인가요?

⑤ 책을 읽으면서 가장 감동적이었던 부분은 어디인가요?

⑥ 현재 자신이 잘하는 것은 무엇이라고 생각하고 그 이유는 무엇인가요?

⑦ 자신이 선택한 일이 만약 다른 사람들에게 무시를 받거나 좋지 않은 취급을 받더라도 그 일을 계속 할 것인가요?

1. 내 짝은 말이죠

○○이랑은 처음 같은 반이기도 하고, 3년 동안 학교를 다니며 별로 접점이 없었기에 사실 친한 사이는 아니다. 말한 적도 별로 없고 들려오는 얘기도 별로 없어서 ○○이에 대해 잘 모른다. 그래서 ○○이의 성격, 특성, 장점 등 친해야 알 수 있는 부분은 적지 못할 것 같다. 좋아하는 것은 베이킹인 것 같다. 꿈을 확실히 정한 것은 아니지만 가장 좋아하고 현재도 취미로 하고 있는 것이 베이킹이라고 하니 파티쉐가 될 가능성이 높을 것 같다. 물론 확실한 꿈도 아니고, 만약 확실하다 해도 언제든 바뀔 수 있는 게 꿈이기에 확답지어 말할 수는 없다. 수련회 장기자랑이나 학교에서 하는 소소한 공연에 나와 노래 부르는 걸 몇 번 본 것 같아서 가수 같은 음악계 직업이 꿈인 줄 알았는데 파티쉐여서 처음 글을 읽었을 때 조금 의외라 생각했다. 친구들이랑 잘 지내는지는 잘 모르겠다. 조가 바뀌게 된 것도 친구 문제 관련 일이기 때문에 ○○이는 그냥 혼자서 잘할 것 같다는 생각을 했다. 굳이 남들이랑 안 친해도 자기가 하고 싶은 일이라면 잘 해낼 것 같다. 같은 반이지만 자리도 멀고 정말 접점이 없기에 이 글을 쓰는 게 조금 어렵다. 잘 알지 못하니 잘못 말하는 건 아닐까 걱정이 된다. 앞으로

남은 시간 동안은 말도 해보고 좀 다가가봐도 괜찮을 것 같다. 졸업할 때쯤에는 좀 친해져 있을 거라 생각한다.

2. 짝에게 묻고 싶어요

① 빵을 여러 번 만들어 본 것 같은데 어떤 빵을 만들었을 때 가장 보람 있었는지

② 파티쉐라는 직업을 알게 된 계기가 무엇인지

③ 어떤 이유 때문에 제빵이라는 일이 좋아졌는지

④ 몸을 쓰는 직업이 다 그렇다시피 체력적으로 엄청 고단할 텐데 어떻게 그것을 버틸 건지

⑤ 빵집을 차리고 싶다 했는데 만약 그 꿈을 이루게 된다면 누구를 대상으로 어떤 빵들을 만들 것인지

⑥ 나만의 레시피로 새로운 빵을 만들게 된다면 그 빵을 어떻게 할 생각인지

⑦ 모든 글에 정직이라는 말을 포인트로 잡았는데 한 번도 정직하지 않았던 적이 없는지&정직한 사람이란 무엇이라 생각하는지

1. 내 짝은 말이죠

은지랑 아직 어색한 사이라… 은지에 대해 잘은 모르지만! 그래도 내가 보던 은지의 모습은 운동을 무척 잘하는 친구였다. 전에 양궁부를 했어서 그런지, 운동신경이 뛰어나 보였다. 리그전할 때 피구도 잘하고, 여자축구팀에서 축구도 잘하고, 체육대회나 그런 데에 달리기를 꾸준히 잘했으니 말이다. 그래서 내게 은지는 운동을 잘하는 친구로 잡혀 있다.

은지가 쓴 패들렛 내용을 보면, 은지는 요리 쪽에 관심이 있는 것 같다. 그래서 책도 요리사 책을 선택한 걸로 보인다. 이런 점은 조금 예상외였다. 나는 은지가 전에 양궁부를 했었기 때문에 운동? 쪽으로 가지 않을까? 하고 예상을 했는데, 요리에 관심이 있는 것 같아서 좀 놀랐다. 그래도 은지가 패들렛에 꿈을 이루기 위하여 해야 할

일을 쓴 것을 보니, 그쪽에 대한 열정이 있는 걸로 보여서 잘 해낼 것 같다고 생각하고 있다. 그리고 나랑 친한 양궁부 친구들에 의하면 친화력도 좋다고 들었다. 그러고 보니, 저번에 나랑 잠시나마 독서에서 같이 앉았는데 조금씩 말을 걸어주는 걸 보니 은지는 친화력이 좋은 것 같다고 느낀 적이 있었다. 또 은지 주변에는 친구도 많고, 아는 선배들도 많고, 아는 후배들도 많아서 친화력이 좋은 친구라고 단번에 받아들일 수 있었다.

그리고 은지는 피구나 달리기 등, 운동을 할 때 열정 넘치고 악착같이 하는 모습을 보면, 끈기도 많은 것 같다. 작년 관악제 때 많은 선배들과 후배들, 친구들 앞에서 춤도 춘 적도 있고 말이다. 운동도 운동이지만, 춤 같은 경우는 친구들과 하나하나 맞추고 춤 동작을 익히려면 만만하지 않을텐데... 성공적으로 무대를 끝냈던 은지를 생각하면 열정과 끈기가 넘치는 것 같다. 그런 열정과 끈기라면 은지는 자기가 하고 싶은 일을 이루기 위해 열심히 하지 않을까, 라는 생각이 든다.

2. 짝에게 묻고 싶어요

① 아직 꿈을 찾는 중인데, 요리사라는 책을 고른 이유가 뭐야? 요리에 관심이 있어서?(관심이 있다고 할 경우 - 그러면 요리에 관심을 가지게 된 계기가 궁금해!)

② 아직 꿈을 찾는 중이라고 했잖아! 그러면 너는 네가 잘할 수 있는 일을 할 거야? 아니면 네가 하고 싶은 일을 할 거야? 이유는 뭐야?

③ 나는 너가 예전에 양궁부를 했어서, 운동 쪽으로 갈 줄 알았는데 요리에 관심이 있는 것 같아서 놀랐어! 운동신경도 좋은 것 같은데... 운동에는 진로 쪽으로 큰 관심이 없는 거야? 이유는?

④ 네가 책을 읽으면서 '내가 좋아하고 재미있고 즐겁게 할 수 있는 일을 해야겠다고 느꼈다.'라고 했잖아. 그럼 지금의 너가 생각하기에 가장 좋아하고, 재미있고, 즐겁게 할 수 있는 일이 뭐야? 이유는?

⑤ 너의 꿈을 찾기 위해서 여러 가지 알바를 해보고 싶다고 했잖아. 그 알바를 통해 너가 꿈을 찾는 데에 도움이 되는 게 어떤 부분이야?(알바를 하면서 너가 도움을 받고자 하는 부분이 뭐야?) 자세하게 알려줘!

⑥ 네가 만족할 수 있는 사람이 되고 싶다고 했잖아. 만족한다는 부분이 너 스스로에게 만족한다는 거야? 그렇다면 그런 사람이 되기 위해 어떻게 노력할 거야?

⑦ 우리가 한 30살? 약 14년 정도의 시간이 지났을 때, 넌 뭘 하고 있었으면 좋겠어? 그 이유는 뭐야?

인터뷰 짝과 친분이 좀 있었다면 괜찮겠지만 몇 번 만나지도 않은 친구를 위한 질문을 준비하고, 인터뷰를 한다는 것이 쉽지는 않았을 거다. 학생들의 과제를 읽으면 그들이 느꼈던 고충이 고스란히 전해져 온다.

⑤ 인터뷰 내용 정리(구글 문서)

실제 등교수업을 하면서 짝과 인터뷰를 하면 정말 좋았겠지만 코로나 때문에 학생들 얼굴 보기가 쉽지는 않았다. 전화로 인터뷰를 하라고 해야 하나 고민하고 있었는데, 다행히 3학년들이 봉사 활동을 하고 졸업 사진을 찍으러 학교에 나온다는 소식을 들었다. 아, 그럼 이때 시간을 내서 인터뷰를 진행하면 되겠구나! 학교에 나오는 전주에 미리 안내를 하기도 했지만 혹시나 싶어 전날 3학년 학생들에게 단체문자를 보냈다.

모든 학생이 인터뷰를 제대로 진행하는지 살펴보기는 어려웠지만 학교에 온 학생들을 일일이 눈도장 찍어가며 인터뷰를 했는지, 안 했다면 언제 할 건지 확인했다. 짝이 제대로 책을 읽지 않은 경우, 나와 짝 앞에서 불만을 터뜨리기도 했다. 짝은 당황하고 미안해하며 책을 조금이라도 읽은 후 전화나 카톡으로 인터뷰를 하겠다고 다짐하기도 했다.

인터뷰한 내용을 정리해서 제출하는 과제를 받으면서 과연 학생들이 얼마나 인터뷰를 했을지 조바심이 났다. 1학년 때 면담하기를 배웠지만 다시 한번 구체적으로 안내를 해야 했나 후회도 했다. 짝과 친분이 없다면 어색하게 준비한 질문만 달랑 묻고 끝내버릴 수도 있겠다는 생각이 뒤늦게 들었다. 인터뷰는 사람에 관한 관심이 가장 중요한데, 관계를 쌓을 기회도 별로 주지 않고, 잘 알지도 못하는 친구를 짝이라는 이유로 인터뷰를 하게 해서 참 미

단문 290/90 byte

내일 아침에 짝을 보자마자 인터뷰를 하세요. 핸드폰에 구클 보고 질문하되, 답변을 들으면서 더 덧붙이세요. 짝의 대답을 녹음하세요. 3명일 경우 명단 차례대로 돌아갑니다. (A는 B에게, B는 C에게, C는 A에게) 금요일에는 녹음한 것을 푸는 과제가 나갑니다. 시간이 모자라면 끝나고 따로 만나 해야 합니다.

안했다.

전체 인터뷰를 전사해서 내라고 했건만 꽤 많은 학생이 인터뷰 내용 요약본을 제출했다. 구글 문서에 있는 음성 번역 기능을 미리 제시했더라면 더 나았을지도 모르겠다. 전사한 자료를 제출하지 않은 학생도 있었지만 모든 학생이 인터뷰를 했다. 친하지 않은 친구라면, 게다가 그 친구가 성실하지도 않은 친구라면 책을 읽히고 인터뷰를 하는 일이 쉽지 않았을 텐데 어떻게든 해냈다는 데 감동했다.

원격수업은 학생을 고립시킨다. 학교 다니는 동안 그냥저냥 뭔가를 했던 학생들이 가늘게 잡은 손을 놓아 버리면서 연락도 잘 안 되고, 과제도 거의 안 하는 등 폐인 모드로 돌변하는 경우가 왕왕 있었다. 하지만 이런 친구들을 '사회'로 끌고 나오는 건 역시 친구의 힘이다. 그렇게 뭔가를 안 하던 학생들이 친구 등쌀에 못 이겨 인터뷰를 하고, 책을 읽고, 인터뷰 정리한 글을 시간 안에 제출했다. 역시, 사람이 답이다. 우리는 누구나 관계로 얽혀 있고, 그로 인해 힘을 얻는다.

친구와 면담한 내용을 정리해 봅시다. 질문과 대답을 정리하세요. 아래 내용을 다 쓰면 복사해서 패들렛에 붙이세요.

인터뷰 짝 이름 :

친구가 읽은 책 제목/작가/출판사 :

Q1. 보건 교사라는 직업을 가지게 된 계기

A : 보건 교사는 학교에서 다친 학생들과 선생님들을 치료해주고 행정적인 일도 한다. 이것이 사무적인 것과 행동적인 것을 같이 하는 게 잘되는 나한테 잘 맞을 것 같아서 관심을 가지게 되었다. 그러면서 보건 교사에 대한 정보를 막 찾아보면서 점점 더 흥미를 가지게 되고 내가 아는 보건 교사는 다친 사람들을 치료하고 보건에 관한

수업을 한다는 것만 알고 있었는데 찾아보니까 이번 코로나 같은 상황에 예방 용품(?) 같은 것을 준비하는 것 등등 내가 모르는 것들도 하는 게 되게 흥미롭고 신기해서 보건 교사라는 직업을 진로로 하면 재미있을 것 같기도 하고 내 적성에 맞을 것 같다고 생각해서 진로로 정하게 되었다.

Q2. 보건 교사에도 초등학교, 중학교, 고등학교 보건 교사가 있는데 어느 것이 하고 싶은지

A : 솔직히 말하면 아무 데나 붙기만 하면 좋겠는데 그중에서 제일 하고 싶은 것은 고등학교 보건 교사가 하고 싶다. 왜냐 하면 고등학생은 초중고 중에 말이 제일 잘 통하고, 반항끼가 많이 없을 것 같기 때문이다. 이렇다고 해서 초중학생들이 반항끼가 많다는 것이 아니라 대부분 나이가 들면서 성장하고 성숙해진다고 생각해서 고등학교 보건 교사가 하고 싶다.

Q3. 어떤 공부를 어떻게 얼마나 열심히 한다는 것인지

A : 대학교를 갈려면 모든 과목을 잘해야 되긴 하지만 의학 쪽으로 가야 되기 때문에 일단 과학을 잘해야 된다고 생각한다. 생명과학이랑 연관되어 있다고 생각하기 때문에 일단 과학을 무조건 잘하기 위해서 제일 공부를 많이 해야 된다고 생각한다. 그리고 그 다음은 영어인데 원래 영어는 제2의 외국어라서 원래도 잘해야 되긴 하지만 의학 용어들을 보면 거의 다 영어나 영어 약자로 되있는 게 많아서 잘 이해할려면 영어도 잘 알아야 된다고 생각한다. 이러한 과목들을 자기주도로 하는 게 중요하다고 생각한다. 일단 고등학교에 들어가서 선생님의 수업을 잘 듣고 다시 복습하고 이해가 안 되는 부분은 체크해놨다가 질문을 하던지 인강을 듣는 것으로 할 것 같다.

Q4. 보건 관련된 고등학교를 갈 것인지, 일반고를 갈 것인지

A : 일단 보건 교사가 될려면은 대학교를 나와야 된다. 대학교를 들어갈려면 일반고

등학교가 편할 것 같기 때문에 일반고를 갈 것 같다. 일반고를 가면 공부에 더욱더 집중할 수 있기 때문이다.

Q5. 대부분 관심이 가는 직업이 다 의료 쪽이라고 하였는데 특별한 이유가 있는지

A : 특별한 이유가 있는 건 아니고 진로를 정하다 보니까 어쩌다 보니 관심이 가는 직업이 다 의료 쪽이었다. 그리고 의료 쪽 직업이 안정성도 있고 보수도 있고 일을 할 때의 성취감도 있기 때문에 더욱더 그런 것 같다.

과제를 거의 내지 않던 학생인데 인터뷰도 하고 과제도 낸 것을 발견했을 때 진짜 감동이었다. 혼자 하는 과제였다면 아무것도 하지 않았을지도 모르는데 말이다. 친구 만세!

친구와 인터뷰한 내용을 정리한 다음 항목은 구술평가 안내를 읽어 보는 일이다. 구술평가는 송승훈 선생님의 모형을 빌려왔다. 크게 세 개의 질문군에 답해야 하는데 첫 번째는 나에 관한 질문이고, 두 번째는 짝에 관한 질문이다. 마지막은 짝이 나에게 물어 봤으면 하는 질문에 답해야 한다. 짝과 좀 더 대화를 하고 자신이 대답하기 좋은 질문, 점수 받기 좋은 질문을 골라 보라는 의미에서 만들었다.

인터뷰를 녹음하고 있다.

2/ 구술평가 준비하기

구술 평가에서는 총 3개의 질문에 답합니다. **1) 나에 관한 질문 2) 짝에 관한 질문 3) 짝이 묻는 질문.** 모든 질문에는 **1분 정도** 답을 해야 합니다. 이번 시간에는 2)와 3)에 관해 준비합니다. 우선 구술평가 질문을 살펴 봅시다.

〈첫번째: 나에 관한 질문〉

1. 책을 읽고 진로와 관련해 달라진 생각, 감정, 태도가 있으면 설명하시오.

2. 책을 읽고 새롭게 알게 된 사실을 두 가지 이상 말해 보시오.

3. 인상 깊은 부분이나 문장을 말하고 그 이유를 설명하시오.

4. 책 속에서 그 직업과 관련해 필요한 자질이나 중요한 태도가 무엇인지 말하고 그 이유를 설명하시오.

5. 같은 꿈을 가진 친구에게 이 책을 추천한다고 할 때, 이 책으로 얻을 수 있는 점과 아쉬운 점을 설명하시오.

〈두번째: 짝에 관한 질문_아래 질문에 관해 모두 답할 수 있어야 합니다.〉

1. 짝이 읽은 책 제목을 말하고, 짝에게 들은 책의 저자, 책 내용에 관해 말해 보시오.

2. 짝이 이 책을 선택한 이유나 계기에 관해 설명하시오.

3. 책의 내용이 짝의 진로에 미친 영향에 관해 설명하시오.

4. 짝이 책을 읽으면서 새롭게 알게된 점이나 생각이 바뀌거나 더 강화되었다고 생각하는 내용이 무엇인지 설명하시오.

5. 짝이 책을 읽고 난 후 진로와 관련하여 어떤 계획을 세우고 있는지 설명하시오.

〈세번째: 짝이 나에 관해 묻는 질문_내가 자신있게 답할 수 있는 부분을 짝이 물어주면 좋습니다.〉

짝이 물어줬으면 하는 질문을 2개 적어봅시다. 책 내용과 관련없이 진로에 관한 생각이어도 좋습니다. 그에 관해 어떻게 대답할 것입니까? 1분 분량으로 대답해야 하므로 4~5줄 정도 써야 합니다.

Q1.   A: Q2.

짝이 나에게 물어봤으면 좋겠다고 생각하는 질문에 대한 학생들의 답이다.

〈세번째: 짝이 나에 관해 묻는 질문_내가 자신있게 답할 수 있는 부분을 짝이 물어주면 좋습니다.〉

짝이 물어줬으면 하는 질문을 2개 적어봅시다. 책 내용과 관련없이 진로에 관한 생각이어도 좋습니다. 그에 관해 어떻게 대답할 것입니까? 1분 분량으로 대답해야 하므로 4~5줄 정도 써야 합니다.

> Q1. 인생에서 가장 중요하게 여기는 것은?
> A: 나는 인생에서 목표를 가장 중요하게 여긴다. 우리는 시험기간이 다가오면 열심히 공부를 하는데 막상 시험이 끝나면 허무함을 느낀다. 내가 열심히 했던 이유인 목표가 사라졌기 때문이다. 그래서 우리는 늘어지지 않기 위해서 또 다른 목표를 세워야 한다. 목표가 없는 사람은 결코 아무것도 해낼 수 없다. 목표를 이루기 위해서는 노력이 뒤따르는데 노력없이 얻을 수 있는 것은 없기 때문이다. 그래서 나는 끝없이 목표를 세우고 그 목표를 이뤄서 나를 발전시키는 사람이 되고 싶다.
> Q2. 요즘 가장 관심있는 분야는 무엇인가?
> A: 원래는 철학 관련 책을 읽는 것을 좋아했는데 요즘에는 경제학 쪽에 관심이 생겼다. 아마 1학기 기말고사를 준비하면서 사회책에서 다루어서 눈길이 간 것 같다. 내가 아는 것은 아마 빙산의 일각이겠지만 그래도 한동안 흥미 있는 게 아무것도 없었던 터라 그냥 무작정 찾아보기 시작했다. 하지만 수학을 다룬다는 것을 알고 조금 망설여졌다. 내가 수학에 너무 자신이 없기 때문에 웬만하면 수학과 관련된 것들은 피하겠지만 생각해보니 내가 좋아하는 것을 못 하게 수학이 붙잡고 있다는 점이 너무 억울해서 우선 수학부터 공부할 생각이다.

〈세번째: 짝이 나에 관해 묻는 질문_내가 자신있게 답할 수 있는 부분을 짝이 물어주면 좋습니다.〉

짝이 물어줬으면 하는 질문을 2개 적어봅시다. 책 내용과 관련없이 진로에 관한 생각이어도 좋습니다. 그에 관해 어떻게 대답할 것입니까? 1분 분량으로 대답해야 하므로 4~5줄 정도 써야 합니다.

> Q1.현재 자신이 잘하는 것은 무엇이라고 생각하고 그 이유는 무엇인가요?
> A:저는 아직 남들보다 뛰어나다고 생각하는 것을 찾지 못했는데 아직 경험이 부족하고 많은 것을 해보지 않아서 찾지 못했다고 생각합니다. 잘하는 것을 찾기 위해서 여러가지 많은 것들을 해보고 남들이 하기 싫어하는 것도 해보면 차차 잘하는 것을 찾아나갈수도있고 처음부터 잘하는 사람은 없다고 생각하고 노력해서 잘하게 되면 된다고 생각해서 하고싶은일을 먼저 찾아서 그것을 잘하게 만들기위해서 노력할 것입니다.
>
> Q2.자신이 선택한 일이 만약 다른사람들에게 무시를 받거나 좋지 않은 취급을 받더라도 그 일을 계속할것인가요?
> A:물론 제가 무시당할거같은 일을 하지는 않겠지만 만약 제가 하고싶은일인데 남들에게 좋지않은시선을 받는다면 포기하는 것이 아니라 내가 선택한 일을 끝까지 열심히하고 포기하지않고 하는게 남들의 시선을 이기는 방법이라고 생각합니다. 제가 열심히 노력한다면 남들의 안좋은 시선이 차차 걷어질것이라고 생각하고 안좋은 시선을 받지않도록 내가 노력하는 것이 성공할 수 있는 방법이라고 생각합니다.

〈세번째: 짝이 나에 관해 묻는 질문_내가 자신있게 답할 수 있는 부분을 짝이 물어주면 좋습니다.〉

짝이 물어줬으면 하는 질문을 2개 적어봅시다. 책 내용과 관련없이 진로에 관한 생각이어도 좋습니다. 그에 관해 어떻게 대답할 것입니까? 1분 분량으로 대답해야 하므로 4~5줄 정도 써야 합니다.

Q1. 책을 읽고 나서 앞으로 어떻게 할 것인지 세운 계획이 있다면?
A: 책을 읽기전에도 김이나의 마인드와 비슷했어서 크게 달라진 것은 아니다. 무턱대고 한 곳만 파다보면 길이 막힐 수도 있으니 절대 공부를 포기하지 않고 입시 준비와 같이 열심히 할 것이며, 체력을 기르기 위해 간단한 운동도 할 생각이다. 책을 읽고 나니 체력이 정말 정말 중요하다는 것을 깨달아서 조금씩 늘려가며 운동을 해서 팔, 다리 힘도 기르고 체력도 길러 어떤 일이 와도 버틸 수 있도록 만들 생각이다. 지금처럼 학원과 연습실을 다니면서 실력도 꾸준히 늘려갈 예정이다.

Q2. 롤모델인 드러머가 있는지
A: 아직까지 롤모델은 없으며 앞으로도 롤모델을 만들 생각은 없다. 사실 악기 쪽은 정말 유명한 사람이 아니면 다른 사람들은 잘 모르는게 대부분이다. 롤모델은 없지만 자주 보는 드러머는 있다. 곽준용이라고 유튜브에 치면 나오는데 에이핑크 콘서트 무대 영상이 몇개 있다. 그 중에 미스터 츄 무대는 정말 일주일에 한 번은 꼭 보는 것 같다. 다들 한 번 씩 봤으면 좋겠다. 이 외에도 그냥 드럼 연주 영상을 많이 보는 편이라서 롤모델보단 영상을 보며 나도 이렇게 치고 싶다라고 생각한다.

9.25 백: 친구의 인터뷰 대답하는 과정을 (글리앉게 기대하지 않는다) ...

...칭찬 ... 느낀 점: 친구의 ... 통해 책의 내용을 다시 깊이회복할 수 있었고 다른 친구에게 이야기할 수 있다면 것 같다. 또한 대답을 경청 친절... 한하고 있게 아니라 ... 알해주게 인성이 좋을 수 있었다

9/25 목표: 늦게 일어났지만 ... 해서 꼭 좋은 점수 받을수있게 노력할 것이다.

배우고 느낀점: 내가 꿈에대해서 정리를 자세히 확고하게 안느게 어떻게 꿈에 대해 정리하면 좋을지 ...

9/25 두번 ... 오늘 친구 인터뷰한것을 잘 다듬어서 문제 푸니 선생님이 ... 내 꿈인 드럼은 영상이 행복이다. 내 짝꿍은 제빵사가 꿈인데 정말 좋다 다 경험이 있 ... 있다는 것은 깨달았다. 나중에 내가 꿈을 갖는다면 ...

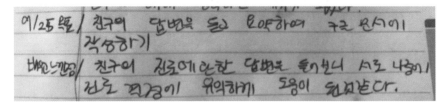

배운/느낀점 : 친구의 내면에 대해 어떻게 해야 잘 인터뷰 질문을 쓸지 고민하다
보니 친구의 매력에 비전 나를 발전할수 있겠다.

09/25 목 / 친구의 답변을 등 요약하여 구글 문서에
작성하기

배운느낀점/ 친구의 진로에 관한 답변도 들어보니 서로 나눔이
진로 결정에 유익하게 도움이 될것같다.

등교수업 때 구술평가 연습을 했다. 가장 이상
적인 진행은 원격수업일 때 답변을 모두 준비하
고 등교수업을 맞이하여 연습을 진행하면 좋았
겠지만 등교 수업 일정은 내 마음대로 할 수 없
는 것이라 순서를 바꾸어야만 했다. 학생들에게
구술평가 과정을 설명하고 모둠별로 연습을 하

도록 했다. 이미 전 시간에 질문은 공개한 터라 머릿속으로 대략 답변을 준비
한 친구는 실전과 비슷하게 진행할 수 있었다. 하지만 이런 학생은 소수였고,
준비한 학생과 그렇지 않은 학생 사이에 편차가 날 수밖에 없었다. 이번 시간
을 통해서 잘하는 친구들의 답변을 들으면서 다음 원격수업에서 자기 답변을
꼼꼼하게 준비하는 계기가 되었으면 하는 바람이었다.

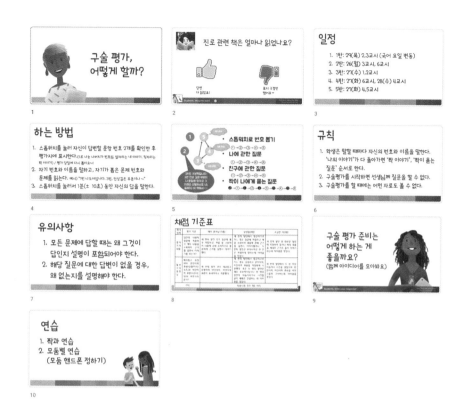

구술평가는 2~3조를 합쳐 4명 혹은 6명이 함께한다. 일반적으로 개인이 문제를 뽑고 그에 관한 답을 하는 형태이지만 송승훈 선생님의 구술평가 모형을 빌려 더 많은 학생이 함께하도록 했다. 짝에 관해 이야기하는 것을 짝이 듣는 것은 당연히 필요하다. 거기에 더해, 다른 친구들의 이야기를 들으면, 그들과도 공감대를 쌓을 수 있을 거라고 생각했다. 남녀 학생의 숫자 때문에 모둠의 숫자나 비율이 들쭉날쭉하기는 했지만 너무 많은 숫자가 이야기를 하면 집중력이 떨어질 것 같아 2명+2명, 2명+3명, 혹은 2명+2명+2명 형태로 모둠을 만들었다. 문제를 뽑는 다양한 방법 중에 핸드폰의 스톱워치 이용을 선택했다. 어차피 어느 정도 말하는지 시간도 재야 하므로 핸드폰이 필요했다. 문제가 '나에 관한 질문'과 '짝에 관한 질문'으로 나뉘어 있으므로 스톱워치를 눌러 나온 두 자리 숫자(5를 넘어가면 5를 뺀 숫자. 스톱워치의 가장 끝자리는 00부터 99까지 있다)가 자신이 대답해야 할 질문이 된다. 한 학생이 스톱워치를 눌러 28이 나왔다면 '나에 관한 질문'에서는 2번 질문에 답을 하고, '짝에 관한 질문'에서는 3번 문제에 답을 하면 된다. 둘러앉은 학생들이 먼저 질문을 뽑으면 그 잠깐의 시간 동안 머릿속 생각을 정리하고, 첫 번째 학생부터 답변한다(5번 슬라이드를 연습할 때와 시험 볼 때 내내 띄워 놓는다).

　배움 확인표를 설명한 후, 페어덱을 통해 학생들에게 구술평가 준비를 어떻게 하는 것이 좋을지 물었다. 학생들의 답변을 보면서 설명을 덧붙였다.

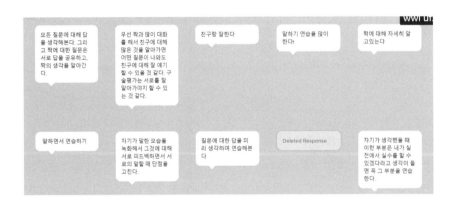

　학생들에게는 한 번의 발언이 대략 1분 정도면 좋겠다고는 이야기하였으나, 배움 확인표의 기준으로 삼지는 않았다. 발언 시간을 채우기 위해서 쓸데없이 말을 천천히 하거나, 질문과 상관없는 이야기까지 하는 경우들이 있기 때문에 '질문에 적합하고' '논리적으로 충분하게 근거'를 들면 된다고 말해 주고, 충분한 근거를 들어 이야기하면 대략 1분 정도가 될 거라고 말했다. 배움 확인표를 만들 때 눈에 보이는 양적인 것을 기준으로 삼으면 채점하는 데는 간편하지만 채점을 하다가 딜레마에 빠지게 된다. 몇 개 이상, 혹은 몇 초 이상 양적인 기준을 채웠지만 질적으로 떨어지게 수행한 학생과 그 반대의 학생에게 점수를 부여할 때가 그렇다. 학생의 배움과 성장을 돕는 데에도 질적인 기준표를 제시하는 것이 좋다. 내가 만든 배움 확인표를 돌아보면 그다지 마음에 들지는 않는다. '달성함'이라는 수준에 기술된 내용이 기준에 충족된 내용으로 제시되어야 하는데 성취기준을 달성했다고 볼 수 있나 싶은 부분도 있기 때문이다. 4단계로 '힘을 내' 수준을 하나 더 설정하고, '달성함'이 온전한 '달성함'으로 되게끔 기술하면 더 좋았겠다. 4단계로 만들면 성취평가제에 따라 최하점을 4~6점 정도로 만들기 위해 더 미세한 조정을 해야 했겠지만 말이다.

평가 항목	평가 기준	매우 뛰어남 (5점)	달성함(4점)	조금만 더(3점)
말하기의 내용	답안의 내용이 질문에 적합하고 책의 내용을 소화하여 근거를 들면서 이야기를 하는가?	세 번의 발언 모두 질문에 매우 적합하고, 책을 잘 소화하여 내용에 관해 논리적으로 충분하게 근거를 들면서 이야기했다.	세 번의 발언에서 평균적으로 어느 정도 질문에 적합하고 책을 소화하여 내용에 관해 근거를 들면서 이야기했거나, 두 번의 발언은 뛰어나지만 한 번은 적절하게 말하는데 어려움을 겪었다.	세 번의 발언 중 대부분 질문에 적철하지 않거나 책의 내용을 제대로 근거로 들어 이야기하는데 어려움을 겪었다.
말하기의 유창성	매끄럽고 유창하며 반언어적 표현(성량/어조/속도)과 비언어적 표현(시선/손짓)이 자연스러운가?	세 번의 발언 모두 매끄럽고 유창하며 반언어적, 비언어적 표현이 효과적이고 적절했다.	세 번의 발언에서 평균적으로 어느 정도 유창하고 반언어적, 비언어적 표현을 적절하게 사용했다. 혹은 두 번의 발언은 매우 효과적이었으나 한 번의 발언이 더듬거리거나 시간을 끌어 제대로 전달하는 데 어려움을 겪었다.	세 번의 발언에서 두 번 이상 더듬거나 시간을 끌었으며 반언어적, 비언어적 표현을 자연스럽게 구사하는데 어려움을 겪었다.
기타		미응시의 경우 0점 처리		

학생들에게는 다음과 같은 학습지를 나눠 주었다.

■5단계 : 구술평가 방법 안내
<구술평가 일정> 1반: 28(수) 7교시, 29(목)2교시 / 2반: 26(월) 3교시, 6교시 / 3반: 27(수) 1,2교시 / 4반: 27(화) 6교시, 28(수) 4교시 / 5반: 27(화) 4,5교시
1) 과정
① 스톱워치를 눌러 자신이 답변할 문항 번호 2개를 확인한 후 평가지에 표시한다.
  (5로 나눈 나머지가 번호임. 앞자리는 자기 이야기, 뒷자리는 친구 이야기)
② 자기 번호와 이름을 말하고, 자기가 뽑은 문제 번호를 말한다. 질문은 총 3개로 나에 관한, 짝에 관한, 짝이 묻는 질문이다. 예시) "1번 나도야입니다. 3번 문제에 대해 답하겠습니다."
③ 스톱워치를 눌러서 1분(± 10초) 동안 자신의 답을 말한다.
2) 규칙
① 학생은 말할 때마다 위의 구술평가 과정에 따라 자신의 번호와 이름을 말한다.
② 구술평가를 시작하면 선생님께 질문을 할 수 없다. ③ 구술평가를 할 때에는 어떤 자료도 볼 수 없다.
3) 답을 말할 때
① 모든 문제에 답할 때는 왜 그것이 답인지 설명이 포함되어야 한다.
② 해당 질문에 대한 답변이 없을 경우, 왜 없는지를 설명해야 한다.

<구술평가 문제>

나에 관한 질문	1. 책을 읽고 진로와 관련해 달라진 생각, 감정, 태도가 있으면 설명하시오.
	2. 책을 읽고 새롭게 알게 된 사실을 두 가지 이상 말해 보시오.
	3. 인상 깊은 부분이나 문장을 말하고 그 이유를 설명하시오.
	4. 책 속에서 그 직업과 관련해 필요한 자질이나 중요한 태도가 무엇인지 말하고 그 이유를 설명하시오.
	5. 같은 꿈을 가진 친구에게 이 책을 추천할 때, 이 책으로 얻을 수 있는 점과 아쉬운 점을 설명하시오.
짝에 관한 질문	1. 짝이 읽은 책 제목을 말하고, 짝에게 들은 책의 저자, 책 내용에 관해 말해 보시오.
	2. 짝이 이 책을 선택한 이유나 계기에 관해 설명하시오.
	3. 책의 내용이 짝의 진로에 미친 영향에 관해 설명하시오.
	4. 짝이 책을 읽으면서 새롭게 알게된 점이나 생각이 바뀌거나 더 강화되었다고 생각하는 내용이 무엇인지 설명하시오.
	5. 짝이 책을 읽고 난 후 진로와 관련하여 어떤 계획을 세우고 있는지 설명하시오.
짝이 물을 질문	

학생들은 구술평가 연습을 하면서 평가의 형식을 익히고 자신이 답변 준비가 덜 된 질문은 무엇인지 확인하고, 친구와 더 이야기 나눠야 할 대화가 무엇인지 파악하여 더 깊게 대화를 나누었다. 나는 돌아다니면서 학생들의 준비 정도를 파악하고, 무엇을 해야 할지 몰라 대화가 끊긴 학생들을 연결해 주었다.

다음 주 원격수업에는 학생들에게 구술평가 내용을 준비할 시간을 주었다. 구술평가 준비를 위해 미리 답안을 작성해 보는 시간이었다. 등교수업할 때 구술평가를 봐야 하는 상황이었기에 학생들에게 전체 예상 답안을 한 시간에 작성해야 하는 엄청난 과제를 내주었다. 당연히 꼼꼼한 학생들은 한 시간을 훌쩍 넘겼고, 나는 원망을 들을 수밖에 없었다.

답안 준비와 함께, 다시 한번 배움 확인표를 제시하고 예상 점수와 더 잘 받기 위해 어떤 노력을 할 수 있는지 적어 보게 했다. 지금 준비 상태를 살피고 부족한 부분은 보충하라는 무언의 압력이었다. 배움 확인표를 읽으며 자신의 모습과 가야 할 방향을 확인하고 점검하는 과정은 학생이 자기 학습에 주도권을 쥐고, 책임감을 가질 수 있도록 돕는다.

5-3. 다음 채점 기준표를 살펴 보고 물음에 답하세요.

평가 항목	평가 기준	매우 뛰어남 (5점)	달성함(4점)	조금만 더(3점)
말하기의 내용	답안의 내용이 질문에 적합하고 책의 내용을 소화하여 근거를 들면서 이야기를 하는가?	세 번의 발언 모두 질문에 매우 적합하고, 책을 잘 소화하여 내용에 관해 논리적으로 충분하게 근거를 들면서 이야기했다	세 번의 발언에서 평균적으로 어느 정도 질문에 적합하고 책을 소화하여 내용에 관해 근거를 들면서 이야기했거나, 두 번의 발언은 뛰어나지만 한 번은 적절하게 말하는데 어려움을 겪었다.	세 번의 발언 중 대부분 질문에 적절하지 않거나 책의 내용을 제대로 근거로 들어 이야기하는데 어려움을 겪었다.
말하기의 유창성	매끄럽고 유창하며 반언어적 표현(성량/어조/속도)과 비언어적 표현(시선/손짓)이 자연스러운가?	세 번의 발언 모두 매끄럽고 유창하며 반언어적, 비언어적 표현이 효과적이고 적절했다.	세 번의 발언에서 평균적으로 어느 정도 유창하고 반언어적, 비언어적 표현을 적절하게 사용했다. 혹은 두 번의 발언은 매우 효과적이었으나 한 번의 발언이 더듬거리거나 시간을 끌어 제대로 전달하는 데 어려움을 겪었다.	세 번의 발언에서 두 번 이상 더듬거나 시간을 끌었으며 반언어적, 비언어적 표현을 자연스럽게 구사하는데 어려움을 겪었다.
기타	미응시의 경우 0점 처리			

1) 구술 평가에서 자신의 상태를 예상하여 빨간색으로 표시해 봅시다.

2) 예상 점수를 내 보고, 그렇게 생각한 이유를 50자 이상 적어봅시다.

예상점수	10점
이유	일단 친구와 서로 열심히 질문했고 그 질문에 대해서 서로 자세하게 대답을 했기 때문에 구술평가 준비가 잘 되었기 때문에 구술평가를 잘 할 수 있다고 생각한다.

3) 구술 평가를 할 때 우려되는 점을 어떻게 극복할 수 있을지 50자 이상 적어봅시다.

우려되는 점	구술평가를 할 때 가장 걱정되는 부분은 말을 하는 시간이 제한시간을 조금 넘는 것입니다.
극복 방법	구술평가를 하기 전에 집에서 구술평가 질문들을 직접 시간을 재보면서 말을 해보고 여러번 연습을 해보면서 미리 대비를 해봐야겠습니다.

5-3. 다음 채점 기준표를 살펴 보고 물음에 답하세요.

평가 항목	평가 기준	매우 뛰어남 (5점)	달성함(4점)	조금만 더(3점)
말하기의 내용	답안의 내용이 질문에 적합하고 책의 내용을 소화하여 근거를 들면서 이야기를 하는가?	세 번의 발언 모두 질문에 매우 적합하고, 책을 잘 소화하여 내용에 관해 논리적으로 충분하게 근거를 들면서 이야기했다	세 번의 발언에서 평균적으로 어느 정도 질문에 적합하고 책을 소화하여 내용에 관해 근거를 들면서 이야기했거나, 두 번의 발언은 뛰어나지만 한 번은 적절하게 말하는데 어려움을 겪었다.	세 번의 발언 중 대부분 질문에 적절하지 않거나 책의 내용을 제대로 근거로 들어 이야기하는데 어려움을 겪었다.
말하기의 유창성	매끄럽고 유창하며 반언어적 표현(성량/어조/속도)과 비언어적 표현(시선/손짓)이 자연스러운가?	세 번의 발언 모두 매끄럽고 유창하며 반언어적, 비언어적 표현이 효과적이고 적절했다.	세 번의 발언에서 평균적으로 어느 정도 유창하고 반언어적, 비언어적 표현을 적절하게 사용했다. 혹은 두 번의 발언은 매우 효과적이었으나 한 번의 발언이 더듬거리거나 시간을 끌어 제대로 전달하는 데 어려움을 겪었다.	세 번의 발언에서 두 번 이상 더듬거나 시간을 끌었으며 반언어적, 비언어적 표현을 자연스럽게 구사하는데 어려움을 겪었다.
기타	미응시의 경우 0점 처리			

1) 구술 평가에서 자신의 상태를 예상하여 빨간색으로 표시해 봅시다.

2) 예상 점수를 내 보고, 그렇게 생각한 이유를 50자 이상 적어봅시다.

예상점수	9 점
이유	논리적으로 근거를 들어 말하기는 자신이 있다. 다만 중간 중간 뇌에서 입까지 말이 나오는데 버퍼링이 걸려 더듬더듬 할 것 같아서 그게 걱정이다. 그래서 일단 4점을 줬는데 구술평가 하기 전까지 연습해서 5점을 받을 수 있도록 노력해야겠다.

3) 구술 평가를 할 때 우려되는 점을 어떻게 극복할 수 있을지 50자 이상 적어봅시다.

우려되는 점	뇌에서 입까지 말이 나오는데 버퍼링이 걸릴 것 같음.
극복 방법	하고 싶은 말은 많은데 정리가 제대로 되지 않아 버퍼링 걸리는 것을 극복하는 방법은 연습뿐이라고 생각한다. 조금 더 천천히 말하는 것도 하나의 방법이겠지만 그럼 내가 하고 싶은 말을 다 전달하지 못할 것 같아서 구술평가 전까지 좀 더 자연스럽게 말할 수 있도록 연습해야 할 것 같다.

10 / 23 목표	구술평가 준비를 잘 해서 구술평가를 잘 하고 싶다
배우고 느낀점	다 한번 생각해봤던건데도 생각보다 어려웠다.

10/23 목표	다음주에 있을 구술 수행평가를 최종적으로 준비하는 시간이다. 질문들을 잘 살펴보며 잘 마무리 해야겠다.
배우고 느낀점	여러 질문들을 보고 답 해보며 구술 연습을 하니 조금 더 안정되고 말을 더듬는 등의 실수가 많이 없어졌다. 역시 직접 말하면서 해보는 게 가장 좋은 것 같다. 잘하고 싶다.

10/23 목표	구술평가 최종준비로 주제에 대한 답변작성하고 자기 예상평가를 한다. 우리대표팀도 적었다.
배우고느낀점	내 예시를 쓰는건 전혀 문제가 없었는데 짝 혼자의 답변때 8점이라적어서 왔다. 대충 내용은 알긴하지만 내가 아니니 조금 더 조심스러운 것 같다. 구술평가를 잘받을수 있으니 다짐했다.

7 구술평가와 돌아보기(구글 문서)

드디어, 구술평가. 그간의 경험으로 한 시간에 모든 학생을 평가하기에는 시간이 부족할 것이기에, 국어 수업을 한 시간씩 빌려와 연강으로 구성했다. 수업계, 3학년 선생님들이 적극적으로 도와주시지 않았다면 어려웠을 것이다. 언제나 많은 사람에게 빚을 지고 산다.

시작할 때 구술평가 방법과 배움 확인표를 다시 한번 설명하고 평가를 시작했다. 책상 위의 물건들을 정리하고 구술평가 문제지 한 장과 색깔 사인펜만 놓게 했다. 스톱워치로 번호를 뽑은 후 자기가 들고 있는 색깔로 문제지에 표시한다. 먼저 '나에 관한 질문' 한 바퀴 돌고, '짝에 관한 질문' 한 바퀴 돌고, '짝이 나에게 묻는 질문'에 답한다. 마지막에는 말하는 순서대로 답할 수 있도록 그 짝이 먼저 질문을 하면, 답하는 학생은 자기 이름을 말하고 스톱워치를 누르며 대답을 시작한다. 학생들이 얼마나 긴장을 하는지 피부로 느껴졌다. 앞 모둠부터 구술평가를 하고, 구술평가가 끝나면 구글 클래스룸에 올려놓은 구글 문서에 자신의 수행이 어떠했는지를 돌아보게 했다.

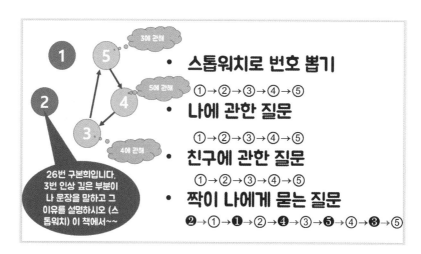

누군들 떨리지 않고 긴장이 안 되었으랴만 구술평가를 하는 도중 한 여학생이 이야기가 생각나지 않는지 말을 하다가 멈추었다. 몇 초를 기다렸을까 영원 같은 시간이 지났다. 여학생은 고개를 숙이고 뚝뚝 눈물을 흘리기 시작했다. 학급 친구들은 숨소리라도 크게 날까 봐 조용히 자기 일을 하는 척하며 그 친구를 살피기 시작했다. 결국 다음 친구에게로 차례가 넘어갔다. 몇몇 여학생들이 1, 2학년 수업하느라 책상 위에 두었던 자석 네임카드와 보드마카를 슬쩍 가져갔다. 아니, 지금 이 분위기에서 뭐 하는 거지? 가만 보니 거기에 '괜찮아' '다음 거 잘하자'와 같은 글귀를 써서 울고 있는 친구에게 내미는 거였다. 그걸 보는 순간 나도 울컥했다. 옆에 있던 다른 친구들도 알고 있었다. 말이 막혀 시험 때 이야기를 제대로 하지는 못했지만 이 친구도 진짜 열심히 준비하고 노력했다는 것을. 옆 친구들도 함께 안타까워하는 마음이 예쁘고 또 예뻤다. 자기에 관한 질문에 대답하는 한 바퀴를 돌고 다시 한 바퀴를 도는데 학생들이 먼저 제안을 해왔다. 아까 울던 친구가 아직 진정이 되지 않았으니 세 번이 끝난 후 따로 했으면 좋겠다는 거였다. 다른 친구들에게 물었더니 모두 괜찮다고 했다. 발언 기회를 다시 주는 것은 아니고, 순서만 조정하는 것이니 공정성을 해치지 않는 범위에서 그 반이 베풀 수 있는 최대의 관대함을 보여 준 것이다. 학생들의 유연함과 기지, 친구를 배려하는 마음에 한 수 배웠다. 이 학생들은 학습이 경쟁이 아니라는 것을 안다. 함께 성장하는 것이 더 중요하다는 걸 안다. 이는 단지 내 수업의 평가 방식만으로 배울 수 있는 게 아니다. 이 학생들이 3년 동안 관악중학교에서 보고 듣고 느꼈던 것이리라.

구술평가 채점 양식을 만들어 채점을 하는데 원래 쓰던 양식이 불편하다는 생각이 들었다. 학생들이 자신이 뽑은 질문을 말하고, 답을 이야기하기는 했지만 질문에 초점이 제대로 맞는지를 확인하려면 나도 질문을 보고 있는 게 좋겠다고 생각했다. 한 반 채점이 끝난 후 양식을 바꿔보았다. 필요한 모든 내용이 한 장에 들어가고, 한 장에 6명까지 쓸 수 있도록 변경했더니 채점하는 것이 수월했다.

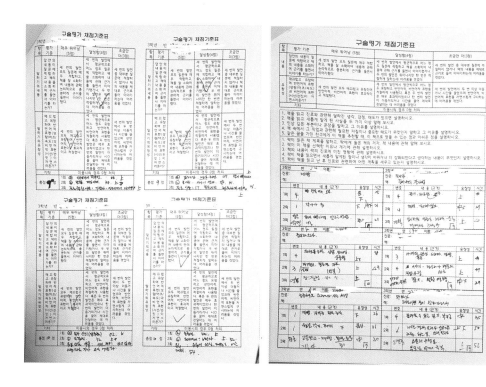

평가를 마친 학생이 구글 문서에 자신의 예상 점수와 소감을 작성해서 제출하였다. 이후에 확인하고 제출한 학생들에게 비공개 댓글로 실제 점수를 알려주었다. 자신의 예상 점수와 교사가 채점한 점수를 바로 비교할 수 있어서 어느 면에서 인식의 차이가 있었는지 확인할 수 있다. 꼼꼼한 학생은 실제 수행한 것보다 자기 점수를 낮게 매겼고, 여유 있고 낙천적인 학생은 높게 매겼는데, 세어 보니 실제 점수를 더 높게 매긴 학생은 한 반에 2~3명 정도였다. 아마 계속해서 평가 기준에 관해 함께 이야기를 나누었기 때문에 자기의 실력을 객관화할 수 있지 않았나 싶다. 메타인지를 가르칠 수 있다던데 그걸 눈으로 확인하는 순간이었다.

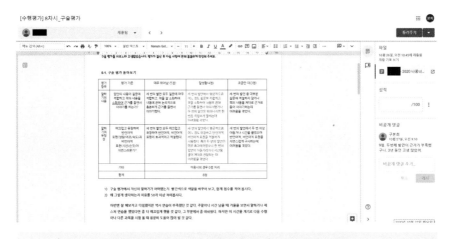

1-1) 이 질문들 중 나를 이해하는데 도움이 된 질문은 무엇입니까? 번호를 쓰고 이유를 50자 이상 써 주세요.

질문번호	1
이유	이 책을 읽고 나서 내 나름대로 달라진 생각, 감정, 태도가 뭐지? 라고 생각하다보면 나를 이해하기가 수월했다. 이 책을 읽기 전의 나와 읽은 후의 나를 비교하다보면 분명하게 달라진 생각 등이 있어서 평소 내 모습이나 유재석 님이 내 롤모델인 이유 등등... 나를 이해하는데 도움이 된 질문이었다

1-2) 이 질문들 중 마음에 드는 질문은 무엇입니까? 번호를 쓰고 이유를 50자 이상 써 주세요.

질문번호	3
이유	책 속에서 인상 깊은 부분이 어떤 부분이었지~? 하면서, 책의 내용을 되짚어볼 수 있는 질문이라서 내 마음에 드는 질문이다. 또한 질문을 통해서 그것이 왜 인상 깊었던 부분인지 이유를 생각해보면, 내가 그 인상 깊은 부분에 대해 배울 수 있는 점도 있어서 마음에 든다.

2-1) 이 질문들 중 짝을 이해하는데 도움이 된 질문은 무엇입니까? 번호를 쓰고 이유를 50자 이상 써 주세요.

질문번호	2
이유	내 짝○○가 읽은 책이 '요리사'라는 것을 알고 꽤나 의문을 가졌었다. 요리 쪽에 관심이 있나? 하고 말이다. 그런데 2번의 질문을 통해서 은지가 이 책을 선택한 이유나 계기를 잘 알게되었다. 그래서 내가 ○○○를 알아가고, 이해를 하는데 도움이 된 질문이었다.

2-2) 이 질문들 중 마음에 드는 질문은 무엇입니까? 번호를 쓰고 이유를 50자 이상 써 주세요.

질문번호	5
이유	이 질문이 마음에 드는 이유는 아직 조금 어색한 ○○에 대해 알아갈 수 있는 질문이기 때문이다. 진로를 확실히 정하지 못한 나로서는 바리스타가 하고 싶어하는 ○○가 미래를 위해 세운 계획을 알 수 있어서 마음에 든다.

6-3. 구술 평가에 대한 소감을 다음 질문에 대한 대답을 중심으로 작성해 봅시다. (10줄 이상)

> *수업을 통해 무엇을 알게 되었는가? 더 궁금한 점은 무엇인가? 궁금증을 어떻게 해결할 것인가? 배움을 발전시키기 위해 자신이 해야할 일은 무엇인가? 어떻게 실천할 것인가? 프로젝트에서 자신이 잘한 점이나 부족한 점은 무엇인가? 프로젝트를 수행하면서 재미있었던 점이나 어려웠던 점은 무엇인가? 프로젝트를 수행한 후 앞으로 다르게 해 보고 싶은 것은 무엇인가? 프로젝트를 수행하면서 어떤 능력(역량)과 지식이 향상되었는가? 이번 프로젝트는 자신에게 어떤 의미가 있는가?

이번 수업은 이제 고등학교를 준비하고 있는 우리 3학년들에게 굉장히 뜻깊었던 시간이었습니다. 나의 진로나 앞으로의 계획을 생각하지 못한 사람들에게 자신을 돌아보며 천천히 정해보는 시간을 주었습니다. 이러한 과정을 거치며 진로의 틀을 짠 애들도 있었고 자신이 앞으로 무엇을 해야할지 구체적으로 성하거나 생각해보는 애들도 있었습니다. 사실 처음 이 활동을 했을 때 그다지 끌리는 마음은 없었습니다. 저는 저 나름대로 준비를 잘하고 있다고 생각했으니까요. 근데 제 생각은 좀 부족했습니다. 외교관이 갖춰야 하는 기본적인 능력이나 태도가 굉장히 다양했고 외교부에서 하는 일들은 상상 이상으로 많았고 무엇보다 국제사회는 그렇게 호락호락하지 않았습니다. 항상 실패와 성공의 연속, 긴장되는 분위기, 언제 일어날지 모르는 상황 등 정말 롤러코스터 같았습니다. 이런 부분들 때문에 외교관에 대해 다시 생각하게 된 계기였습니다. 그리고 앞으로 내가 가져야 할 모습들을 그려나가며 저의 길을 정리하게 된 시간이었습니다. 이번 프로젝트는 저한테 정말 많은 걸 남겼습니다. 저의 꿈에 한 발짝 더 나아가는 느낌도 받았고요. 국어 B 시간에는 항상 배우는 것들이 많았습니다. 저란 사람의 기반을 다져준 곳이기도 하고요. 이제는 정말 제대로 공부하고 준비하여 훗날 저의 꿈을 이루고 싶네요. 구본회 선생님 마지막으로 정말 감사했습니다. 진심으로 존경합니다.

6-3. 구술 평가에 대한 소감을 다음 질문에 대한 대답을 중심으로 작성해 봅시다. (10줄 이상)

> *수업을 통해 무엇을 알게 되었는가? 더 궁금한 점은 무엇인가? 궁금증을 어떻게 해결할 것인가? 배움을 발전시키기 위해 자신이 해야할 일은 무엇인가? 어떻게 실천할 것인가? 프로젝트에서 자신이 잘한 점이나 부족한 점은 무엇인가? 프로젝트를 수행하면서 재미있었던 점이나 어려웠던 점은 무엇인가? 프로젝트를 수행한 후 앞으로 다르게 해 보고 싶은 것은 무엇인가? 프로젝트를 수행하면서 어떤 능력(역량)과 지식이 향상되었는가? 이번 프로젝트는 자신에게 어떤 의미가 있는가?

이 수업을 통해 나는 직업을 어쩌면 고정관념을 가지고 바라보고 있었던 것은 아닐까 생각했다. 원래 그 분야에 종사하는 사람이 아니면 그 분야의 정확한 장단점을 알기는 힘들지만 책을 읽으며 내가 아는 것은 정말 빙산의 일각이었다는 것을 알았다. 또한 책 내용을 간략하게 정리해서 질문에 답하고 짝에게 공유하며 책 내용 정리가 한 번 더 되었던 것 같다. 구술평가를 하면서 이 책을 읽고 끝나는 것이 아니라 이 책을 읽고 한 생각을 말로 풀어내야 했기 때문에 처음에는 부담스러웠던 것 같다. 하지만 구술평가를 준비하며 자연스러우며 질문에 자신 있게 대답하는 방법에 대해 고민하고 또 실천해보며 앞으로도 유용할 능력을 기르게 되었다. 나의 경우에는 책을 읽고 다른 직업에 대해 생각하게 되었는데 이것도 긍정적인 영향이라고 생각한다. 아직 하나의 진로를 정하기에는 어리다고 생각하기 때문이다.

6-3. 구술 평가에 대한 소감을 다음 질문에 대한 대답을 중심으로 작성해 봅시다. (10줄 이상)

*수업을 통해 무엇을 알게 되었는가? 더 궁금한 점은 무엇인가? 궁금증을 어떻게 해결할 것인가? 배움을 발전시키기 위해 자신이 해야할 일은 무엇인가? 어떻게 실천할 것인가? 프로젝트에서 자신이 잘한 점이나 부족한 점은 무엇인가? 프로젝트를 수행하면서 재미있었던 점이나 어려웠던 점은 무엇인가? 프로젝트를 수행한 후 앞으로 다르게 해 보고 싶은 무엇인가? 프로젝트를 수행하면서 어떤 능력(역량)과 지식이 향상되었는가? 이번 프로젝트는 자신에게 어떤 의미가 있는가?

나꿈너꿈 활동의 ⬛⬛⬛ 구술 평가를 했다. 구술 평가를 하기 위해선 ⬛⬛⬛ 대한 질문에 답하야 되었는데, 이런 질문들을 나 자신에게 물어보면서 진로에 대한 고민을 할 수 있었던 것 같다. 또한 나의 흥미나 적성, 그리고 가치관에 대해서 생각해보며 나 자신이 누구인지 이해할 수 있었다. 그리고 짝에 대한 질문에 대답하기 위해서 내 짝 ⬛⬛⬛'와 진로에 대한 진지한 이야기를 나누면서 나만 진로에 대한 고민을 하고 있는게 아니고 내 나이의 친구들 대부분이 이런 고민거리를 가지고 있다는 것을 알게 되었다.고민들을 친구와 나누고 나니 마음이 가벼워진것 같았고 가람이가 제시해주는 해결책이 어느정도 도움이 되었다. 또 서로의 깊은 곳에 있는 이야기를 털어놓고 나니 둘만의 비밀이 생긴것 같아 나와 ⬛⬛⬛,의 사이가 더욱 돈독해 질 수 있었던 것 같다.

이렇게 질문과 답변을 열심히 준비했지만 막상 평가를 실행하니 첫 문제에 대한 답변을 짧게 해서 조금 아쉬웠다. 그에 반면 2학년때 했던 구술평가보다 성장한 내가 보여 내심 뿌듯하기도 했다. 다음 구술평가는 더욱 더 열심히 준비해 더 높은 점수를 받도록 노력할 것이다

학생들의 평가서를 보니 이 프로젝트를 기획한 목표는 다 이룬 듯하여 뿌듯했다. 아래는 중간에 울었던 학생에게 내가 남긴 비공개 댓글이다.

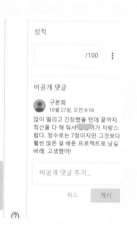

8 보고서 쓰기(구글 문서)

구술평가가 끝난 후 3학년 학생들은 바로 기말고사 시험을 치렀고, 구술평가 때 준비했던 내용을 더 보충하여 인터뷰 내용을 보고서로 쓰는 수업을 진행했다. 학생들은 기말고사가 끝났음에도 불구하고 긴 글을 써야 하는 엄청난 과업을 꾸역꾸역 따라왔다. 아마도 이미 친구와 쌓아 온 정과 수업을 통한 자신의 진로 고민을 구체화하는 것에 의미를 두었기 때문인 듯싶다. 아니면 이걸 묶어서 졸업 선물로 문집을 만들어 주겠다는 나의 꼬임에 잘 넘어온 것이거나.

그러나 그건 나의 착각. 코로나가 격화되어 전면적으로 원격수업을 하게 되었고, 상황은 돌변했다. 서로를 바라보며 버티었던 힘이 무너지면서 과제를 내달라고 사정을 해야 했다. 길고 긴 보고서를 글로 쓰는 일은 쉽지 않은데 강제할 수 있는 장치가 없었기 때문에 졸업 문집을 만들어 준다는 말로 달래야 했다. 최종적으로 확인하니 60% 정도의 학생만 글을 제출하여 150쪽 분량의 문집을 만들었다. 원격수업이라도 실시간으로 수업했다면 더 많은 학생이 함께할 수 있었을까? 많이 아쉽긴 했지만 어쩔 수 없었다. A4 두 쪽이 넘도록 빼곡하게 글을 쓴 학생들에게 고맙고 또 고맙다.

우선 보고서의 개요를 짜는 것부터 시작했다. 기본 틀을 주었기 때문에 크게 어려워하지는 않았다.

7-2. 글감 배열하여 개요 만들기

◆ 글 전체 제목 : 독서로 정한 진로

순서	소제목 및 내용(간단히)	어떻게 쓰나요?
처음 머리말	소제목 : 궁금해요! 변호사가 사는 세상 내용: 짝이 읽은 책의 제목이다. 이 책의 제목은 변호사가 사는 세상이지만, 책에는 변호사 뿐만 아니라 법률가에 관한 이야기들이 담겨있다. 짝은 이 책을 어떻게 읽게 되었고, 무슨 생각을 하게 되었을까?	글의 첫인상을 결정지을 부분입니다. 어떤 이야기로 시작하면 독자들이 내 글에 빨려들까요?
중간	본문 ① 소제목 : 법률가가 궁금해! 내용: 짝은 돈도 잘 벌고, 미래전망이 좋은 직업인 법률가에 관해 알고싶었다. 그러던 중 법률가에 관해 많은 걸 알 수 있으며 책도 두껍지 않아 빠른 시간 내에 읽을 수 있는 책을 발견하였고, 그 책을 읽게 되었다고한다. 책을 읽으며 법률가가 일상생활에서는 어떤 모습인지에 관해 알 수 있었다고 한다. 하지만 법률가에 관한 큰 흥미는 생기지 않아 진로에 큰 영향을 미치진 않은 것 같다.	친구 인터뷰한 내용을 글로 정리해서 씁니다. Q&A 형식으로 정리하지 않고, 한 편의 글처럼 씁니다.
	본문 ② 소제목 : 도전 내용: 나는 이번에 책을 읽으며 실패를 두려워하지 않고 도전하는 태도가 중요하다는 걸 깨달았다. 그렇기에 현재는 내가 어떤 것에 흥미가 있는지 곰곰이 생각해보며 직업들을 찾아보고 있으며, 하고싶은 직업을 찾은 후에는 그 직업에 관해서 여러가지를 도전해볼 것이다.	나(글쓴이)의 진로에 관한 이야기를 구체적으로 자세히 씁니다.
끝 맺음말	소제목: 인터뷰 소감 내용: 이번에 인터뷰를 진행하면서 질문을 만드는 것이 생각보다 어렵다는 걸 느꼈다. 인터뷰를 진행하며 다른 친구는 진로에 관해 어떤 고민을 갖고 있는지 알 수 있었다. 짝에게 인터뷰를 받으며 질문에 대한 답변을 곰곰이 생각하게 되었는데, 그렇게 곰곰이 생각해보며 나에 대해서도 곰곰이 생각해볼 수 있었고, 내 진로에 관해서도 고민해볼 수 있었다.	<내가 인터뷰를 진행한 소감 + 상대에게 인터뷰를 받은 소감>을 자유롭게 작성하면서 전체 글을 마무리하기

오늘 '배움 진행표'를 사진 찍어 아래에 첨부해 주세요.

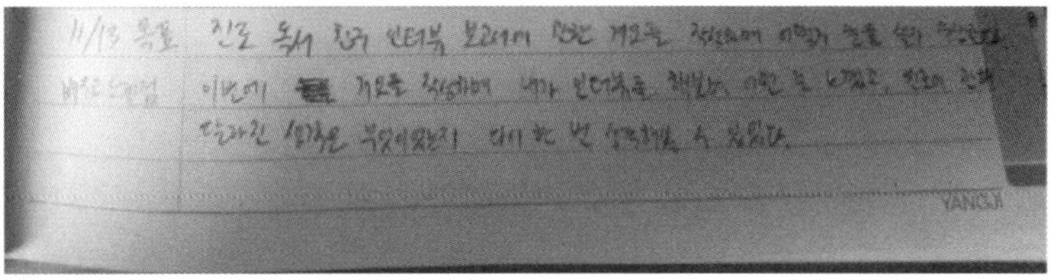

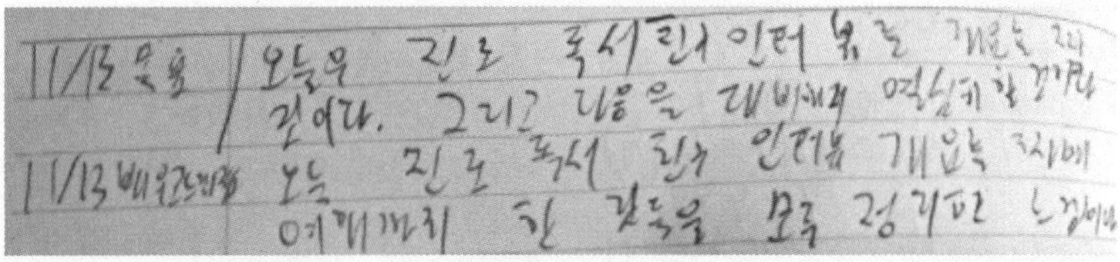
11/13 목표 오늘은 진로 독서 친구 인터뷰 개요를 짜는 것이다. 그리고 다음을 대비해 연습해야 할 것 같다
11/13 배우고 느낀점 오늘 진로 독서 친구 인터뷰 개요를 짜면서 여태까지 한 활동을 모두 정리하고 느낀

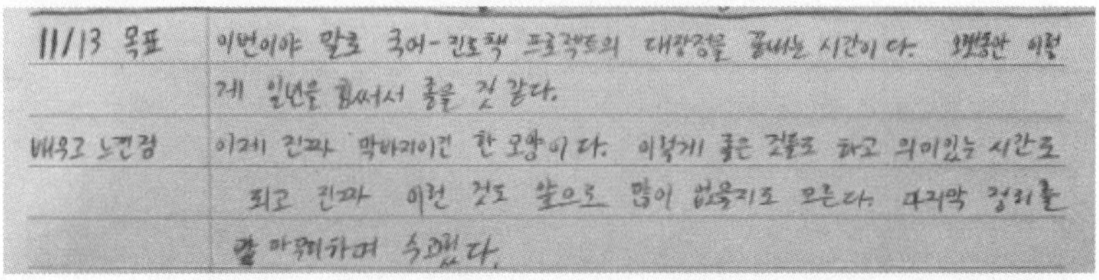
11/13 목표 이번이야말로 국어-진로책 프로젝트의 대장정을 끝내는 시간이다. 1년동안 이렇게 일년을 보내서 좋을 것 같다.
배우고 느낀점 이제 진짜 막바지인 한 모양이다. 이렇게 좋은 결론도 하고 의미있는 시간도 되고 진짜 이런 것도 앞으로 많이 없을지도 모른다. 마지막 정리를 잘 마무리하며 수고했다.

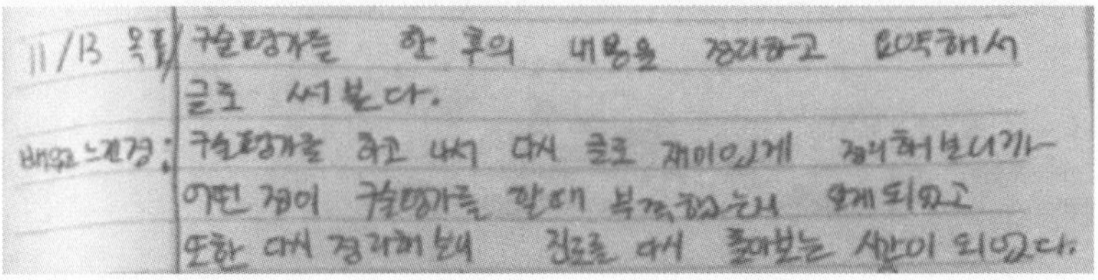
11/13 목표 구술평가를 한 후의 내용을 정리하고 요약해서 글로 써본다.
배우고 느낀점: 구술평가를 하고 나서 다시 글로 재미있게 정리해보니까 어떤 점이 구술평가를 할 때 부족했는지 알게 되었고 또한 다시 정리해 보니 진로를 다시 돌아보는 시간이 되었다.

학교에 등교했을 때는 페어덱을 활용하여 수업을 했다. 페어덱을 이용하면 수업 시간 학생들의 반응을 실시간으로 알 수 있다. 내가 던진 질문에 관해 학생들과 대화하며 함께 해결해 나가는 느낌을 받는데, 학생들이 이 대화를 자기 보고서에 적용하고 있다는 것이 글에서 바로 보이니 신기하기도 했다.

　　친구들이 제출한 보고서 개요를 보면서 소제목 짓는 연습을 해 봤다. 1학기 서평을 쓸 때 3학년 학생들이 유난히 소제목을 제대로 짓지 못한다는 걸 깨달았다. 성취기준에 없다고 특별히 신경 쓰지 않았더니 이번 보고서에 쓴 제목들도 평범하기 그지없었다. 개요를 주고 소제목을 지어보라고 했고 학생들이 낸 의견이 어떤지를 물으면서 함께 이야기를 나누었다.

다음글의 소제목을 멋지게 지어볼까요?

많은 친구들이 고등학교에 가기 전에 많은 고민을 한다. 진로를 결정하지 못해 조바심이 나는 친구도 있을 테고 이미 진로를 결정한 친구도, 아직 별 생각이 없는 친구도 있을 것 같다. 내 짝도 마찬가지이다. 아직 진로를 결정하지 못한 상태이다. 나라고 해서 완벽하게 결정한 것도 아니다. 그렇기 때문에 우리는 책을 읽으면서 다양한 것들에 대해서 배웠다.

다양한 친구들이 있지만 그 친구들 모두 누군가 시켜서 가지는 꿈이 아닌 좋아하는 꿈을 가지고. 지금 진로희망이 없다고 해도 세상이 끝나는 게 아니니까 천천히 생각해도 괜찮다는 것을 알았으면 좋겠다.

| 진로가 없어도 괜찮아 | 꿈의 방황 | 끌리는대로살아 |
| 인생은 물흐르듯 | 꿈을 만드는 나 | 나의 진로가 안보이면? |

다음글의 소제목을 멋지게 지어볼까요?

| 중간 | 본문 ① 소제목 : 내 짝의 꿈

내용: 내 짝, ⬛⬛도 마찬가지로 정확하지 않다. 자기말로는 항공쪽으로 파일럿이나 정비사가 되고싶다고는 한다. 근데 이번 인터뷰에서 어떤것을 하고싶고, 어떤곳을 가고 싶은지 물었는데 전보단 확실히 대답해서 스스로 자신의 꿈을 어느정도 정한것 같았다. | 친구 인터뷰한 내용을 글로 정리해서 씁니다. Q&A 형식으로 정리하지 않고, 한 편의 글처럼 씁니다. |

확실해진 꿈

자갈이 암석이 되어가는 과정

내친구를 하늘나라로

전체 보고서 제목을 지어 보라고 했더니 다음과 같은 제목들이 나왔다.(슬라이드5)

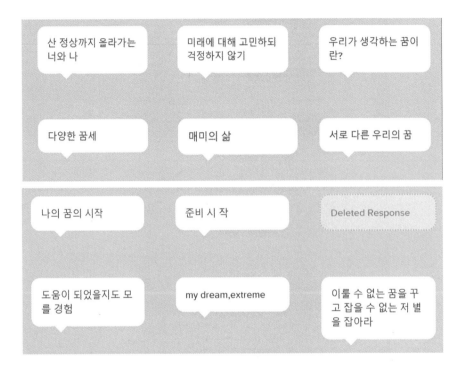

개요도 다듬고, 소제목도 바꾸고 처음 부분을 작성해 보라고 했더니 제법 괜찮은 소제목들로 바뀐 것을 확인할 수 있었다.

제목: 꿈을 향한 마라톤

[머리말] 소제목 : 꿈을 꾸다

　누구나 꿈을 꾼다. '꿈'이라는 단어만 본다면 어쩌면 거창한 단어로 보일지도 모른다. 하지만 꿈은 꼭 거창하지만은 않다. 누구나 거창하지 않더라도 꿈을 하나씩 가지고 산다. 슈퍼맨을 꿈꾸는 순수한 아이, 색소폰을 배우는 할아버지와 같이 남녀노소 나이 상관없이 누구나 꿈 하나쯤은 가지고 산다. 꿈이 없다고 생각해서 다른 꿈을 가지고 있는 친구들을 보며 조급해하고 불안해하는 우리 또래 친구들을 많이 봤다. 나도 물론 그런 생각들을 가지고 있었고 한동안 마음이 우울해지기도 했었다. 그러나

페어덱의 예시로 실린 학생은 페어덱에 제출한 답안인 '꿈의 방황'으로 소제목을 바꾸었다.

제목: 꿈을 향한 마라톤

[머리말] 소제목 :꿈의 방황

많은 친구들이 고등학교에 가기 전에 많은 고민을 한다. 진로를 결정하지 못해 조바심이 나는 친구도 있을 테고 이미 진로를 결정한 친구도, 아직 별 생각이 없는 친구도 있을 것 같다. 내 짝도 마찬가지이다. 아직 진로를 결정하지 못한 상태이다. 나라고 해서 완벽하게 결정한 것도 아니다. 그렇기 때문에 우리는 책을 읽으면서 다양한 것들에 대해서 배웠다.

지금 우리사회는 너무 완벽한 사람만을 원한다. 서울에 있는 대학에 가야 성공한 인생이라고 생각하는 친구들도 많다. 벌써부터 좋은 고등학교와 좋지않은 학교가 나뉜다. 하지만 실제로 대학을 못가도 대기업에 취직을 못해도 된다. 그래도 살 수 있다. 행복하고 놀아야 할 나이에 공부하고 또 공부하는 것은 잘못 되었다고 생각한다. 그렇기 때문에 우리는 너무 조급하고 성공해야 한다는 생각을 조금 바꿔야한다. 틀에 맞춘 꿈이 아닌 자신이 하고 싶은 것을 찾고, 남은 인생을 행복하게 살 수 있는 진로를 고민하고 선택해야 한다.

꿈이 없는 친구, 찾은 친구, 고민하는 친구, 아무것도 하기 싫은 친구 등 정말 다양한 친구들이 있다. 그 친구들 모두 누군가 시켜서 가지는 꿈이 아닌 좋아하는 꿈을 가지고, 지금 진로희망이 없다고 해도 조바심 내지 말고 진지하게 잘 생각해 봤으면 좋겠다.

전체적으로 피드백을 하는 것은 개인적으로 하는 것보다 효과가 없다고 한다. 하지만 페어덱을 이용하면 생각보다는 효과가 괜찮을 수 있겠다는 생각이 들었다.

11.17 목표	나꿈 너꿈 프로젝트에서 짝과 면담 후 보고서 쓰기 개요 점검하면서 보고서 글 작성해보기 처음 관련
배우고 느낀점	오늘 보고서 글의 처음부분 작성하기를 했는데 생각보다 어려웠던 것 같습니다. 소제목도 잘 생각해보고 내용도 더 추가해야겠다는 생각을 했습니다.

11/16 목표	친구 인터뷰 보고서에 관한 개요를 다시 점검하며 수정하고, 글쓰기를 시작한다.
배우고 느낀점	이번에 개요를 다듬고, 머리말을 작성해보며 글의 제목과 소제목의 중요성을 다시 한 번 깨달았다. 관심을 끌만한 제목을 짓는 게 어려운 것 같다.

다음 시간에는 중간 부분 1을 썼다. 중간 부분 1은 인터뷰 내용을 정리해서 쓰는 부분이다. 이미 구술평가 때 정리해 둔 것이 있으므로 어렵지 않을 거라고 생각했는데, 학생들은 완전히 새로 써야 한다며(내가 눈높이를 너무 키운 탓인가?) 아우성이었다. 지난 시간에 제목을 수정하라고 했는데도 여전히 별로인

친구들도 있고, 처음 부분이 밋밋한 학생들도 있어서 페어덱으로 지난 시간에 관한 전체 피드백을 했다. 페어덱은 수업 시간에 할 내용을 질문으로 바꾸어 제시했다. 내가 일방적으로 설명하지 않아도 이미 학생들은 충분히 잘 알고 있다. 나는 그것을 꺼낼 수 있는 질문만 던지면 된다. 학생들의 훌륭한 답안에 내 생각을 보태어 이야기하면 나도 목 아프게 설명하지 않아도 되니까 좋고, 학생들은(자신의 글에 관해 이야기를 하니) 집중을 하며 들어서 좋다.

슬라이드6에 관한 답이다.

자석 네임카드를 칠판에 붙여서 자신이 어느 정도 진행했는지 상황을 체크하게 했고, 느린 학생들은 따로 대화를 더 많이 나누었다. 학생들의 글이 차곡차곡 쌓이고 있는 게 뿌듯했다.

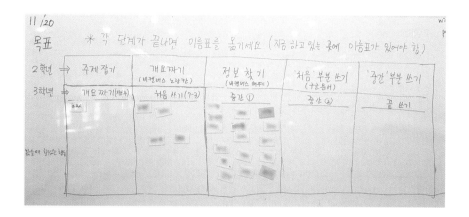

제목: 난 이래, 넌 어때?

[머리말] 소제목 : 너를 보며

이번 프로젝트에서 저의 짝은 ▒▒▒였습니다. 저는 주회와 지금까지 같은 반이 된적도 없고, 여러 행사나 활동도 겹친적이 거의 없어서 ▒▒▒와는 3학년이 되어서 처음으로 대화를 나누어보았습니다. ▒▒▒를 보면 굉장히 친화력이 좋다는 생각이 듭니다. 별로 친하지 않았던 저에게도 자주 와서 말을 걸어주었고 같은 반뿐만 아니라 다른 반에도 친한 친구들이 여럿 있기 때문입니다. 또 ▒▒▒는 처음 봤을 때 조금 날카롭게 생겨서 예민한 성격일 것 같다는 생각을 했었지만 함께 지내다 보니 마음도 여리고 착한 친구라는 느낌이 들었습니다.

제가 본 ▒▒▒는 무언가에 굉장히 노력을 하는 친구였습니다. 어떤 하나를 정말 열심히 노력하고 목표를 달성하기 위해 꾸준히 무언가를 하는 모습이 굉장히 보기 좋았습니다. 또 최근에는 진로에 대해 고민을 많이 하고있는 것처럼 보였는데 진로를 찾고 결정하기 위해 노력하는 것을 보면 대단하다는 생각이 들면서 아무런 준비도 하지 않고있는 저 자신이 부끄러워지기도 했던 것 같습니다.

○○가 이번 프로젝트에서 읽은 책은 '청소년 행복 연구실' 에서 만든 「행복한 직업 찾기」 시리즈 책 중의 하나인 '나의 직업 간호사' 라는 책입니다. 이 책은 간호사란 직업의 일반적인 사항에 대한 정보를 담았으며, 간호사란 직업의 전망과 장단점을 자세하게 비교를 해서 설명해주고, 간호사 자격증이나 간호사 경력을 활용하여 간호사 이외에 가질 수 있는 직업을 함께 소개해주는 책이라고 합니다.

○○는 프로젝트 당시 자신의 꿈은 물론 어느 분야로 진로를 결정해야 하는지도 결정하지 못했었습니다. 그래서 제가 ○○에게 진로와 관련된 것 외에 어떤 분야에 관심이 있는지 물어보았을 때 ○○는 요즘 IT계열의 분야에 관심이 있다고 했습니다. 그 대답을 듣고 저는 ○○에게 왜 간호사에 대한 책을 프로젝트 책으로 선택했는지 물어보았습니다. 도서실에 분명히 IT관련 책들도 있었을텐데 그 책들을 고르지 않았던 이유가 궁금했기 때문이었습니다. ○○가 말하길 그 책을 선택한 이유는 병원에 가면 의사분들말고도 간호사분들도 많은데, 간호사라는 직업이 힘들다는 얘기도 많이 들어서 간호사분들은 우리가 흔히 알고 있는 환자들을 돌보는 일 중에는 어떤 것이 있는지, 환자를 돌보는 일 외에는 또 어떤 일들을 하는지가 궁금했기 때문에 이 책을 선택하게 되었다고 했습니다.

○○는 이번 프로젝트에서 간호사에 대한 책을 읽으면서 평소에 자신이 알고 있었던 일들보다 훨씬 많은 일을 간호사가 하고 있고 정말 힘든 직업이라는 것을 느끼게 되었다고 했습니다. 이렇게 간호사가 하는 일들을 보면서 세상에는 쉬운 일이 없다는 것을 다시 한 번 깨달게 되었다고 합니다. 그래서 자신의 진로를 결정할 때 더 신중하게 잘 알아보고, 어떤 일이든지 쉬운 일은 없기 때문에 자신이 힘들더라도 오랫동안 즐겁게 일할 수 있도록 자신이 정말 좋아하는 진로를 결정해야겠다는 생각을 하게 되었다고 했습니다.

이 책을 읽고 프로젝트를 하면서 제 짝 ○○는 자신이 아직 꿈을 찾지 못한것은 자신이 아직 경험이 부족하기 때문이라고 생각했습니다. 그래서 앞으로 꿈을 찾기 위해서 여러가지 직업에 대해서 알아보고, 고등학교에 가서도 직업체험 등 다양한 경험을 해서 자신에게 가장 잘 맞고 자신이 보람있게 할 수 있는 그런 직업을 찾기 위해서 노력해야겠다는 생각을 하게 되었다고 했습니다. 이 프로젝트가 끝난 뒤 ○○는 자신의 진로를 찾기 위해서 정말 열심히 노력하는 것처럼 보입니다. 현재는 자신이 관심이 있었던 분야인 IT 계열의 진로를 알아보고 학교도 그 분야 관련 학교로 진학하려는 등의 노력을 하고 있습니다.

11/23 목표	친구 인터뷰 보고서의 중간 부분을 작성했다. 제목고 이름기 들어갈면 죽쾌지 고민해고 결정해봤다
배우고 느낀점	본문 ①까지 어느정도 완성되었다. 하지만 아직 수정해야하는 부분이 많은 것 같다. 아직도 제목과 소제목을 완전히 결정하지 못했다 궁금히 살피 해보고 고민해봐야겠다. 김○○

11/23 목표	오늘은 개요 다음인 중간! 즉 내용의 핵심이 되는 내용을 쓰는 날이다! 열심히 해서 내가 원하는만큼 하고 싶다.
배우고 느낀점	내가 이 책을 읽는 독자들에게 전하고 말들을 이렇게 써보니까 엄청 뿌듯했다. 분명 나와 똑같이 진로고민을 한 후배들을 생각하 니 그런 생각이 든 것 같다.

11/27 목표	친구 인터뷰 보고서 중간 첫째 부분까지 작성 제목과 소제목도 완성게 되다
배우고 느낀점	이렇게 써야할지 오래되어서 조금 버벅였지만 곤곤갔던 전에 했던 인터뷰 정리내용을 보면서 잘정리해서 쓴 것 같다. 제목은 아직 못정했지만 괜찮게 쓴 것같다

이어서 중간 부분 2 글쓰기는 원격수업으로 진행했다. 자기 자신에 관한 이야기를 푸는 부분이라 학생들은 더 쉽게 접근했던 듯하다. 잘 쓴 글을 패들렛에 모아 예시로 보여 주었다. 아직 어떻게 써야 할지 감을 잡지 못한 학생들에게 도움이 되었을지 아니면 더한 좌절감을 안겨 주었을지는 모르겠다.

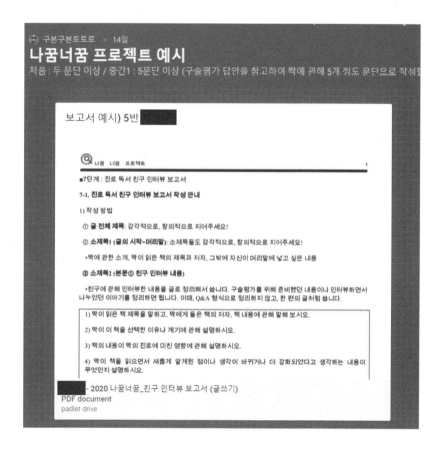

[중간 ②] 소제목 : KFC할아버지에게 배운 2가지

아직 나에겐 정확히 내가 미래에 하고 싶은 직업이나 꿈이 구체적으로 있지 않은 상황이다. 단지 예술을 좋아해서 옷을 만드는 것이 재미있을 것 같아서 여러 직업을 생각하다 막연히 패션 디자이너라는 꿈을 꾸게 되었지만 시간이 지날수록 정말 내가 하고 싶은 일은 무엇일까라는 생각을 계속 했다. 그렇게 지내다가 우연히 커넬 샌더스 할아버지의 이야기를 보았다. 우리가 잘 아는 KFC 할아버지 말이다. 잘 몰랐던 분이였지만 할아버지는 정말 대단한 사람이였다. 그래서 호기심이 생겨 이 분의 책을 읽게 되었다.

내가 읽은 책은 '켄터키 할아버지 커넬 샌더스의 1008번의 실패 1009번째의 성공'이다. 이 책은 커넬 샌더스 할아버지의 어린 시절부터 KFC사업으로 성공하는 이야기가 담겨있다. 먼저 커넬 샌더스는 정말 많은 실패를 해온 사람이었다. 제목에서 처럼 1000번 넘게 말이다. 하지만 그 때마다 다시 일어나서 계속해서 도전하셨다. 그래서 결국 성공하셨다. 그리고 또 커넬 샌더스는 할아버지가 되어 성공하신 분이다.나이는 자신이 하고 싶은 일에 걸림돌이 되지 않는다라는 것을 느끼게 되었다. 이렇게 커넬 샌더스의 인생을 책에서 보며 내가 이 책에서 배운 2가지가 있다.

먼저 첫번째. 실패에 겁먹지 말라는 것이다. 나는 무슨 일이든 하기 전부터 겁을 먹었다. 그래서 도전해보지도 않은 일들이 많다. 도전을 하면 실패를 할까 두려워서 말이다. 그런데 이 책에서 실패에 두려워 하지 말라고 이야기했다. 실패에 겁먹어 도전해보지 않으면 아무것도 할 수 없다는 말이었다. 그래서 실패해도 다시 한 번 일어나서 나아가라는 교훈을 책에서 계속 말해주었다. 이 책을 통해 나는 실패에 겁먹지 말자라는 생각을 하며 만약 실패해도 다시 한 번 일어나서 나아가보자는 긍정적인 태도로 바뀌게 된 것 같다.

두번째. 자신의 일에 자신감을 가지라는 것이다. 책에서 자신이 자신의 일에 자신감을 갖지 못하면 결코 성공하지 못한다고 했다. 책처럼 나의 일에 내가 자신감을 가지지 못한다면 정말 성공할 수 없겠구나라는 생각을 했다.내가 아직은 진로를 정확히 정하지 못했지만 앞으로 내가 진로를 정해 그 진로를 향해 나아갈 때도 계속해서 이 이야기를 생각하며 지내야 겠다라는 생각을 하게 되었다.

이 책은 특정한 직업과 상관없이 어떤 직업이든 꼭 필요한 조언을 이야기 해주고 있다. 나처럼 아직 하고 싶은 일을 정하지 못한 사람들도 읽어보면 배울 점이 있는 책인것 같다. 책을 봐서 하고 싶던 진로가 생기거나 그런것은 아니지만 내가 앞으로 하고 싶은 일이 생기면 책에서 나왔던 내용들을 잘 기억하며 실패해도 다시 한번 일어나서 나아가보고 내가 하는 일에 자신감도 가지며 열심히 내 일에 최선을 다하는 멋진 사람이 되고 싶다. 그래서 커넬 샌더스 할아버지처럼 꼭 멋지게 성공하고 싶다.

12/4 목표	제목을 맞깔나게 선정	
배운(인)점	어니는 주어카서 종이인 제목을 쓰는 것보다 어무 별안것 같아	

12/4	종이에 아무 걸림없다 [ ] 일이 돌고돌고 하는 기계 3	
	겸영 예상하고 일을 고르르 했다 더 없었다	

12/4	- 난 중간(2)를 발 하 다른 것이는 무것을 책었지 생각해봐야일이다	
	- 장례희망의 긍정적인 영향을 느끼게 된느 '좋아' 좋다	

12/4 목표	인터뷰 보고서 중간 부분거지 연결하기	
배우고 느낀점	글을 옮기 어 핵심 질문들이 서로 말련이 없는 형수로 있어서	
	글을 쓸 어 자연스럽게 연결하기 어려웠다.	

346   보니샘과 함께하는 블렌디드 수업과 평가

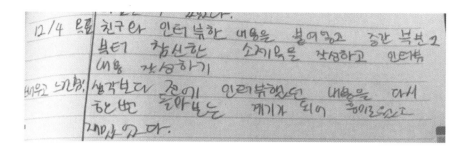

12/4	월	친구와 인터뷰한 내용을 붙여넣고 중간 복보고 ...

(handwritten notes — partially legible)

글의 끝부분을 쓰는 시간에는 고쳐쓰기도 함께 했다. 반별로 글 모음을 만들어 주고 다른 친구들의 글에 댓글을 달게 했고, 친구들의 댓글을 읽어 보고 참고하여 자기 글 수정하기를 했다. 학생들이 쓴 글을 읽어 보니 제목에 엄청나게 신경을 썼다는 걸 알 수 있었다. 너무 제목만 강조했나?

이 진로를 선택한다고?

지금 진로가 없어도 괜찮아

내 짝은 내 앞번호인 김군의인데 많이 친하지는 않지만 출석번호가 내앞자리라서 학교활동에서 많이 겹쳤다. 모둠 활동을 할때 많이 붙는 친구이기는 하지만 대화는 많이 해보지 않아서 그 친구의 특성이나 장점등등을 잘 모른다. 그래도 내가 조금씩 살펴보면서 알게된것은 친구들과 즐겁게 노는것을 좋아해서 친구만나기를 좋아하는것처럼 보였다. 그래서 그런지 되게 행복해 보였다.

내 짝은 아직 진로를 고민하고 있는 중이다. 그래서 진로를 못결정하는 상황에서 이번 나꿈 너꿈 프로젝트의 기회로 인해 진로에 대해서 한번 깊게 고민하는 시간이 왔던것 같다. 내 짝은 아직 많은 경험을 해보지 못해서 많은 진로들 중에 자신이 원하는 진로를 결정하지 못한것 같다. 그래서 앞으로 내 짝은 이번 프로젝트를 거쳐 진로체험, 장점찾기 체험 등등을 통해서 진로를 찾을수 있다고 나는 생각한다. 그래서 나는 내 짝이 했던 나꿈 너꿈 프로젝트로 도움을 받아 자신의 진로를 자기가 원하는 진로로 찾으면 좋겠다.

친구가 그 책을?

내 짝은 앞에서 말했듯이 진로를 아직 고민중이기에 진로 관련 책을 찾을때 조금 어려웠다고 했다. 그래서 다양한 진로 관련된 책들을 찾아보고 책을 고르기 위해 책의 내용을 살펴보고 있을때 짝의 눈에 책 한권이 들어왔다고 했다. 그책은 바로 '호텔리어 그 화려한 이름' 이다. 이 책은 호텔리어에 대한 많은 경험과 호텔리어의 하는일 등등의 많은 호텔리어와 관련된 내용들이 책에

꿈이라는 출발선을 가지고 릴레이를 시작한 우리

밝고 명랑한 '한결'같은 친구

저의 짝 한결이는 평소에는 활발하고 용감하고 언제나 자신감이 넘치는 친구 입니다. 그래서 항상 리더가 되어서 다른 친구들을 이끕니다. 그에 비해 저는 자신감도,용감하지도 않아서 한결이와 짝이 되었을 때 내가 해가 되지는 않을까 생각도 종종 했습니다. 하지만 한결이는 제가 궁금한 점이나 서툰 점들을 다 이해해주고 해결해주고는 해서 한결이에게 고맙기도 하고 미안하기도 했습니다.

한결이와는 올해 처음으로 같은 반이 되어서 한결이의 대해 잘 알지 못했는데, 이번에 같은 반이 되고, 같은 짝이 되어서 잘 알아가는 시간이 되었습니다. 한결이를 자세히 보고 있으면 귀엽기도 하고, 소녀소녀한 것 같기도 한데, 한결이의 이미지는 그것이 아니라서 그런 모습들을 한결이가 감추고 있는 것도 같습니다. 그래도 저는 감추고 있는 모습들도 좋아서 그렇게 까지 감추지는 않아도 생각이 듭니다. 그래서 한결이의 참모습을 다른 사람들도 잘 알면 좋겠다는 생각이 듭니다.

3학년동안 한결이를 보며 한결이의 재능있는 모습들을 많이 봤습니다. 양궁이나 달리기, 배드민턴 등등 운동의 관한 것들이라면 모든지 잘하는 것 입니다. 그런데도 불구하고 한결이는 공부까지 잘합니다. 그래서 저는 너무 사기캐라고 생각이 들고, 부럽다는 생각도 들었습니다. 그래서 저는 한결이의 진짜 꿈이 무엇인지 궁금해지기 시작했습니다. 그래서 한결이에게 물어 봤는데, 한결이가 고른 책은 '나의 직업 군인'이라는 책을 골랐다고 해서 저는 너무 멋있어 보였고, 그 꿈을 꼭 이루었으면 하는 바람도 있었습니다.

내 짝의 릴레이

한결이는 처음에 양궁선수가 꿈이었다고 합니다. 예전부터 지금까지 양궁을 해왔기 때문인 것

가끔은 느리게, 언젠가 빠르게

느리게 가는 열차

아직도 꿈을 못 찾은 학생이 있는가? 나와 내 친구는 각자의 미래와 진로에 대해 더 조사하기 위해 이 프로젝트에서 책을 읽게 되었다. 아직 진로에 대해 찾지 못하여도 안심해도 된다. 너만 늦게 찾는 것이 아니다. 다른 친구들이 일찍 찾았을 뿐이다. 프로젝트가 끝났어도 진로를 확실하게 정하지 못하고 오히려 고민을 더 하게 되는 친구들도 있다. 앞으로 내 짝의 인터뷰와 내가 깨우친 것들에 대해 이야기를 해보겠다.

변화하는 것

담화

무언가를 꿈꾸고, 희망한다는 것이야말로 사람이 살아가는 이유라고 생각한다. 지금 가시밭길을 걷고 있어도, 뭔가가 되기 위해 애쓴다는 건 발전 가능성이 있다는 것이고, 또 희망이 있다는 것이니까. 그러니 야망이 없다는 것은 인생을 살아가는 목적이, 내가 동경하고 멋있어 하는 사람이, 나에 대해 절실히 생각하고 한 가지 방면을 깊이 파고 들고 발전할 기회가, 모든 수난과 리스크를 감당하고도 한 번 품을 해보고 싶은 취미가 없다는 것이다. 더군다나 중3이라는 나이는 진로를 정해야 할 나이다. 이제 고등학교에서는 더 이상 나 자신을 탐구하고, 사색할 기회가 주어지지 않는다. 한편으론 나와 비슷한 학우들이 어떤 마음으로 중3에 임하고 있는지 궁금하기도 했다. 꿈에 대해서 얼마나 진지한지, 얼마나 전문가인지. 그게 내가 이번 프로젝트에 건 내 기대였다.

그러나 난 기대보다 우려가 앞섰다. 내 짝인 김석주는 나와 반대편, '대척점'에 있던 사람이기 때문이다. 내가 아예 소질이 없고, 문외한인 무언가를 꾸미고, 배치하는 일을 꿈으로 가지고 있는 사람이었기 때문이다. 당연히 관심을 지나 그 직업의 이름이나 하는 일 조차도 잘 몰랐다. 서로 다른 원색이었던 것이다. 그러나 내가 다른 사람도 아닌 아주 낯선 색깔을 만난 건 참 다행이었다.

동화

처음에 시큰둥하게 얘기를 나누기도 귀찮아, 서로 카톡으로 보내주기로 했다. 솔직히 별 기대도 없었다. 그러나 그렇게 받은 글은 생각보다 깊이 있는 것이었다. 사람들은 다 각자의 계획이 있다. 그러나 그 계획의 농도는 다 다르다. 누군가는 막연하고, 흐릿하지만, 소수는 아주 진하며, 강렬하다. 성숙한 사람과 어리숙한 사람의 차이는 그 농담의 차이다. 석주는 자기가 생각하고 꿈꾸는 신념을 나름 멋진 말을 섞어 표현할 줄 아는 친구였다.

어디서 들은 것만 잔뜩인 사람발린 사람들과 마음 깊은 곳에서 우러나오는 진심을 말하는 사람을 구별해내기란 어려운 일이다. 그러나 난 처음에 그가 하는 말들을 보고, 그가 깊은 마음을 지닌 사람이란 걸 알 수 있었다. 인테리어 디자이너의 장점을 돈이나 취업의 안정 같은 걸 뽑지도 않고, 공간 구상의 능력이 향상되고, 여러 자료를 접할 수 있는 걸 뽑았다. 이는 자기 발전이 돈이나 명예보다 중요하다는 말이었다. 그리고 대답하기 어려운 좌우명에 대해서도 좌우명을 자신의 진로에 연계시켜 흡족하게 대답할 수 있었다. '오늘 할 일을 내일로 미루지 말자.' 약속을 지키려는 굳은 의지도 갖추고 있었다.

사람들이 자신이 디자인한 집에서 만족감과 안정감을 느끼면 좋겠다는 마음으로 시작한 인테리어 디자이너. 그는 딱히 다른 재능이 있다는 게 아니라 쓿고 수용력이나 판단력, 성실성을 갖추고 있다고 말했다. 재능이 있으면 빠른 성장이 가능하겠지만, 그거랑 좋은 인상으로 남는 인간으로서의 인테리어 디자이너는 또 다른 얘기다.

그는 아직 명확히 인테리어 디자이너가 되기 위해 이룬 것은 없어 보인다. 그러나 아크릴화를 그리고, 자기 방의 가구배치까지 바꿔본다고 하니, 나중의 발전을 기대할 수 있었다. 그렇게 열심히 노력하면 언젠가는 분명 그의 꿈을 이룰 수 있을 것이라고 생각한다.

융화

나는 어려서부터 꿈에 대한 대우가 명확한 편이다. 꿈은 내 인생에서 1순위고, 프로그래머라는 내 직업을 달성하기 위해서 수백 시간의 공부를 벌써 해왔으니까. 학원에서 c언어를 배우고, 홀로 타이핑해가며 간단한 프로그램들을 제작해왔으니까. 그러나 그 역시도 그 정도의 각오는 한 것 같았다. 자기 방의 가구배치를 바꾼다는 건 상당히 고된 일이니까.

어쩌면 나와 비슷한 점이 많았다. 반대편에 서 있어도 같은 사람이며, 고민하는 사람이었다. 난 프로그래머를 꿈꾸는 이과적인 사람이지만, 그는 인테리어 디자이너를 꿈꾸는 문과적인 사람이었다. 내가 존중해주는 사람이면, 그는 배려해주는 사람이었다. 내가 허허실실하고, 화가 없는 사람이면, 그는 다혈질이다. 그렇게 서로 반대편에 서 있었지만, 중앙의 같은 곳을 보고 있었기에 서로 눈을 맞닥뜨리게 됐다. 사람들을 행복하게 하기 위해서란 목표를 두고, 난 세상에 다양성을 더하며, 소수를 도와주는 역할을, 그는 사람들이 편안하고, 안락하게 지내게 좋은 역할을 자처했을 뿐이다. 물했던 세상에 한 편을 배우며,

감화

■8단계 : 진로 독서 친구 인터뷰 보고서 고쳐쓰기

8-1. 글모음에서 내가 붙여 넣은 글 아래쪽 친구가 쓴 글을 읽고 다음을 작성하세요.

1) 친구의 글에 다음과 같은 글을 작성해 줍니다.

	친구에게 한 말씀	친구의 말을 들으니
1.내가 읽은 것	친구의 글에 관한 전체적인 생각을 이야기합니다. 글의 핵심 아이디어가 무엇인지 정리합니다.	친구가 쓴 내용이 내가 전달하려고 했던 것인지 아닌지 생각해 봅니다.
2.내가 눈치챈 것	친구의 글 중에서 특별히 관심을 끌었던 부분은 어디입니까? 왜 그렇게 생각했습니까? 어떤 내용이 특히 생동감 넘치고 빼어납니까? 이 글에 관해 어떤 것이 기억에 남을 것 같습니까?	친구가 쓴 내용을 읽으며 친구의 관심을 끈 내용과 그 이유를 분석하고 그것을 글 전체에 적용할 수 있는 방법을 생각해 봅니다.
3. 내가 궁금한 것	친구의 글을 읽고 어떤 의문이 들었습니까? 궁금한 점은 무엇입니까? 무슨 뜻인지, 왜 그것이 포함되었는지 이해가 가지 않는 부분은 없었습니까? 지루하거나 읽는데 방해가 되는 부분은 없었습니까? 다른 방식으로 고치면 더 나아질 것 같은 부분은?	친구가 쓴 질문에 관한 답이 글 속에 녹아날 수 있도록 글을 어떻게 고칠 수 있을지 생각해 봅니다. (친구가 느낀 부분을 좀 더 명확하게 하기 위해)

*위의 표를 참고로 하여 아래 표를 작성합니다.

	친구에게 한 말씀 (각 항목 당 100자 정도 작성)
1.내가 읽은 것	시작부분에서 꿈을 가지고 흥미롭게 시작하지만 친구의 부분에서 내용이 조금 아쉬운 것 같다는 생각이 든다. 자신의 진로에 대한 부분에서 직접 말을 하는 듯한 느낌으로 글을 써서 조금 더 친근한 느낌이 든다. 마지막은 너무 짧은 것 같다.
2.내가 눈치챈 것	글 시작부분에서 꿈을 잠을 잘 때 꾸는 꿈과 미래에 이루고 싶은 진로와 관련된 꿈으로 나누어서 자신이 어떤 것을 설명할 것인지에 대해서 말하는 부분이 인상적이고 재미있는 것 같다.
3.내가 궁금한 것	친구의 진로 부분에서 친구가 프로게이머란 진로를 포기했다고 적었는데 왜 게임을 좋아하면서도 그 꿈을 포기하게 된 것인지 자세하게 적어주면 좋을 것 같다.

	친구에게 한 말씀 (각 항목 당 100자 정도 작성)
1.내가 읽은 것	서진이와 내가 느낀점과 고민들이 비슷해서 놀랐다. 꿈이 없어 부모님의 직업을 따라가는 것도, 꿈을 가져도 현실적인 벽에 부딪혀 포기하는것도 비슷했다. 또 글을 굉장히 잘 썼다. 담담하게 이야기하는 필체가 나도 이 이야기를 차분하게 받아들일 수 있게 하는 것 같다.
2.내가 눈치챈 것	특별히 관심에 남는 것은 좋아하고 흥미가 가는 것이 최근 생겼다는 것이다. 배우고 싶은 분야를 잘연결해서 장래 희망으로 삼을 수 있었으면 좋겠다. 특히 서진이의 짝에 대한 이야기를 할 때 굉장히 생동감이 넘쳐서 나도 그 책을 읽어보고싶어졌다.
3.내가 궁금한 것	소제목도 정말 잘지었다. 1번째와 3번째가 반복되는 것이 자신이 꿈을 가진뒤에 다시 물어보는 느낌이라서 좋았다. 지루한 부분은 없었고, 의문은 딱히 들지 않았다.

	친구에게 한 말씀 (각 항목 당 100자 정도 작성)
1.내가 읽은 것	글을 정말 잘 쓴 것 같다. 차분하고 문장 단어 하나하나 더 귀에 쏙쏙 들어와서 되게 잘 이해가 된다. 정말 잘 쓴 것 같다고 나는 생각한다. 제목부터 뭔가 눈길을 사로 잡는다. 되게 글을 잘 쓰는 것 같다.
2.내가 눈치챈 것	맨 처음 너의 꿈은 뭐니? 라는 제목과 3번째의 다시 한 번 너의 꿈은 뭐니? 라는 제목이 내 눈길을 끌었다. 되게 자신의 꿈을 얘기할 때 자신을 '너'라고 생각하며 또 하나의 나를 만든 것 같아 뭔가 되게 눈길을 끌었다.
3.내가 궁금한 것	나는 1번째 소제목과 3번째 소제목을 정한 이유가 내가 생각하는 이유가 맞는지 정말 궁금하여 물어보고 싶다. 이거 외에는 글도 되게 깔끔하고 지루한 부분없이 깔끔하고 잘 쓴 것 같다는 생각이 든다.

9 프로젝트 마무리와 공유 (구글 문서)

0	책 고르기
1	목표 세우기
2~3	책 읽고 정리하기
4	중간 점검과 인터뷰 준비
5	인터뷰 내용 정리
6~7	구술평가 연습
8~9	구술평가와 돌아보기
10~14	보고서 쓰기
15	프로젝트 마무리와 공유

프로젝트의 마지막 시간은 언제나 자기 성찰 평가를 한다. 나꿈 너꿈 프로젝트도 예외는 아니어서 첫 시간에 패들렛에 작성한 목표를 다시금 돌아보는 것부터 시작했다.

9-1. 패들렛에 프로젝트가 시작할 때 썼던 2-1, 2-2를 읽고 자신이 얼마나 목표를 달성했는지에 관해 자신의 생각을 100자 이상 적어보세요.

전 이번 프로젝트를 시작하기 전에 꿈을 명확하게 가지고 있지 않아서 걱정도 많았고 미래에 대한 확신도 없었습니다. 그래서 저는 이 프로젝트에서의 목표를 작가라는 직업이 정말 나에게 맞는 직업인지, 내 진로를 어느 분야로 정해야 하는지로 정했습니다. 그리고 프로젝트 막바지에 온 지금, 저는 이 목표를 대부분 이루었다고 생각합니다. 전 이번 프로젝트를 통해 진로 선택에 대한 부담감도 지우고, 천천히 진로에 대해 생각해보게 되었습니다. 아직도 확실하게 진로를 정한것은 아니지만 프로젝트 시작 전보다 진로에 대한 고민도 많이 줄었고, 어느정도 진로에 선택에 대한 실마리가 풀린 것 같다는 생각이 듭니다.

9-2. 아래 채점 기준표를 읽고, 지금 나의 수준이라고 생각하는 내용을 평가 요소 마다 ㅁ에 하나씩 표시해 봅시다. (■를 복사해 붙여 넣으세요.)

평가 요소	성취 수준			
	매우 뛰어남 A	달성함 B	조금만 더 C	힘을 내 D
읽기	■ 읽기가 문제 해결하는 과정임을 이해하고, 자신의 읽기 과정을 적극적으로 점검하고 조정하여 기한에 맞게 단행본을 집중하여 끝까지 읽을 수 있다.	ㅁ 읽기가 문제 해결하는 과정임을 이해하고, 자신의 읽기 과정을 점검하고 조정하여 기한에 맞게 단행본을 끝까지 읽을 수 있다.	ㅁ 읽기가 문제 해결하는 과정임을 이해하나, 주변의 도움을 받아 읽기 과정을 점검하고 조정하며 단행본을 끝까지 읽을 수 있다.	ㅁ 주변의 도움을 받아 읽기 과정을 점검하고 조정하는 데 어려움을 느끼며 단행본의 대부분을 읽는다.
말하기(구술평가)	■ 청중의 관심과 요구를 세심하게 고려하여 자신의 생각이나 느낌, 경험이 구체적으로 드러나고, 타당한 근거를 들어 도록 풍부한 표현으로 말할 수 있다.	ㅁ 청중의 관심과 요구를 고려하여 자신의 생각이나 느낌, 경험이 드러나고, 타당한 근거를 들어 말할 수 있다.	ㅁ 청중의 관심과 요구를 어느 정도 고려하여 자신의 생각과 느낌, 경험이 명확하게 드러나지 않거나, 부분적으로 타당한 근거를 들어 말한다.	ㅁ 청중의 관심과 요구를 거의 고려하지 못하고 자신의 생각과 느낌, 경험을 들어 드러나거나 근거를 들어 말하는 데 어려움을 느낀다.

9-3. 수업 시작하기 전 예상했던 것과 달라진 것은 무엇입니까? 그 이유를 적어 봅시다.

평가요소	이 유
읽기	수업 하기 전에는 읽기를 B로 해놨는데 지금까지 해온 것을 보면 A를 줘도 될 것 같다. 점검 과정에서 이젠 실수가 거의 없다.

9-4. 여전히 B(달성함)나 C(조금만 더), D(힘을 내)를 받은 평가 요소는 무엇입니까? 이유를 50자 이상 적어봅시다. (없으면 없는 이유를 쓰세요)

평가요소	이 유
-	하도 프로젝트를 많이해서 이제는 다른 내용으로 또 한다해도 순식간에 해낼 수 있을 것 같다. 지금까지 해온것을 바탕으로 한다면 올 A를 받을 수 있을 것 같다고 생각한다.

9-5. 위의 요소에 관해, 어떻게 하면 A(매우 뛰어남)로 갈 수 있을지 생각해 보고, A로 가기 위한 구체적인 방법을 50자 이상 적어봅시다. (모두 A인 경우 그렇게 생각한 이유를 쓰세요)

위에 말한 것 처럼 역시 경험이 가장 중요하다고 생각한다. 뭐든 여러번 해보 다 보면 내가 어떻게 하면 더 높은 점수를 받을 수 있을지 머릿속에 그려진다. 여러번 고쳐 쓴 결과 이정도면 A를 받을 수 있을거란 근자감이 들었다.

프로젝트 마지막 시간이다. 첫 수업에 자신이 세웠던 목표도 돌아보고(9-1), 자신의 상황도 다시 돌이켜 보면서(9-3) 학생들은 자신의 성장을 확인한다. 또한 여전히 부족한 부분에 관한 발전 계획도 세워본다(9-4, 5). 마지막 학생들의 소감을 확인하는 이 시간이 참 좋다. 내가 생각한 프로젝트의 목표를 학생의 소감에서 발견할 때 뿌듯함을 느낀다. 성장했다는 '보고'를 듣는 순간도 즐겁다. 성실하게 서로 도우며 완주했던 학생들의 인생에 도움이 되었으면 좋겠다.

9-6. 3년 동안 수고 많았습니다. 마지막으로 다음 질문에 관한 대답을 중심으로 1년 소감을 작성해 봅시다.

- '나꿈 너꿈 프로젝트'를 하는 동안 자신이 겪었던 어려움은 무엇이고, 그것을 어떻게 극복하였습니까? '이 프로젝트를 통해 어떤 능력이 향상되었나요? 이 프로젝트는 자신에게 어떤 의미였습니까? 다른 진로 관련 프로젝트를 한다면 어떤 것을 해 보고 싶습니까? 국어 수업에 바라는 점(유지하거나 확대시킬 것, 축소할 것 등)은 무엇입니까? 원격수업에서 사용했던 프로그램(잼보드, 구글문서, 패들렛, 페어덱 등) 중 마음에 드는 것은 무엇이고 이유는 무엇입니까? 끝으로 국어 선생님에게 하고 싶은 이야기는 무엇입니까?

확실하게 하고싶은 꿈을 정한 친구들과 프로젝트 준비를 하면서 꿈을 찾은 친구들이 보이면서 저는 굉장히 조급해졌습니다. 저도 빨리 진로를 정해야 될 것만 같은 생각이 들기도 하면서 어떤 것 하나 확실하게 잘하지 못하는 제가 한심해졌습니다. 하지만 프로젝트를 진행하면서 생각보다 저와 같은 고민을 하고있는 친구들이 많지만, 그 친구들은 자신의 진로를 찾기 위해서 노력하는 것을 보면서 저도 진로를 찾기 위해 노력하고 저 스스로를 한심하게 생각하지 않게 되었습니다. 이 프로젝트를 하면서 가장 많이 향상된 능력은 글쓰기 능력인 것 같습니다. 나꿈 너꿈 프로젝트를 하기 위해 집에서 자신에 대한 글을 쓰고, 친구와 인터뷰를 해서 친구에 대한 글도 쓰고, 질문에 대한 답과 이렇게 모든 내용을 다 담은 글을 쓰게 되면서 긴 글을 쓰는 방법을 알게 되었습니다. 또, 다른 친구들의 글을 보면서 어떤 방식으로 글을 시작해야 더 눈길이 가고 흥미가 생기는지 고민해보는 계기가 되었습니다. 국어 수업을 하면서 가장 힘들었던 것은 역시 글을 길게 써야 한다는 것이었습니다. 한정된 주제와 적은 양의 정보로도 글을 길게 써야하는 것이 온라인 과제를 하면서 조금 힘들기도 했습니다. 하지만 결과적으로 그런 과제들이 저의 글쓰기 능력을 향상시켜 준 것 같습니다. 그리고 그때는 힘들었지만 익숙해지니 10줄 정도 쓰는것은 그렇게 힘든일이 아니라는 생각이 들기도 합니다. 온라인에서 사용한 프로그램중에 가장 편한것은 아무래도 구글 문서지만 가장 좋았던 것은 패들렛이었습니다. 벌써 3학년이 끝나는 것이 실감이 나지는 않지만 선생님께 정말 감사하다는 말을 전하고 싶습니다. 국어 수업을 하면서 정말 많은 것을 알게 되었고, 도움도 많이 되었습니다. 항상 열정을 가지고 수업해주셔서 감사했습니다!

프로젝트를 하면서 가장 어려움을 느꼈던 것은 구술평가를 하는 것이다. 많은 질문의 답을 외우고 그 중 3개를 답해야되서 힘들었던 것 같다. 그리고 말을 하면서 실수를 할까봐 걱정이 많이 됐다. 그래서 집에서 엄청나게 연습을 많이 하고 질문의 답들을 잘 할 수 있게 질문의 답을 여러번 고쳐 썼다. 그 결과 구술평가는 잘 마무리 했다. 이것을 통해서 말하기 능력이 조금은 향상 되었다고 생각한다. 또한 글을 쓰는 것도 조금은 늘었다고 생각한다. 그래서 이 프로젝트는 나를 한 층 더 성장 시켜주는 수업이었다. 만약 다른 진로 프로젝트를 한다면 내가 관심있어하는 직업을 체험해보는 프로젝트를 하면 좋을 것 같다. 아니면 그 직업에서 일하시는 분들을 찾아가 인터뷰하는 프로젝트를 하면 좋은 것 같다. 국어 수업에서는 글을 쓰는 부분은 꼭 유지하면 좋겠다고 생각한다. 옛날에는 이걸 왜 써야하지?라고 생각했었는데 지금은 이 글을 쓰는 것이 많은 도움이 되고 있기 때문이다. 옛날에는 글을 쓰는데 많은 시간을 소비하는 일이 많았는데 지금도 물론 그러고 있지만 옛날보다는 많이 나아진 것 같다고 생각한다. 이 프로젝트는 원격수업으로 해서 아쉬운 부분들도 많았지만 팸플렛을 통해서 친구들의 생각도 많이 볼 수 있어서 좋았던 것 같다. 이런 프로젝트들을 만들고 우리의 글들을 책으로 만들고 하면서 이런 것들이 하나의 추억이 될 수 이었던 것 같다. 이런 수업들을 진행하면서 선생님도 많이 힘들었을 거라고 많이 생각한다.

3년동안 선생님의 수업을 들으면서 발표나 글 쓰는 것이 많이 늘어서 감사하게 생각하고 있습니다. 선생님이 향상시켜주신 능력들로 고등학교에서는 잘 할 수 있을 것 같다는 생각이 듭니다. 3년동안 감사했습니다.

국어선생님 저희 벌써 3년이나 되었네요. 한교과 선생님이 이렇게까지 안바뀐적은 처음이네요. 비록 이번년도가 이모양이라 마무리가 깔끔하진 않지만 그래도 좋았습니다. 마지막까지 온라인 과제에서도 선생님성격이 들어나셔섴ㅋ '역시 구본희쌤이네'하고 항상 수행하고 있습니다. 비록 제 과제 항상 완벽하진 않지만 끝까지봐주셔서 감사합니다. 나중에도 기회가 된다면 뵙고싶네요. 그럼 제 고등학교 생활 응원해 주세요! 이만 줄입니다.

12/18 목표
매워느낀점
지금까지 쓴 보고서를 고쳐쓰기 + 친구글 피드백 듣기 + 아쉬웠던 교과 선정 + 자기평가
드디어 모든 프로젝트 수업이 끝났다. 3년동안 한번만 배워 할텐데다 작품이 완성다.
피드백하고 고쳐쓴거니까 저번보다 나은 글이 나온 것 같다. 다 끝내서 더 뿌듯하다.

12/18 목표
벌써 프로젝트가 끝이 났다. 나름 열심히 한 프로젝트여서 그런지 홀가분하지않고
아련이 남는 것 같다. 오늘 유동이 미묘 거두어가겠다.
프로젝트가 끝나가 드는 생각은 '이번프로젝트로 고민했던 것을 이제는 실천해야하는구나' 라는 막막함과 정말 고등학생이 된다는 기대이다. 12월에
이렇게 적게만 않은 늦은 목표다. 그래서 중 3의 추억이 별로 없겠다고 생각했는데
생각해보니 많은 것 같다. 어쨌든 프로젝트도 잘 마무리 했고, 이제 올해를
잘 마무리해야지!!

12/18 목표/ 오늘 하는 느낌으로 꿈들써이 초목 작성하고 처음 떠드는것은 통해 이뜨리고
예# 떨어졌는거 경제적으로 잘완된다
배우고 느낀점: 이번 프로젝트를 통해서 내가 진로를 가지려면
생겨야하는 방향성과 마인드를
구체적으로 알게 되었다.

11월쯤, 3학년 선생님들로부터 학생들의 가정 형편에 관한 이야기를 들었다. 우리 학교는 전체 학생 수의 13% 정도가 법적으로 지원을 받아야 하는 학생이고 차상위 학생들을 따지면 경제적으로 어려운 학생들이 20%가 훌쩍 넘는다. 1학년 때 담임했던 걸 생각해 보면 아파트에 사는 학생이 2~3명 정도 있었다. 그런데 갑자기 이 이야기가 수면 위로 올라왔던 것은 가정 선생님이 '신박한 주거'라는 수행평가를 했기 때문이다. 자기 집의 공간을 분석하고 어떻게 사용하는 것이 더 효율적일지 생각해 보는 것이었는데 학생들이 제출한 과제를 보는 순간, 집안 사정이 다 드러났던 것. 3학년 담임 선생님들도 깜짝 놀랐다고 해서 어느 정도인지 눈으로 확인하고 싶어 과제물을 살펴보았다. 편모, 편부인 경우 조부모, 이모나 삼촌 등과 함께 사는데 방이 세 개면 당연히 학생들에게

돌아올 방은 없다. 방 두 개인 집이 한 반에 1/3 정도 되었고, 화장실이 두 개 있는 집은 1/4이 될까 말까 했다. 꽤 열심히 학교생활을 하는 학생들도 평면도가 보여주는 그 집안 사정은 열악하기만 했다. 3학년 학생들, 삶이 녹록지 않았을 텐데도 참 예쁘게들 컸구나. 평면도를 보다가 울컥하고 말았다.

이제 이 학생들이 졸업한다. 34% 정도 되는 학생들이 원하던 특성화고에 합격했단다. 어느 곳으로 가서 어떻게 살든 나와 함께했던 3년의 중학교 생활이 당당하게 자신의 삶을 사는 데, 더 나은 공동체를 만드는 데 도움이 되었으면 좋겠다. 애초의 약속대로 학생들이 제출한 글을 모아 자료집으로 묶었다. 졸업식 때 한 명 한 명 눈맞춤하면서 문집을 전해 주려 한다. 울지 말아야지.

원격수업에서 학습을 위한 평가, 학습으로서의 평가

1 원격수업 학생평가

1. 원격수업 학생평가 유형

한 치 앞도 내다볼 수 없는 2020년, 예기치 않게 원격수업이 성큼 다가왔다. 교사나 학생이나 한 번도 해보지 않은 방식으로 학교 수업을 이어가야 하는 상황이 되어버렸다. 수업이나 평가나 모두 혼돈 상황이었다. 이에 교육부에서는 원격수업의 유형을 정하고, 평가의 범위를 정했다. 원격수업의 유형으로는 실시간 쌍방향 수업, 콘텐츠 활용 수업, 과제 수행중심 수업 등이 있고, 평가는 수업 중이냐 수업 후냐, 관찰이 가능하냐 아니냐에 따라 네 가지 유형으로 범위를 정하여 제시하고 있다.

〈원격수업 학생평가 개념도〉

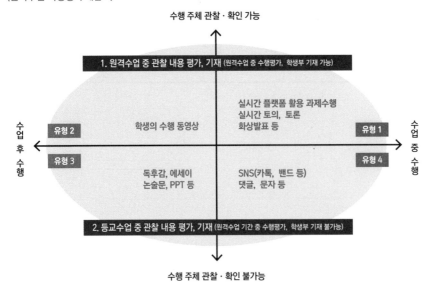

수행 주체 관찰 · 확인 가능

1. 원격수업 중 관찰 내용 평가, 기재 (원격수업 중 수행평가, 학생부 기재 가능)

실시간 플랫폼 활용 과제수행
실시간 토의, 토론
화상발표 등

유형 2 학생의 수행 동영상 유형 1

수업 후 수행 / 수업 중 수행

유형 3 유형 4

독후감, 에세이
논술문, PPT 등

SNS(카톡, 밴드 등)
댓글, 문자 등

2. 등교수업 중 관찰 내용 평가, 기재 (원격수업 기간 중 수행평가, 학생부 기재 불가능)

수행 주체 관찰 · 확인 불가능

출처: 원격수업 학생평가 안내자료집, 교육부 · 서울특별시교육처 · 한국과학창의재단

    수업과 평가의 내용이 유형1에서 유형4까지 어디에 들어가느냐에 따라 수행평가로 인정하거나 생활기록부에 기재할 수 있는지가 결정된다. 2021년부터는 유형2도 수행평가가 가능하도록 하겠다는 지침이 발표되었다. 원격수업이라도 평가의 최종 목적이 학생의 배움과 성장이라면 학생에게 거는 기대, 즉 목표에 관해, 계획에 의거하여 실시한 활동으로 증거자료를 수집할 수 있는 활동이라면 한 가지 유형만 염두에 두는 것은 평가 본연의 의미를 충족하지 못한다.

2. 평가의 개념과 원격수업

    평가란 '학생의 학습과 행동 발달을 교육 목표에 따라 측정하고 가치적 판단을 내리는 일'이다. 이를 구분하면 평가란 1) 교육 목표에 따라 측정하는 일과 2) 교육적인 가치 판단을 내리는 일로 나눌 수 있다. 이는 각각 'assessment' 와 'evaluation'에 해당하는 것인데, 전자가 과정을 중심으로 놓는 '학습을 위한 평가, 학습으로서의 평가'라면, 후자는 결과를 중심으로 놓는 '학습을 평가'하는 것과 대응된다. 우리가 '평가'라고 부르는 것에는 이 두 가지 개념이 혼재되어 있는데, 지금까지 평가가 'evaluation'에 초점을 두었다면 앞으로는 'assessment'에도 주목하자는 것이 '과정 중심 평가'이다.

원격수업 상황에서 학생 활동을 점수화하거나 생활기록부에 기록할 수 있는지, 즉 유형1에만 관심을 가진다면, 자칫 다른 유형의 원격수업은 평가와 연계하여 사고하지 않을 위험이 있다. 하지만 대면이든 원격이든 모든 수업 상황은 평가와 분리될 수 없고 학습은 평가를 통해 비로소 완성된다.

② 원격수업에서 과정 중심 평가 설계

실시간이든 실시간이 아니든 매시간 도달해야 하는 성취기준과 연결하며 가야 할 지점을 이야기하고 스스로 현재의 상태를 점검하게 한 후, 목표로 가기 위한 비계를 놓아 주면 이는 과정 중심 평가가 된다. 이를 고려하여 원격수업 과정에서 수업과 평가를 어떻게 유기적으로 연결하여 평가를 포함한 수업 전체를 설계할 수 있는지 알아보자.

수업을 시작할 때 계획을 세우는 것부터 학생이 자신의 수준을 점검하고, 차시마다 자기만의 목표를 세우며, 전체 목표를 중간에 점검하고, 형성평가 등을 통해 교사가 피드백을 하거나, 상호 간 피드백을 하게 하는 방법 등이 그것이다. 이러한 과정을 거쳐 유형1에 속하는 수행평가를 진행하면서 자기평가와 동료평가를 어떻게 활용할 수 있는지 제시하고자 한다.

1. 단원 시작할 때 목표 제시

단원이나 프로젝트를 시작할 때 학생들이 도달해야 하는 목표를 제시해 준다. 이 목표는 핵심 질문의 방식으로 제시할 수 있다. 교사가 제시할 수도 있고 학생들이 스스로 생각해 본 것을 함께 공유하면서 정리할 수도 있다. 이번 단원의 전체 진행표를 칠판에 제시하거나, 수업을 시작할 때마다 지금 어느 단계를 진행하는지 알려 줄 수 있다. 원격수업에서는 영상의 앞부분이나 과제, 자료 화면의 첫머리에 넣어 학생들이 현 위치를 가늠할 수 있게 돕는다.

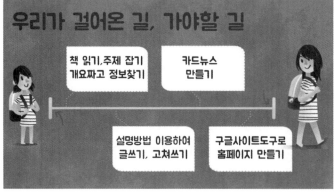

2. 단원 시작할 때 자기 수준 점검하기

단원의 목표만으로는 학생들이 수행해야 할 과제나 도달 목표, 성취기준에 관해 구체적인 상을 잡지 못할 수 있다. 학습된 상태를 구체적인 언어로 표현해 준다면 학생들은 지금 자신의 모습을 생각해 보고 나아가야 할 길에 관해서도 점검해 볼 수 있다. 이때 배움 확인표 방식으로 제시할 수도 있고, 빈칸을 주어 학생들이 모둠별로 의논하여 수준을 작성해 볼 수도 있다. 자신이 부족한 지점, 발달시켜야 할 지점을 묻는다면 프로젝트나 단원을 시작하기에 앞서 자신의 수준을 점검할 수 있다. 구글 문서를 활용하여 개인적으로 받을 수도 있고, 패들렛을 이용하여 내용을 함께 공유할 수도 있다.

2학년 4반 ■■번 ■■호 이름:■■ (자기가 쓴 답은 색깔을 파란색으로 지정해 주세요. 위의 A누르면 됩니다.)

●2단계: 목표 세우기

2-1. '관악 청소년 문학상 프로젝트'는 왜 할까요? 하면 무엇이 좋을까요? 어떤 의미가 있을까요? (50자 이상 작성하세요)

이 관악 청소년 문학상 프로젝트를 하면, 평소에 책을 잘 안 읽었던 친구도 책을 읽게 되고 어떤 분야의 책이 나에게 잘 맞는지, 어떤 분야의 책이 내가 관심 있어 하는 지 알 수 있다. 그리고 작가들에게 상을 줌으로써 의미 있고 더 신기한 추억을 만들 수 있다.

2-2. '관악 청소년 문학상 프로젝트'는 나에게 어떤 의미가 있을까요? 이 프로젝트에서 나의 목표는 무엇인가요? (50자 이상 작성하세요)

최근에 아몬드 라는 책을 사려고 했는데, 이 프로젝트 책 중 아몬드 라는 책이 있어서 정말 좋았다. 이 프로젝트는 내가 더 많은 책을 읽게 되고, 그 책이 어떤 줄거리와 의미를 가지고 있는 지 알게 되는 그런 소중한 프로젝트인 것 같다. 목표는 내가 읽은 책이 상을 받게 하는 것이다.

2-3. 프로젝트를 시작하기 전에 아래 채점 기준표를 읽고, 지금 나의 수준이라고 생각하는 평가 요소에 관해 성취 기준 □에 표시해 봅시다. (■를 복사해 붙이세요)

평가 요소	성취 수준			
	A	B	C	D
읽기	□ 읽기가 문제 해결하는 과정임을 이해하고, 자신의 읽기 과정을 적극적으로 점검하고 조정하여 기한에 맞게 장편소설을 집중하여 끝까지 읽을 수 있다.	□ 읽기가 문제 해결하는 과정임을 이해하고, 자신의 읽기 과정을 점검하고 조정하며 기한에 맞게 장편소설을 끝까지 읽을 수 있다.	□ 읽기가 문제 해결하는 과정임을 이해하나, 주변의 도움을 받아 읽기 과정을 점검하고 조정하며 장편소설을 끝까지 읽을 수 있다.	□ 주변의 도움을 받아 읽기 과정을 점검하고 조정하는 데 어려움을 느끼며 장편소설의 대부분을 읽는다.
근거 들어 말하기	□ 청중의 관심과 요구를 적극 고려하여 여러 사람 앞에서 말할 때 부딪히는 어려움에 효과적으로 대처하며 명확한 근거를 들어 설득력 있게 말하고, 설득 전략을 비판적으로 분석하여 들을 수 있다.	□ 청중의 관심과 요구를 고려하여 여러 사람 앞에서 말할 때 부딪히는 어려움에 대처하며 근거를 들어 말하고, 설득 전략을 비판적으로 분석하여 들을 수 있다.	□ 청중의 관심과 요구를 고려하여 여러 사람 앞에서 말할 때 어려움을 겪기도 하며, 부분적으로 근거를 들어 말하고, 설득 전략을 고려하여 들을 수 있다.	□ 청중의 관심과 요구를 고려하여 여러 사람 앞에서 말할 때 어려움을 겪으며, 근거를 들어 말하거나 설득 전략을 고려하며 듣는 데 주변의 도움을 필요로 한다.

2-4. B나 C나 D를 받을 것 같은 평가 요소는 무엇입니까? 이유도 2줄 정도 적어봅시다.

평가요소	이 유
근거를 들어 말하기	근거를 들어 말하려면 논리 정연하게 설명할 줄 알아야 하고 어떤 어려운 질문이 들어와도 당황하지 않고 말해야 하며 청중의 관심을 불러 일으키는 실력이 있어야 하는데 나에게는 그런 부분이 아직도 부족하다.

2-5. 어떻게 하면 A로 갈 수 있을지 생각해 보고, A를 달성하기 위한 구체적인 방법을 자세하게 적어봅시다.

다른 과목시간의 토론 시간을 이용하여 연습을 하고 예상질문을 미리 생각해둔다.

<제출방법>

1.오른쪽 위의 제출을 누릅니다.

북한을 잘 이해하고 알아갈 수 있도록 많은 도움을 주는 프로젝트가 될 것 같다. 이 프로젝트를 하면서 항상 최대한 성실하고 꼼꼼하게 작성하는 것이 목표이다.

♡ 0

● 댓글 추가

2-4

고쳐쓰기 / 친구들과의 토의를 통해서 고쳐 쓰기를 할 수는 있지만 꼼꼼하게 완벽하도록 고치는 것에는 뭔가 약간 부족한 것 같다. 항상 고쳐 쓰기는 하지만 무언가 부족한 느낌을 받기 때문에 B를 줬다.

♡ 0

● 댓글 추가

2-5

A로 가기 위해서는 내가 쓴 글을 반복해서 꼼꼼하게 읽는 것이 가장 중요할 것 같고 친구들과의 토의에서 의견들을 잘 귀 기울여서 들은 후 고쳐 쓰기를 하면 좋을 것 같다.

♡ 0

댓글 1개

● 익명 3개월
이미 더 나아지는 방법을 잘 알고 있는가 같아 다른 좋은 글들을 읽어보고 다시 본인의 글을 읽어본 뒤 고치는 것도 좋을 것 같아

● 댓글 추가

서 북한에 대해 제대로 많이 알고 싶다. 나의 북한에 대한 생각들을 바로 잡을 수 있는 좋은 기회가 될 수 있을 것 같다. 이 프로젝트에서 나의 목표는 북한에 대해 새로운 것을 많이 알고 깨닫는 것이다.

♡ 0

● 댓글 추가

2-4

토의하기 - 가족이나 원래 모둠토의 같은 (서로 적극적으로 의견 나누는 활동)이 제일 어려운데 코로나 19까지 겹쳐 제대로 해낼 수 있을지 너무 걱정이 된다. 어떻게든 해낼 것이라고 믿지만 적극적으로 참여할 것이라는 보장을 할 수가 없다.

♡ 0

● 댓글 추가

2-5

토의하기 - 어떻게 하면 좀 더 모둠원 모두와 적극적으로 토의를 할 수 있을지 생각해보고 상대방의 의견을 적극적으로 경청한다.

♡ 0

댓글 1개

● 익명 3개월
상대방의 의견도 존중하고, 자신의 의견도 자신있게 말하는것도 좋은것 같아.

● 댓글 추가

♡ 0

● 댓글 추가

2-4

설명 방법 사용하여 글쓰기 / 글을 쓰는 것은 잘할 자신이 있는데 대상에 특성에 맞는 설명 방법이라는 개념에서 어떤 대상에 어떤 방법이 잘 어울리는지를 잘 이해하지 못하겠어서 B를 줬다. 아마 어떤 식으로 설명을 해야 읽는 사람이 더 잘 이해하고 와닿을 수 있는지를 생각해 보는 부분 같은데 아직 모자란 것 같다.

♡ 0

● 댓글 추가

2-5

어떤 대상에 어떤 설명 방법이 어울리는지를 고민해보는 시간을 가지면 좋을 것이다. 몇 가지의 글들을 읽어보고 이 글은 어떤 식으로 설명하면 좋겠고 또 이 글은 어떤 식으로 설명하면 좋을지 생각해보면 도움이 될 것 같다.

♡ 0

댓글 3개

● 익명 3개월
여러가지의 글을 읽어보며 여러가지 설명 방법이 어울리는지 생각한다면 설명 방법 사용하여 글쓰기를 잘할 수 있을것 같아.

● 익명 3개월 : 다른 글들에서는 어떻게 설명 하는지 찾아보면 도움이 될거야

3. 매 수업 목표 세우기

매 수업을 시작할 때 학생들 스스로 그날의 수업 목표와 관련지어 자신만의 목표를 만들어 본다. 패들렛이나 구글 문서와 같은 원격 도구에 누적할 수도 있고, 공책에 적어 사진 찍은 후 올릴 수도 있다. 수업이 끝날 때는 그날 수업에서 자신이 세운 목표에 비추어 자신의 '배우고 느낀점'을 쓰게 한다면 학생의 메타인지를 활성화하여 '학습으로서의 평가'를 해 볼 수 있다.

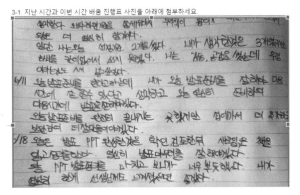

4. 중간 점검

 단원이 진행되는 중간에도 처음에 세웠던 목표나 성취기준과 관련지어 학생들이 스스로 자신의 발전 정도를 살피는 중간 점검을 넣는다. 중간 점검에 관한 생각을 쓰게 하고, 이후 활동에 관한 다짐을 쓰게 한다. 예시는 구글 문서를 활용한 것이다.

6-2. 나는 글을 읽을 때 어떻게 행동했나요? 해당하는 곳에 V표를 해 봅시다.

	항상 그러함	때때로 그러함	그렇지 않음
다음 내용을 예측하면서 글을 읽었다.		V	
머릿 속으로 그림을 그리듯 상상하면서 글을 읽었다.	V		
내용 끼리 연관성을 찾으면서 글을 읽었다.	V		
이해에 어려움을 느낀 이유를 깨달았다.	V		
문제를 해결하기 위해 조치를 취했다.	V		

*총평(위 내용에 관한 자신의 생각을 50자 이상 쓰세요):

전체적으로 책을 읽을때 생각을 하면서 읽는 편이다. 그러나 스토리가 있는 책은 아니고 북한에 대한 정보를 전달하는 책이기 때문에 다음내용 예측은 부족했다. 이해에 어려움을 느낀 부분은 거의 없었고 다시 책의 첫부분으로 되돌아가면서 찾아보았기 때문에 문제를 해결하기위해 조치를 취했다고 볼 수 있다.

6-3. 우리는 '북한 탐구 생활' 프로젝트를 통해서 아래의 목표를 달성해야 합니다. 자신의 상태에 V 표시를 해 봅시다.

	잘 하고 있음	나아지고 있음	노력이 더 필요함
읽기를 생활화하여 글에 사용된 다양한 설명 방법을 파악하고, 표현 방법과 의도를 적극적으로 평가하며 관련 자료를 찾아 참고하며 읽는다.	V		
듣기 말하기가 의미 공유의 과정임을 이해하고, 읽은 내용에 대해 의견을 적극 교환하며 토의하고, 내용의 타당성을 판단하며 집중하여 들을 수 있다.	V		

*총평(위 내용에 관한 자신의 생각을 50자 이상 쓰세요):

일단 관련 자료를 찾아가며 글을 읽는 것은 그래도 1학기때보다는 늘어난것 같다. 이유는 내가 거의 지식이 전무했던 북한에 대한 책을 읽다보니까 찾아볼게 많았고 이해가 살짝 어려운 지도나 북한의 역사등을 인터넷으로 찾아보게 된 것 같다.

6-4. 앞으로 진행할 프로젝트는 다음 목표를 달성하기 위한 것입니다. 자신의 각오를 작성해 봅시다.

□ 대상의 특성에 맞는 설명 방법을 적극적으로 사용하여 기준 분량에 맞추어 유려하게 글을 쓸 수 있다. (맡은 주제와 자신의 관심사를 고려하여 '사이트도구'에 들어갈 글을 씁니다.)

□ 친구들과 토의를 통해, 고쳐쓰기의 일반 원리를 고려하여 자신의 글을 꼼꼼하게 고쳐 쓸 수 있다. ('사이트도구'에 들어갈 글을 고쳐씁니다.)

*나의 각오(위 내용에 관한 자신의 생각을 50자 이상 쓰세요):

1학기때 보다는 글 쓰는 실력이 조금더 늘 수 있도록 글을 써보겠다는 것이 나의 각오이다. 이번엔 저번에 제대로 하지 못한 고쳐쓰기나 조금더 정확한 정보를 글에 쓸 수 있도록 자료를 찾는 활동도 예전보다 활발하게 할 것이다.

5. 교사 피드백

학생평가의 요소는 피드백과 평가로 구분된다. 성취기준에 도달했는지 여부를 측정하는 걸 평가라 한다면 피드백은 학생의 수준과 성취기준 사이의 간격을 좁히기 위해 조치를 취하는 일이다.

피드백은 교사가 실시할 수도 있고 학생 상호간 실시할 수도 있다. 어느 경우든지 성취기준과 평가 요소를 기준으로 하여 학생의 이해를 돕고 활동을 지지할 수 있어야 한다.

원격수업의 장점 중 하나는 교사가 학생 과제에 피드백하기가 쉽다는 것이다. 실시간이나 비실시간으로 학생이 활동한 결과를 교사는 댓글을 이용해 어느 부분이 어떻다는 피드백을 구체적으로 할 수 있다.

교사는 제시한 평가 기준을 바탕으로

♥ 1

댓글 1개

🔵 구본구본토토로 1분
그림과 글자를 이용해서 핵심 내용을 잘 표현하였습니다. 전체 구조가 드러나게 항목을 나누어서 제시하면 더 좋겠습니다.

학생에게 피드백을 한다. 그러나 안타깝게도 학생은 교사가 공들여 피드백한 것을 꼼꼼하게 보지 않는 경향이 있어 교사가 들인 노력에 비해 효과가 나타나지 않기도 한다. 이럴 경우 그 다음 시간에 교사가 지난 시간 제시한 피드백을 복사해서 붙이고 그것을 근거로 어떻게 수정했는지 제시하라고 할 수도 있다.

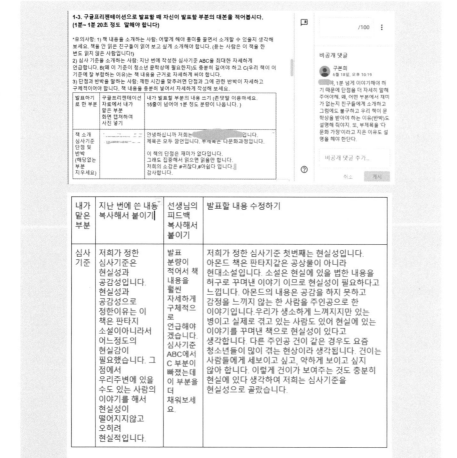

내가 맡은 부분	지난 번에 쓴 내용 복사해서 붙이기	선생님의 피드백 복사해서 붙이기	발표할 내용 수정하기
심사 기준	저희가 정한 심사기준은 현실성과 공감성입니다. 현실성과 공감성으로 정한이유는 이 책은 판타지 소설이 아니라서 어느정도의 현실감이 필요했습니다. 그 점에서 우리주변에 있을 수도 있는 사람의 이야기를 해서 현실성이 떨어지지않고 오히려 현실적입니다.	발표 분량이 적어서 책 내용을 훨씬 구체적으로 언급해야 겠습니다. 심사기준 ABC에서 C 부분이 빠졌는데 이 부분을 더 채워보세요.	저희가 정한 심사기준 첫째는 현실성입니다. 아몬드 책은 판타지같은 공상물이 아니라 현대소설입니다. 소설은 현실에 있을 법한 내용을 허구로 꾸며낸 이야기 이므로 현실성이 필요하다고 느낍니다. 아몬드의 내용은 공감을 하지 못하고 감정을 느끼지 않는 한 사람을 주인공으로 한 이야기입니다. 우리가 생소하게 느껴지지만 있는 병이고 실제로 겪고 있는 사람도 있어 현실에 있는 이야기를 꾸며낸 책으로 현실성이 있다고 생각합니다. 다른 주인공 건이 같은 경우도 요즘 청소년들이 많이 겪는 현상이라 생각됩니다. 건이는 사람들에게 세보이고 싶고, 약하게 보이고 싶지 않아 합니다. 이렇게 건이가 보여주는 것도 충분히 현실에 있다 생각하여 저희는 심사기준을 현실성으로 골랐습니다.

1-4. 발표할 부분을 시간을 재며 읽어 봅니다. 시간이 얼마나 걸립니까? 분   51 초

1-5. 발표할 소감 부분의 대본을 적어봅시다. (30초 정도 이야기합니다. 4줄 정도)

발표할 해시태그	프로젝트를 하면서 느꼈던 소감
이해력UP	장단점과 심사기준을 생각할 때 한번 읽었던 책을 다시 생각해 볼 수 있어서 좋았다. 그리고 책 내용이 이해하기 쉬워서 재미있게 본 것 같다.

원격수업에서 교사가 매번 개인에게 피드백을 해주는 것은 쉽지 않기 때문에 학생들이 일반적으로 저지르는 오류에 관해 다음 시간에 한꺼번에 피드백을 해줄 수 있다. 실시간이 아닌 경우에는 영상에 피드백 내용을 첨가할 수 있고, 실시간인 경우 교사가 직접 설명을 하거나 학생이 오류를 보이는 부분을 쉽게 파악하기 위해, 카훗, 퀴즈엔 등 다양한 퀴즈 도구를 이용하거나 페어덱, 니어팟 등 상호작용 도구를 이용할 수 있다.

9/17(목) 국어B

6. 상호 피드백

교사가 모든 학생에게 피드백을 해주면 좋겠지만 이 방법은 현실적으로 교사에게 너무 많은 부담이다. 이럴 때 학생들 간 상호 피드백을 이용할 수 있다. 학생들은 친구로부터 많이 배우는데 상호 피드백의 장치를 마련하면 배움이 더 구체화되고, 자신의 과제나 수준을 돌아볼 수 있는 기준을 얻게 된다. 자신의 상황을 파악하는 메타인지를 기르는 데도 상호 피드백은 매우 중요한 역할을 한다. 좀 더 활발한 상호 피드백을 하기 위해서는 피드백의 기준이나 구체적인 피드백의 방법을 예시하면 좋다. 다양한 원격 도구에서 댓글을 이용한 피드백 기능을 제공하고 있다.

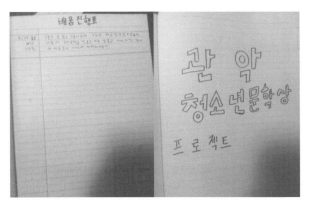

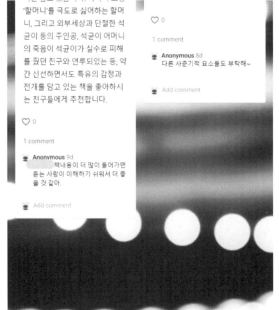

『아무도 들어오지 마시오』라는 책은 오랜만에 읽은 인상 깊게 남는 책이었다. 사람들이 이 책을 읽고 무엇인가 알아가고 그것으로 인해 사회가 더 좋은 방향으로 발전할 수 있다면 좋을 것 같다. 진짜 이것이 작가의 의도인지는 확실하지 않으나 나는 그렇게 생각하고 그걸 여러분에게 말할 것이다. 물론 모두가 바뀌는 것은 어렵다. 그러나 아주 작더라도 변화해 갔으면 좋겠다는 이야기이다. 작은 변화의 바람으로부터 희망은 시작한다.

↳ 우리들의 정곡을 찌르는 질문들이 담긴 글이었다. 특히 마음에 드는 점은 정의의 사도가 아닌 사냥꾼이다. 마녀사냥 등의 비유 표현이 많이 들어가서 와닿았다. 혹시 누군가에서 상처를 주고 있지 않냐는 부분이 깊은 생각을 할 수 있게 해준 것 같다.

↳ 첫 문장을 보자마자 홀린 듯이 읽었다. 되게 뭐라 말해야 할지는 잘 모르겠는데 잘 썼다는 말밖에 안 나온다, 진짜. 구체적인 예시를 들면서 정말 막 문장을 자연스럽게 구조하고 되게 의견을 분명히 밝히면서 전하고자 하는 것을 되게 잘 전달하는 서평을 쓴 것 같다.

↳ 첫 문장부터 굉장히 단호하게 말하는 것을 보며 읽기 시작했고 말하는 내용을 보면서 책을 굉장히 잘 읽었다는 것이 느껴졌다. 비유 표현도 굉장히 잘해서 인상 깊었고 혹시 정말 나도 누군가에게 상처를 주지 않았을까 하며 다시 생각해보게 되었다.

↳ 서평의 흐름이 너무 잘 이어져서 편하게 읽을 수 있었다. 정의라는 이름으로 폭력을 휘두르는 사람들이 사회에서 실제로 있다는 것을 알기에 소제목과 그 부분을 읽으며 몰입하게 됐다. 또 영화를 짧게 풀어낸 부분도 흥미로웠다.

상호 피드백의 내용이 너무 직설적이어서 친구에게 상처를 주는 경우가 생길 수 있으므로 피드백으로 질문이나 편지의 형식을 이용할 수 있다. 질문을 이용하면 질문을 받는 사람의 생각이 확장되고, 편지의 형식을 이용하면 좀더 친근하고 부드럽게 접근할 수 있다.

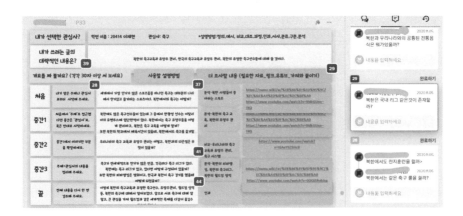

Why로 찾아가는 설명문 쓰기

자신의 번호 아래에 완성한 설명문을 첨부하세요.

공지사항   ⋮

공지사항을 먼저 읽으세요

1. (+)를 누르고 '제목' 칸에 설명문의 제목과 학번과 이름을 씁니다.
2. '무엇이든 적어보세요' 칸에 완성된 설명문을 복사해서 붙여 넣습니다.
3. (+)를 누르고 설명문을 썼을 때 참고한 자료(영상, 기사)를 첨부합니다. '제목'칸에는 자료의 제목을 쓰고, 본문에서 위로 화살표를 누르거나, 링크표시를 눌러 첨부하거나, 돋보기를 눌러 바로 검색하여 첨부할 수 있습니다.
4. 친구의 글을 읽고 댓글로 자신의 생각이 충분하게 드러나게 **10줄 이상의 편지글을 써 줍니다.** 친구 글의 장점이 잘 드러나도록 쓰되 바라는 점이 있으면 써도 좋습니다.

♡ 0

▬▬▬▬▬   ⋮

모는 변할 수 있는 요술같은 것이니까요. 다시 한 번, 앞에 바다가 그려진 컬러링 북과 색연필이 있다고 생각해 보세요. 이번엔 어떤 색의 색연필을 들었나요? 이제, 당신이 들고 있는 색연필로 바다를 물들여주세요. 당신의 생각으로, 당신의 색깔로!

♡ 0

댓글 1개

▬▬▬▬▬

어렸을 때 부터 바다를 계속 봐 왔는데 나는 한 번도 색깔이 파랗다는 걸 의심해 본 적이 없었어. 네 호기심이 대단하다는 생각이 들어. 과학적인 내용은 잘 이해할 수 없었지만 바닷물이 파랗게 보이는 이유를 과학적인 면과 심리적인 면으로 나눠 설명하는 부분은 좋았어. 나도 그렇게 논리적으로 글을 쓰고 싶어. 나처럼 과학을 잘 못하는 친구들을 위해 조금 더 쉽게 과학 원리를 설명해 주면 더 좋을 거 같아.

학생들에게 어떻게 피드백을 해야 할지 구체적으로 제시해 주면 좋다. 피드백을 하는 방법뿐만 아니라 피드백을 받아들이는 방법에 관해서도 가르쳐야 한다. 교사가 교실 문화를 어떻게 만드느냐에 따라 피드백이 효과적으로 작동할 수도 있고, 그렇지 않을 수도 있다.

11-1. 최종적으로 제출하기 전에 자신의 글을 점검해 봅시다. (Y인지 N인지 표시해 보세요)

	점검 요소	Y/N
1	처음과 끝 부분이 연결되어 있나요?	
2	중간 부분은 3문단 이상으로 자료 조사를 통해 풍부한 내용을 담고 있나요?	
3	각 문단은 중심 문장과 뒷받침 문장으로 구성되어 5줄 이상의 분량을 유지하였고 문단마다 들여쓰기가 정확한가요?	
4	출처는 마지막 부분에 한꺼번에 밝히고 있으며 (중간에 URL이 없어야 합니다) url에는 우리 말로 설명이 붙어 있나요? (기사나 블로그 제목, 작성자, 사이트나 블로그 이름)	
5	자신의 경험, 수치나 통계, 사람들의 편견(가짜 뉴스)에 대한 반박이 들어있나요?	
6	정확하고 명확한 단어, 생동감 넘치는 단어를 사용했나요?	
7	문장은 어법에 맞고 자연스러운가요?(너무 길거나 짧지 않아야 합니다)	
8	제목이 글 전체의 내용을 잘 반영하고 있나요?	

11-2. 위의 점검을 하고난 후 자신의 글을 어떻게 다듬어야 할 지 생각해 봅시다. (50자 이상 작성하세요)

11-3. 위의 기준을 적용하여 '모음 글'에 작성한 자신의 글 밑에 3명의 친구(아래쪽에 쓴 친구는 처음으로 넘어갑니다) 글에 고쳐쓰기를 위한 조언을 해 줍니다. 친구의 글 아래쪽에 자신의 학번 이름을 적고 조언을 씁니다. (조언할 것이 없으면 칭찬을 써도 됩니다) 본문과 구분이 되도록 파란색으로 색깔을 바꾸어 줍니다. (지난 시간 자기 글을 아직 복붙하지 않은 사람, 학번 이름을 안 쓴 사람 빨리 먼저 수정해 주세요!!)

예시) 10501 구본희: 한 문단이 2~3문장 밖에 안 되어 있어. 뒷받침 문장을 더 보충하거나, 비슷한 내용은 묶어서 한 문단으로 만들면 좋겠어.

13-1. 글모음에서 내가 붙여 넣은 글 위쪽 친구 2명이 쓴 글을 읽고 다음을 작성하세요.

1) 친구의 글에 다음과 같은 글을 작성해 줍니다.

	친구에게 한 말씀	친구의 말을 들으니
1.내가 읽은 것	친구의 글에 관한 전체적인 생각을 이야기 합니다. 글의 핵심 아이디어가 무엇인지 정리합니다.	친구가 쓴 내용이 내가 전달하려고 했던 것인지 아닌지 생각해 봅니다.
2.내가 눈치 챈 것	친구의 글 중에서 특별히 관심을 끌었던 부분은 어디입니까? 왜 그렇게 생각했습니까? 어떤 내용이 특히 생동감 넘치고 빼어납니까? 이 글에 관해 어떤 것이 기억에 남을 것 같습니까?	친구가 쓴 내용을 읽으며 친구의 관심을 끈 내용과 그 이유를 분석하고 그것을 글 전체에 적용할 수 있는 방법을 생각해 봅니다.
3. 내가 궁금 한 것	친구의 글을 읽고 어떤 의문이 들었습니까? 궁금한 점은 무엇입니까? 무슨 뜻인지, 왜 그것이 포함되었는지 이해가 가지 않는 부분은 없었습니까? 지루하거나 읽는데 방해가 되는 부분은 없었습니까? 다른 방식으로 고치면 더 나아질 것 같은 부분은?	친구가 쓴 질문에 관한 답이 글 속에 녹아날 수 있도록 글을 어떻게 고칠 수 있을지 생각해 봅니다. (친구가 느낀 부분을 좀 더 명확하게 하기 위해)

*위의 표를 참고로 하여 아래 표를 작성합니다.

	친구에게 한 말씀 (각 항목 당 100자 정도 작성)
1.내가 읽은 것	
2.내가 눈치챈 것	
3.내가 궁금한 것	

학생 간 상호 피드백은 평가 기준에 맞추어 제시될 수 있도록 해야 한다. 단원을 관통하는 배움 확인표를 지속적으로 제시하면서 상호 피드백을 할 때마다 이를 기준으로 삼게끔 지도해야 상호 피드백이 평가 요소를 반영하게 되고, 서로의 도움으로 성취기준에 도달할 수 있게 된다.

7. 완전 학습을 위한 형성평가

일반적으로 학생의 이해도를 측정하기 위해 교사는 형성평가를 이용한다. 형성평가의 결과를 보고 어떤 부분이 부족한지 파악하여 그 부분을 보충해 주는 데는 다양한 원격 도구가 힘을 발휘한다. 학생마다 맞은 문제와 틀린 문제가 무엇인지 금세 파악하기 쉽고, 이 중에서도 구글 설문지를 이용한 방탈출 게임은 학생이 학습 내용을 확실하게 알아야 과제를 끝낼 수 있는 구조로 되어 있어 완전 학습을 하게 한다. 온라인 학습지인 라이브 워크시트의 경우, 10점 만점으로 바로바로 채점을 할 수 있는데 학생들도 자신이 받은 점수를 확인하는 것이 가능하다. 학생들에게 10점 받을 때까지 다시 풀어서 제출하게 하면 학생들은 자신이 부족한 부분을 알고, 그 부분을 보충할 수 있다.

형성적 기능을 강조하기 위한 평가 설계를 위해 일반적으로 형성평가를 하면 그 결과에 따라 학생의 수준이 어느 정도인지 표현해 주고, 이에 따른 이후 조치를 실행한다. 방탈출 설문지나 라이브 워크시트의 경우 도달도를 명확하게 측정하기 어

렵기 때문에 학생 스스로 학습지나 설문지를 해결하면서 어떤 어려움이 있었는지, 앞으로 어떻게 부족한 부분을 보충할 것인지에 관한 생각을 쓰게 할 수 있다.

8. 수행평가 장면에서 자기 평가와 상호평가

원격수업에서 다양한 유형의 수업을 거쳤다 할지라도 평가 장면은 반드시 실시간 원격수업으로 이루어져야 하는 과목이라면, 꼼꼼히 과정을 밟은 후라 할지라도 평가 장면에서 학생의 수행을 돕기 위해 미리 배움 확인표를 제시하여 학생이 준비할 수 있도록 한다. 배움 확인표를 보면서 자신이 시험을 볼 때 어떤 점이 우려되는지, 그것을 극복하기 위해서 무엇을 할 수 있을지 생각해 보도록 한다. 실제 수행이 끝난 후에는 스스로 배움 확인표에 의거하여 자신의 수행이 어땠는지 점수를 매겨 보고 이유를 써 보게 한 후, 교사가 실제 점수를 비공개 댓글 등을 이용하여 알려 준다면 자신이 생각했던 기준과 수행이 타당했는지를 점검할 수 있다. 줌이나 행아웃미트 등을 이용하여 다른 친구들이 발표를 하면, 바로 구글 문서 등을 이용하여 상호평가를 하거나, 마이크를 사용하여 발표자에게 질문할 수 있다.

1. 말하기 평가 준비

1-1. 말하기 평가 채점표(10점)를 살펴보면서 지난 시간에 우려했던 점을 극복하기 위해서 무엇을 할 수 있을지 50자 이상 적어 봅니다.

평가 요소	평가 기준	채점 기준			
		4점	3점	2점	1점
말하 기 내용	근거 들어 말하 기	명확한 근거를 들어 설득력 있게 말함.	근거를 들어 설득력 있게 말함.	부분적으로 근거를 들어 말함.	근거를 들어 말할 때 주변의 도움을 필요로 함.
	매체 활용	핵심 정보가 잘 드러나도록 내용을 구성하여 자신감있게 발표함	핵심 정보가 잘 드러나도록 내용을 구성하여 발표함	선생님과 친구들의 도움을 받아 내용을 구성하여 발표함	스스로 발표 내용을 구성하기 어려워함
말하 기 형식	의미 공유 과정 이해	/	/	말하기는 의미를 공유하는 과정임을 이해하고 듣는 사람을 고려하여 말함.	말하기는 의미를 공유하는 과정임을 이해하나 듣는 사람을 고려하는데 어려움을 느낌

*우려되는 점: 크게 우려 되는 점은 없다. 그러나 모둠원들과 같이 하는 것이라 호흡을
맞춰서 잘 할 수 있을지, 중간에 발표가 꼬이거나 허둥지둥하여 듣는 사람들에게 혼선을
주거나 복잡하게 생각 되지 않을지가 걱정이다. 채점 기준표의 형식 중 매체 활용 부분이 좀
어려울 것이라고 생각한다. 핵심 정보를 꼬집어 설명하는 게 좀 부족한 면이라고 생각 되기
때문이다.

1-2. 우려되는 점을 극복하기 위해 어떤 노력을 할 수 있을지 50자 이상 적어봅시다.

일단 모둠원과의 호흡 때문에 우려 되는 점이 많기에 한번 정도 모둠원들과 리허설 같은
것을 하며 어떻게 설명할지 구상하는 작업을 해보거나, 대본의 흐름 정도에 맞춰서 설명
하는 생각 정도를 해보는 것이 좋을 것이라고 생각 된다. 만든 발표 자료에서 내가 전하고자

2. 서평쓰기 스스로 채점

평가 요소	성취 수준			
	매우 뛰어남(4점)	달성함(3점)	조금만 더(2점)	힘을 내(1점)
문학	□ 작품이 창작된 사회.문화적 배경을 파악하고, 이것이 **작품 전체의 의미나 주제를 형성하는 데 어떤 관련이 있는지**를 이해하며 작품을 이해할 수 있다.	□ 작품이 창작된 사회.문화적 배경을 바탕으로 작품을 이해할 수 있다.	□ 작품이 창작된 사회.문화적 배경을 주변의 도움을 받아 파악할 수 있다.	□ 작품이 창작된 사회.문화적 배경을 파악하는데 어려움을 느낀다.
쓰기 과정	□ 쓰기 과정에서 부딪히는 문제를 적절하고 능동적으로 해결하며 글을 쓸 수 있다.	□ 쓰기가 문제 해결 과정임을 이해하고, 쓰기 과정에서 부딪히는 문제를 부분적으로 해결하며 글을 쓸 수 있다 .	□ 쓰기가 문제 해결 과정임을 이해하나, 주변의 도움을 받아 쓰기 과정에서 부딪히는 문제를 해결할 수 있다.	□ 쓰기가 문제 해결 과정임을 이해하나, 주변의 도움을 받아 쓰기 과정에서 부딪히는 문제를 해결하는 데 어려움을 느낀다.
쓰기 윤리			□ 쓰기 윤리 **(인용, 출처 밝히기, 고쳐 쓴 부분 밝히기)** 를 준수하며 글을 쓴다.	□ 쓰기 윤리(인용, 출처 밝히기, 고쳐 쓴 부분 밝히기)를 준수하는 데도 어려움을 느낀다.
		합계	8 점	

2-1. 자신이 해당된다고 생각하는 부분의 글씨를 파란색으로 바꾸어 봅시다.

2-2. 자신의 예상 점수를 써봅시다.   8 점

2-4. 왜 이런 점수를 받을 것 같다고 생각했습니까? 그 이유를 2줄 이상 써 보세요.
  앞에서 말한 것처럼 문학에서는 의미나 주제에 관련된 것들을 이해하는 능력이 조금 부족하고 쓰기에서는 글을 쓸 때 부딪히는 문제를 능동적으로 대처할 수 있을지 잘 모르겠다. 그래서 저 점수를 받을 것 같다.

2-5. 서평쓰기에 관한 총평을 다음 질문에 관한 대답을 중심으로 10줄 정도 정리해 봅시다.

- 수업을 통해 무엇을 알게 되었는가? 더 궁금한 점은 무엇인가? 궁금증을 어떻게 해결할 것인가? 배움을 발전시키기 위해 자신이 해야할 일은 무엇인가? 어떻게 실천할 것인가? 서평쓰기에서 자신이 잘한 점이나 부족한 점은 무엇인가? 서평쓰기를 하면서 재미있어가 어려웠던 점은 무엇인가? 서평쓰기를 하면서 어떤 능력이 향상되었는가? 이번 서평쓰기는 자신에게 어떤 의미가 있는가?

이번 서평쓰기 프로젝트를 통해 서평이란 것을 처음으로 알게 되었다. 서평에 대해 굉장히 자세히 알게 되어서 또 하나 배우고 가게 되는 시간이었다. 솔직히 글쓰기는 국어시간 말고는 잘 하게 되지 않는다. 그래도 이번 기회를 통해 배움을 발전 시킬 수 있도록 글을 많이 써보는 연습을 해야 할 것 같다. 꾸준히 실천을 하려면 책 한권을 읽으면 그 책에 대한 후기를 직접 적어보는 것이 좋을 것 같다. 길게 쓰는 것이 힘들면 간단하게 4~5줄이라도 적으려고 노력하며 이 책에 사회적,문화적 배경이나 책을 읽고 나서 나의 느낌 등을 짧게라도 적는 것이 좋을 것 같다. 서평을 쓸 때 내가 잘한 점은 내가 말하고 싶었던 바를 다 말했던 것이다. 그리고 나름 시선을 끄는 소제목을 만든 것 같다. 하지만 부족한 점은 고쳐쓰기를 잘하지 못했다는 점 인 것 같다. 서평을 쓸 때 재미있었던 점은 처음 쓸 때는 막막했는데 글을 계속 쓰니 나중에는 집중해서 글을 계속계속 써가는 내 모습이 좀 재미있었고 반대로 어려웠던 점은 고쳐쓰기를 할 때 친구들이나 선생님들처럼 피드백을 해 줄 사람이 없으니 어딜 고쳐야 할지 막막해 그런 부분들이 좀 어려웠다. 그래도 이번 서평 쓰기를 하면서 그 책에 주제와 의미에 대해 더 자세히 알 수 있는 능력을 가지게 된 것 같고 글을 어떻게 써야 좋은 글이 나오는지를 조금 더 잘 알게 된 것 같다. 이번 서평쓰기는 굉장히 힘들었지만 글을 쓸 때 어떤 글이 더 집중이 잘 되고 주목을 시키는지를 알 수 있게 해주어서 쓰기에 한 걸음 더 나아갈 수 있게 만들어 주었다.

<상호 평가>

*말하기 발표가 끝난 후 1분 동안에 자신이 발표한 부분을 발표한 친구의 말하기를 평가합니다.
(일치하지 않으면 비슷한 친구를 평가합니다. 모둠원이 3명일 경우 심사기준1에만 적습니다)
*칭찬할 점은 채점기준표를 참고하여 작성해 주세요.
*궁금한 점을 쓴 것은 '듣기' 항목에 반영됩니다. 발표 내용과 관련하여 비판적으로 질문을 합니다.
*발표한 사람은 공책에 붙인 학습지 7에서 자기 평가서를 적습니다. 친구가 질문을 달면 그에 답변해 주세요.

책제목	발표부분	발표자 이름	칭찬할 점 예) 구본화 자신가 바르게 발표하고 심사 기준에 따른 근거를 자세하게 설명함.	궁금한 점 예) 구본화 어떤 점이 재미있는지 근거 발표 설명에 들어가서 설명 모르겠는데 예를 들어주면?	답변
더 벌 컹	③책소개		- 중요한 내용을 잘 전달했다 - 내용을 요약하여 잘 설명함 - 말하고 내용을 잘 짚었다 - 핵심정보가 잘 드러나고 내용이 적합하였다 - 줄거리를 잘 요약하여 발표했다 - 핵심 정보가 잘 드러나도록 내용을 구성하여 자신감있게 발표함 - 나보다 잘했다 - 책의 내용을 잘 설명함 - 의미 전달을 잘하는 것 같다 - 내용을 확실하게 들었다	좋아하게 된 이유? 갈등이의 심리는? 주인공이 왜 처음 본 애를 좋아하게 되었는가? 가장 재미있는 부분은? 갈등이의 생각은? 가장 재미있던 부분은 가장 슬픈 부분은 무엇일까? 목소리도 잘들리고 내용소개도 잘했다 소리가 커서 좋았다 이경연, 가장 인상깊었던 장면이 무엇인가?	그냥 사진을 보는 순간 갈등이가 한눈에 반해서 가장 재미있었 던 부분은 없음...
	③심사기준		- 공감이라는 심사기준에 잘 설명하였다 - 심사기준을 잘 발표한것 같다 - 심사기준의 이유를 잘 설명한것 같습니다	공감이라는 심사기준은 문장은 어디인가요? 그 책에 나오는 한국 학생이 어떤행동을 해서 공감을 일어나게 있다가 생각하는가? 이 책에서 공감할 부분은 어느 부분인가요? 책 내용을 공감의 내용을 어떤것인가요?	이 책에서 나오는 공감이라는 점은 어디인가요? 그 책에 나오는 한국 학생의 공감을 가질수 있습니다	우리와 비슷한 나이대의 학생에서 나오는 이야기로 공감을 가질수 있습니다
	⑤단점·부제목		- 부제목에 책 내용을 잘 들어가게 차근차근 설명하것이 좋았다 - 이해를 잘할수 있도록 얘기를 해서 잘했는거 같다 - 부제목을 대한 근거를 설득력 있게 설명한 것 같다 - 부제목에 대한 내용을 잘 설명했다	어떤 관계의 따라 읽어도 재미있는지? 책에 대해 공감한 점은 무엇입니까? 급전개가 되는 부분은 어디인가요? 어떤 부분이 재미있나요?	주인공인 봉주와 토시가 적대적인 관계로 시작되어 우정으로 감정이 변화하는 것에 따라 급전개가 되는 부분은 낯설고 주인공이 누구인지 밝혀진 이후부터 결말까지 사건들이 빠르게 지나가는 부분입니다
아 몬 드	③책소개		- 태도도 좋고 이해하기 쉬웠음 - 목소리도 잘들리고 내용소개도 잘했다 - 소리가 커서 좋았다 - 목소리가 커서 좋았다	아몬드에서 주는 교훈 아몬드의 단점이무엇인가	1 아몬드라는 평범한 건과류를 통하여 자신의 감정을 잘 표현할수 있다는 교훈인거 같습니다

9. 단원 끝났을 때 자기 수준 점검하기

시작할 때 점검했던 자신의 수준이 단원이나 프로젝트가 끝났을 때 어떻게 향상되었는지 스스로 점검하는 기회를 준다. 처음에 점검했던 표를 다시 보여 주면서 지금의 상태는 어떤지 표시하게 하고 처음과 어떤 것이 달라졌는지 생각해 보게 한다. 여전히 '매우 잘함' 상태에 도달하지 못했을 경우, 그 이유는 무엇인지, 어떻게 하면 도달할 수 있는지를 생각해 본다. 이 단원을 통해 성취 기준에 얼마나 도달했는지를 스스로 점검하는 것이다. 구글 문서나 패들렛을 이용한다.

8-1. 수행을 끝낸 후 자신의 상태에 표시를 해 봅시다. (■를 복사해 붙이세요)

평가 요소	성취 수준			
	A	B	C	D
읽기	■ 읽기가 문제 해결하는 과정임을 이해하고, 자신의 읽기 과정을 적극적으로 점검하고 조정하며 기한에 맞게 장편소설을 집중하여 끝까지 읽을 수 있다.	□ 읽기가 문제 해결하는 과정임을 이해하고, 자신의 읽기 과정을 점검하고 조정하여 기한에 맞게 장편소설을 끝까지 읽을 수 있다.	□ 읽기가 문제 해결하는 과정임을 이해하나, 주변의 도움을 받아 읽기 과정을 점검하고 조정하며 장편소설을 끝까지 읽을 수 있다.	□ 주변의 도움을 받아 읽기 과정을 점검하고 조정하는 데 어려움을 느끼며 장편소설의 대부분을 읽는다.
근거 들어 말하기	□ 청중의 관심과 요구를 적극 고려하여 여러 사람 앞에서 말할 때 부딪히는 어려움에 효과적으로 대처하며 명확한 근거를 들어 설득력 있게 말하고, 설득 전략을 비판적으로 분석하며 말할 수 있다	■ 청중의 관심과 요구를 고려하여 여러 사람 앞에서 말할 때 부딪히는 어려움에 대처하며 근거를 들어 말하고, 설득 전략을 비판적으로 분석할 수 있다.	□ 청중의 관심과 요구를 고려하여 여러 사람 앞에서 말할 때 어려움을 겪기도 하며, 부분적으로 근거를 들어 말하고, 설득 전략을 고려하며 말할 수 있다.	□ 청중의 관심과 요구를 고려하여 여러 사람 앞에서 말할 때 어려움을 겪으며, 근거를 들어 말하거나 설득 전략을 고려하며 말하는 데 주변의 도움을 필요로 한다.

8-2. 수업 시작하기 전 예상했던 것과 달라진 것은 무엇입니까? 그 이유를 2줄 이상 적어봅시다.

평가요소	이유
읽기	처음에는 내가 두꺼운 책이나 글밥이 많은 책을 못읽을 줄 알았는데 한 번 두꺼운 책을 재밌게 읽고 나니 자신감이 붙었고 다른 장편소설에도 도전해 보고 싶었다.

8-3. B나 C나 D를 받은 항목과 이유를 2줄 정도 적어봅시다.

평가요소	이유
근거들어 말하기	아직도 근거 들어서 말하는 것은 조금 힘들다. 또한 다른 사람들 앞에서면 하려던 말이 잘 생각나지 않기 때문에 아직도 B인 것 같다.

8-4. 어떻게 하면 A로 갈 수 있을지 생각하여, 구체적인 방법을 자세하게 적어봅시다.

작은 규모의 사람 앞에서 나의 주장을 말해 본다. 앞에 나가서 암기한 내용을 까먹지 않도록 제대로 암기한다.

10. 자기 성찰 평가서 쓰기

단원이나 프로젝트를 끝내고 난 후 자신의 모습이 어땠는지를 돌아본다. 막연하게 소감을 쓰라고 하는 것보다 구체적인 질문을 준 후 그에 관해 답을 하는 방식으로 써 보라고 하면 학생들은 단원의 목표, 성취기준과 관련지어 자신의 모습을 돌아본다.

8-5. 다음 질문에 대한 대답을 중심으로 프로젝트에서 자신의 모습을 돌아봅시다.

*수업을 통해 무엇을 알게 되었는가? 더 궁금한 점은 무엇인가? 궁금증을 어떻게 해결할 것인가? 배움을 발전시키기 위해 자신이 해야할 일은 무엇인가? 어떻게 실천할 것인가? 프로젝트에서 자신이 잘한 점이나 부족한 점은 무엇인가? 프로젝트를 수행하면서 재미있었던 점이나 어려웠던 점은 무엇인가? 프로젝트를 수행한 후 앞으로 다르게 해 보고 싶은 무엇인가? 프로젝트를 수행하면서 어떤 능력(역량)과 지식이 향상되었는가? 이번 프로젝트는 자신에게 어떤 의미가 있는가?

난 이번 수업을 통해 책 내용을 파악하는 방법을 알았다. 일단 책을 다 읽어보고 직접 왜 내가 이런 생각을 했고 어떤 문장이나 페이지가 핵심인지 정리하는 단계를 거치니까 전보다 더 깔끔하게 책의 내용과 의미를 함축시킬 수 있었다. 게다가 여러 책들을 정리한 PPT를 하나씩 보면서 다른 내용들도 읽기 전에 어느 정도 이해가 갔다. 읽고 싶은 책들도 몇 개 생겼고 말이다. ㅎㅎ 진짜 이번 과제는 고생한 게 태산이니 (물론.. 한 건 별로 없지만..) 좋은 점수 맞기를 기대한다. 그리고 수업이 전체적으로 쉬웠지만 난 그 대본쓰는 게 좀 어려웠다. 아니. 쓰기보단 외우는 게 어려웠다가 맞을 거다. 정말 말하는데 대사를 까먹어서 머리를 한 대 맞은 기분이었다. 그래도 쭉 돌아보면 꽤 긴 여정이었고 내가 어떤 종류의 책들을 또 좋아하는지 정확하게 알게 된 계기여서 좋은 시간이었다.

2-5. 서평쓰기에 관한 총평을 다음 질문에 관한 대답을 중심으로 10줄 정도 정리해 봅시다.
- 수업을 통해 무엇을 알게 되었는가? 더 궁금한 점은 무엇인가? 궁금증을 어떻게 해결할 것인가? 배움을 발전시키기 위해 자신이 해야할 일은 무엇인가? 어떻게 실천할 것인가? 서평쓰기에서 자신이 잘한 점이나 부족한 점은 무엇인가? 서평쓰기를 하면서 재미있어가 어려웠던 점은 무엇인가? 서평쓰기를 하면서 어떤 능력이 향상되었는가? 이번 서평쓰기는 자신에게 어떤 의미가 있는가?

이번 서평쓰기를 통하여 책을 세 권 정도 읽게 되는 시간을 가졌다. 책을 정말 안 읽어서 사회에 대한 생각을 발전시키기는 어려웠는데 청소년에 관한 책들을 읽으니 교훈을 기대한 것보다 많이 얻었다. 서평을 쓰는 활동을 하니 온라인수업과 등교수업 번갈아 굉장히 많이하여 너무 귀찮았지만 이렇게 총평을 쓰니 끝내 마무리가 되는 것 같아 뿌듯하다. 열심히 과제를 내니 그동안 얼마나 달려왔는지 회상이 된다. 이번 서평쓰기 활동에서 내가 부족했던 점은 독서 때마다 책을 집중하여 안 보았던 일이다. 책 양을 많이 읽어도 그 내용들을 중점으로 감동을 얻고 새로운 것을 습득하기에는 부족했다. 이로 인하여 내가 지난 날을 반성하면서 앞으로 차근차근, 시간이 오래 걸려도 다 읽는다는 목표가 생겼다. 온라인수업을 통한 서평쓰기를 하며 나는 문서를 쓰는 능력이 향상되었다. 직접 글씨를 쓰는 것보다는 키보드를 이용해 동시에 손과 머리가 잘 협동을 해주었기 때문에 술술 쓰게되어 글의 수준도 더 높아졌다고 본다.

단원, 프로젝트, 혹은 학기가 끝났을 때 자신이 겪었던 어려움을 돌아보고 그것을 어떻게 극복했는지 생각해 본 후, 자신의 성장을 자축하는 자리를 마련한다. 수업을 하면서 변화의 시작, 과정, 그 결과에 관한 내용을 쓰게 한다. 댓글을 통해 그동안 수고했던 친구들에게 격려와 축하를 보내며 함께했던 시간을 기릴 수 있도록 한다. 이를 통해 직접 얼굴을 보지는 못했어도 서로 함께한 시간이 있었음을 되새기며, 원격수업에서의 사회적 실재감을 느낄 수 있다.

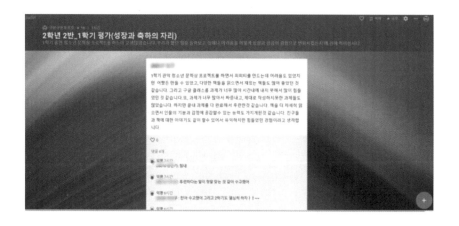

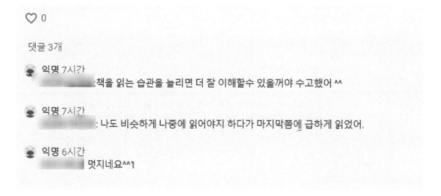

집에서 책을 읽다보니까 게을러지다보니 책을 별로 읽지 못했던 것 같았다. 하지만 모둠활동이나 프로젝트를 통해서 새로운 책을 많이 알게 되었고 독서 능력이 발전이 된 것 같다.

♡ 0

댓글 3개

익명 7시간 : 책을 읽는 습관을 늘리면 더 잘 이해할수 있을꺼야 수고했어 ^^

익명 7시간 : 나도 비슷하게 나중에 읽어야지 하다가 마지막쯤에 급하게 읽었어.

익명 6시간 : 멋지네요^^1

지금까지 학습 결과를 평가하는 것에 익숙했다면 이제는 학습 과정을 평가하고, 자기 자신의 상태를 평가할 수 있도록 수업을 설계해야 한다. 특히나 학생의 초인지를 나타내는 '학습으로서의 평가'의 경우, 교사가 매시간 공들여 설계하지 않으면 이를 학생에게 가르칠 수 없다. 학생은 공교육 12년 동안 초인지를 기르는 법을 제대로 배워야 평생 학습자로, 학습의 주체로 살 수 있다.

원격수업이든 등교수업이든 성취기준에서 평가 요소를 추출하고, 기준에 도달하도록 학생의 학습 경험을 설계하고, 기준에 도달했는지 여부를 알기 위해 평가를 하는 것은 다르지 않다. 역량은 지식, 기능, 태도와 가치관을 포함한다. 우리가 교육과정과 성취기준을 통해 길러 주고자 하는 학생의 역량은 결국 학생의 어떤 행동으로 드러난다. 우리는 학생의 행동을 관찰하고, 더 나아질 수 있도록 비계를 놓아 주어야 한다. 학생의 행동을 관찰하는 것이 평가이고, 이를 통해 교사가 어떤 처치를 하는 것이 피드백이며 이 모든 것은 수업 장면에서 일어난다. 이렇게 본다면 원격수업에서도 교사와 학생의 상호작용을 통한 수업을 통해 학생의 성장을 돕는 평가는 얼마든지 가능하다. 학생의 배움과 성장을 중심에 놓고 지금까지 보아 왔던 관행을 뛰어넘는 상상력을 발휘해 보자. 지레 겁먹지 말고 더 나은 방법을 찾아 도전해 보자.

참고문헌

김선·반재천, 『학생의 배움과 성장을 지원하는 과정 중심 피드백』, 도서출판AMEC, 2020

김선·반재천·박정, 『수행평가와 채점기준표 개발』, 도서출판AMEC, 2020

신을진, 『온라인 수업, 교사 실재감이 답이다』, 우리학교, 2020

권정민, 『최고의 원격수업 만들기』, 사회평론아카데미, 2020

수잔 브룩하트, 『현장 교사를 위한 효과적인 피드백 방법』, 학지사, 2020

박주용, 『생각 중심 교육』, 집문당, 2019

최경애, 『평가 루브릭의 개발과 활용』, 교육과학사, 2019

홍정민, 『에듀테크』, 책밥, 2017

해리엣 아이작, 『백워드 설계와 수업 전문성』, 학지사, 2016

이혁규, 『한국의 교육 생태계』, 교육공동체벗, 2015

이혜정, 『서울대에서는 누가 A+를 받는가』, 다산에듀, 2014

루비 페인, 『계층이동의 사다리』, 황금사자, 2011

교육부·서울특별시교육청·한국과학창의재단, <원격수업 학생평가 안내 자료집>, 2020

Susan Brookhart, 『How to create and use RUBRICS for formative assessment and grading』, ASCD

Susan Brookhart, 『How to use Grading to improve Learning』, ASCD

John Hattie, 『visible learning for teachers』, Routledge

<How to Help Students Focus on What They're Learning, Not the Grade, Sarah Schroeder>, www.edutopia.org